研 究 生 教 学 用 书

全国优秀教材二等奖

首届全国教材建设奖

社会主义经济理论

（第三版）

杨瑞龙 主 编

The Economic Theory of Socialism

中国人民大学出版社
·北 京·

作者简介

杨瑞龙，1957 年 5 月生，江苏省昆山市人。1990 年 7 月毕业于中国人民大学，获经济学博士学位。中国人民大学一级教授，教育部“长江学者奖励计划”特聘教授。兼任国务院学位委员会理论经济学学科评议组成员、教育部经济学教学指导委员会副主任委员。曾先后赴澳大利亚昆士兰大学和丹麦奥登塞大学访问进修。在社会主义经济理论、新制度经济学、非均衡经济学、产权与国有企业改革等研究领域发表了一批颇有影响的科研成果，已出版了《宏观非均衡的微观基础》《企业的利益相关者理论及其应用》等多本学术专著，在《经济研究》《中国社会科学》《管理世界》等刊物上发表学术论文百余篇。曾获第八届和第十届孙冶方经济科学奖，中国高校第三届人文社会科学优秀成果一等奖，北京市第三届、第四届、第六届、第八届哲学社会科学优秀成果一等奖，国家级优秀教学成果一等奖等奖项。被选拔为国家人事部“百千万人才工程”第一、二层次人选，国家教育部“跨世纪优秀人才培养计划”人选，北京市“有突出贡献的科学、技术、管理专家”。获北京市“优秀共产党员”称号，教育部“青年教师奖”。作为博士论文的指导教师，所指导的论文先后在 2004 年和 2008 年两度获得全国优秀博士学位论文奖。享受国务院特殊津贴。

内容简介

本教材以当代中国正在发生的市场化、工业化、国际化与城市化为背景，对我国社会主义经济发展、改革与开放中的基本理论问题与重大现实问题展开系统、深入的分析，揭示中国道路、中国模式的经济学意义。建立社会主义市场经济体制是我国正在进行的一场伟大的实践，探索社会主义市场经济条件下的经济运行规律决定了我们既不能把马克思主义经典作家的理论教条化，也不能照搬照抄西方主流经济学的教条，而应以与时俱进的态度继承和发展马克思主义经济学，合理运用现代西方经济学的分析方法，既重视对生产关系的分析，也关注资源的配置效率，而且应在揭示资源配置规律的过程中剖析经济关系，努力构建具有中国特色的社会主义经济理论体系。为此，本教材倡导直面现实的研究态度和方法。直面现实的研究并非是不要理论，而是应坚持问题导向，从我国经济改革和经济发展中出现的特殊现象入手，通过对现象的深入剖析来检验现有的理论并发展与创新经济学理论，丰富中国特色的社会主义政治经济学。

本教材共包含导论与九章内容。导论主要讨论社会主义经济理论的研究对象与方法论；第一章在系统阐述马克思主义经典作家对未来社会科学预测的基础上反思社会主义的实践，揭示了在社会主义条件下发展市场经济的必然性，系统阐述了中国特色的社会主义经济理论；第二章对我国向社会主义市场经济体制的过渡过程进行经济学分析，揭示了中国道路与中国模式的经济学意义；第三章着重研究社会主义市场经济条件下的国有产权特征以及国有企业改革的基本思路与模式选择；第四章运用现代企业理论，讨论国有企业治理结构创新的基本思路与模式选择，着重研究共同治理与相机治理相结合的国有企业治理结构创新模式；第五章研究社会主义市场经济条件下的收入分配问题；第六章对当代中国的经济增长与经济发展问题，特别是对 2008 年以来的经济新常态及经济增长动能的转换等问题进行了深入的分析；第七章研究社会主义市场经济条件下的经济结构调整问题，特别是对供给侧结构性改革等问题进行了深入的分析；第八章分析社会主义的对外经济关系，特别是对对外贸易、资本引进、国际资本流动、汇率等问题展开了比较深入的分析；第九章主要讨论社会主义市场经济条件下政府与市场之间的关系，讨论了社会主义市场经济条件下政府对经济活动合理干预的边界与方式。

目　录

导　论 …… 1
第一章　中国特色社会主义经济的理论与实践 …… 12
第一节　马克思恩格斯对未来社会的科学预测 …… 12
第二节　社会主义的实践 …… 20
第三节　社会主义为什么要发展市场经济 …… 31
第四节　怎样建设社会主义市场经济体制 …… 38
第二章　向社会主义市场经济体制的渐进过渡 …… 44
第一节　向市场经济体制过渡的方式与路径比较 …… 44
第二节　市场取向改革与供给主导型制度变迁方式 …… 49
第三节　中间扩散型制度变迁方式与地方政府的特殊功能 …… 54
第四节　从中间扩散型向需求诱致型制度变迁方式的渐进转换 …… 60
第五节　重塑改革的动力机制，进一步推进市场取向的改革 …… 63
第三章　社会主义企业制度与国有企业改革 …… 69
第一节　马克思的所有制理论 …… 69
第二节　国有企业产权制度改革 …… 73
第三节　国有企业走向市场面临的难题 …… 82
第四节　国有企业分类改革的逻辑与路径 …… 89
第五节　分类推进国有企业混合所有制改革与国有资产管理模式改革 …… 102
第四章　国有企业治理结构的创新 …… 111
第一节　最优企业所有权安排与公司治理 …… 111
第二节　利益相关者合作逻辑与共同治理 …… 118
第三节　国有企业治理结构的创新逻辑：共同治理与相机治理 …… 126

第四节　国有企业治理结构创新：共同治理机制的设计 …… 132
第五节　国有企业治理结构创新：相机治理机制的设计 …… 142
第五章　社会主义市场经济条件下的分配制度 …… 150
第一节　按劳分配为主、多种分配方式并存的分配制度 …… 150
第二节　微观收入分配与宏观收入调节 …… 155
第三节　收入分配中的公平与效率 …… 158
第四节　超越分配关系的收入分配制度改革 …… 165
第六章　社会主义经济增长与经济发展 …… 170
第一节　经济增长与经济发展的一般理论 …… 170
第二节　制度创新与经济增长方式的转变 …… 176
第三节　中国特色社会主义的经济发展战略 …… 182
第四节　中国经济增长动能的转换 …… 191
第七章　社会主义市场经济条件下的经济结构调整 …… 199
第一节　二元经济结构与农村剩余劳动力转移 …… 199
第二节　低端劳动力工资形成机制的变革及其结构性效应 …… 205
第三节　内需可持续增长的结构性基础与政策选择 …… 210
第四节　供给侧结构性改革的着力点及实施路径 …… 215
第五节　区域经济结构调整及其协调发展 …… 220
第六节　技术进步与经济结构调整 …… 224
第八章　社会主义对外经济关系 …… 232
第一节　对外开放的理论基础 …… 232
第二节　经济全球化背景下我国对外开放的实践 …… 242
第三节　对外贸易与我国的经济增长 …… 251
第四节　我国的贸易失衡问题 …… 260
第九章　社会主义市场经济条件下政府与市场之间的关系 …… 269
第一节　市场失灵与政府调节经济的必要性 …… 269
第二节　如何更好地发挥政府作用 …… 274
第三节　政府调控经济的政策目标与政策手段选择 …… 280
第四节　新常态下我国宏观经济政策框架的重构 …… 291
第三版后记 …… 301

导论

一、社会主义经济理论的发展脉络

按照马克思主义关于社会存在决定社会意识的唯物史观的基本观点，社会主义经济理论的发展总是有鲜明的时代特征。所谓理论是指人们由实践概括出来的关于自然界和人类社会的知识的系统的结论。毛泽东曾说过，真正的理论在世界上只有一种，就是从客观实际抽出来又在客观实际中得到证明的理论，没有任何别的东西可以称得起我们所讲的理论。也就是说，真正的理论创新并不是指那种从书本到书本、从概念到概念的纯粹思辨逻辑，而是指那种源于实践又回到实践最后被实践证明是正确的理论结晶。社会主义经济理论研究资源配置以及存在于这种资源配置背后的经济利益关系，它一旦离开经济改革与经济发展的实践，就成为无本之木、无源之水，进而成为阻碍生产力发展的因素。因此，我国社会主义经济理论在二十多年具有的重大进展，根本原因在于时代的变迁。

第一，市场化，即从传统计划经济体制过渡到社会主义市场经济体制。我国长期以来实行的是高度集权的计划经济体制，资源配置通行的是等级规则。党的十一届三中全会以来，我国开始了市场取向的改革。特别是邓小平南方谈话以后，我国明确地把建立社会主义市场经济体制作为我国经济体制改革的目标模式，市场化进程的步伐明显加快，资源配置的等级规则逐步让位于产权规则。

第二，工业化，即从传统的农业社会向现代工业社会过渡。尽管中华人民共和国的成立大大推进了我国的工业化进程，但由于我国的工业基础薄弱，直到20世纪80年代初，我国80%左右的人口还在农村，68%的劳动力仍然集中于农业。因此，伴随着市场化进程，我国开始大规模地推进由传统的农业社会向现代工业社会演进的工业化进程，并通过大量引进国外资本、技术和管理经验来加快这个进程。特别是在人类社会进入新的世纪后，经济的信息化程度不断提高，知识经济也初露端倪，我国的工业化进入了一个全新的时期。

第三，国际化，即从封闭型国家走向开放型国家。在传统计划经济体制下，我国基本上走了一条闭关锁国、自我发展的道路，直到确立了“一个中心，两个基本点”的基本路线，我国把对外开放作为基本的国策，并逐步进入国际经济发展的轨道，开始了解和学会运用国际惯例。特别是加入WTO之后，我国按照自由市场的原则来指导对外开放，从而加入全球经济一体化的步伐明显加快。

伴随着市场化、工业化和国际化的不同阶段，社会主义经济理论的主流发展倾向也呈现出不同的特点。

第一阶段：以放权让利为主线的社会主义经济理论讨论状况。统得过多、管得过死的传统计划经济体制所导致的低效率使大家越来越认识到改革高度集权的指令性计划体制的必要性，但在改革之初，主流观点仍然认为计划经济是社会主义制度的本质特征，但可以把计划建立在价值规律的基础上。当时，像布鲁斯、兰格、锡克、科尔奈等一批东欧经济学家的改革思想在我国大行其道。也就是中央政府在减少指令性计划、扩大市场调节范围的基础上，经过选择把一部分决策权下放到地方，再由地方政府把微观决策权下放到国有企业，从而把市场机制引入计划经济体制，形成以计划经济为主、市场调节为辅的经济运行机制。

第二阶段：以计划与市场的关系为主线的社会主义经济理论讨论状况。传统的政治经济学一直把市场经济看成是私有制的产物，把计划经济看成是公有制的产物，从而在市场经济与资本主义、计划经济与社会主义之间画等号。1984年10月通过的《中共中央关于经济体制改革的决定》确认社会主义经济是以公有制为基础的有计划的商品经济。党的十三大提出了“国家调节市场，市场引导企业”的经济运行模式。邓小平在南方谈话中明确指出，计划多一点还是市场多一点，不是社会主义与资本主义的本质区别。计划经济不等于社会主义，资本主义也有计划；市场经济不等于资本主义，社会主义也有市场。计划与市场都是经济手段。党的十四大正式提出了建立社会主义市场经济体制是我国经济体制改革的目标。

第三阶段：以产权制度改革为主线的社会主义经济理论讨论状况。建立市场经济体制的关键是要确立资源配置的产权规则，解决国有企业产权关系的模糊问题就成为关键。邓小平南方谈话以后，我国的企业改革进入了一个新的阶段。党的十四届三中全会提出要建立产权明晰、政企分开、权责明确、管理科学的现代企业制度，试图通过对国有企业的股份制改造探寻适应市场经济要求的公有制新的实现形式。党的十五大继续沿着产权制度改革的思路提出了“抓大放小”的国有企业改革战略，即国家抓好关系经济命脉和国计民生的大型国有企业，放活小型企业。党的十五届四中全会进一步沿着国有经济战略性调整的思路，指出国家对国有企业应有所为、有所不为，有进有退。

第四阶段：构建具有中国特色的社会主义政治经济学理论体系。党的十八届三中全会进一步明确了今后我国体制改革的基本方向就是在坚持社会主义基本经济制度的条件下，让市场机制在资源配置中发挥决定性作用，同时更好地发挥政府的调节作用。经济学的研究要立足于中国改革发展的成功实践，揭示现代社会主义经济发展和运行的规律，初步形成中国特色社会主义政治经济学的科学、完整的理论体系。

自改革开放以来，社会主义经济理论经过二十多年的发展，取得了丰硕的成果，呈现出以下几个方面的重要特征：

第一，从只关注生产关系到同时十分关注资源配置。在相当长的一个时期内，政治经济学的研究对象只包括生产关系，甚至被简化为阶级斗争学说。随着市场化进程的不断加深，社会主义经济理论除了继续关注生产方式以及与生产方式相适应的生产关系外，更加关注一个社会如何配置稀缺资源，包括生产什么、生产多少、如何生产等问题，从而使经济学从一门纯粹的阶级斗争学说逐渐演变成离我们的改革开放和发展很近的致用之说。

第二，从封闭式的一花独放到开放性的百花齐放。过去，传统的政治经济学分析范式一统天下，经济学研究盛行打棍子、扣帽子。改革开放以来，我们在实践中面临的许多现实问题需要经济学来解释，而传统的政治经济学恰恰无能为力。于是，经济学界除了用发展的眼光看待马克思主义经济学、使之与时俱进外，还开始引进西方经济学的某些流派，来改造我国社会主义经济理论的分析范式。这里既包括新古典主义经济学、新制度经济学、新凯恩斯主义经济学、新增长理论、现代企业理论等西方主流经济学，也包括法国的结构主义经济学、美国的积累的社会结构学派、以罗默为代表的分析学派等西方新马克思主义经济学。尽管在引进与借鉴西方经济学的分析方法中存在某些照搬照抄的现象，但从总体上看，它对于推进我国社会主义经济理论发展所起的作用是不可抹杀的。

第三，从纯理论推导到十分重视理论联系实际。把马克思主义经济学教条化是过去长期形成的学风，研究者遵循的是从书本到书本、从概念到概念的分析方法，只关注研究的结论与马克思主义经典作家所说过的话是否一致，从而导致理论的僵化。随着改革的不断深入，我国经济学界在邓小平建设有中国特色的社会主义理论的指导下，在经济学的研究中十分重视理论联系实际，直面在经济改革与发展中遇到的重大问题，如初级阶段的社会主义理论、公有制与市场经济的结合、向社会主义市场经济的过渡、增长方式的转换、收入分配的调节、国有企业的改革、经济紧缩条件下的宏观经济政策选择、财税和金融体制的改革、经济全球化与信息化、工业化与城市化、加入 WTO 之后的我国对外开放、经济可持续发展等问题。经济学界不仅对这些重大问题给予实事求是的解释，而且提出各种对策性思考，供政府决策参考。

第四，从单调的分析方法到多元化的分析方法。过去，政治经济学通行的是整体主义的阶级利益分析方法和规范分析方法。这种分析方法对于理解社会主义制度为什么必然代替资本主义制度的发展规律很有用，但在讨论市场经济条件下稀缺资源如何得到最优配置时就显得单调一些。为了更好地研究我国在改革与发展中面临的各种问题，经济学界开始把规范分析与实证分析相结合、把定性分析与定量分析相结合、把静态分析与动态分析相结合。特别是在宏观经济的分析领域，计量经济的分析方法得到广泛运用；在微观经济的分析领域，案例分析和博弈分析方法得到广泛运用。社会主义经济理论分析方法的创新大大加快了我国经济学研究的现代化与国际化。

二、马克思主义经济学与西方经济学的方法论比较

随着经济体制改革的不断深入，各个高校组织编写了许多种社会主义经济理论或政

治经济学（社会主义部分）的教材。但与近些年出版的萨缪尔森、斯蒂格利茨、曼昆等所著的经济学教材在国内广泛流行的情况相比，我们的教材处于尴尬的境地。当我们剖析其原因时，有人认为是研究对象的不稳定性导致了社会主义经济理论体系的不完全性；有人认为是全盘造搬西方教材导致了社会主义经济理论缺乏独立的体系结构；有人认为是教条主义地理解马克思主义使社会主义经济理论不能解释当前改革开放中面临的各种问题。我们认为，除了上述原因外，还有一个重要的因素是方法论上的缺陷，即在探讨市场经济的社会主义制度基础时采用的是马克思主义方法论，在分析市场经济运行时采用的是西方经济学惯用的方法论，两者之间处于割裂状态，从而使社会主义经济理论的内在逻辑性大为减弱。

传统政治经济学来源于“苏联社会主义政治经济学范式”，由于这种范式既没有完整地体现马克思主义经济学的精髓，也无法应对市场化过程中出现的各种新问题，因此，改革开放以后，绝大多数经济学家都感到了原有范式存在严重的缺陷，特别是方法论上的缺陷。其实，建立在不同方法论基础上的马克思主义与西方经济学理论体系和它们所要解决的问题有着本质的差异。

西方主流经济学——新古典主义经济学——在资源稀缺性假设的前提下，研究一个社会是如何配置稀缺资源的，它主要涉及人们如何做出决策、如何相互交易和整体经济如何运行等问题，它遵循的是个体主义的成本—收益分析方法。该方法论假定每个参与交易的行为人都是在给定条件下追求自身利益最大化的理性人，如果经济人是完全理性的，信息是完全的，未来具有确定性和不存在外部性，那么在市场机制的作用下，从自身效用最大化出发的个人选择最终将导致社会利益最大化。这种个体主义分析方法包含以下内容：一是只有个人才有目标和利益；二是社会及其变迁产生于个人的行为；三是所有大规模的社会学现象最终都应该根据有关经济人的气质、信念、资源以及相互关系的理论加以解释（卢瑟福，1999）。后来一些经济学家针对新古典主义经济学的缺陷修正传统的个体主义分析方法，把意识形态和认知结构纳入经济人的行为理论中，同时引入了对环境的解释，从而认为在信息不完全的条件下经济人的理性是有限的。与个体主义分析方法相适应，新古典主义经济学运用成本—收益分析方法分析经济人的选择行为，即当行为人在做出生产什么、生产多少和如何生产的决策时都是在效用最大化的动机驱使下经过了个体的成本—收益计算。这里的收益是指来自贸易、分工交换的收益，成本除了转化成本或生产成本外，还包括新制度经济学所说的交易成本。新古典主义经济学就是运用个体主义的成本—收益分析方法，在“需求—供给”框架下采用均衡分析方法展开对资源配置的研究。

马克思主义经济学从唯物辩证法和历史唯物主义出发，认为经济学的研究对象是特定生产方式之下的社会生产关系，而不是物的关系。根据生产力决定生产关系、经济基础决定上层建筑的历史唯物主义原理，社会存在决定社会意识，个人行为的结果由社会力量决定，形成社会力量的各种社会整体及它们的相互关系不但决定个体利益的内容，还决定它的客观形成机制。因此，经济学分析的逻辑起点不应该是经济人，而应是社会人。在社会人假设的基础上，马克思主义经济学形成了整体主义分析方法。方法论的整体主义具有以下特征：一是社会整体大于其部分之和；二是社会整体显著地影响和制约其部分的行为或功能；三是个人的行为应该从自成一体并适用于作为整体的社会系统的宏观或社会的法律、目的或力量演绎而来（卢瑟福，1999）。与整体主义分析方法相适应，马克思主义经济学用利益矛盾分析方法来揭示人类社会的发展规律。利益矛盾分析方法实质上就是阶级利益分析方法。

马克思主义经济学运用整体主义的阶级利益分析方法，从剖析商品开始，创立了劳动价值论，指出劳动是价值的源泉。建立在劳动价值论基础上的剩余价值论则指出资本家凭借对生产资料的占有无偿占有劳动者在剩余劳动时间里创造的剩余价值，因此无产阶级与资产阶级之间的阶级矛盾是不可调和的。在资本主义私有制条件下，一无所有的劳动者除非推翻旧制度，否则是不可能实现个体收益最大化的，劳动者的个体利益只有在整个工人阶级获得整体解放时才能实现最大化，而这只有通过消灭私有制、建立公有制才能达到。正是在这一方法论的指导下，马克思主义经济学通过揭示生产关系的内在联系，揭示出对生产发展起决定作用的基本矛盾和基本经济规律，并由此论证一定的社会生产方式的产生、发展和被更高水平的生产方式替代的历史必然性（《资本论》，1975）。

三、社会主义经济理论在方法论上的二元性

改革开放之前，传统的政治经济学（社会主义部分）基本上是照搬苏联的教科书，通常只研究生产关系，不涉及资源配置。该理论体系的设计从社会主义经济制度的建立开始，研究生产资料公有制、按劳分配体制，以及在公有制基础上的计划经济，最后探讨向共产主义社会的过渡。自我国走上改革开放之路后，随着市场化程度的不断提高，传统政治经济学教材与现实的脱节越来越严重，要求教材革新的呼声越来越高。理论界普遍认为，社会主义经济理论不仅应研究生产关系，而且应研究资源配置。西方经济学是一门研究稀缺资源如何配置的学问，随着研究对象的拓宽，人们开始有意识地借鉴西方经济学的方法与有关理论，研究我国在市场机制起作用条件下的资源配置。尽管我们在编写教材时一再强调应以马克思主义的方法论为指导吸收西方经济学的分析方法，并且出版了一大批社会主义经济理论的教材，其中不乏优秀之作，但从总体上说，教材中的方法论二元性问题非常明显，从而导致理论体系在逻辑上存在不一致性和在论证上缺乏严密性。这主要表现在以下几个方面：

第一，排斥西方经济学的分析方法，遵循传统的思路构建社会主义经济理论体系。这一流派认为马克思主义经济学与西方经济学在方法论上具有不兼容性，坚持马克思主义经济学不能采用个体主义的成本—收益分析方法。这一流派的特征是坚持把经济学的研究对象界定为生产关系，即使研究资源配置，也是为了揭示其背后的人与人之间的经济关系。循着这一思路，它从生产力与生产关系、经济基础与上层建筑的相互关系中探索社会主义经济制度的产生、发展以及向共产主义过渡的必然性，并采用整体主义的分析方法探究公有制与按劳分配制度的优越性。这种理论构架在解释生产关系的演变规律时富有说服力，但在解释市场经济条件下的资源配置时显得力不从心。例如，它难以逻辑一致地解释为什么在社会主义条件下必须发展市场经济，特别是它难以回答市场经济和按生产要素分配是否内生于公有制条件这一问题，即它难以在理论上给出一个公有制与市场经济、公有制与按生产要素分配相兼容的充分证明。因此，这种版本的社会主义经济理论教材离我国当前改革开放的现实比较远。

第二，完全采用西方经济学的分析方法构建社会主义经济理论体系。这一流派的特

点是把社会主义经济理论的研究对象定位于资源配置，并在经济人假设下遵循个体主义的成本—收益分析方法。它基本模仿西方经济学教科书的经典构架，通常分为微观经济分析、宏观经济分析、对外开放和经济发展等部分。这种体系结构对于解释社会主义初级阶段的市场经济运行机制，分析消费者、企业的选择行为，揭示供求规律、竞争规律、价值规律等具有比较明显的优势。由于这种构架与传统政治经济学教材的理论体系有重要差异，并且对于我国市场化进程中的许多经济现象有较强的解释力，从而一度在高校学生中比较流行。但运用个体主义的成本—收益分析方法显然难以解释为什么公有制必然代替私有制、为什么要坚持以公有制为主体和以按劳分配为主体的原则，解释这些问题的合适分析方法应是整体主义分析方法。因此，这种体系构架的制度特色不太显著，离构建中国特色社会主义经济理论体系的目标还有较大距离。

第三，马克思主义经济学与西方经济学方法论的板块结合。按照上述板块结合的方法论，这一流派在构建社会主义经济理论体系时，一般在社会主义经济制度与市场经济运行机制的研究领域采用不同的分析方法。当研究社会主义经济制度时，它一般把研究对象界定为生产关系，遵循在社会人假设前提下的整体主义的阶级利益分析方法；当研究市场经济运行机制时，它一般把研究对象界定为资源配置，遵循在经济人假设前提下的个体主义的成本—收益分析方法。例如，在讨论社会主义初级阶段的所有制结构时，采用整体主义的马克思主义经济学分析方法证明为什么在社会主义市场经济体制下应坚持以公有制为主体。该方法可以证明，在私有制条件下无产阶级与资产阶级之间的矛盾是不可调和的，只有当全体劳动者成为生产资料的主人时，他们才可分享由其创造的社会财富。因此，市场经济的社会主义特征应由以公有制为主的原则体现。然而，我国的改革目标是让市场机制在资源配置中起基础性调节作用，为此就必须让企业成为产权独立、决策自主的市场主体。要把国有企业改造成自主经营、自负盈亏的社会主义经济理论市场竞争主体，就应沿着产权明晰的思路推进。当遵循产权规则探讨国有企业改革的思路时，实质上是在采用个体主义的成本—收益分析方法。由于在讨论同一个问题时同时采用了两种相冲突的分析方法，这就直接影响了理论的逻辑性。在讨论按劳分配与按生产要素分配相结合等问题时，我们看到了相似的现象。

四、创建具有中国特色的社会主义政治经济学理论体系

要走出因方法论的二元性所导致的社会主义经济理论体系缺乏逻辑性的困境，就应该及时进行方法论的创新。而方法论的创新依赖于观念的转变，既避免对马克思主义经济学的整体主义分析方法的教条主义的理解，又防止照搬照抄西方经济学个体主义的成本—收益分析方法，而是应从实际出发，遵循邓小平理论的精髓，实现方法论的创新，构建具有中国特色的社会主义市场经济理论。

马克思主义经济学的方法论尽管从总体上说是整体主义的，但马克思并不排斥对个人行为的分析。例如，马克思所预测的共产主义社会的一个重要的基本经济特征就是个人的全面自由发展。马克思认为，只有在摆脱了私有制的共产主义社会中，人们才能真正成为自然和历史的主人，才能成为真正自由的人，从而才能从必然王国进入自由王国。整体主义分析方法并非不关注个人行为，而是集中考察社会力量（制度、社会惯例等）如何制约个人的行为。也就是说，技术通过改变物质条件，通过改变个人生活和思

想的方法、模式、习惯而产生制度后果，从而个人被视为既定规范的接受者。显然，若要解释清楚社会力量如何改变个人的处境和目标，或者改变之后的个人理想如何引发社会惯例和法则的变迁，就不能不分析个人的行为。因此，整体主义分析方法也可以分析以个人自由决策为基础的市场经济，在这方面有许多成功的做法。例如，邓小平理论就是运用马克思主义的立场、观点和方法证明了在社会主义初级阶段发展市场经济的客观必要性。西方马克思主义经济学以及旧制度经济学均是采用整体主义分析方法研究市场经济条件下的资源配置。所以，不能说我国要发展社会主义市场经济，整体主义分析方法就不适用了。

以经济人为假设前提的个体主义的成本—收益分析方法尽管在分析市场竞争中的个体选择行为上有独到之处，但它并非是无所不能和无懈可击的。尤其是那种把社会理论都归结为个人主义理论，或主张任何完全充分的社会现象理论只能用个人主义术语来构建或表述的观点是过于武断和站不住脚的。例如，在解释制度变迁时，个体主义的分析方法对许多问题的解释都不能完全令人满意，这些问题包括规则遵循和理性选择的性质与作用，包括个人选择与社会结果方面的确切联系机制，以及制度适应经济效率或社会利益要求的倾向等。从学术的观点来看，方法论的个体主义常常高估个人的力量，而方法论的整体主义又常常高估社会存在的能动力。

我国改革开放的实践与理论发展充分证明教条主义地理解马克思主义经典作家的学说或者照搬照抄马克思主义经济学的个别结论和观点是有害无益的，同理，把西方主流经济学的基本原理奉为金科玉律是不足取的。习近平在党的十九大报告中指出，“只有改革开放才能发展中国、发展社会主义、发展马克思主义”。我们应该把马克思主义的基本原理与中国改革开放的实践结合起来，在马克思主义经济学的基本原理与方法的指导下，吸取西方经济学中的有用成分，回答改革开放实践中出现的重点、难点问题，并努力把这些总结我国改革开放成功经验的理论一般化。习近平指出：“要深入研究世界经济和我国经济面临的新情况新问题，为马克思主义政治经济学创新发展贡献中国智慧。”这样一种立足于中国改革发展的成功实践，研究和揭示现代社会主义经济发展与运行规律并努力把马克思主义经济学中国化的学说就是中国特色社会主义政治经济学。中国特色社会主义政治经济学有以下基本原则①：

第一，解放和发展社会生产力原则。社会主义的根本任务是解放和发展生产力。解放和发展生产力是社会主义的本质要求，是巩固社会主义制度的需要，是解决初级阶段主要矛盾的根本手段。

第二，共同富裕原则。共同富裕是社会主义的本质要求、根本原则和最终目标。在社会主义初级阶段，虽然不能完全解决分配不公问题，但必须从制度上防止两极分化。

第三，发展社会主义市场经济原则。社会主义市场经济理论也是中国对马克思主义政治经济学的创新。发展社会主义市场经济主要有三个原则：其一，使市场在资源配置中起决定性作用；其二，将市场经济与社会主义基本制度结合起来；其三，社会主义国家要从宏观层次上对市场经济进行调控，以减少市场的盲目性和自发性，要用“看得见的手”引导“看不见的手”。

第四，公有制为主体、多种所有制经济共同发展原则。以公有制为主体、多种所有

① 习近平与中国特色社会主义政治经济学．中国新闻网．2015-12-23.

制经济共同发展的基本经济制度，是中国特色社会主义制度的重要支柱，也是社会主义市场经济体制的根基。

第五，社会主义分配原则。中国特色的社会主义分配制度具有以下基本特征：一是坚持以按劳分配为主体、多种分配方式并存；二是劳动、资本、技术和管理等生产要素按贡献参与分配；三是坚持效率与公平的统一，在经济发展的基础上更加关注社会公平，实现社会的共同富裕。

第六，独立自主同扩大开放、参与经济全球化相结合原则。我国作为发展中的社会主义大国，发展经济与社会事业应放在独立自主、自力更生的基点上。同时，我们党确立了对外开放和积极参与经济全球化进程的基本国策，形成了全方位、宽领域、多层次的对外开放格局。主要包括以下原则：一是坚持“引进来”和“走出去”相结合，充分利用国际国内两个市场，优化资源配置，拓宽发展空间，以开放促改革促发展。二是强调经济全球化作为一个客观进程，具有二重性。三是要正确处理对外开放与独立自主、自力更生的关系。

第七，改革、发展、稳定三统一原则。改革是动力、发展是目的、稳定是前提。改革是为了更好更快地发展；发展是为了满足人民日益增长的物质文化需要，实现共同富裕；稳定是给改革与发展提供一个和谐而宽松的环境。改革、发展与稳定是相互依存与相互促进的关系，改革的力度与发展的速度要考虑社会可承受的程度。

中国特色社会主义政治经济学是“中国版”的马克思主义政治经济学，它指导着中国的建设和发展。学好用好马克思主义政治经济学，具有全局和长远意义。2014 年 7 月 8 日，习近平总书记在主持召开经济形势专家座谈会时强调：“各级党委和政府要学好用好政治经济学，自觉认识和更好遵循经济发展规律，不断提高推进改革开放、领导经济社会发展、提高经济社会发展质量和效益的能力和水平。”

五、直面现实的经济学分析方法

我们通过方法论的创新构建社会主义经济理论体系是为了更好地解释现实，从而有助于社会主义市场经济体制的建立，而不是玩方法论的游戏。因此，我们主张在完成这一方法论和理论的创新过程中坚持直面现实的研究态度及方法。也就是说，当理论与实践相冲突时，让理论服从现实，而不是让现实适应理论。直面现实的研究并非不要理论，而是从我国经济改革和经济发展中出现的特殊现象入手，通过对现象的深入剖析来检验现有的理论。如果现有的理论不足以回答所隐含的问题，那就需要我们反思理论本身，直至根据现实修正理论。

按照马克思主义关于社会存在决定社会意识的唯物史观的基本观点，经济学的发展总是具有鲜明的时代特征。经济学的发展一旦离开现时代的经济改革与发展的实践，就成为无本之木、无源之水，甚至有可能成为阻碍生产力发展的因素。理论联系实践应该是适应时代要求的经济学创新的基本原则。为此，一方面，应反对脱离实际的理论，这会导致“老八股”式的空泛经济学；另一方面，也应排斥完全抛弃理论的经验主义，那会导致公说公有理、婆说婆有理的实用主义经济学。

理论联系实际首先要反对教条主义和本本主义。把马克思主义经济学教条化是过去长期形成的学风，研究者遵循的是从书本到书本、从概念到概念的分析方法，只关注研究的结论与马克思主义经典作家所说过的话是否一致，从而导致理论的僵化。习近平在2016年5月17日的哲学社会科学工作座谈会上指出："对待马克思主义，不能采取教条主义的态度，也不能采取实用主义的态度。如果不顾历史条件和现实情况变化，拘泥于马克思主义经典作家在特定历史条件下、针对具体情况作出的某些个别论断和具体行动纲领，我们就会因为思想脱离实际而不能顺利前进，甚至发生失误。"但近来另一个值得注意的倾向是把西方主流经济学教条化，言必称斯密、凯恩斯、科斯等，当实践与所谓"标准"的经济学不一致时，就断言实践错了，应按照主流经济学的逻辑来设计改革路径。其实，把马克思主义经济学或者西方经济学教条化，都会导致中国经济学的发展走入死胡同。我们常常看到在有关中国问题的研究中出现了一些伪命题，其原因在于理论忽视了所探讨问题的复杂性。特定的制度环境和转轨过程造成我国的企业、政府及家庭对经济变量波动的反应总隐含着某些特殊的诱因，而这些诱因很容易被看似相同的行为方式给掩盖起来。特别是当统计数据的真实性受到怀疑后，经验实证被大大地限制。要试图从一堆杂乱无章的表象中理出有用的线索是非常困难的，如果我们仅仅从理论出发，常常会得出背离真实情况的结论，这就需要我们采用直面现实的研究方式，使理论与实际结合起来。

直面现实就是要坚持问题导向的分析方法，习近平在哲学社会科学工作座谈会上强调了问题导向的分析方法对于实现马克思主义中国化的重要性。他指出："坚持问题导向是马克思主义的鲜明特点。问题是创新的起点，也是创新的动力源。只有聆听时代的声音，回应时代的呼唤，认真研究解决重大而紧迫的问题，才能真正把握住历史脉络、找到发展规律，推动理论创新。"直面现实的经济学分析方法要求实现经济学的现代化。学术界对经济学的现代化有不同的看法。一种极端的看法是，经济学的大厦只有一座，那就是以个体主义的成本—收益分析为主线的西方主流经济学。我国经济学家所做的工作就是为这座大厦添砖加瓦，实现经济学的国际化，不存在一个具有独立理论体系的"中国经济学"。但另一种观点根据我国国情的特殊性，强调西方经济学的不适应性，主张推行经济学的本土化，即建立完全由我国经济学家独创的、以我国的经济运行为研究对象的、有独立分析范式的中国经济学流派。我认为，经济学的现代化既不是纯粹的国际化，也不是纯粹的本土化，而是两者的有机结合。

经济学的现代化当然离不开国际化。如果把中国经济学看成是与已有的任何经济学流派没有血脉关系、完全由自己独创的理论体系，那么这样的中国经济学很难在一个共同的平台上进行国际交流。因为任何学术流派的产生和发展总是站在前人的肩膀之上的，人们对前人丰富思想的继承和发展不仅可使后人少走许多弯路，而且可使学术思想具有可交流性。由于长期的封闭以及传统政治经济学的思维惯性，国内经济学研究常常不强调对经济学本身的贡献，认为这是理论脱离实际的闭门造车，而更关注自己的观点和对策是否被政府采纳，是否得到社会的赞赏与认同，在研究中强调的是"我怎么认为"，而不问自己"我为什么这样认为"，从而热衷于提观点，而忽视观点的证明。国外的经济学家则遵循学术传统和学术规范，强调学术观点的提出必须有根有据，因此计量分析和实证分析十分流行，这也导致了经济学研究的专业化分工。显然，国际化是走出上述困境的有效途径。

然而，国际化并非是经济学现代化的全部内容，特别是不等于照搬照抄西方经济学。改革开放以来，西方经济学受到了人们的青睐。这对于推进中国经济学的现代化是有意义的，但同时出现的对西方经济学的盲目崇拜是值得引起我们关注的，尤其是有些学者甚至用西方经济学的命题来检验现实，认为凡是出现偏差的都是实践出了问题，甚至用与西方主流经济学对接的程度来衡量经济学的现代化程度。事实上，受特定制度环境和转轨过程的影响，中国的经济问题具有复杂性，有时用在严格假定下的西方经济学逻辑来梳理纷繁的经济线索是困难的，甚至会得出远离中国国情的荒谬结论。这就要求我国的经济学家在揭示问题的实质时，从现象出发，而不是从理论出发。这种从中国国情出发来吸收与消化西方经济学，创立既符合国际的学术规范、又能解决中国问题的经济学的过程，被我们称为经济学的本土化，它也构成经济学现代化的重要内容。

因此，中国经济学的现代化实际上包含着国际化与本土化的双重含义，即在吸收西方经济学的过程中注意结合中国的国情，在解答我国实践中面临的各种问题时注意吸收西方经济学中反映市场经济一般运行规律的理论与先进的分析方法。因此，如果把中国经济学界定为在推进经济学的国际化的同时，根据我国改革和发展中面临的实际问题，拓宽某些假定条件，或通过案例分析、计量分析等来检验该经济学流派的某些结论或基本理论体系，进而使这种经过修正和发展的经济学流派打上鲜明的中国烙印，那么这样的中国经济学不仅是存在的，而且有着很好的发展前景。因为我国正在进行的改革开放实践为中国经济学的诞生和发展提供了大量的案例与取之不尽的研究素材，世界上越来越多的经济学家开始关注和研究中国的经济问题。我国经济学国际化与本土化的交互作用所推进的现代化过程将催生出中国经济学。

直面现实的经济学分析方法要求经济学具有开放性。首先是学术思想来源的开放性。在以与时俱进的态度发展马克思主义经济学的同时，广泛吸收各种经济学流派中有价值的思想，构建既能与国际主流经济学交流、又能解释和解决我国实际问题的中国经济学理论体系。其次是学术队伍的开放性。活跃在我国经济学舞台上的既有戴“洋”博士帽的“海‘龟’派”，也有土生土长的“土‘鳖’派”，还有半土半洋的“海带派”，在“土”“洋”结合中实现中国经济学的现代化。再次是学术观点的开放性。在经济学的讨论中，不再是只有一种声音，而是多种声音并存。兼容并包成为学术发展的一种特色。最后是专业化分工合作的格局将逐步形成。过去，每个经济学工作者都是“大家”，即他几乎在每个经济学的分支领域都能“发言”，“不深不透”就成为当时经济学讨论的现状。随着经济学现代化进程的加快，经济学研究的专业化倾向将越来越明显，即每个经济学工作者在全面掌握经济学原理的基础上，重点关注若干研究领域。然后，在专业化分工的基础上，实现经济学新的综合，从而完成经济学理论体系的创新。

直面现实的经济学分析方法要求摆脱传统政治经济学重规范轻实证、重定性轻定量、重演绎轻归纳、重结论轻证明的旧轨迹，实现经济学分析方法的创新。这主要表现在以下几个方面：首先，重视实证分析方法。规范分析是考察经济行为的后果，并做出价值判断。实证分析则涉及解释和预测。经济学作为一门应用性很强的学科，可解释各种经济现象，用观察到的事实来检验理论，并用理论来构造模型，进而运用模型来进行对厂商的经营决策和政府公共政策都很重要的预测。所以，实证分析就成为现代经济学的主要分析方法。其次，重视计量分析方法。经济学要回答人们如何利用稀缺资源最大限度地满足人类的需要的问题，这就需要知道人们需要什么，我们有多少资源，什么样的投入产出关系是最有效率的，等等。为此，就需要运用经济统计和经济计量方法去收集信息，并利用信息制定个人的决策或制定政府的政策。为了做出更好的预测，就需要建立经济模型，即运用数学语言来表述两个或多个变量之间的假设关系，使经济预测建立在客观、科学的基础上。最后，更加重视经济观点的证明。经济学作为一门学科必须遵循国际通行的学术规范，经济学家不仅应博览群书，而且更应深入实际，发扬理论联系实际的学风。重要的不在于是否有“新”观点，而是每一观点的得出是否经过严格的论证，是否经得起实践和时间的考验。

参考书目

1. 马克思．资本论：第1卷．北京：人民出版社，1975.
2. 马克思．资本论：第2卷．北京：人民出版社，1975.
3. 马克思．资本论：第3卷．北京：人民出版社，1975.
4. 习近平：在哲学社会科学工作座谈会上的讲话．新华网．2016-05-18.
5. 习近平．决胜全面建成小康社会 夺取新时代中国特色社会主义伟大胜利——在中国共产党第十九次全国代表大会上的报告．北京：人民出版社，2017.
6. 卢瑟福．经济学中的制度．北京：中国社会科学出版社，1999.
7. 曼昆．经济学：上、下册．北京：生活·读书·新知三联书店，1999.
8. 杨瑞龙．我国制度变迁方式转换的三阶段论．经济研究，1998 (1).
9. 杨瑞龙．伴随着时代变迁的社会主义经济理论演进．经济学动态，2002 (11).

思考题

1. 简述改革开放以来社会主义经济理论发展的基本脉络。
2. 试比较马克思主义经济学与西方经济学的分析方法。
3. 怎样通过方法论的创新重构社会主义经济理论？
4. 中国特色社会主义政治经济学有哪些重要的原则？

第一章 中国特色社会主义经济的理论与实践

第一节 马克思恩格斯对未来社会的科学预测

什么是社会主义、如何建设社会主义是首先需要在理论上阐述清楚的问题。习近平总书记指出，中国特色社会主义是中国共产党和中国人民团结的旗帜、奋进的旗帜、胜利的旗帜。我们要全面建成小康社会、加快推进社会主义现代化、实现中华民族伟大复兴，必须始终高举中国特色社会主义伟大旗帜，坚定不移坚持和发展中国特色社会主义。中国特色社会主义是由道路、理论体系、制度三位一体构成的。中国特色社会主义理论体系是马克思主义中国化的最新成果。① 因此，若要完整、准确地理解中国特色社会主义理论，就首先需要了解马克思主义经典作家是如何论述社会主义的。

一、社会主义从空想到科学的发展

在科学社会主义创立之前，曾存在各种社会主义思潮。马克思和恩格斯在《共产党宣言》中把当时流行的社会主义概括为三种形式，即反动的社会主义、保守的或资产阶级的社会主义、批判的空想的社会主义。② 反动的社会主义包括封建的社会主义、小资产阶级的社会主义、德国的或“真正的”社会主义，它们的共同特征是站在封建社会的立场上，从封建的或小资产阶级的利益出发批判资本主义，企图恢复旧的所有制关系和

① 习近平．习近平总书记系列重要讲话读本（2016年版）．北京：学习出版社、人民出版社，2016.

② 马克思，恩格斯．马克思恩格斯选集：第1卷．北京：人民出版社，1995：295-303.

社会制度，开历史的倒车。保守的或资产阶级的社会主义的特征是站在资本主义社会的立场上，代表资产阶级的利益批评资本主义社会，它试图在不改变资本主义经济制度的基础上通过局部的改良来消除资本主义社会的弊病。与反动的社会主义和保守的或资产阶级的社会主义相比，批判的空想的社会主义则在一定程度上代表着社会历史发展的方向，它代表工人阶级的利益来批判资本主义制度，并提出了一些未来社会的积极主张。但是，由于这一理论产生于资本主义发展的初期，因而无法科学认识资本主义社会的发展规律，从而其理论带有空想的性质。马克思和恩格斯在批判性地继承空想社会主义理论的基础上建立了科学社会主义理论。

科学社会主义的创始人认为，以往的社会主义同唯物主义的观点是不相容的，他们固然批判了现存的资本主义生产方式及其后果，但是不能科学地说明这种生产方式，因而也就掌握不了这种生产方式，只能简单地把它当作坏东西抛弃掉。科学社会主义的创始人发现了唯物主义历史观，并运用这个科学的认识论和方法论剖析了资本主义生产方式，揭示了人类社会发展的规律，从而把社会主义建立在现实的基础上。恩格斯说，唯物主义历史观从下述原理出发："生产以及随生产而来的产品交换是一切社会制度的基础；在每个历史地出现的社会中，产品分配以及和它相伴随的社会之划分为阶级或等级，是由生产什么、怎样生产以及怎样交换产品来决定的。所以，一切社会变迁和政治变革的终极原因，不应当到人们的头脑中，到人们对永恒的真理和正义的日益增进的认识中去寻找，而应当到生产方式和交换方式的变更中去寻找；不应当到有关时代的**哲学**中去寻找，而应当到有关时代的**经济**中去寻找。"① 科学社会主义的创始人运用唯物史观考察人类社会发展的规律，克服了空想社会主义的历史局限性，实现了社会主义由空想到科学的转变。

科学社会主义与空想社会主义的根本区别首先就在于，科学社会主义不是从人类公平、正义、理性原则出发来批判资本主义，并在此基础上构想未来的理想王国，而是依据历史唯物主义的科学方法，通过对资本主义生产方式内在矛盾和动力规律的深刻分析，发现否定资本主义经济关系的种种物质因素，从正在瓦解的经济运动形式内部发现未来的、能够消除这些弊病的、新的生产组织和交换组织的因素，发现未来社会主义经济关系的最基本特征。空想社会主义者尽管对资本主义制度进行了揭露和批判，但他们不了解人类社会发展的规律和可用于认识人类社会发展规律的科学方法，在他们看来，"社会主义是绝对真理、理性和正义的表现，只要把它发现出来，它就能用自己的力量征服世界；因为绝对真理是不依赖于时间、空间和人类的历史发展的"②。这种不成熟的理论是同不成熟的资本主义生产状况、不成熟的阶级状况相适应的。正如恩格斯所指出的："空想主义者之所以是空想主义者，正是因为在资本主义生产还很不发达的时代，他们只能是这样。他们不得不从头脑中构想出新社会的要素，因为这些要素在旧社会本身中还没有普遍地明显地表现出来；他们只能求助于理性来构想自己的新建筑的基本特征"③。为克服空想社会主义的局限性，科学社会主义的创始人从社会生活各领域中划分出经济领域来，从一切社会关系中划分出生产关系来，把生产关系当作决定其余社会

---

① 马克思，恩格斯．马克思恩格斯选集：第3卷．北京：人民出版社，1995：740-741.

② 同①732.

③ 同①616.

关系的基本的原始的关系，并把它归结于生产力的高度，从而指明生产力是全部历史的基础，揭示生产关系一定要适应生产力状况、上层建筑一定要适应经济基础发展要求的社会发展客观规律。他们把人类社会的发展看作一个自然历史过程。马克思在《〈政治经济学批判〉序言》中就指出："无论哪一个社会形态，在它所能容纳的全部生产力发挥出来以前，是决不会灭亡的；而新的更高的生产关系，在它的物质存在条件在旧社会的胎胞里成熟以前，是决不会出现的。所以人类始终只提出自己能够解决的任务，因为只要仔细考察就可以发现，任务本身，只有在解决它的物质条件已经存在或者至少是在生成过程中的时候，才会产生。"① 在马克思主义的理论中，社会主义已不是人们头脑中的主观想象了，而是资本主义生产方式矛盾运动本身提出的、用以解决这些矛盾的必然趋势，社会主义由此从空想转变成现实。

科学社会主义是从人类社会发展的趋势来认识未来社会，并不是为未来社会提供一个详细的建设方案，或提供一个完整的描述，这是与空想社会主义的又一重要区别。空想社会主义者热衷于设计和描绘未来社会的细节，他们的一些主张本身带有纯粹空想的性质。而马克思和恩格斯则认为，要谈共产主义的细节而"同时既不坠入空想又不流于空泛的辞藻"是不可能的。早在1843年马克思刚刚成为共产主义者时，他就明确宣布"我们的任务不是推断未来和宣布一些适合将来任何时候的一劳永逸的决定"，而只是希望在批判旧世界中发现新世界。恩格斯说："我们对未来非资本主义社会区别于现代社会的特征的看法，是从历史事实和发展过程中得出的确切结论；不结合这些事实和过程去加以阐明，就没有任何理论价值和实际价值。"② 马克思和恩格斯同时强调："我们没有最终目标。**我们是不断发展论者**，我们不打算把什么最终规律强加给人类。关于未来社会组织方面的详细情况的预定看法吗？您在我们这里连它们的影子也找不到。"③

科学社会主义者反对教条式地预料未来，提出和描述未来社会的细节问题，因为在他们看来，未来社会也不是一成不变的，也同样是一个不断发展的社会。恩格斯指出："所谓'社会主义社会'不是一种一成不变的东西，而应当和任何其他社会制度一样，把它看成是经常变化和改革的社会。"④ 恩格斯强调："我们只能在我们时代的条件下去认识，而且**这些条件达到什么程度**，我们才能认识到什么程度"⑤。他们认为，超越社会历史条件去提出和解决未来社会的一些细节问题，将陷入幻想或空想。1881年1月6日在回答荷兰社会民主党提出的这样一个问题，即假使社会党人取得政权，为了保证社会主义的胜利，他们在政治和经济方面采取的首要措施应当是什么时，马克思指出，"在将来某个特定的时刻应该做些什么，应该**马上**做些什么，这当然完全取决于人们将不得不在其中活动的那个既定的历史环境。但是，现在提出这个问题是**不着边际的**，因而实际上是一个幻想的问题，对这个问题的唯一的答复应当是**对问题**本身的**批判**。如果一个方程式的已知各项中不包含解这个方程式的因素，那我们就无法解这个方程式。"⑥

可见，科学社会主义的创始人把对社会主义的认识建立在唯物史观和对人类社会发

① 马克思，恩格斯．马克思恩格斯选集：第2卷．北京：人民出版社，1995：33.
② 马克思，恩格斯．马克思恩格斯选集：第4卷．北京：人民出版社，1995：676.
③ 马克思，恩格斯．马克思恩格斯全集：第22卷．北京：人民出版社，1965：628-629.
④ 同②693.
⑤ 同②337-338.
⑥ 同②643.

展规律的认识的基础上，从根本上克服了空想社会主义的局限性，实现了社会主义理论从空想到科学的转变。

二、未来社会的基本特征

科学社会主义的创始人根据他们对人类社会发展规律的认识，阐述了他们对未来社会的理论和主张。他们建立在劳动价值论基础上的剩余价值理论揭示了无产阶级与资产阶级之间矛盾的不可调和性，并通过对资本主义基本矛盾的分析，推论出资本主义必然灭亡、社会主义必然胜利的逻辑结论。在马克思和恩格斯的文献中，未来的社会主义和共产主义经常是作为同义语加以使用的，但是，为了把科学社会主义与当时流行的各种空想的、改良的社会主义相区别，他们在大多数著作中更多地用共产主义而不是社会主义来表达自己的理论和主张，他们所说的未来的共产主义包括共产主义的高级阶段和低级阶段即社会主义阶段。马克思和恩格斯对未来社会的基本经济特征进行了分析和概括，其主要思想可以概括如下。

（一）自由人的联合体和个人的全面自由发展

消灭阶级和阶级对立，实现个人的全面自由发展，是马克思和恩格斯设想的未来共产主义社会的基本目标，这一目标贯穿于他们全部的理论。他们在《共产党宣言》中指出："代替那存在着阶级和阶级对立的资产阶级旧社会的，将是这样一个联合体，在那里，每个人的自由发展是一切人的自由发展的条件。"[①] 马克思在《资本论》中对自由人的联合体做了这样的说明，即在一个自由人的联合体中，人们"用公共的生产资料进行劳动，并且自觉地把他们许多个人劳动力当作一个社会劳动力来使用"，"这个联合体的总产品是社会的产品。这些产品的一部分重新用作生产资料。这一部分依旧是社会的。而另一部分则作为生活资料由联合体成员消费"[②]。对于自由人，恩格斯在《社会主义从空想到科学的发展》中做了深刻论述。他指出，无产阶级取得公共权力，并利用这个公共权力把社会的生产资料变为公共财产，"通过这个行动，无产阶级使生产资料摆脱了它们迄今具有的资本属性，使它们的社会性有充分的自由得以实现。从此按照预定计划进行的社会生产就成为可能的了。生产的发展使不同社会阶级的继续存在成为时代的错误。随着社会生产无政府状态的消失，国家的政治权威也将消失。人终于成为自己的社会结合的主人，从而也就成为自然界的主人，成为自身的主人——自由的人"[③]。这说明，当人类社会发展到人成为社会、自然界和自身的主人时，人才能成为自由人。由这些自由人组成的联合体，才是自由人的联合体。

人的全面而自由的发展，是人类社会发展的客观趋势，也是人自身发展的客观要求，实现人的全面自由发展是未来社会的一个重要目标。马克思指出，共产主义是"以每个人的全面而自由的发展为基本原则"，"在保证社会劳动生产力极高度发展的同时又保证人类最全面的发展"的社会形态，其特征是"建立在个人全面发展和他们共同的社

---

① 马克思，恩格斯．马克思恩格斯选集：第1卷．北京：人民出版社，1995：294.

② 马克思，恩格斯．马克思恩格斯全集：第23卷．北京：人民出版社，1972：95.

③ 马克思，恩格斯．马克思恩格斯选集：第3卷．北京：人民出版社，1995：759－760.

会生产能力成为他们的社会财富这一基础上的自由个性”[①]。在马克思和恩格斯看来，消灭私有制和旧分工的消亡是实现人的全面自由发展的基本前提。因为只有消灭私有制，实现生产资料的共同占有，个人才能获得全面发展其才能的手段，只有在集体中才能有个人自由；只有消灭旧分工，人才能成为自身的主人。仅仅有这些还不够，人的全面自由发展还必须建立在生产力高度发展的基础上，只有生产力高度发展，物质产品极大丰富，自由支配的时间增加，“才能为一个更高级的、以每个人的全面而自由的发展为基本原则的社会形式创造现实基础”[②]。社会生产的高度发展，“不仅可能保证一切社会成员有富足的和一天比一天充裕的物质生活，而且还可能保证他们的体力和智力获得充分的自由的发展和运用”[③]。

因此，社会主义并不反对个人自由，相反，它的目标是为个人全面自由的发展创造更加广泛和真实的基础。但是马克思和恩格斯提出的未来共产主义社会个人全面自由发展的目标是作为资本主义的对立面而存在的，因此，它与资产阶级思想家提出的以私有制和个人主义为基础的理论有着本质的不同。个人主义理论认为，个人利益至高无上，社会利益只是一种虚构，因此，以私有制和自由竞争为基础的社会是最好的。而马克思主义则认为，个人自由的真正实现不能离开集体，只有在生产资料社会占有的基础上对生产进行有意识的社会调节，人类社会才能真正从必然王国进入自由王国。

（二）以生产资料公有制代替私有制

马克思和恩格斯认为，在资本主义社会，阶级对立和社会发展的无政府状态是由生产资料的资本主义私有制造成的，因而，消灭私有制是生产力发展的客观要求，也是建立未来自由人联合体的根本途径。马克思和恩格斯之所以把自己称作共产主义者，就是因为他们的主张是以生产资料的公有制为核心的。在《共产党宣言》中，马克思和恩格斯指出，“共产党人可以把自己的理论概括为一句话：消灭私有制”[④]。他们认为，未来社会“同现存制度的具有决定意义的差别当然在于，在实行全部生产资料公有制（先是单个国家实行）的基础上组织生产”[⑤]。马克思在《资本论》中系统分析了资本主义生产方式及其内在矛盾，指出了资本主义发展的历史趋势。他明确指出，“资本的垄断成了与这种垄断一起并在这种垄断之下繁盛起来的生产方式的桎梏。生产资料的集中和劳动的社会化，达到了同它们的资本主义外壳不能相容的地步。这个外壳就要炸毁了。资本主义私有制的丧钟就要响了”[⑥]。恩格斯在《反杜林论》中明确、系统地阐述了生产的社会化与生产资料资本主义私人占有这一资本主义生产方式的基本矛盾，并在此基础上说明了生产资料社会占有的必然性。他指出，社会的生产与资本主义占有的矛盾集中体现为两种表现形式，即无产阶级和资产阶级的对立与个别工厂中的生产有计划性、有组织性同整个社会中生产的无政府状态之间的矛盾。随着这种矛盾日益尖锐，资本主义

---

① 马克思，恩格斯．马克思恩格斯全集：第46卷（上）．北京：人民出版社，1979：104．

② 马克思，恩格斯．马克思恩格斯全集：第23卷．北京：人民出版社，1972：649．

③ 马克思，恩格斯．马克思恩格斯选集：第3卷．北京：人民出版社，1995：633．

④ 马克思，恩格斯．马克思恩格斯选集：第1卷．北京：人民出版社，1995：286．

⑤ 马克思，恩格斯．马克思恩格斯选集：第4卷．北京：人民出版社，1995：693．

⑥ 马克思．资本论：第1卷．北京：人民出版社，1975：831-832．

的生产关系不能容纳社会化的生产力，私有制的丧钟就要敲响了。恩格斯指出：“猛烈增长着的生产力对它的资本属性的这种反作用力，要求承认生产力的社会本性的这种日益增长的压力，迫使资本家阶级本身在资本关系内部可能的限度内，越来越把生产力当作社会生产力看待。无论是信用无限膨胀的工业高涨时期，还是由大资本主义企业的破产造成的崩溃本身，都使大量生产资料不得不采取像我们在各种股份公司中所遇见的那种社会化形式。某些生产资料和交通手段一开始规模就很大，它们，例如铁路，排斥任何其他的资本主义经营形式。”“在一定的发展阶段上，这种形式也嫌不够了”，“资本主义社会的正式代表——国家终究不得不承担起对生产的领导。这种转化为国家财产的必然性首先表现在大规模的交通机构，即邮政、电报和铁路方面”①。资本主义国家所有制没有从根本上解决资本主义的基本矛盾，却表明了解决这一矛盾的基本线索，就是承认现代生产力的社会本性，从而使生产、占有和交换的方式同生产资料的社会性相适应。为实现这一点，只能实行生产资料的社会占有并在此基础上实行有计划的生产。因此，生产资料公有制取代私有制是社会化生产发展的必然产物。

社会主义的创始人设想的公有制是一种“社会所有制”。在《资本论》第一卷中，马克思已将包括社会主义社会这一历史阶段在内的共产主义社会的所有制概括为“社会所有制”，认为在未来社会“自由人联合体”中，生产者“用公共的生产资料进行劳动，并且自觉地把他们许多个人劳动力当作一个社会劳动力来使用。[……]这个联合体的总产品是一个社会产品。这个产品的一部分重新用作生产资料。这一部分依旧是社会的”②。在《哥达纲领批判》中马克思又进一步申明，在社会主义社会这一历史阶段，“以生产资料公有为基础”，“除了个人的消费资料，没有任何东西可以转为个人的财产”③。而这种生产资料的公有依然是社会所有。由于实行生产资料社会所有制，实现了人们在生产资料占有上的平等，使得任何人或集团都不能凭借生产资料的占有而占有和支配他人的劳动，因而消灭了人剥削人的现象。

生产资料社会主义公有制的出现，是人类所有制实现形式发展史上的一个巨大飞跃。在社会主义社会，“一旦社会占有了生产资料”，劳动者成了社会的主人，从而“人们第一次成为自然界的自觉的和真正的主人”，“只是从这时起，人们才完全自觉地自己创造自己的历史；只是从这时起，由人们使之起作用的社会原因才大部分并且越来越多地达到他们所预期的结果。这是人类从必然王国进入自由王国的飞跃”④。这就为生产资料社会主义公有制实现形式的不断创新提供了不竭的动力，为生产力的发展开辟了广阔的前景。

（三）商品生产不复存在，社会生产的计划性和有意识的社会调节

在马克思和恩格斯看来，商品是彼此独立的私人劳动的产物，是与私有制相联系的，因此，一旦社会占有生产资料，商品生产就将不复存在。他们所设想的未来社会是一个没有商品货币关系的社会，在那里，人们“用公共的生产资料进行劳动，并且自觉

① 马克思，恩格斯．马克思恩格斯选集：第3卷．北京：人民出版社，1995：751、752.
② 马克思，恩格斯．马克思恩格斯选集：第2卷．北京：人民出版社，1995：141.
③ 同①303、304.
④ 同①633－634.

地把他们许多个人劳动力当作一个社会劳动力来使用”①。在这种条件下，劳动作为直接的社会劳动存在，劳动产品也不表现为商品。马克思在《哥达纲领批判》中说：“在一个集体的、以生产资料公有为基础的社会中，生产者不交换自己的产品；用在产品上的劳动，在这里也不表现为这些产品的**价值**，不表现为这些产品所具有的某种物的属性，因为这时，同资本主义社会相反，个人的劳动不再经过迂回曲折的道路，而是直接作为总劳动的组成部分存在着。”② 恩格斯在《反杜林论》中对消灭商品生产的历史意义做了详细的阐述。他说：“一旦社会占有了生产资料，商品生产就将被消除，而产品对生产者的统治也将随之消除。社会生产内部的无政府状态将为有计划的自觉的组织所代替。个体生存斗争停止了。于是，人在一定意义上才最终地脱离了动物界，从动物的生存条件进入真正人的生存条件。人们周围的、至今统治着人们的生活条件，现在受人们的支配和控制，人们第一次成为自然界的自觉的和真正的主人，因为他们已经成为自身的社会结合的主人了。人们自己的社会行动的规律，这些一直作为异己的、支配着人们的自然规律而同人们相对立的规律，那时就将被人们熟练地运用，因而将听从人们的支配。人们自己的社会结合一直是作为自然界和历史强加于他们的东西而同他们相对立的，现在则变成他们自己的自由行动了。至今一直统治着历史的客观的异己的力量，现在处于人们自己的控制之下了。只是从这时起，人们才完全自觉地自己创造自己的历史；只是从这时起，由人们使之起作用的社会原因才大部分并且越来越多地达到他们所预期的结果。这是人类从必然王国进入自由王国的飞跃。”③

在马克思和恩格斯设想的未来社会中，由于实行生产资料公有制，劳动成为直接的社会劳动，因此能够实行“劳动时间的社会的有计划分配”。马克思在致路·库格曼的信中指出：“资产阶级社会的症结正是在于，对生产自始就不存在有意识的社会调节。合理的东西和自然必需的东西都只是作为盲目起作用的平均数而实现。”④ 未来社会从根本上改变了这种状况，正如恩格斯所指出的：“一旦社会占有了生产资料，商品生产就将被消除……社会生产内部的无政府状态将为有计划的自觉的组织所代替”⑤，社会将按照社会总体和每个成员的需要对生产进行社会的有计划的调节。通过对生产进行有计划和有意识的社会调节，能够自觉保持社会生产的比例性，避免资本主义生产无政府状态和由此造成的浪费。

（四）在共产主义两个阶段中分别实行按劳分配和按需分配

马克思在1875年发表的《哥达纲领批判》中根据生产力的不同性质明确地把共产主义社会区分为低级和高级两个发展阶段，在共产主义低级阶段只能实行按劳分配，在其高级阶段实行按需分配。在共产主义低级阶段只能实行按劳分配，是由这一阶段的客观条件决定的。一方面，实行生产资料公有制，每个社会成员所能向社会提供的只能是自己的劳动，从社会取得的只能是自己的消费品；另一方面，这一阶段的共产主义社会不是在它自身基础上发展的，而是刚刚从资本主义社会中产生出来的，

① 马克思．资本论：第1卷．北京：人民出版社，1975：95.

② 马克思，恩格斯．马克思恩格斯选集：第3卷．北京：人民出版社，1995：303.

③ 同②633－634.

④ 马克思，恩格斯．马克思恩格斯选集：第4卷．北京：人民出版社，1995：581.

⑤ 同②630.

因而它在各方面，在经济、道德和精神方面还带着它脱胎出来的那个旧社会的痕迹。因此，每一个生产者在做了各项扣除之后，从社会方面正好领回他所给予社会的一切，即在个人消费品分配中要实行按劳分配的原则，这一原则就是通行的调节商品交换的同一原则，即一种形式的一定量的劳动可以和另一种形式的同量劳动相交换。马克思还指出，按劳分配中体现的平等权利，对不同等的劳动者来说是不平等的权利。但这些弊端在共产主义社会的第一阶段是不可避免的，因为"权利决不能超出社会的经济结构以及由经济结构制约的社会的文化发展"①。只有在共产主义的高级阶段才能实行按需分配的原则，消除这些弊端，因为"在共产主义社会高级阶段，在迫使个人奴隶般地服从分工的情形已经消失，从而脑力劳动和体力劳动的对立也随之消失之后；在劳动已经不仅仅是谋生的手段，而且本身成了生活的第一需要之后；在随着个人的全面发展，他们的生产力也增长起来，而集体财富的一切源泉都充分涌流之后，——只有在那个时候，才能完全超出资产阶级权利的狭隘眼界，社会才能在自己的旗帜上写上：各尽所能，按需分配"②。

显然，作为共产主义低级阶段的社会主义，既有共产主义社会的一些一般特点，又具有自身的特殊规定性，正是这些特殊规定性使之与高级阶段区别开来。马克思关于共产主义社会两阶段的理论，是从社会发展的实际要求出发提出的，它科学地揭示了低级阶段社会主义与高级阶段共产主义的本质区别，为社会主义运动提供了切实可行的行动目标，具有重大的理论和实践意义。

（五）尽快发展生产力，在此基础上实现共同富裕

强调生产力的首要性是马克思主义理论的一个基本观点，马克思主义经典作家主张用公有制取代私有制的根本原因就在于私有制已不适应现代生产力的社会本性，阻碍了生产力的发展，实行生产资料公有制就是为了更好更快地发展生产力。马克思和恩格斯在其早期著作《德意志意识形态》中分析了私有制和旧分工造成的"异化"现象，指出未来社会要消除这种"异化"现象，必须"以生产力的巨大增长和高度发展为前提"，"因为如果没有这种发展，那就只会有**贫穷**、极端贫困的普遍化；而在**极端贫困**的情况下，必须重新开始争夺必需品的斗争，全部陈腐污浊的东西又要死灰复燃"③。他们认为，只有更快地发展生产力和创造相应的物质条件，才能为建立一个更高级的、以每个人的全面自由发展为目的的新社会创造现实的基础。在《共产党宣言》中，马克思和恩格斯就明确提出，无产阶级将利用自己的政治统治，把一切生产工具集中在国家手里，尽可能快地增加生产力的总量，并把未来共产主义社会的生产目的概括为扩大、丰富和提高工人的生活。他们认为，在未来社会中，生产力的发展不仅是提高社会成员物质生活水平的基础，而且是社会成员获得全面自由发展的条件。恩格斯说：在未来社会，"通过社会生产，不仅可能保证一切社会成员有富足的和一天比一天充裕的物质生活，而且还可能保证他们的体力和智力获得充分的自由的发展和运用"④。

---

① 马克思，恩格斯．马克思恩格斯选集：第3卷．北京：人民出版社，1995：305.

② 同①305-306.

③ 马克思，恩格斯．马克思恩格斯选集：第1卷．北京：人民出版社，1995：86.

④ 同①757.

马克思和恩格斯认为，未来社会生产要以满足社会成员的需要、实现共同富裕为目的。在《政治经济学批判大纲》中，马克思明确指出，在新的社会制度中，“社会生产力的发展将如此迅速……生产将以所有的人富裕为目的”①。恩格斯也阐明了这一思想。他指出，在未来社会，“社会的每一成员不仅有可能参加社会财富的生产，而且有可能参加社会财富的分配和管理，并通过有计划地组织全部生产，使社会生产力及其成果不断增长，足以保证每个人的一切合理的需要在越来越大的程度上得到满足”②。尽可能快地发展生产力以满足人民群众日益增长的文化需要，这是共产主义社会生产的基本目的，反映了这一社会的根本性质。同时，只有生产力高度发展，物质产品极大丰富，自由支配的时间增加，“才能为一个更高级的、以每个人的全面而自由的发展为基本原则的社会形式创造现实基础”③。

第二节　社会主义的实践

一、社会主义的传统模式

马克思和恩格斯一再说明，他们的理论不是教义，他们所提供的不是现成的教条，而是进一步研究的出发点和进行这种研究的方法。然而，由于种种主客观原因，马克思主义关于未来社会的理论在被后来的社会主义者继承的同时，被加以教条化，马克思和恩格斯在特定历史条件下得出的一些个别结论被当作马克思主义的普遍真理，特别是马克思和恩格斯提出的消灭私有制和商品货币关系的理论不仅被后来的社会主义者所继承，而且逐步由一种理论设想发展成为社会主义实践中必须遵循的行动纲领。

在马克思和恩格斯的理论中，商品生产与私有制相联系，消灭私有制与消灭商品生产是未来社会的两个重要特征。传统的社会主义理论对此深信不疑。不仅如此，而且从19世纪八九十年代开始，出现了把马克思和恩格斯的理论为适用于党的宣传需要而加以简单化，甚至是庸俗化的现象。社会主义经济应当排除市场关系并实现“实物”经济的观点已开始成为社会主义经济理论的教条。当时在社会主义政党和社会主义者中流行的观念是：(1) 商品生产与社会主义不能相容是一条定理，并且把消灭商品生产当作无产阶级革命的一项任务；(2) 把社会主义经济解释为一家集中管理的、封闭的、自给自足的企业；(3) 在向社会主义过渡的时期，就必须实现经济关系的“实物化”。④ 在这些思想的支配下，不仅消灭私有制，而且消灭商品货币关系和市场机制已不再是一种理论预测，而是成为社会主义在实践中的政策主张和行动纲领；商品货币关系的消亡不再是一种自然的历史过程，一种抽象的理论推导，而是由无产阶级专政通过暴力和权力强制加以实现的、人为的结果。

---

① 马克思，恩格斯．马克思恩格斯全集：第46卷（下）．北京：人民出版社，1980：222.

② 马克思，恩格斯．马克思恩格斯选集：第3卷．北京：人民出版社，1995：336.

③ 马克思，恩格斯．马克思恩格斯全集：第23卷．北京：人民出版社，1972：649.

④ 格·萨穆利．社会主义经济制度的最初模式．长沙：湖南人民出版社，1984：24.

在十月革命前，列宁关于未来社会主义的设想与马克思和恩格斯几乎完全一样。他认为，社会主义革命就是要以公有制取代资本主义私有制，因为“私有经济关系和私有制关系已经变成与内容不相适应的外壳了，如果人为地拖延消灭这个外壳的日子，那它就必然要腐烂……但终究不可避免地要被消灭”[①]。因此，“工人阶级要获得真正的解放，必须进行从资本主义生产方式的全部发展中自然产生的社会革命，即消灭生产资料私有制，把它们变为公有制，组织由整个社会承担的社会主义的产品生产代替资本主义商品生产”[②]。列宁还将公有制和计划经济视为未来社会主义社会的基本经济特征，他指出，“只要还存在着市场经济，只要还保持着货币权力和资本力量，世界上任何法律都无法消灭不平等和剥削。只有建立起大规模的社会化的计划经济，一切土地、工厂、工具都转归工人阶级所有，才可能消灭一切剥削”[③]。在列宁的理论中，国家代替了马克思和恩格斯的“自由人的联合体”，“国家大公司”取代了“社会大工厂”。列宁认为，在社会主义社会里，“**全体**公民都成了国家（武装工人）雇用的职员。**全体**公民都成了**一个**全民的、国家的‘辛迪加’的职员和工人。全部问题在于要他们在正确遵守劳动标准的条件下同等地劳动，同等地领取报酬。对这些事情的计算和监督已被资本主义**简化**到了极点，而成为非常简单、任何一个识字的人都能胜任的手续——进行监督和登记，算算加减乘除和发发有关的字据”[④]。

十月革命后，根据列宁的设想和当时苏俄的政治环境，建立了以高度集中的国有化和计划经济管理为特征的“战时共产主义”体制。当时苏维埃政权没收了全部资本家的财产，不仅将大企业，而且将中小企业收归国有；对农民实行余粮收集制；取消商品货币关系，取消城乡市场贸易；由国家按照共产主义的原则来组织生产和分配，实行计划配给，推行平均主义的分配制度。当时，列宁将马克思和恩格斯设想的所有制模式搬到了俄国，将一切非公有制的经济成分，如私有经济、小农经济、国家资本主义经济等都作为要消灭的对象。同时列宁明确把取消商品货币和市场机制，建立计划经济当作建立社会主义制度的基本任务。他指出，“俄共将力求尽量迅速地实行最激进的措施，来准备消灭货币”，并在全国范围内用“有计划有组织的产品分配来代替贸易”[⑤]。同时，列宁主张通过建立消费合作社，实行普遍的义务制和对生产分配的无所不包的统计与监督来向社会主义过渡。对于社会主义的这种认识与战时的环境相结合，产生了高度集中和实物化的、完全排斥商品货币关系和市场的军事共产主义模式。但是，战争一结束，这种模式的严重弊病就暴露出来了。事实表明，完全消灭非公有制经济不现实，没有商品货币和个人利益的刺激，社会生产根本无法有效进行，现实与理论产生了尖锐的矛盾。在理论与实践的矛盾面前，列宁根据实践的需要，提出了利用商品货币关系和市场机制、利用个人对经济利益的关心、利用国家资本主义和经济核算制等一系列中介环节建设社会主义的政策主张，实现了从战时共产主义向新经济政策的转变。新经济政策的核心内容是从当时作为小商品生产者的个体农民在俄国国民经济中占优势这一基本国情出发，以征收固定的粮食税替代余粮收集制，在一定范围内恢复贸易自由并放宽对资本主

① 列宁．列宁选集：第2卷．北京：人民出版社，1995：687.

② 列宁．列宁全集：第6卷．北京：人民出版社，1986：413.

③ 列宁．列宁全集：第13卷．北京：人民出版社，1987：124.

④ 列宁．列宁选集：第3卷．北京：人民出版社，1995：202.

⑤ 列宁．列宁选集：第3卷．北京：人民出版社，1972：749、750.

义的政策，对国内外资本家实行租让制，加强同资本主义国家的经济交往与合作等。新经济政策的实质是承认社会主义条件下还存在多种所有制形式，其中也包括私有制的经济成分，允许多种经济成分之间发展平等的商品经济关系。列宁肯定了发展多种所有制形式和商品货币关系的必要性，并提出了建立公有制经济占主导地位的多种经济成分并存的所有制结构的设想。列宁指出，应“在不同程度上允许资本主义和私营商业存在，不必害怕资本主义的某些滋长，只要能够迅速加强流转，使农业和工业得到发展就行”①。列宁指出：“既然我们还不能实现从小生产到社会主义的直接过渡，所以作为小生产和交换的自发产物的资本主义，在一定程度上是不可避免的，所以我们应该利用资本主义（特别是要把它纳入国家资本主义的轨道）作为小生产和社会主义之间的中间环节，作为提高生产力的手段、途径、方法和方式。”② 但是，在列宁看来，对于利用多种经济成分，发展商品货币关系只是过渡时期的一种特殊情况，而对于未来社会主义经济中是否还应保留商品货币关系和市场机制，发展多种经济成分，则由于他过早去世而没有来得及从理论上做深入的考虑。

在新经济政策时期，由于商品关系和市场机制的存在，人们对于价值规律和商品货币的作用、计划和市场的关系等问题进行了比较深入的讨论。在讨论中，以布哈林等为代表的一些理论家提出了利用多种经济成分和市场关系来建设社会主义经济的富有远见的思想，但是，这些思想也主要是针对过渡时期的经济而言的，并没有涉及社会主义经济的基本问题。

传统的社会主义模式是在斯大林时期真正形成的。传统的社会主义经济体制模式和经济理论范式也是在这一时期最终确立的。这种体制模式和理论范式的确立，一方面反映了马克思主义经典作家关于社会主义社会单一公有制结构、不存在商品货币的计划经济思想，另一方面也反映了社会主义原始积累阶段大规模工业化的客观要求。在列宁去世后不久，斯大林就放弃了由列宁所确立的以公有制为主体、多种经济成分并存的社会主义所有制模式，过早地提出要消灭私营经济和个体经济等经济成分，并逐步在全国确立了一种后来对各社会主义国家影响深远的计划经济模式和单一的所有制结构模式。斯大林确立了典型的苏联式社会主义模式，并将其写入《政治经济学教科书》。该书认为，“国家所有制是社会主义社会中占优势的、起主导作用的所有制形式”，国家所有制体现出“最成熟、最彻底的”社会主义生产关系，并决定了集体所有制的社会主义性质。③斯大林确定的社会主义体制模式，不仅生产资料所有制形式单一，而且决策权高度集中，资源配置主要依靠自上而下的行政命令或指令性计划来推动，商品货币关系和市场机制受到严重抑制。与军事共产主义模式不同，在集中的计划经济体制中，商品货币和市场机制尽管作用很小，但并没有被完全取消；商品、货币、利润和价格在形式上还存在，被用来当作经济核算的工具；居民的消费选择和职业选择相对来说是自由的，存在消费品市场；农民在完成农产品交纳任务后可以自由出售剩余农产品，价格由市场供求自由决定。但总的来看，在斯大林的计划经济体制中，私营经济和个体经济是被消灭和限制的对象，以指令性计划为基础的计划经济被看作社会主义经济制度的本质规定，市

① 列宁．列宁全集：第32卷．北京：人民出版社，1958：370.

② 列宁．列宁选集：第4卷．北京：人民出版社，1995：510.

③ 苏联科学院经济研究所．政治经济学教科书．第三版增订本．北京：生活·读书·新知三联书店，1960：111-117.

场机制被看作社会主义的异己物而加以限制。

斯大林在晚年对苏联的社会主义建设实践进行了总结和概括，写成了《苏联社会主义经济问题》一书，该书阐述了他对社会主义经济理论中的一系列根本问题和重要规律的看法。在所有制问题上，斯大林根据生产资料公有化程度的高低，把社会主义所有制概括为两种基本形式：一种是国家所有制即全民所有制，一种是集体所有制。斯大林还说明了把集体所有制提高到全民所有制水平的途径。因此在相当长的时间内，国家所有制被看作公有制的高级形式，集体所有制是公有制的低级形式、过渡形式。斯大林认为，由于存在着全民所有制和集体所有制这两种公有制形式，这就决定了商品生产存在客观性和必然性。因为国家只能支配全民所有制企业的产品，而不能无偿使用、调拨集体所有制企业的产品。集体所有制企业只愿意把自己的产品作为商品，通过等价交换同全民所有制企业和其他集体所有制企业产生经济联系。为了巩固工农联盟，使工农业生产协调发展，就必须采取商品生产这种唯一可行的经济联系形式。他开始承认要利用市场调节国家和农民之间的经济关系，肯定了社会主义经济中经济规律的客观性和价值规律在社会主义经济中一定程度的调节作用。但斯大林的认识仍然是有很大局限性的，总体上还没有超出传统计划经济的认识框框。他否认生产资料是商品，不承认价值规律对生产的客观调节作用，不承认全民所有制经济内部的市场关系，认为工资、价格、成本和利润等市场范畴只不过是一种"外壳"，只能作为经济核算的工具发挥作用，而不具有真正的市场调节作用。[①] 这种传统的社会主义计划经济的理论和现实模式，被大多数的社会主义国家所采用，并在很长时期内居主导地位。

中国也是在资本主义没有充分发展的基础上走上社会主义道路的，在相当长的时期内也实行了高度集权的传统社会主义模式。这与对社会主义的传统认识有关，但同时应当看到这是在特定社会历史条件下的一种选择。我们知道，马克思设想的社会主义是在资本主义高度发达的基础上建立起来的，而我国是在资本主义高度不发达的条件下进入社会主义的，它还没有从根本上摆脱小生产状态，还没有建立社会化大生产的基础，特别是它脱胎于半封建、半殖民地的旧中国，经济上极端落后，现代工业基础极其薄弱，在这种条件下如何有效动员资源进行社会主义建设成为至关重要的问题。极低的生产力水平和人均国民收入严重制约着国内资金积累能力的提高，当时的历史环境也不允许我们通过大规模地引进外资来弥补国内资本积累的不足。在这种条件下，只能借助于特殊的制度和体制安排来进行有效的资源动员，解决经济发展特别是工业化的资金积累问题，为此国家对农产品实行统购统销，对国有企业实行统收统支，产品统一调拨；在价格上对农产品实行垄断低价，对工业品特别是加工工业品实行垄断高价，在资金分配上实行供给制，在生产管理上实行以实物指标为主的指令性计划。在这种条件下采取所有制单一、决策权高度集中、排斥市场机制的计划经济体制模式，也就不足为奇了。事实上，这种模式对于促进中国工业化的发展，对于建立完整的工业体系和国民经济体系，对于促进由小生产到生产的历史性转变，起到了积极的作用。

传统计划经济体制的弊端是显而易见的，对此我国事实上也早有所认识，并为克服其弊端进行了一些调整和改革。但是自20世纪50年代到党的十一届三中全会以前进行的改革，基本上是在计划经济模式的框架内变动中央与地方的计划管理权限，没有触及

① 斯大林. 苏联社会主义经济问题. 北京：人民出版社，1980.

计划经济模式的根本问题。造成这种状况的原因既有理论认识上的问题，也有社会历史的根源。从理论认识上看，传统的社会主义经济理论把计划经济与商品经济、市场经济相对立，把私有制经济看作要消灭限制的对象，把计划经济看作社会主义的一个本质特征，同时又把计划经济与指令性计划相等同，形成了“计划经济才是社会主义”“计划经济没有指令性计划就会失去其社会主义性质”的传统观念。在这种传统观念的支配下，不可能对计划经济模式进行根本性的改革。从社会历史条件看，我国的社会主义经济脱胎于半封建半殖民地的旧中国，经济落后，自然经济占有很大比重，商品经济不发达，因此自然经济观念有着深厚的基础，它不可能随着社会主义制度的建立而立即消失。这种自然经济观念本身具有排斥商品经济、排斥市场机制的倾向。同时我国的社会主义是在取得民主革命胜利的基础上进行的，民主革命时期革命根据地和解放区的财政经济工作，对于保证革命战争的胜利起过重要作用，有些经济对于管理社会主义经济有可取之处，但是战争结束后，没有认真加以总结，把一些供给制因素带进社会主义计划经济体制。根深蒂固的自然经济观念和原有的供给制思想形成了对传统僵化的计划经济模式的保护层。由此可见，传统计划经济模式的形成是由多种因素造成的。

二、传统计划经济的弊端

为了实现“赶超”型发展战略，我国在相当长一段时期内采取的是一种强调数量增长和以外延方式为主的粗放型经济增长模式。与这种增长模式相适应，我国在 20 世纪 50 年代末初步建立了一个排斥市场机制、以国家高度集权为特征的指令性计划经济体制。这种增长方式有以下一些特征：选择以重工业为中心的发展战略，在重工业中又以钢铁工业为中心，农业和轻工业在很大程度上受到忽视，农、轻、重比例严重失调；外延型的经济增长，即经济增长主要依靠劳动力和资本的投入；通过人为地压低人民的消费水平来提高积累率，实现经济高速增长；在工业化进程中，一般是求大于供，因而它并不依赖市场需求的引导，而是依靠工业内部的自我消费。

与这种粗放型经济增长方式相适应，我国在 20 世纪 50 年代末初步形成了一种排斥市场机制、以国家高度集权为特征的计划经济体制，它为实现粗放型增长提供了体制条件。这种经济体制在决策结构上实行中央集权控制，从宏观到微观的所有经济决策都掌握在国家手中，以保证中央能迅速实现较大的经济结构转变。国家按照详细的计划分配信贷、外汇和其他物资，把稀缺资源集中到国家认定应优先发展的重点部门。在动力结构上属“外动力”型，国家主要通过各级行政机构对各部门和企业的经济活动施加影响或直接下达指令，忽视物质利益刺激，实行平均主义的分配原则，依靠行政力量贯彻国家的经济发展战略。在信息结构上，实现信息的纵向传递，即国家逐级传递和分解指令性计划指标，把经济活动纳入计划的轨道，微观主体的行为基本不受市场信号的制约。在调节结构上，为了使可利用的有限资本投向优先发展部门，使这些部门有足够的资本来扩大再生产，人为地制定了以低利率、低汇率、低工资率以及低生活必需品和原材料价格为特征的宏观经济政策，并通过扩大工农业产品价格的“剪刀差”，使农业部门为工业的发展提供积累资金。

国营企业制度是这样一种高度集权的计划经济体制的微观基础，也就是在所有制结构上追求“一大二公”，实行“穷过渡”。计划者既是国营企业的所有者，也是企业的管理者，作为政府的行政附属物，其预算约束是软的，即国营企业既没有独立的利益目标及自主权，也不承担企业的经营后果，只是被动地执行计划指令，完成产值指标。在以上条件下，企业生产什么、生产多少和怎样生产都是由计划控制的。企业主要根据非价格信号了解各种资源和产品相对稀缺程度的变化，并采取相应的调节方式。

首先，企业对瞬时出现的情况做出如下反应：一是使产量与当前最稀缺的资源相适应；二是实行强制替代，即由短缺引起的投入组合的更改；三是根据可得到的投入品来决定产出构成。

其次，在追求高经济增长率目标的驱使下，从上到下存在强烈的数量冲动。为了完成产值指标，企业对短缺资源的需求总是不可被满足的，并力图积存尽可能多的投入品，以防意外。

最后，由于企业不承担投资决策的责任，却可以从中获益，因此，企业会通过低估预算成本、向上级施加压力或疏通各种关系争取投资资源，这会使投资需求大大超过可供分配的投资资金，引起“投资紧张”。投资计划、投资品供应紧张和短缺是企业扩张冲动和投资饥渴的重要动力，从而会进一步造成投资的周期性波动。伴随着不断加剧的资源和消费品的短缺，强制替代、排队、等待、配额和票证就成为常见的现象。

实践证明，这种高度集权的计划经济体制严重阻碍了生产力的发展，它所暴露出来的弊端有目共睹，如官僚主义严重、动力不足、经济结构僵化、短缺现象严重、劳动者积极性不高、经济效率低下等。因此，为了使国民经济免遭崩溃，就必须通过改革传统的计划经济体制解放生产力。

三、社会主义初级阶段

任何社会形态都有一个由低级向高级、由不成熟到成熟的发展过程，因而各社会都存在不同发展阶段。社会主义社会也不例外，它的发展过程也可以根据生产力的发展状况和社会经济的发展进程被划分为不同的发展阶段。我国处在并长期处在社会主义的初级阶段。社会主义初级阶段，就是指我国生产力落后、商品经济不发达条件下建设社会主义必然要经历的特定阶段，即从我国进入社会主义到基本实现社会主义现代化的整个历史阶段。在社会主义初级阶段实行什么样的基本经济制度，是建设中国特色社会主义的重大理论和实践问题。

生产资料的所有制是社会生产关系或经济制度的基础，对于促进社会生产力的迅速发展和社会主义制度优越性的发挥有着极其重要的意义。中华人民共和国成立以来，由于理论认识上的偏差和复杂的社会历史原因，我国的所有制结构经历了一个曲折的发展过程，直到改革开放我国都没有形成合理的所有制结构，特别是“大跃进”、“人民公社化”和“文化大革命”时期，力求通过“穷过渡”和割资本主义“尾巴”的办法，大搞“升级”和“过渡”之风，削弱集体经济，尽可能地消灭个体经济，使所有制结构单一化，对我国社会生产力和社会主义经济制度造成严重后果。经验和教训告诉我们，在所有制问题上，我们一定要坚持生产力标准，选择能够适应生产力发展状况、促进生产力发展的所有制形式和所有制结构。

改革开放以来，中国共产党人认真总结了以往我国在所有制关系问题上的经验教训，重新确立了生产力标准，制定了以公有制为主体、多种所有制经济共同发展的方针，调整和改革了我国的所有制结构，逐步消除了所有制关系和所有制结构不合理造成的对生产力的羁绊，极大地促进了我国生产力的发展、人民生活水平的提高和我国综合国力的增强。1981 年党的十一届六中全会通过的《关于建国以来党的若干历史问题的决议》确认，一定范围的劳动者个体经济是公有制经济的必要补充。1982 年党的十二大报告论述了“国营经济的主导地位和发展多种经济形式的问题”，肯定了国营经济在整个国民经济中居于主导地位，劳动人民集体所有制的合作经济是农村的主要经济形式，城乡个体经济是公有制经济的必要补充，“只有多种经济形式的合理配置和发展，才能繁荣城乡经济，方便人民生活”。1987 年党的十三大报告提出，社会主义初级阶段的所有制结构，“应以公有制为主体”，继续鼓励城乡合作经济、个体经济和私营经济的发展，认为私营经济是“公有制经济的必要的和有益的补充”，中外合资企业、合作经营企业和外商独资企业，“也是我国社会主义经济必要的和有益的补充”。1992 年党的十四大报告对社会主义初级阶段的所有制结构做了这样的概括：“以公有制包括全民所有制和集体所有制经济为主体，个体经济、私人经济、外资经济为补充，多种经济成分长期共同发展，不同经济成分还可以自愿实行多种形式的联合经营。”1997 年党的十五大报告中第一次明确提出了社会主义初级阶段基本经济制度这一概念，并指出，“公有制为主体、多种所有制经济共同发展，是我国社会主义初级阶段的一项基本经济制度”。实行这一制度是由我国社会主义初级阶段的国情决定的：第一，我国是社会主义国家，必须坚持以公有制作为社会主义经济制度的基础；第二，我国处在社会主义初级阶段，需要在以公有制为主体的条件下发展多种所有制经济；第三，一切符合“三个有利于”的所有制形式都可以而且应该为社会主义服务。

以公有制经济为主体、多种所有制经济共同发展，符合中国的国情，也符合现代经济发展的趋势。从现代经济发展看，伴随着生产社会化的发展，出现了集中化和分散化并存的趋势，一方面生产规模在不断扩大，另一方面社会分工也在不断深化，不仅生产部门的分工在扩大，而且各种产品的生产甚至一种产品的各种零部件的生产都变为专业化生产。这在客观上造成了不同规模、不同所有制关系的企业组织形式并存的可能性和要求。因而，在发展公有制经济的同时，还要发展符合生产力要求的各种非公有制经济，并使之在不同的领域、不同的层次上相互补充，以适应现代化经济发展的趋势和要求，推动生产社会化、现代化的发展。我国现阶段广泛存在的个体经济、私营经济、外资经济等非公有制经济形式，都与我国现阶段不同的生产力水平相适应，它们是社会主义市场经济的重要组成部分，它们在增加就业、活跃市场、促进经济发展、满足人们的多样化需求等方面发挥着不可替代的作用。

我国的多种所有制经济都有自己的特点，都有自己独特的功能和优势，同时也具有各自的劣势和局限性，在现阶段的生产力状况下，它们都有自己适宜于发挥优势的领域和范围，因此应根据它们各自的特点合理配置各种所有制形式，使它们能够在功能上相互补充。此外，由于各种所有制形式的企业都是商品生产者和经营者，存在着经济利益上的差别，因而它们之间不可避免地存在竞争。多种所有制经济之间的这种相互竞争，有利于提高各种所有制经济的效率，有利于促进技术的进步，也有利于促进所有制结构的调整。竞争在所有制形式的选择上也发挥着优胜劣汰的作用，具有优越性和活力的所有制形式能够在竞争中取胜，失去活力、没有优越性的所有制形式会被竞争所淘汰。因此，应促进不同所有制之间公平、公正的竞争和有效的竞争，使多种所有制经济在竞争中共同发展。同时，各种所有制都不是封闭的系统，各种所有制经济在共同发展过程中必然要打破所有制的界限，相互融合发展。股份制为不同所有制经济的融合发展提供了企业组织形式。通过股份制实现不同所有制经济的融合发展，不仅有利于扩大公有资本的支配范围和提高资本的运作效率，而且有利于促进所有制结构的合理调整和多种所有制经济的共同发展。

实践证明，以公有制为主体、多种所有制经济共同发展的基本经济制度是适合我国国情的一项根本制度，坚持和完善这一基本经济制度对于建设中国特色社会主义具有重要的意义。在社会主义市场经济改革中，要根据解放和发展生产力的要求，坚持和完善以公有制为主体、多种所有制经济共同发展的基本经济制度。

四、探索中国特色的社会主义经济理论

社会主义代表着人类社会发展的更高阶段，从理论上说，社会主义应在资本主义充分发展的基础上建立起来，但从社会主义的实践看，首先进入社会主义的国家都没有经过资本主义充分发展阶段，恰恰都是在资本主义没有充分发展的条件下进入社会主义的。由于没有经过资本主义的充分发展，没有从根本上摆脱小生产状态，缺乏社会大生产的物质技术条件，因而在这种条件下建立和发展社会主义是一个严峻的课题。作为社会主义国家，中国需要把马克思主义基本原理与中国具体实践相结合，进行理论和实践创新，探索社会主义建设的规律，寻求适合本国国情的社会主义发展道路和模式。

中华人民共和国成立后，以毛泽东为核心的党的第一代中央领导集体不失时机地进行社会主义改造，建立起社会主义制度，并开始寻找适合中国国情的社会主义发展道路和模式，探索社会主义建设的规律。中国共产党人早就清醒地认识到，落后的中国问题很多，但最根本的是制度不适应生产力的发展和经济技术落后。毛泽东在《关于工业发展问题（初稿）》的修改中指出："我国从十九世纪四十年代起，到二十世纪四十年代中期，全世界几乎一切大中小帝国主义国家都侵略过我国，除抗日战争外，没有一次战争不是以我国失败、签订丧权辱国条约而告终。其原因，一是社会制度腐败，二是经济技术落后。……如果不在今后几十年内，争取彻底改变我国经济技术远远落后于帝国主义国家的状态，挨打是不可避免的。"[①] 因此，在我国建设社会主义，需要把制度上的变革和经济技术上的变革结合起来，才能从根本上改变一穷二白的面貌和落后挨打的局面。毛泽东把提高国家整体科学技术水平称作一个伟大革命，叫技术革命，把它同社会革命放到同等重要的地位。毛泽东认为："在社会主义社会中，基本的矛盾仍然是生产关系和生产力之间的矛盾，上层建筑和经济基础之间的矛盾。不过社会主义社会的这些矛盾，同旧社会的生产关系和生产力的矛盾、上层建筑和经济基础的矛盾，具有根本不同的性质和情况罢了。我国现在的社会制度比较旧时代的社会制度要优胜得多。……所谓社会主义生产关系比较旧时代生产关系更能够适合生产力发展的性质，就是指能够容许生产力以旧社会所没有的速度迅速发展，因而生产不断扩大，因而使人民不断增长的需要能够逐步得到满足的这样一种情况。"[②] 其同时指出："社会主义生产关系已经建立

---

① 毛泽东．建国以来毛泽东文稿：第十册．北京：人民出版社，1996：347－348.

② 毛泽东．毛泽东文集：第7卷．北京：人民出版社，1999：214.

起来，它是和生产力的发展相适应的；但是，它又还很不完善，这些不完善的方面和生产力的发展又是相矛盾的。除了生产关系和生产力发展的这种又相适应又相矛盾的情况以外，还有上层建筑和经济基础的又相适应又相矛盾的情况”①。因此，社会主义发展中要调整和改革这些与生产力发展相矛盾的生产关系及上层建筑，使之不断完善，以促进生产力的发展。面对落后的农业国的现实，1949年之后，在进行社会主义改造的同时，开始了在社会主义工业化、现代化问题上“走自己的路”的伟大探索，并提出了以农业为基础、以工业为主导、农轻重协调发展、“打破常规”的技术跨越式发展等一系列重要思想。这些成果对于我们探索中国现代社会主义道路无疑是有益的，尽管由于各种主客观原因，在理论和实践上还难以突破传统社会主义模式的局限性。

改革开放以来，中国共产党人坚持马克思主义基本原理同中国具体实际相结合，走自己的路，建设中国特色社会主义，使中国逐渐摆脱了传统社会主义经济理论和模式的束缚，开辟了建设中国特色现代社会主义的新局面，并在建设中国特色社会主义的实践中，不断进行理论创新，形成了中国特色社会主义经济理论，为马克思主义经济理论在当代的发展做出了重要的贡献。习近平总书记指出，要深刻领会中国特色社会主义是由道路、理论体系、制度三位一体构成的。中国特色社会主义道路是实现我国社会主义现代化的必由之路，是创造人民美好生活的必由之路。中国特色社会主义理论体系是马克思主义中国化的最新成果。在当代中国，坚持中国特色社会主义理论体系，就是真正坚持马克思主义。中国特色社会主义制度符合我国国情，集中体现了中国特色社会主义的特点和优势，是中国发展进步的根本制度保障。中国特色社会主义事业不断发展，中国特色社会主义制度也需要不断完善，从而为夺取中国特色社会主义新胜利提供更加有效的制度保障。② 党的十九大报告明确指出，中国特色社会主义进入新时代，我国社会主要矛盾已经转化为人民日益增长的美好生活需要和不平衡不充分的发展之间的矛盾。

中国特色社会主义经济理论主要包括以下几个方面的理论。

第一，关于社会主义本质的理论。

对于社会主义的本质，马克思和恩格斯曾经有过明确的概括，为社会主义制度的建立提供了指南。但是，马克思和恩格斯没有经过社会主义的实践，他们的论述只是一种理论的预测，需要在实践中不断加以认识和发展。特别是在中国建设社会主义，更要结合自身社会主义实践进行科学的说明。1992年邓小平对社会主义本质这一根本问题做了新的概括，“社会主义的本质，是解放生产力，发展生产力，消灭剥削、消除两极分化、最终达到共同富裕”。一方面，这一概括坚持了历史唯物主义的基本原理，强调了解放生产力和发展生产力的重要意义，揭示了社会主义建设的根本任务，纠正了改革前我们脱离生产力发展需要而从本本出发抽象讨论社会主义优越性、固守某些僵化的理论观点的教条主义倾向，为社会主义建设特别是社会主义初级阶段的经济建设确立了科学的标准；另一方面，这一概括强调了消灭剥削、消除两极分化、最终达到共同富裕，阐明了社会主义制度与资本主义制度的本质区别和社会主义的根本目标。可以说，解放生产力，发展生产力和消灭剥削，消除两极分化，最终达到共同富裕，是社会主义的本质，同时也是社会主义承担的两大历史性任务。

---

① 毛泽东．毛泽东文集：第7卷．北京：人民出版社，1999：215.

② 习近平．习近平总书记系列重要讲话读本（2016年版）．北京：学习出版社、人民出版社，2016.

第二，关于社会主义初级阶段基本经济制度的理论。

社会主义的发展阶段问题，是当代社会主义建设实践中提出的一个重大理论课题，是像我国这样的没有经过资本主义充分发展阶段而走上社会主义道路的国家所面临的一个新问题。我国社会主义建设过程中出现的许多挫折和失误，归根结底是由对我国所处的社会发展阶段和面临的基本国情认识不清造成的。我们党在十一届三中全会以后，总结社会主义建设的经验教训，对我国社会主义发展所处的历史阶段进行了重新认识和探索，提出了我们仍处在社会主义初级阶段的论断，这是我们党对当代中国基本国情的科学判断。这一科学判断一方面表明了我国的社会性质，说明我国已经进入社会主义社会，另一方面表明了我国的社会主义社会还处在不发达的阶段。社会主义初级阶段，必须把坚持以公有制经济为主体与促进非公有制经济发展，统一于社会主义现代化建设的进程中，而不能把两者对立起来。为此，党的十五大把“公有制为主体、多种所有制经济共同发展”作为“我国社会主义初级阶段的一项基本经济制度”确定下来，并且提出公有制实现形式可以而且应当多样化，股份制和股份合作制是公有制的有效实现形式。在建设中国特色社会主义的实践中，对社会主义初级阶段的基本经济制度的认识不断深化。在《中共中央关于全面深化改革若干重大问题的决定》中，把以公有制为主体、多种所有制经济共同发展的基本经济制度作为中国特色社会主义制度的重要支柱，作为社会主义市场经济体制的根基，提出公有制经济和非公有制经济都是社会主义市场经济的重要组成部分，都是我国经济社会发展的重要基础。必须毫不动摇地巩固和发展公有制经济，坚持公有制经济的主体地位，发挥国有经济的主导作用，不断增强国有经济的活力、控制力、影响力，必须毫不动摇地鼓励、支持、引导非公有制经济发展，激发非公有制经济的活力和创造力。

第三，社会主义市场经济理论。

在传统的社会主义经济理论中，市场经济是资本主义所特有的，社会主义与市场经济是不相容的。中国共产党人在改革开放中彻底破除了这一教条，认识到计划经济和市场经济不是区分社会主义和资本主义的标志，创造性地提出了社会主义市场经济理论。社会主义市场经济理论是对社会主义经济理论的重大发展，对于社会主义理论与实践具有重大的意义。党的十四大明确地提出把建立社会主义市场经济体制作为我国经济体制改革的目标，并强调指出，我们要建立的社会主义市场经济体制，就是要使市场机制在国家宏观调控下在资源配置中起基础性作用，社会主义市场经济体制是市场经济同社会主义基本制度结合在一起的新的体制，这从根本上突破了传统社会主义经济理论中反市场的观点，为在社会主义经济中充分发挥市场机制的作用奠定了基础。中共十五大、十六大、十七大、十八大根据中国社会主义市场经济实践不断深化对社会主义市场经济的认识，逐步明确了市场决定资源配置是市场经济的一般规律，健全社会主义市场经济体制必须遵循这条规律，让市场在资源配置中起决定性作用，同时更好地发挥政府的作用。

第四，关于经济改革的理论。

建设中国特色社会主义的事业是在改革开放中不断推进的，改革中既要改革经济运行机制，又要多方面地改革生产关系和上层建筑，建立起充满生机和活力的社会主义经济制度及经济政治体制。我国的改革虽然是在摸着石头过河的情况下起步的，但是我们在改革中善于总结，不断创新，在实践中逐步走出了一条中国特色的经济改革之路，也形成了一套包括改革性质、改革目标、改革内容、改革方式、改革战略、改革成效的评价标准等在内的经济改革理论。中国改革的性质不是对社会主义制度的否定，而是社会主义制度的自我完善和自我发展，改革也是一场新的革命，不是对原来经济体制的细枝末节的修补，而是要从根本上改变束缚我国生产力发展的传统经济体制，建立充满生机的社会主义经济体制和其他体制。在改革的目标上，提出了建立社会主义市场经济体制；在改革的内容上，把体制改革与制度创新相结合，实现社会主义与市场经济的最佳结合；在改革的方式上，强调从实际出发，整体推进，重点突破，循序渐进；在改革的战略上，提出了兼顾改革、发展与稳定等正确方针，以改革统揽全局，坚持改革是动力、发展是目的、稳定是前提，坚持把改革的力度、发展的速度和社会可承受的程度统一起来，把不断改善人民生活作为处理改革、发展、稳定关系的重要结合点，在社会稳定中推进改革、发展，通过改革、发展促进社会稳定。在判断改革成效的标准上，邓小平提出了“三个有利于”标准，把是否有利于发展社会主义社会生产力、是否有利于增强社会主义国家的综合国力、是否有利于提高人民的生活水平的三个“有利于”作为判断改革和各方面工作的是非得失的标准。

第五，社会主义收入分配理论。

收入分配取决于生产条件的分配。实行社会主义市场经济会引起生产条件分配的重大变化，相应地引起收入分配方式和分配结构的改变。生产条件的分配不仅有生产条件在不同社会成员之间的分配，而且有生产条件在不同生产部门之间的分配，这两种意义上的生产条件分配都影响收入分配的结果。社会主义市场经济的生产条件分配决定了在分配上实行以按劳分配为主、多种分配方式并存的分配制度。按劳分配通行着劳动标准，这是社会主义市场经济收入分配的主要标准，但不是唯一标准。市场经济通行着按生产要素分配和所有权标准。在社会主义市场经济条件下，既不能否定按劳分配和劳动标准，也不能否认所有权标准，把按劳分配与按生产要素分配相结合，从而把劳动标准和所有权标准相结合，才能体现社会主义市场经济的性质和特点，体现生产条件分配的要求。劳动标准与所有权标准相结合，按劳分配与按生产要素分配相结合，使多种分配方式相互渗透，相互影响，相互补充，形成适合我国社会主义市场经济的收入分配结构。因此，党的十五大报告明确提出“坚持按劳分配为主体、多种分配方式并存的制度，把按劳分配和按生产要素分配结合起来”，“允许和鼓励资本、技术等生产要素参与收益分配”。从收入分配过程看，社会主义市场经济的收入分配过程包括微观收入分配过程（也可以被称为初次分配过程）和宏观收入调节过程（也可以被称为再分配过程）。微观收入分配过程是通过市场机制实现的，宏观收入调节过程是通过政府税收、社会保障、转移支付等机制实现的。微观收入分配过程和宏观收入调节过程都要兼顾公平和效率，宏观收入调节过程要更加注重公平。实现社会公平正义是中国特色社会主义的内在要求，处理好效率和公平的关系是中国特色社会主义的重大课题。讲求效率才能增添活力，注重公平才能促进和谐，坚持效率和公平有机结合才能更好体现社会主义的本质。党的十八大报告提出必须坚持维护社会公平正义，逐步建立以权利公平、机会公平、规则公平为主要内容的社会公平保障体系，努力营造公平的社会环境，保障人民平等参与、平等发展权利。

第六，关于对外开放的理论。

社会主义经济本是一个开放的体系，只是受传统模式和“左”的指导思想的影响，社会主义经济在相当长的时期内趋于封闭。当今的世界是开放的世界，中国的发展离不开世界。有鉴于此，我国把对外开放确定为建设中国特色社会主义的一项基本国策。我国的对外开放是有计划、有步骤地逐步推进的，从沿海到内陆，从商品贸易到服务贸易、金融开放，从单边的政策性开放到加入WTO的多边有规则的开放，领域不断拓宽，开放程度不断提高，逐步构建了全方位、多层次、宽领域、多渠道、有秩序的对外开放格局，从根本上改变了过去封闭和半封闭的状态，赋予我国社会主义经济新的活力。在开放过程中，把坚持独立自主同参与经济全球化结合起来，不断提高对外开放的水平，增强自力更生的能力，同时提出了充分利用国际国内两个市场和国际国内两种资源的理论，推动我国积极稳妥地参与经济全球化进程，形成经济全球化条件下参与国际经济合作和竞争新优势，促进我国经济的发展，同时坚持互利共赢的开放战略，推动经济全球化朝着均衡、普惠、共赢方向发展。

第七，新发展观理论。

中国特色社会主义的根本任务是发展生产力，而发展是为了人民，让人民共享发展的成果。中国共产党人提出的科学发展观，首先强调的是坚持以人为本，实质就是要以实现人的全面发展为目标，从人民群众的根本利益出发谋发展、促发展，不断满足人民群众日益增长的物质文化需要，切实保障人民群众的经济、政治和文化权益，让发展的成果惠及全体人民，使人民朝着共同富裕的方向不断前进。科学发展理论强调的发展是全面发展、协调发展和可持续发展。全面发展，就是要以经济建设为中心，全面推进经济、政治、文化建设，实现经济发展和社会全面进步。协调发展，就是要统筹城乡发展、统筹区域发展、统筹经济社会发展、统筹人与自然和谐发展、统筹国内发展和对外开放，推进生产力和生产关系、经济基础和上层建筑相协调，推进经济、政治、文化建设的各个环节、各个方面相协调。可持续发展，就是要促进人与自然的和谐，实现经济发展和人口、资源、环境相协调，坚持走生产发展、生活富裕、生态良好的文明发展道路，保证一代接一代地永远发展。全面、协调、可持续发展，是经济、政治、文化、社会等各方面的发展与人的全面发展的统一，是经济、社会与人口、资源、环境的统一，是物质文明、政治文明和精神文明建设的统一。在科学发展观的指导下，我国还提出了关于推动新型工业化、信息化、城镇化、农业现代化相互协调的理论，关于树立和落实创新、协调、绿色、开放、共享的发展理念的理论，丰富和发展了马克思主义发展理论。

建设中国特色社会主义经济理论是从实践中总结出来的，它反映了自我国改革开放以来社会主义建设的一些基本经验和在新的历史条件下对社会主义经济建设规律的认识，它是在实践的基础上形成的理论创新成果，它会随着我国实践的发展和对社会主义经济规律认识的深化而不断丰富和发展。

第三节　社会主义为什么要发展市场经济

一、市场经济为什么能提高资源配置效率

十月革命胜利后，苏联在世界上建立了第一个社会主义国家，从选择军事共产主义模式逐渐走向高度集权的计划经济体制，完全排除商品货币关系。当时的西方自由主义经济学家就计划经济体制能否实行经济核算提出了质疑，发起人是维也纳大学的米塞斯

教授。他认为，只有建立在生产资料私有制基础上的生产资料市场中形成的货币价格工具，才能进行经济核算。而在社会主义公有制条件下，由于缺乏生产资料市场和生产要素市场，价格就不能以货币表现，所以不存在进行经济核算的可能性。哈耶克也认为，即使可以在理论上假设中央计划局通过求解经济均衡方程来进行经济核算，但由于经济过程是经常变化的，再加上信息资料传输需要一定的时间，因而求解出的方程往往是无效的。因此，只有竞争的市场经济才能实现资源的最优配置，而计划经济是做不到的。

波兰经济学家兰格在《社会主义经济理论》一书中运用一般均衡理论批驳了米塞斯和哈耶克等人把生产资料市场视为形成合理的市场价格，从而实现经济核算和资源合理配置的必要条件的论点，认为在以公有制为基础的社会主义国家中，中央计划局可以模拟市场的机能，用试错法求解经济均衡方程，并确定物价，以解决资源配置、经济核算和计划预测等问题。由于从不均衡到均衡的时间更短，因此，计划经济比市场经济更有优越性。但是，苏联所选择的高度集权型计划经济体制及后来模仿苏联模式的国家所产生的种种弊端及低效率使我们重新反思集权型计划经济模式。

针对传统计划经济体制的弊端，党的十一届三中全会发起了市场取向的改革。邓小平在 1979 年会见美国不列颠百科全书出版公司编委会副主席吉布尼等人时指出："说市场经济只存在于资本主义社会，只有资本主义的市场经济，这肯定是不正确的。社会主义为什么不可以搞市场经济，这个不能说是资本主义。""社会主义也可以搞市场经济。"①

所谓市场经济是指由市场机制配置资源的经济。市场则是指交换的场所、渠道和纽带，而市场机制是指在市场交易关系中形成的以价格、供求和竞争三位一体的互动关系为基础的经济运行与调节的一套有机系统。市场经济具有以下基本特征：

1. 资源配置遵循产权规则

在计划经济条件下，资源配置奉行的是等级规则，即首先建立一个金字塔形的等级结构，然后界定行为人在等级结构中所处的位置，进而界定与该位置相适应的资源配置权力。在市场经济条件下，资源配置则遵循产权规则，即资源配置的权力与行为人拥有的资产量成正比。为此，通过对产权的界定和保护来确立排他性产权，不仅使交易者能在市场上展开公平的现货交易，而且可以使其与其他交易者缔结具有法律保障的契约关系，形成多样化的财货交换方式和财产转让方式。所以，排他性产权的确立是市场机制有效协调微观决策的必要条件。

2. 决策分散化

分散化的家庭和企业作为独立的经济实体，在给定条件下追求自身利益最大化，根据对成本与收益的比较，独立地对生产什么、生产多少、如何生产等问题做出判断和决策，并承担相应的经济后果。也就是说，微观主体应自主经营、自负盈亏。为此，微观主体的预算约束必须是硬的，即微观主体必须量入为出。在市场经济中，各种要素所有者的收入由要素的边际生产率决定，即劳动所有者获得工资收入，资本所有者获得利息收入，土地（房产）所有者获得租金收入。

3. 自由和平等竞争

市场经济作为契约经济，所有从事市场交易的行为人的地位和机会在法律上都是平

---

① 邓小平．邓小平文选：第 2 卷．北京：人民出版社，1994：236.

等的，他们在机会均等、公平交易准则的约束下自由地参与市场竞争，这包括消费选择自由、开业自由、就业选择自由和交易自由。没有任何人或机构可以强迫他们做他们不愿意做的事，他们进行竞争所凭借的是各自的经济实力和比较利益。

4. 价格协调微观决策

在分散化决策条件下，是什么因素使分散决策免于陷入混乱？用什么来协调形形色色的、有不同能力与欲望的人的行动呢？怎样才能保证需要做到的实际上也能实现呢？答案是价格。在市场经济中，价格作为显示资源稀缺性程度的信号是由市场供求关系决定的，它能自动协调微观决策。这里所说的价格具有广义性，它不仅包括产品价格，还包括利息、工资等要素价格。对于经济中的每一种物品来说，均衡价格决定了买者选择购买多少该物品，以及卖者选择生产多少该物品，从而价格确保供给与需求的平衡。

尽管市场经济确实把行为人对个人经济利益的追求看成是人们参与经济活动的动力，并主张从经济利益的角度构建激励机制，但市场经济并不是一个为了追逐自身利益可以不择手段损害他人利益的经济。市场经济鼓励人们合法地追求自身利益最大化，惩罚损人利己的行为，并努力形成一个通过追求个人利益的最大化最终导致社会利益最大化的机制。现代经济学的鼻祖亚当·斯密在《国富论》中阐明了“看不见的手”。他指出，尽管在市场经济中每个参与者从事经济活动的出发点是自利的，但只要竞争是充分的，那么在竞争中就会形成一种自然秩序，它就好像一只看不见的手，使得竞争的后果是社会利益最大化。充分的市场竞争之所以能自动地实现资源的最优配置，是因为市场机制具有分配功能、效率功能等功能。

当然，经济人的自利行为在市场机制的调节下自动达到利他的结果是有条件的，那就是市场必须是完美的，即经济人是完全理性的，他在决策时所需要的信息是可以无代价获得的且信息在交易双方之间的分布是对称的，未来是具有确定性的，不存在外部性。这样，在完全竞争的市场条件下，任何经济人都不可能用虚假的或空洞的，也就是非真实的威胁或承诺来谋取自身利益最大化。

显然，在现实生活中，完美市场的条件是很难被满足的，原因在于经济人的理性是有限的，信息是不完全的，市场是不确定的，不少行为的私人成本并不等于社会成本。当市场不完美时，经济人追求自利的动机就可能成为一把双刃剑，它一方面是经济活动的动力和市场效率的源泉，另一方面又会诱发损人利己的行为。经济人的有限理性及市场的不确定性表明，个人常常在处理、加工和贮藏信息方面能力不足，也难以准确计算出对方的交易动机，从而使市场的不确定性直接转移到单个人身上。这样，经济人就有了投机取巧的机会主义动机，即通过不诚实或欺骗来达到更有利于自己的目的，如公司财务报告造假、假冒伪劣等。当具有有限理性的经济人怀着机会主义的动机就达成某项协议讨价还价时，个人的最优选择将不可能导致社会利益最大化，囚徒困境便是这一博弈的极端形式。失信行为的存在实际上意味着失灵的市场无法使得经济人的自利行为自动导致利他的结果。

斯密其实在当时也已经发现了道德风险与资源配置的帕累托效率之间的关系。因此，他强调市场经济是一个一定要讲道德的经济，并出版了一本影响深远的著作《道德情操论》。斯密在这本书中认为，爱人如爱己的教导是最伟大的道德律，并主张设身处地地站在别人的立场看待我们的所作所为。斯密所倡导的市场经济道德观与我们的古人所推崇的“己所不欲，勿施于人”的道德律是一致的，那就是市场经济排除那种为了自己的私利而不择手段地侵犯他人的权利甚至生命的“自私”行为，鼓励和保护那种不仅在追求自身利益最大化的同时不损害他人的利益，而且时刻准备为了改善个人利益而与他人利益做某种妥协的“自利”行为。只有当市场竞争具有了“己所不欲，勿施于人”的道德基础时，我们才可能进入每个人都有自由选择权的市场经济。

二、我国对计划与市场关系的认识过程

我国对计划与市场关系的认识经历了一个长期的过程。过去，我们把计划经济看成是公有制的产物，把市场经济看成是私有制的产物，从而认为计划经济与社会主义制度相联系，市场经济与资本主义制度相联系。然而，传统计划经济体制的弊端引发人们对计划与市场的关系进行反思，这种反思与探索经历了以下几个主要的阶段。

第一阶段：1978—1984 年，提出了以计划经济为主、市场调节为辅的改革思想。党的十一届三中全会后，理论界有越来越多的人认为，社会主义经济中客观上存在商品货币关系，价值规律不仅在流通领域发挥作用，而且在生产领域发挥作用，因此，应把市场机制引入计划经济。具体来说，应通过放权让利，把计划建立在价值规律的基础上。在党的十二大上，“计划经济为主，市场调节为辅”被正式确立为经济体制改革的指导思想。

第二阶段：1984—1987 年，提出了有计划商品经济理论。1984 年党的十二届三中全会通过的《中共中央关于经济体制改革的决定》明确提出了社会主义经济是公有制基础上的有计划商品经济。根据这一论断，我们在以下问题上达成了共识：商品经济是社会主义经济不可逾越的阶段；计划经济与商品经济具有统一性；计划与市场板块式结合。在有计划商品经济理论的指导下，从 1984 年年底开始，经济体制改革的重心从农村转向城市，并且改革具有明显的市场取向，如降低指令性计划比例，扩大市场调节范围，扩大企业自主权，推行价格双轨制等。邓小平根据改革的实践进一步阐述了对计划与市场关系的看法。他在 1985 年会见美国企业家代表团时指出：“社会主义和市场经济之间不存在根本矛盾。问题是用什么方法才能更有力地发展社会生产力。我们过去一直搞计划经济，但多年的实践证明，在某种意义上说，只搞计划经济会束缚生产力的发展。把计划经济和市场经济结合起来，就更能解放生产力，加速经济发展。”①

第三阶段：1987—1992 年，提出了社会主义商品经济理论。1987 年召开的党的十三大进一步发展了有计划商品经济理论，并明确指出，社会主义商品经济与资本主义商品经济的区别不在于市场与计划的多少。社会主义商品经济应该是计划与市场内在统一的体制，计划与市场的作用都是覆盖全社会的，计划调节与市场调节应有机结合。社会主义市场体系不仅包括商品市场，而且包括资本、劳动等要素市场。经济体制改革的目标，是要建立“国家调节市场，市场引导企业”的经济运行模式。

第四阶段：1992—2013 年，提出了社会主义市场经济理论。邓小平在 1992 年春的南方谈话中明确指出：“计划多一点还是市场多一点，不是社会主义与资本主义的本质区别。计划经济不等于社会主义，资本主义也有计划；市场经济不等于资本主义，社会

① 邓小平．邓小平文选：第 3 卷．北京：人民出版社，1993：148－149.

主义也有市场。计划和市场都是经济手段。”① 这一论断从根本上否定了把社会主义与市场经济对立起来的传统观念，从此翻开了经济体制改革的新的一页。党的十四大明确提出，我国经济体制改革的目标是建立社会主义市场经济体制。为此，就要使市场在宏观调控下对资源配置起基础性调节作用，使经济活动遵循价值规律，适应供求关系的变化。党的十四届三中全会做出的《中共中央关于建立社会主义市场经济体制若干问题的决定》，全面系统地阐明了建立社会主义市场经济的基本框架和战略部署。党的十五大进一步确认，建设中国特色社会主义经济，就是在社会主义条件下发展市场经济，不断解放和发展生产力。党的十六大重申：“坚持社会主义市场经济的改革方向，使市场在国家宏观调控下对资源配置起基础性作用。”

第五阶段：2013 年以来，进一步强调市场机制在资源配置中的决定性作用，贯彻新发展理念，建设现代化经济体系。在于 2013 年 11 月召开的党的十八届三中全会上通过了《中共中央关于全面深化改革若干重大问题的决定》，该决定充分肯定了改革开放最主要的成果是开创和发展了中国特色社会主义，为社会主义现代化建设提供了强大动力和有力保障，并指出经济体制改革是全面深化改革的重点，核心问题是处理好政府和市场的关系，使市场在资源配置中起决定性作用和更好发挥政府作用。党的十九大报告指出，为了实现“两个一百年”、实现中华民族伟大复兴的中国梦，必须坚持解放和发展社会生产力，坚持社会主义市场经济改革方向，着力构建市场机制有效、微观主体有活力、宏观调控有度的经济体制。经济体制改革必须以完善产权制度和要素市场化配置为重点，实现产权有效激励、要素自由流动、价格反应灵活、竞争公平有序、企业优胜劣汰。市场决定资源配置是市场经济的一般规律，健全社会主义市场经济体制必须遵循这条规律，着力解决市场体系不完善、政府干预过多和监管不到位问题。为此，必须积极稳妥地从广度和深度上推进市场化改革，大幅度减少政府对资源的直接配置，推动资源配置依据市场规则、市场价格、市场竞争实现效益最大化和效率最优化。政府的职责和作用主要是保持宏观经济稳定，加强和优化公共服务，保障公平竞争，加强市场监管，维护市场秩序，推动可持续发展，促进共同富裕，弥补市场失灵。

尽管西方自由主义经济学与传统政治经济学是两个完全不同的理论体系，但它们在看待社会主义与市场经济的不相容性上几乎是一致的，只不过论证的逻辑不一样。西方自由主义经济学认为，交换本质上是产权的交易，没有私人产权就不可能有真正的市场；没有市场，就不可能形成均衡价格，从而企业就不可能有合理的经济核算。社会主义公有制排除商品货币关系，所以社会主义经济就不可能利用市场机制合理地配置资源。传统政治经济学也把市场经济看成是资本主义的专利，认为生产资料公有制消除了个别劳动与社会劳动之间的矛盾，社会利益的高度一致性使得社会的计划中心按照预定的计划直接对社会劳动和其他资源进行分配，商品货币关系就自动消亡了，市场经济也就自然退出了历史舞台。

其实，在社会主义初级阶段，我国不具备马克思主义经典作家所预测的商品货币关系消亡的前提条件，即社会生产力还没有高度发展，生产资料还不可能由全社会占有，个人劳动还不能直接地作为总劳动的构成部分而存在。在存在多种所有制形式以及每个企业和家庭都具有独立的利益目标的条件下，商品货币关系的存在就具有客观必然性，市场机制

① 邓小平．邓小平文选：第 3 卷．北京：人民出版社，1993：373.

则是协调不同主体的利益关系及配置资源的有效方式。同理，通过一只“看不见的手”来自动实现资源的最优配置是以一个完全竞争的市场结构为前提的。然而，即使在高度发达的市场经济国家，这种完美无缺的市场结构也是不存在的。当经济人是有限理性的，信息是不完全的（这包括经济人获得信息是要付出成本的，信息的分布是不对称的），未来具有不确定性，存在众多的私人成本与社会成本不相等的外部性等时，市场失灵现象将不可避免。这时，仅依靠市场机制的自发作用不可能实现充分就业目标，而需要依靠政府的计划手段来刺激总需求，如通过财政、货币政策来干预经济，实现宏观调控目标。

由此可见，不管是社会主义经济还是资本主义经济，计划调节与市场调节都是实现资源最优配置的经济手段。计划调节的主要优点是协调，包括不同产业部门的协调、社会经济关系的协调、短期目标与长期目标的协调、总量平衡与结构平衡的协调等。依靠市场机制来解决协调、社会公平、长期发展等问题是比较困难的。但计划调节的负面效应也是明显的，如果运用不当，就可能导致对经济的过度干预，降低经济效率。市场调节则借助于利益关系和价格机制调节经济人的行为，一般来说微观效率比较高，但在市场不完善的条件下，市场失灵现象也常常发生。因此，为了实现资源的最优配置，应该把计划调节与市场调节有机地结合起来，而社会主义市场经济体制恰恰为计划调节与市场调节的有机结合创造了体制条件。

三、社会主义市场经济体制的基本特征

尽管计划与市场都是经济调节手段，本身不具有姓“社”或姓“资”的问题，但计划与市场可以在不同的制度环境下发挥调节作用。资本主义市场经济是指在资本主义制度条件下的市场经济，而社会主义市场经济是指在社会主义制度条件下的市场经济。社会主义市场经济首先具有市场经济的一般特征，核心表现就是市场机制在资源配置中起决定性作用，否则就不成为市场经济，例如，产权关系明晰的企业具有硬的预算约束，并自主经营、自负盈亏；自由、平等的市场竞争秩序；由市场供求关系决定的价格具有充分的弹性；市场的开放性；政府主要运用经济手段调控经济；等等。从运行规则上看，社会主义市场经济与资本主义市场经济没有实质性的差异。正如邓小平所说的，社会主义的市场经济，在方法上基本上和资本主义社会的相似。① 因此，我们完全可以吸收和借鉴世界上发达国家市场经济的运作、管理经验及知识，来发展我国的市场经济。

当然，我国是在社会主义条件下发展市场经济，这必然要受到社会主义基本经济制度的制约和影响，从而必然具有自己的特点。发展市场经济是否会违反社会主义原则呢？邓小平明确地说：“没有。因为我们在改革中坚持了两条，一条是公有制经济始终占主体地位，一条是发展经济要走共同富裕的道路，始终避免两极分化。”② 党的十九大报告指出，必须毫不动摇巩固和发展公有制经济，毫不动摇鼓励、支持、引导非公有制经济发展，使市场在资源配置中起决定性作用，更好发挥政府作用。社会主义市场经济的特殊性主要表现在以下两个方面：

---

① 邓小平．邓小平文选：第2卷．北京：人民出版社，1994：236．

② 邓小平．邓小平文选：第3卷．北京：人民出版社，1993：149．

1. 以公有制为主体、多种所有制经济共同发展的所有制结构构成了社会主义市场经济的所有制基础

以公有制为主体、多种所有制经济共同发展是社会主义初级阶段的一项基本经济制度，它反映了社会主义经济制度的本质和社会主义初级阶段生产力发展的具体要求。因此，发展社会主义市场经济就应体现以下特点：

第一，必须毫不动摇地巩固和发展公有制经济。在我国现阶段，公有制经济主要包括国有经济、集体经济以及混合所有制经济中的国有和集体成分。发展壮大国有经济，国有经济控制国民经济命脉，对于发挥社会主义制度的优越性，增强我国的经济实力、国防实力和民族凝聚力，具有关键性作用。集体经济是公有制经济的重要组成部分，对于消除两极分化、实现共同富裕有重要的作用。

在社会主义市场条件下发展公有制经济，就应解决市场经济与公有制的兼容性问题。公有制的主体地位并不等于公有制的形式越大越好，越公越好，而必须与当前的生产力发展水平相适应。正确发挥国有经济的主导作用，需要在提高国有经济的控制力上下功夫，按照生产力发展的要求调整国有经济的布局、结构和组织形式。公有制的本质是在劳动者共同占有生产资料的条件下实现劳动者与生产资料的直接结合以及劳动者共同拥有劳动成果，而这种本质的实现则要考虑当时的生产力和社会化生产发展的要求。在社会主义初级阶段，由于生产力发展的不平衡性和发展水平不高，还存在社会分工，劳动力归个人所有，所以，生产资料的公共占有关系具有间接性、局部性和等价性等特点，具有独立经济利益的劳动者以及企业之间必须实行等量劳动相交换的原则，劳动者与企业的个别劳动还必须通过一个抽象化、平均化和社会化的过程转化为社会劳动，而这个转化过程只能通过市场机制来完成。在这一条件下，企业包括国有企业应成为自主经营、自负盈亏的市场主体与法人实体。事实上，公有制的本质在不同的生产力发展水平下可以通过不同的具体形式表现出来，即公有制的实现形式是具有多样性的，我们完全可以通过深化国有企业体制的改革探寻与市场经济要求相适应的公有财产的具体组织形式，如承包制、股份制等，使公有制与市场经济相兼容。

第二，必须毫不动摇地鼓励、支持和引导非公有制经济的发展。非公有制经济主要包括个体经济、私营经济和外资经济。在社会主义初级阶段，各种形式的非公有制经济是社会主义市场经济的重要组成部分。因此，首先要鼓励非公有制经济的发展。因为非公有制经济对于调动社会各方面的积极性，对于积累资金、扩大就业、增加税收、满足消费者多样化的需求以及加快生产力的发展等具有重要的作用。其次要支持非公有制经济的发展。这就需要转变观念，消除对非公有制经济的歧视性看法和政策；改善非公有制经济发展的体制和政策环境，如拓宽非公有制经济的融资渠道，降低非公有制经济进入某些行业的壁垒，给予非公有制经济必要的法律保护等。最后要引导非公有制经济的发展。非公有制经济产权明晰、机制灵活、竞争力强等，这些是其优势，但有时为了追求利润最大化可能会损害他人或社会利益，如假冒伪劣等，这就需要依靠经济、法律以及必要的行政手段来引导非公有制经济的发展。

第三，坚持以公有制为主体，促进非公有制经济发展，并将其统一于社会主义现代化建设的进程中。在社会主义市场经济条件下，公有制与非公有制经济之间是相互促进、相互融合、相互渗透的协调发展的关系，而不是相互割裂、相互排斥的关系，更不是相互对立的。因此，各种所有制经济完全可以在市场竞争中发挥各自优势，相互促进，在社会主义现代化的建设进程中共同发展。

2. 以按劳分配为主、多种分配方式并存的分配制度是社会主义市场经济的分配方式

按劳分配是社会主义经济中个人消费品分配的基本原则。根据马克思的设想，在共产主义低级阶段，由于公有制代替了私有制，消除了人们在生产资料占有上的不平等关系，资本不再成为分配的尺度，劳动成为占有社会产品和获得收益的唯一依据，即实行等量劳动获得等量报酬和多劳多得、少劳少得、不劳动者不得食的原则，作为分配尺度的劳动既不是个别劳动，也不是社会必要劳动，而是社会平均劳动，即在平均熟练程度和平均劳动强度下生产单位使用价值所耗费的劳动。但是，按劳分配原则的纯粹实现依赖若干充分必要条件，如在全社会范围内实现生产资料公有制，生产资料的数量必须足够多以保证劳动者能够各尽所能，商品货币关系已经消亡，必要劳动与剩余劳动的划分由全社会统一决定等。

然而，在社会主义初级阶段，马克思设想的按劳分配原则纯粹实现的条件并不具备，如社会生产力还没有高度发达，公有制经济与非公有制经济并存，市场机制在资源配置方面还起基础性调节作用等，这就决定了社会主义市场经济条件下的分配制度具有以下特点：首先，以公有制为主、多种所有制经济共同发展的所有制结构决定了必须坚持以按劳分配为主、多种分配方式并存的原则。按照生产方式决定分配方式、收益权是所有权的最终体现的理论，以公有制为主要求实现以按劳分配为主体的分配制度；而在非公有制经济中，按生产要素分配就是生产要素私人所有制在经济上的实现，即资本得利息，劳动得工资，土地得地租。其次，在社会主义市场经济条件下，按劳分配原则需要通过市场交易关系才能实现。这是因为劳动者和企业的个别劳动不能直接转化为社会劳动，只有通过商品交换，个别劳动才能转化为社会劳动。企业的劳动只有符合社会必要劳动时间的要求，创造的价值才能被社会承认。最后，即使是公有资产，但由于在市场经济条件下也要有偿使用，占用公有资产的企业必须自主经营、自负盈亏，所以其价格如利息、地租等应反映资源的稀缺性，而这会或多或少地影响到按劳分配的实现过程和实现形式。

第四节　怎样建设社会主义市场经济体制

一、深化国有企业改革，重塑市场竞争主体

我国的国有企业改革在不断推进所有制结构调整、积极发展多种所有制经济的同时，大体上经历了三大阶段：一是放权让利的改革阶段。这一阶段的改革依次选择了利润留成制度、两步利改税、企业承包经营责任制等形式。这一阶段的特点是在不触动政府对国有企业拥有所有权的前提下，逐步向企业下放经营权，并从经济利益上调动企业内部人的积极性。二是试行股份制，建立现代企业制度的阶段。这一阶段的特点是开始触及产权制度的改革，通过对国有企业进行股份制改造，引入多元化产权主体，建立起"产权明晰、权责明确、政企分开、管理科学"的现代企业制度。三是国有经济战略性调整阶段。国家对国有企业应该有所为有所不为、有进有退。国家应主要在以下领域保

持控制力：国防、公共产品、自然垄断行业以及支柱产业和高新技术产业中的若干重要企业。对于其他属于竞争性的国有企业则应抓好重点，放活中小型企业。

我国目前已经进入国有企业改革的第三阶段。应该看到，经过前面的两大改革阶段，国有企业已从原来完全依赖政府的行政附属物逐步向市场竞争主体转变。这种转变主要表现为企业的预算约束开始硬化，自主决策能力有所提高。尽管国有企业改革所取得的成效是明显的，但从总体上看，国有企业经济效率低下的问题还没有从根本上解决，尤其是股份制改造过程中出现的国有资产流失问题令人忧虑。面对来自各个方面的挑战，国有企业犹如逆水行舟，不进则退，即如果国有企业不能提高自身的市场竞争能力，就将被国内外竞争对手淘汰出局，而增强国有企业市场竞争能力的根本出路就是通过深化改革使其成为真正的市场竞争主体。因此，我们必须完成好以国有经济战略性调整为核心内容的国有企业改革。

第一，实施国有企业的分类改革战略。为了解决国有经济分布过宽、整体素质不高、资源配置不尽合理等问题，国有经济战略性调整要同产业结构的优化升级和所有制结构的调整完善结合起来，坚持有进有退，有所为有所不为。国有资本的进退并不只是根据企业规模的大小来确定，而是主要根据企业所处行业的性质来区分。对于关系国计民生的行业，国家应实施有效控制；对于中小型竞争性国有企业，国有资本应逐步退出。

第二，改革国有资产管理体制。根据我国地域广阔、国有资产数量庞大的特点，可以在国有的前提下，充分发挥中央和地方两个积极性。国家通过制定法律法规，建立中央政府和地方政府分别代表国家履行出资人职责，享有所有者权益，权利、义务和责任相统一，管资产和管人、管事相结合的国有资产管理体制。

第三，推进产权多元化的混合所有制改造，对于大型竞争性国有企业应按照国际惯例进行股份制改造，建立规范化的现代企业制度。其中应着重解决两个问题：一是政企分开问题。应坚决取消企业的行政级别，分离企业办社会的职能，在改革国有资产管理体制的前提下，明确政府与企业的责任，避免政府对企业日常经营活动的干预。二是产权关系明晰化问题。实现产权关系明晰化的一个有效途径是在投资主体多元化的基础上对国有企业进行股份制改造，以产权主体多元化实现产权关系明晰化。

第四，实现公司治理结构的创新。公司治理结构是一种契约制度，它通过一定的治理手段，合理配置剩余索取权与控制权，以在出资人、经营者与生产者之间形成自我约束、相互制衡的机制，促使企业长期发展。其中一个非常关键的问题是如何完善对经理人的激励和约束机制，调动劳动者的积极性。当前可选择的是及早引入以年薪制、奖金和股票期权计划为主要内容的最优报酬计划，完善对经理人的激励机制，试行吸收新分享经济思想的员工持股制度，使员工的收入与企业经济效益相联系。

第五，完善企业的技术创新机制，迎接知识经济时代的挑战。为了提高企业的技术创新能力，一方面应出台一系列优惠政策，鼓励企业逐步增加研发费用，掌握高新产业的核心技术；另一方面应从制度上对技术创新行为实施有效的激励，如对科技人员实行新产品新增利润提成、技术折价入股或股票期权计划等制度。

第六，以改革促管理。随着改革的逐步到位和激励约束机制的逐步完善，应着力提高企业的管理水平。当前，应努力抓好企业的劳动人事管理、成本核算与成本管理、资金管理、财务报表管理、质量管理、营销管理、职工培训和安全生产管理，以提高企业的市场竞争能力。

二、健全现代市场体系

优化市场环境的核心是完善市场机制。所谓市场机制是指在一定的市场形态下，市场供求、价格、竞争等要素互为因果、相互制约所形成的联结系统和运转方式。市场机制的完善除了市场主体必须产权明晰、具有硬的预算约束等特征之外，还必须具备以下条件：一是营造平等竞争的市场环境。自由竞争、充分竞争和无歧视竞争是平等竞争的基本含义，垄断通过限制平等竞争损害市场效率。为此，就既要尽可能减少通过行政干预设置进入壁垒的行政性垄断，又应通过对规制制度的改革尽可能避免自然垄断对市场效率的损害，同时应坚决地反对不正当竞争与地方保护主义。二是进一步开放市场，构建一个健全统一、开放、竞争、有序的现代市场体系。在市场化程度不断提高的今天，应积极采取措施，推进资本市场的稳定发展和逐步成熟，并积极发展产权、土地、劳动力和技术等市场。同时，在充分竞争和放开价格的条件下，形成一个由市场供求决定的市场价格体系，这里不仅包括一般商品价格，而且包括工资、利率等要素价格。三是深化流通体制改革，发展现代流通方式。为了促进全国统一市场的形成，尤其需要打破行业垄断和地区封锁，实现商品和生产要素在全国市场自由流动。

完善现代市场体系，就必须整顿和规范市场秩序，健全现代市场经济的信用体系。道德建设对于引导和激励人们自觉地诚实守信是有明显作用的。尽管产权的明确界定与市场参与者的诚实守信是正相关的，但人们的交易行为不可能全部由产权来界定，原因是产权界定需花费成本，在有些场合产权界定的成本甚至高于由此获得的收益。解决制度规则缺失所引起的行为失信问题，需要依靠行为的伦理道德规范。在伦理道德的规范下，市场参与者就会自觉选择与利己主义、享乐主义等自利本性相反的利他主义行为，从而使诚实守信成为大家的追求。在同样的制度规则下，人们道德素养的差异将直接导致资源配置效率的差异，这样的例子比比皆是。由此可见，市场经济实际上是一个在法制基础上的讲道德的经济，而不是一个为了追逐自身利益可以不择手段损害他人利益的经济。市场经济鼓励人们合法地追求自身利益最大化，惩罚损人利己的行为，并努力形成一个通过追求个人利益的最大化最终导致社会利益最大化的机制。为此，就需要构建以下约束机制：(1) 受制于个人的宗教信仰、道德规范的自我约束；(2) 交易双方都有的某种“威慑力量”(如行使退出权等) 使对方不敢“坑人”的相互监督；(3) 依靠法律、舆论、政府等力量的第三方监督。

三、完善宏观调控，更好发挥政府的作用

在完全竞争的市场条件下，市场机制可以自动实现资源的最优配置。但是，在现实生活中，完美市场的条件是很难被满足的，原因在于经济人的理性是有限的，信息是不完全的，市场是不确定的，不少行为的私人成本并不等于社会成本。当市场不完全时，经济人追求自利的动机就可能成为一把双刃剑，它一方面是经济活动的动力和市场效率的源泉，另一方面又会诱发损人利己的行为。经济人的有限理性及市场的不确定性表明，经济人常常在处理、加工和贮存信息方面能力不足，也难以准确计算出对方的交易

动机，从而使市场的不确定性直接转移到单个人身上。这样，经济人就有了投机取巧的机会主义动机，即通过不诚实或欺骗来达到更有利于自己的目的，如搭便车问题、虚假广告、公司财务报告造假、假冒伪劣等。当具有有限理性的经济人怀着机会主义的动机就达成某项协议讨价还价时，个人的最优选择将不可能导致社会利益最大化，就会发生市场失灵现象，即凭借市场机制的自发作用无法自动实现资源的最优配置。于是，就需要政府出面来弥补市场失灵。但是，政府弥补市场失灵与计划经济条件下政府运用指令性计划完全控制微观决策具有本质差异，前者是指政府主要以一个裁判员的角色，运用经济和法律等手段来调控经济运行。

随着我国加入 WTO，政府职能的转变就势在必行。因为 WTO 作为一个国际贸易组织，其协议是关于政府管理贸易和贸易相关事项的法律规则，政府是法律义务的承担者。按照 WTO 规则的要求，政府不应该是市场经济活动的参与者，哪怕是通过控制企业来干预市场都是不允许的，政府有义务在按照国际惯例实行自由竞争的市场经济体制的同时，开放国内市场，为实现公平的市场竞争创造良好的市场环境。为此，政府就需要通过机构改革转变职能，达到 WTO 规则的要求：一是理顺政府与企业之间的关系，避免对企业的行政干预。凡是市场能做的就由市场去做，政府只在市场做不好或做不了的领域发挥作用。二是明确经济政策目标，优化经济政策工具，提高经济政策效率。政府在调控经济时更多地运用经济手段，尽量减少对企业活动的行政干预。三是通过机构改革建立一个精简、高效和廉洁的政府服务体系。四是尽可能使政府的政策及政策的制定过程具有透明性，从而引入公众对政府行为的必要监督。五是政府应成为遵守法律的楷模，依法行政、依法治国，并努力创造一个公正的法律环境。六是实行国民待遇与非歧视原则，每一个市场参与者包括国外的厂商，都能在中国的市场上获得平等的竞争机会。

四、深化分配制度改革，健全社会保障制度

根据生产力的发展水平和现阶段的所有制结构，我国分配体制改革的核心内容就是要建立起以按劳分配为主、多种分配方式并存的分配制度。在传统计划经济体制下，我国不顾生产力发展的状况，在分配上搞平均主义，吃“大锅饭”，结果严重地抑制了劳动者的积极性，阻碍了生产力的发展，导致共同落后和普遍的贫穷。改革开放以后，邓小平根据我国的国情和经济发展规律，提出了允许一部分人、一部分地区先富起来，最终实现共同富裕的政策主张。为此，就必须确立劳动、资本、技术和管理等生产要素按贡献参与分配的原则，完善以按劳分配为主体、多种分配方式并存的分配制度。

分配制度改革要体现的一个重要原则，就是要坚持效率优先、兼顾公平，既要提倡奉献精神，又要落实分配政策，既要反对平均主义，又要防止收入悬殊。国民收入分配分为初次分配和再分配两个过程。从原则上说，初次分配注重效率，再分配注重公平。在初次分配阶段，效率原则主要体现如下：在贯彻按劳分配原则时，反对平均主义，应把劳动者的收入与其提供的劳动数量和质量挂钩，多劳多得，少劳少得，不劳动者不得食；在按生产要素分配中，各种生产要素所有者获得收益的多少取决于这些要素在生产过程中效率的高低，效率越高，得到的收益就越多。因此，在市场经济条件下，国民收入初次分配过程既是效率标准的形成过程，也是市场机制贯彻按效率标准分配收入的

过程。

按效率标准进行的国民收入初次分配可能会导致贫富差距过大，而政府可以通过着眼于实现社会整体利益和长远利益的国民收入再分配把收入差距控制在合理的范围之内，维护社会公平。国民收入的再分配一般通过以下两个方面进行：一方面，通过税收特别是累进所得税等形式把高收入者收入的一部分转移到国库；另一方面，通过转移支付等途径为低收入者提供保障。这样，所得税制度、转移支付制度和社会保障制度就成为国民收入再分配制度的三大支柱。在市场化的进程中，建立健全同当前经济发展水平相适应的社会保障体系，是社会稳定和国家长治久安的重要保证。除了完善税制、加强征管、调节过高的收入等外，还应多渠道筹集和积累社会保障基金，可采取社会统筹和个人账户相结合方式完善城镇职工基本养老保险制度和基本医疗保险制度。同时，应从关心广大群众的切身利益和调动广大群众积极性的角度不断完善失业保险制度及城市居民最低生活保障制度。当然，由于地区经济发展的差异，各地应根据本地的实际情况合理确定生活保障的标准和水平。

参考书目

1. 马克思，恩格斯．马克思恩格斯选集：第1卷．北京：人民出版社，1995.
2. 马克思，恩格斯．马克思恩格斯选集：第2卷．北京：人民出版社，1995.
3. 马克思，恩格斯．马克思恩格斯选集：第3卷．北京：人民出版社，1995.
4. 马克思，恩格斯．马克思恩格斯选集：第4卷．北京：人民出版社，1995.
5. 斯大林．苏联社会主义经济问题．北京：人民出版社，1980.
6. 奥斯卡·兰格．社会主义经济理论．北京：中国社会科学出版社，1981.
7. 邓小平．邓小平文选：第3卷．北京：人民出版社，1993.
8. 江泽民．江泽民论有中国特色社会主义（专题摘编）．北京：中央文献出版社，2002.
9. 习近平与中国特色社会主义政治经济学．中国新闻网．2015-12-23.
10. 习近平．习近平总书记系列重要讲话读本（2016年版）．北京：学习出版社、人民出版社，2016.
11. 习近平．决胜全面建成小康社会 夺取新时代中国特色社会主义伟大胜利——在中国共产党第十九次全国代表大会上的报告．北京：人民出版社，2017.
12. 李乾亨，杨瑞龙．社会主义经济体制改革的理论与实践．石家庄：河北人民出版社，1987.

思考题

1. 请阐述马克思和恩格斯关于未来社会主义的基本特征。
2. 如何理解社会主义初级阶段？

3. 请阐述中国特色社会主义经济理论的基本内容。
4. 我国对计划与市场关系的认识经历了哪几个重要的阶段?
5. 请阐述社会主义市场经济体制的基本特征。

第二章　向社会主义市场经济体制的渐进过渡

我国的经济体制改革实际上是从计划经济体制向市场经济体制的转变，这种转变从资源配置方式来看，就是由等级规则向产权规则的转变。按照西方主流经济学的逻辑，要完成这样一种转变唯有走一条全面颠覆等级规则的激进式改革道路，我国却选择了一条不同于苏联东欧的渐进式改革道路，那就是坚持在党中央的领导下有计划、有步骤地推进市场化进程。经过30多年的改革开放，这样一种渐进式改革不仅初步构建起社会主义市场经济体制的基本框架，而且取得了举世瞩目的经济成就，人均GDP快速增长，经济总量跃居世界第二。本章所要讨论的问题是，中国渐进式改革背后的理论逻辑是什么？为什么中国改革的实际效果没有应验西方主流经济学的预测？如何从制度变迁的视角解答发生“中国增长奇迹”的原因？当自上而下的改革面临障碍时，是哪些利益主体成为改革的新动力？如何构建一个既符合一般理论逻辑又能解释我国市场化进程的制度变迁分析框架？

第一节　向市场经济体制过渡的方式与路径比较

一、改革与发展道路的“华盛顿共识”和“北京共识”之争

对于一个发展中国家到底应该选择什么样的改革与发展道路才能摆脱贫困走上富裕之路，经济学家提出了依据不同理论的政策主张，但最近几十年来最有影响力的无疑是“华盛顿共识”和“北京共识”之争。

“华盛顿共识”最初是由曾担任世界银行经济学家的约翰·威廉姆森提出来的。针

对20世纪80年代绝大多数拉美国家陷入了长达10余年的通货膨胀居高不下、债务危机频频爆发的困难格局，威廉姆森系统地提出了指导这些拉美国家通过经济改革走出困境的各项政策主张。这些政策主张包括以下十个方面：(1) 加强财政纪律，压缩财政赤字，降低通货膨胀，稳定宏观经济形势；(2) 把政府开支的重点转向经济效益高的领域和有利于改善收入分配的领域（如文教卫生和基础设施）；(3) 开展税制改革，降低边际税率，扩大税基；(4) 实施利率市场化；(5) 采用一种具有竞争力的汇率制度；(6) 实施贸易自由化，用低的统一关税取代数量限制，开放市场；(7) 开放外国直接投资；(8) 对国有企业实施私有化；(9) 放松政府管制，扫清或取消除被证明为攸关安全、环境和消费者保护以外的一切阻碍或限制竞争的制度；(10) 立法保护私有财产。这些政策主张不仅得到了美国财政部和华尔街的大力支持，在20世纪80年代末首先在拉美国家推广，而且被以华盛顿为组织总部的国际货币基金组织、世界银行等国际金融机构作为一揽子方案向许多发展中国家及经济转型国家积极推广。后来威廉姆森本人对“华盛顿共识”下了这样的定义：“由以华盛顿为基地的机构设计给拉丁美洲国家的各种政策建议的最小公分母”。

“华盛顿共识”的核心内容是私有产权条件下的资本与市场的全面开放，它显然秉承了亚当·斯密的自由竞争经济思想，与西方自由主义的主流经济学传统一脉相承，因此后来人们又把这些所谓的共识称为“新自由主义的政策宣言”。在以美国为代表的发达国家和国际组织的推动下，上述政策先后在拉美与苏联、东欧国家实施，但实际效果并非如设计者预期，而且出现了一系列问题：分配严重不公，两极分化现象越来越严重；国有企业私有化和全面放松政府管制后，一些支柱产业和基础产业向私人资本和外国资本集中，许多民族企业陷入困境，失业现象加剧，甚至危及国家的经济安全；政府职能明显削弱，社会发展被严重忽视，社会不稳定因素增加；金融自由化导致一系列金融危机爆发；等等。

针对新自由主义思想逻辑的局限性与实践“华盛顿共识”所产生的问题，以时任世界银行副行长、首席经济学家、诺贝尔经济学奖获得者斯蒂格利茨教授为代表的西方学者向“华盛顿共识”发起了有力的挑战，提出了“后华盛顿共识”。“后华盛顿共识”的经济学基础不同于新自由主义：一是认为由于信息的不对称性，市场机制是不完善的。既然市场力量不能自动实现资源的最优配置，那么就应该发挥政府在促进经济与社会发展中的积极作用。二是认为财政、金融、贸易、汇率、投资、政府体制等作为制度，从产生到真正能够运作需要一个成长过程，并且各项制度之间也需要配套和兼容，它们之间存在相互依赖性，制度之间只有相互配套和兼容，总体制度架构才能发挥作用。基于上述经济学基础，“后华盛顿共识”强调与发展相关的制度因素，相关的政策主张只有在一定的制度环境下才能取得预期的效果，而制度建设是不可能一蹴而就的；认为发展不仅是经济增长，而且是社会的全面改造。因此，政策设计不仅应关注经济增长，而且应关注减少贫困、收入分配、环境可持续等问题；强调政府在经济与社会发展中的积极作用，批评国际货币基金组织在亚洲金融危机前后倡导的私有化、资本账户开放和经济紧缩政策。

随着我国改革开放所取得的成就日益被国际社会公认，直接挑战“华盛顿共识”并建立在中国经验基础上的“北京共识”愈益受到国内外学术界的广泛关注。“北京共识”是由时任《时代》周刊外国报道编辑、长期在中国生活和工作的英国人乔舒亚·库珀·雷默在发表于2004年的一篇论文《北京共识》中提出来的，该文通过分析中国二十余年的经济改革成就，指出中国的经济发展模式不仅适合中国，而且具有普遍意义。雷默在文中写道："我把那条道路（中国的发展道路）称为北京共识（Beijing Consensus），这种发展途径的驱动力……在于对公平和高质量增长更基本的要求……""从策略上来说，'北京共识'要求私有化和自由贸易等思想要通过极其慎重的途径来达成。其定义是：坚决进行革新和实验（如中国经济特区）；积极维护国家边境和利益（如台湾问题）；以及不断精心积累具有不对称力量的工具（如4 000亿美元外汇储备）。其目标是：在保持独立的同时实现增长。"在雷默看来，"北京共识"包含了三个重要的原理：创新是中国经济发展的发动机和持续进步的手段；努力建造一个有利于持续、均衡与稳定发展的大环境；自主发展理论。

雷默提出"北京共识"后引发了国内外学术界的广泛兴趣与争论，褒奖者有之，批评者有之，在许多问题上尚有争论。例如，"北京共识"到底是否为对中国改革经验的准确、全面的总结？"北京共识"本身是否成立？已有的经验能证明"北京共识"替代了"华盛顿共识"吗？等等。尽管如此，在围绕"北京共识"的讨论中，那些既不认同计划经济、又不接受"华盛顿共识"的学者在以下问题上达成了越来越多的共识。例如，由于每个国家都有特殊的国情，因此一个国家的改革与发展模式必须依据本国的国情自主地探索与选择，任何照搬照抄外国经验或书本上的教条的做法都是注定要失败的；强调发展的包容性、兼容性，把市场机制的调节作用与政府的宏观调控结合起来，有效地处理好公平与效率之间的关系、经济高速增长与社会全面发展之间的关系；强调以人为本的发展目标与统筹兼顾的发展手段，避免发展中的严重两极分化；强调本民族的文化与文明传统，努力使传统优秀文化与现代发展结合起来，减少改革与发展中的利益与文化摩擦等。

二、激进式改革与渐进式改革的比较

所谓市场化过程或过渡过程是指从传统计划体制向市场体制的转变过程。这个过渡过程的内涵是复杂的，为了更好地对这一过程进行规范的经济学分析，就必须对此过程的内涵进行明确的界定。我们在本书中主要从资源配置方式的角度来定义市场化过程，即从资源配置方式的角度看，市场化过程实际上是从等级规则向产权规则转变，其核心是资源配置权的拥有者主要由政府转变为企业与个人。

在传统计划经济体制下，我们的资源配置也是有规律可循的，这个规律就是等级规则。也就是说，我们首先构建一个层层隶属的金字塔形等级架构，然后界定每一个行为人在这个等级构架中所处的位置，之后再进一步界定与这个等级位置相适应的资源配置权力。一个人所处的等级位置越高，资源配置的权力就越大。在计划经济条件下也充满着激烈的竞争，但这个竞争主要表现为等级的竞争，要想在这个体制中拥有资源配置的权力，就要在金字塔形等级构架中竞争到相关的位置。为了使资源配置权力的竞争更加有序，就必须把每一项资源配置纳入等级规则，所以像企业、学校甚至街道办事处等都有明确的等级。

在市场经济条件下，资源配置遵循的基本规则就是产权规则，即一个人拥有的资源配置权力的大小与其所拥有的资产数量正相关。就如我们在上一章所讨论的那样，所谓市场经济就是市场机制在资源配置中起基础性调节作用的经济，市场机制起作用的关键是价格机制，价格机制发挥作用需要具有明确收益预期的市场主体，市场主体的收益预期是否明确与其预算约束是否硬化有关，而市场主体的预算约束是否硬化与产权是否明晰有关。因此，在市场经济条件下，提高资源配置效率的关键就是产权关系必须明晰。

现在需要讨论的问题是，作为一个转型国家，应该选择一种什么样的最优改革方式来完成由等级规则向产权规则的转变。根据建立在新自由主义的主流经济学理论基础上的“华盛顿共识”所提出的一揽子改革方案，一个更容易完成体制过渡的方案是激进式改革。苏联和东欧国家先后采用了这种激进式的改革，其主要内容如下：

(1) 在政治上实行民主化。所谓民主化就是多党制。按照“华盛顿共识”的逻辑，集权型计划经济国家走向市场经济体制的最大障碍就是庞大森严的金字塔形等级构架，资源配置方式向产权规则转变的关键是等级规则的瓦解，而所谓的民主化就是打破等级构架的有效途径。

(2) 在经济上全盘推行国有企业的私有化。通过前期的民主化将国有企业与政府之间的关系进行剥离，这就为公开与大规模地进行变卖和分派国有资产减小了政治上的阻力，然后通过法律的形式对国有企业实行全面的私有化，并保护私人财产权。在私有化条件下，推行贸易与金融自由化，开放市场，放松对外资的限制。

(3) 在经济政策上采用休克疗法。休克疗法也可以被称为“一揽子改革方案”，核心内容就是在控制货币供应量的前提下全面放开价格，从而在控制通货膨胀和稳定宏观经济形势的条件下，在很短的时间内由市场价格替代计划价格，让转制后的企业马上接受价格机制的考验，从而使市场机制在资源配置中发挥基础性调节作用。

激进式改革尽管在尽早让旧体制退出历史舞台、让市场机制在资源配置中发挥主要作用等方面有明显的优点，但在短期内的剧烈体制变动所带来的负面影响也为大家所关注，如经济的严重衰退、政府职能明显削弱和政府权威明显下降导致国家的国际地位下降及社会问题严重，失业率大幅上升后普通老百姓的贫困化问题日趋严重等。

我国没有从先验的理论出发，而是根据我国的具体国情，选择了一条在党中央领导下有秩序有步骤地推进市场化的渐进式改革道路，逐渐从一个高度集权的计划经济体制向市场经济体制过渡。这样一种渐进式改革既不是对原来经济体制的细枝末节的修补，也不是对社会主义制度的否定，而是要从根本上改变束缚我国生产力发展的传统经济体制，建立充满生机的社会主义市场经济体制，实现中国经济及社会的现代化和社会主义制度的自我完善。党的十八届三中全会通过的《中共中央关于全面深化改革若干重大问题的决定》指出，“全面深化改革的总目标是完善和发展中国特色社会主义制度，推进国家治理体系和治理能力现代化”。这种渐进式改革有以下几个特点：

(1) 利用已有的组织资源推进市场取向的改革。我国没有像苏联和东欧国家那样采用“推倒重来”的改革方式，先彻底瓦解等级构架，再确立产权，而是不仅完整保留原先金字塔形的等级构架，而且通过原先等级构架中的领导人组织市场取向的改革，并在市场机制的作用逐渐扩大的过程中渐渐减小等级规则在资源配置中的作用。因此，我国的改革一开始表现为放权让利式的改革，逐渐过渡到价格改革和产权制度改革，进而导致政治体制的变革。

(2) 增量改革，即在不率先触动既得利益格局的前提下，在边际上推进市场取向的改革，我们经常讲的"老人老办法、新人新办法"就是典型的增量改革方式。改革实际上是利益格局的重新调整，我国是在原有的等级构架保持基本不变的情况下引入市场机制，这就决定了我们对利益格局的调整不可能采取"推倒重来"的方式，而只能采用增量改革的方式，即在等级规则作用较小的边际上，选择具有帕累托改进意义的利益调整方式进行体制变革，逐渐向市场经济体制过渡。例如，在所有制结构的调整上，先承认集体经济、乡镇企业也是公有制经济，然后逐渐开放个体经济、私营经济、合资经济与外资经济；在价格机制上，先进行双轨价格的改革试点，然后逐渐由双轨价格过渡到市场价格体制；在国有企业的改革上，先试行利润留成制度，向企业放权让利，然后推行企业承包经营责任制和股份制，进而开始放开搞活国有企业等。

(3) 先试点，后推广，即先在局部范围内取得改革经验，然后再在全局范围内推广改革经验。在自上而下的改革中，下级逐级向上级传递关于改革需求的信息，最后中央政府按照自己的约束条件和目标函数来筛选这些信息并设计一套改革方案加以推广。由于每个下级都有自己独立的利益，在一个等级构架中传递与接收信息时又都存在信息的不对称问题，因此在传递信息和落实改革方案时都有可能"失真"或"走样"。作为既是改革的组织者又是改革风险的最后承担者的中央政府为了既使市场取向的改革过程是不可逆转的，又使改革后果的不确定性所引起的风险是可承担的，就会选择先试点后推广的改革方式。也就是说，找个企业或地区来试一试，看一看此项改革到底有多大的收益和成本，进而对改革的收益和成本进行比较。如果收益大于成本，就全面推行该项改革，否则就终止此项改革，如经济特区、经济技术开发区、股份制等都是先通过试点再逐渐推广开来的改革形式。

在评价这种渐进式改革的绩效时，坚持新自由主义的主流经济学传统或信奉"华盛顿共识"的学者常常给予否定的回答。他们的主要理由是，建立市场经济体制的关键是要确定产权规则，而产权规则与等级规则是相互冲突的，即产权规则的确立就必然意味着排斥等级规则，使行政型等级丧失权威。因此，如果试图在不放弃等级构架的条件下确立产权规则，就必然陷入"自己给自己挖坟墓"的逻辑困境，从而必然会产生政治与经济之间的严重冲突。他们认为，渐进式改革必将出现以下两个结果：一是随着产权规则的逐渐引入，改革效应的逐渐累积最终冲破等级规则的束缚，改革重新走上激进式道路；二是在等级构架内确定产权规则必定使渐进式改革在时空上受限，即原来存在的等级规则必定会束缚产权规则的作用，最终导致改革的停滞甚至倒退，从而在双重体制的相互冲突中导致经济的波动与衰退。

然而，西方主流经济学家的预测不仅没有在我国应验，而且自改革开放以来，我国一直保持着强劲的经济增长力，至少到目前为止，渐进式改革既在确立产权规则从而引入市场机制方面是有效的，又在经济绩效上表现出色。数据显示，1978—2014 年间，我国经济保持平稳快速发展，国内生产总值年均增长 9.7%，国内生产总值从 3 645 亿元增长至 636 500 亿元，增长近 174 倍，GDP 从占世界 1.8%升至 12%，由世界第十位跃升到第二位。人民生活水平大幅度提高，根据世界银行的数据，我国人均国民总收入由 1978 年的 190 美元上升至 2015 年的 8 016 美元，成功实现从低收入国家向中等偏上收入国家的跨越。外汇储备大幅增长，实现了从外汇短缺国到世界第一外汇储备大国的巨大转变。1978 年，我国外汇储备仅 1.67 亿美元，位居世界第 38 位，2006 年超过 1 万亿美元，达到 10 663 亿美元，超过日本位居世界第一位，2011 年超过 3 万亿美元，

2012年达到33 116亿美元，连续七年稳居世界第一位。尽管自2008年美国次贷危机以来我国经济受世界经济低迷的影响与国内经济结构扭曲的拖累出现了经济下滑态势，但年均GDP的增速超过了6.5%，仍然是世界上经济最具活力的国家之一。

为什么西方主流经济学的理论逻辑所推断的结论在我国的改革实践中并没有出现？是西方主流经济学的逻辑存在缺陷，还是我们观察到的经济现象不真实？我们认为破解这一谜团的切入点是我国地方政府在市场化进程中发挥了没有被以前的理论所关注到的特殊作用，本章据此试图提出一个制度变迁方式三阶段转换假说，以解释在渐进式改革方式下出现持续经济增长的真实原因。

第二节　市场取向改革与供给主导型制度变迁方式

一、供给主导型制度变迁方式的特征

按照新制度经济学的解释，制度是为决定人们的相互关系而人为设定的一些规则，其主要作用是通过建立一个人们相互作用的稳定的（但不一定有效的）结构来减小不确定性。[①] 制度最重要的功能在于通过约束追求主体福利或效用最大化利益的个体行为，为竞争与合作确立基本的经济秩序。在以市场经济为基础的分散决策型体制下，制度的变迁通常是由一个人或一群人为谋求在现存制度下得不到的利益而产生制度变迁的需求所引发的。所以，以诺思为代表的新制度经济学家通常偏重于从需求角度研究制度变迁。

制度变迁的需求决定模式假定，追求利益最大化的单个行为主体总是力图在给定的约束条件下谋求确立预期对自己最为有利的制度安排与权利界定。一旦行为主体发现创立和利用新的制度安排的净收益为正，就会产生制度变迁的需求。这种需求能否诱导出新的制度安排，取决于赞同、支持和推动这种制度变迁的行为主体集合在与其他利益主体的力量对比中是否处于优势地位。如果力量优势明显，则原有的制度安排将被淘汰，国家通过法律等形式确立有利于占支配地位的行为主体的产权规则，从而导致制度变迁。影响行为主体对制度创新的需求的因素是多样的，如生产要素与产品的相对价格、宪法秩序、技术与市场规模的变化等。

我国的市场取向改革并非是由微观主体在利益的驱动下自发推进的，而是在权力中心（党中央、国务院等国家权威部门）的组织与领导下，通过行政命令和法律法规的强制自上而下推进的。我们把这种由权力中心推进的强制性制度变迁称为供给主导型制度变迁方式，其含义是在一定的宪法秩序和行为的伦理道德规范下，权力中心提供新的制度安排的能力与意愿是决定制度变迁的主导因素，而这种能力与意愿主要决定于一个社会的各既得利益集团的权力结构与力量对比。显然，用制度变迁的需求决定模型很难解释清楚我国的改革过程，必须从制度供给的角度来揭示我国改革的本质特征。

供给主导型制度变迁方式一般具有以下特征：(1) 在政府主体与微观主体共同参与

---

① 道格拉斯·C. 诺思. 制度、制度变迁与经济绩效. 上海：上海三联书店，1994.

的制度安排的社会博弈中，由于政府主体在政治力量的对比与资源配置权力上均处于优势地位，所以政府主体是决定制度变迁方向、速度、次序、方式的主导力量。(2) 政府主体是由一个权力中心和层层隶属的行政系统构成的。权力中心凭借行政命令、法律规范及利益刺激，在一个金字塔形的等级构架内自上而下地规划、组织和实施制度创新。(3) 尽管潜在制度收益的出现会诱发微观主体的制度变革需求，但只有当权力中心的制度收益大于其成本时，实际的制度变迁才可能发生。由于权力中心与微观主体的制度创新目标函数和约束条件是有差异的，因此，政府主体与微观主体在具体的制度创新中的利益摩擦是难以避免的。(4) 在存在不确定性和制度供给不足的条件下，为了控制风险，权力中心为制度创新设置了严格的进入壁垒，如类似于优先权的改革试点权等，下级政府或微观主体只有得到权力中心的授权才能进行制度创新。(5) 统一观念，即建立和推行一套可为下级政府和广大民众接受的意识形态，以减小新规则实施中的阻力，降低制度变迁的交易费用。

二、约束制度供给的因素分析

在供给主导型制度变迁方式下，权力中心提供新的制度安排的能力与意愿是决定制度变迁的主导因素，而影响权力中心制度供给意愿和能力的因素众多，其中最重要的因素当属宪法秩序。所谓宪法秩序是指用以界定国家的产权和控制的基本结构，它包括确立生产、交换和分配的一整套政治、社会和法律的基本规则，它为集体选择确立了原则，从而是制定规则的规则，通常在较长的时间内保持稳定性。在我国被列入宪法秩序范畴的有国家的根本大法宪法、党代会上通过的重要文件、通过正式文件确定的作为工作指导的基本理论等。宪法秩序通过对政体和基本经济制度的明确规定来界定具体制度安排的方向与形式，即具体的制度安排不能超越宪法秩序明确规定的制度创新空间。

随着生产规模的扩大，交易费用和外部性成倍扩大，由宪法赋予政府掌握国家的"暴力潜能"，可产生规模经济效应，尤其是在一个权力中心决定制度供给意愿与能力的条件下，通过宪法秩序维护权力中心的政治权威有助于稳定有序地推进自上而下的改革，减少改革中的谈判成本。但是，如果由宪法秩序界定的权力结构使政府处于绝对的支配地位，且缺乏有效的监督机制，那么，当政府垄断立法权、行政权和资源配置权，即政府既是裁判员又是运动员时，市场取向的改革就可能会受制于被固化的既得利益格局，弱化政府主动进行制度创新的动机与能力，甚至有些权力部门会成为改革的阻力。另外，如果在政府干预下的微观主体的自主决策权比较小，那么微观主体在利益诱导下的制度创新需求就会因实践机会或与政府谈判的力量过小而难以通过权力中心成为现实的制度供给。

随着制度的演变和经济利益关系的调整，在经济上获得独立地位的利益主体就有进入政治体系和增大自己在制度安排上的谈判力量的愿望，以上过程也将要求对与新的制度安排不相适应的法律法规进行修正或制定新的产权界定规则。宪法秩序将直接影响行为人进入政治体系的成本和建立新的立法基础的难易度。如果在现有宪法秩序下利益主体无法承受进入政治体系的成本或既得利益格局对新的立法的阻力过大，都将可能限制制度创新；反之，则有助于制度创新。

除了宪法秩序外，约束权力中心制度供给意愿与能力的另一个重要因素就是制度供给成本。每一项能预期给当事人带来收益的制度安排都需要耗费成本，但由于不同行为主体的效用函数和约束条件的差异，它们对每一个具体制度安排的收益和成本可能有不同的评价标准。在供给主导型制度变迁方式下，改革的本质特征在于它是“非帕累托改进”，即每一项改革新举措不可能在不减少任何当事人的个人福利的条件下使社会福利最大化，一部分人利益的增加可能要以另一部分人利益的损失为代价，也就是所谓的改革是利益结构的重新调整，要求制度变迁中的利益博弈各方对每一项制度安排都一致同意几乎是不可能的。

从博弈各方角度衡量的制度供给成本包括：(1) 个体成本与收益。这主要从个人、企业和利益团体角度来度量某项制度安排的成本与收益。(2) 社会成本与收益。这是从微观主体行为的相互联系的角度来考察某项制度安排为社会全体成员带来的收益与付出的成本。社会成本可分为两类：一是自改革过程开始之后一切由体制因素决定的信息不完全、知识不完全、制度预期不稳定所造成的效率损失，即实施成本；二是由新制度规则的引入所产生的人与人之间的利益冲突所导致的经济损失，即摩擦成本。(3) 政治成本与收益。这是从权力中心的角度衡量的某项制度安排的成本与收益。制度供给的政治收益主要表现为，因给予微观经济主体更大的政治或经济自由而强化了激励机制，导致更多的社会总产出，这不仅有利于增加政府的税收收入，而且国力增强后更有利于获得人民的政治支持和增大国家在国际政治经济中的谈判力量，但由此将付出相应的政治成本，如权力的下放有可能导致权威的扩散化，弱化权力中心所下达指令的权威性，为控制代理人与微观主体的偏差行为需支付更多的费用，经济自由化所诱发的多元化政治力量可能会对权力中心的执政地位产生某种潜在威胁，由利益关系调整引发的社会不稳定因素可能产生不安全感等。

在供给主导型制度变迁模式中，个体净收益大于零可诱发微观主体对制度创新的需求，但它显然不是现实制度供给的充分必要条件。某项制度安排即使社会净收益大于零，但如果政治净收益小于零，如它可能会削弱权力中心的权威，增大控制政局的成本等，也未必会导致现实制度供给的发生。那么，政治净收益大于零是否必定会发生制度变革呢？在以下两种情况下，回答也是否定的：一是在社会净收益小于零的条件下，由于变革的整体阻力过大而使权力中心放弃；二是即使政治与社会的净收益都大于零，但由于改革的“非帕累托改进”性质，如果某些利益集团是此项改革的利益受损者，而这些利益集团是权力中心的主要依靠对象，或对于社会稳定居于关键性地位，或在与权力中心的谈判中具有较大的讨价还价力量，那么，权力中心也不会马上改变那种虽效率低下但能保护利益集团的既得利益的制度规则。因此，尽管权力中心在制度变迁中处于关键性地位，但如果实际发生的制度创新的政治净收益长期与社会净收益、个体净收益不一致，那么，那些在改革中收益呈负增长的利益主体或者会消极抵制这类制度安排，或者会根据自身的利益去理解和执行由权力中心颁布的制度创新方案，其结果就会使制度创新方案流产或变形。

在影响制度供给的其他制约因素中，财政约束是一个比较重要的因素。某项制度安排尽管预期政治净收益和社会净收益都可能大于零，但由于由此引起的国民生产总值及税收增加需要经过一个时滞，因而如果前期增加的财政支出超过国家可支配的财政收入，同时又不存在必要的外援，那么制度创新仍难以发生。因为改革是需要财政提供保障的：(1) 设计新的制度规则需要耗费财力；(2) 需要给予在改革中丧失经济利益的某部分社会成员一定量的财政补贴，如对经济发展落后地区进行转移支付，对低收入者给予必要的补贴，建立包括失业救济、医疗保险等在内的社会保障体系，使社会弱势阶层享有必要的社会保障等；(3) 随着决策权的分散，中央财政收入在国民收入中的比重呈下降趋势，由中央全部承担改革成本的能力在减弱；(4) 随着新制度规则的确立，为了实现财政收入最大化的目标，就要重新构筑一套监督、监测和保证税赋的规则，这也需要支付大量费用。由于以上原因，我国每一项耗费较大的改革方案的出台都需要经过财政部的核准。如果超出财政可承担的限度，预期收益再好的方案也将被搁浅。

除了财政约束外，还有一个不可忽视的因素是知识约束。正如现有科学知识积累影响技术创新成本一样，有关制度的知识积累也影响制度创新的可能性。制度知识的积累可分为两类：一类是指对制度变化规律的认识的积累。例如，从计划经济理论到有计划商品经济理论，再到社会主义市场经济理论，表明我国对社会主义经济的性质和改革目标的认识在不断深化；另一类是制度创新的技术知识积累。改革实际上是一个“重新签约”的过程。“重新签约”不仅需要花费成本，而且要求人们学习、适应新的规则和掌握有关新规则的知识。例如，要开放股票市场和创办股票交易所，就需要了解资本市场运作、股票交易的一系列国际惯例，培养相关的专业人士，制定符合我国国情的交易与运行规则等。

三、供给主导型制度变迁方式与制度选择目标之间的冲突

我国经济体制改革的目标就是要建立让市场机制在资源配置中起决定性作用的社会主义市场经济体制，而市场交易本质上是产权交易，让市场机制起决定性作用的前提就是产权关系要明晰化。为此，就应贯彻产权规则。这就需通过政企分开、产权界定等措施使企业彻底摆脱对行政机构的依附，成为真正的市场竞争主体和法人实体，从而由分散型决策体制取代集权型决策体制。然而，供给主导型制度变迁方式所遵循的是等级规则，由于权力中心处于等级制的顶端，从而主要由其确定制度变迁的形式和内容，并通过纵向隶属的行政系统自上而下地实施制度创新。

在推进决策权分散化的过程中，若要维持供给主导型制度变迁方式，至少应具备以下条件：(1) 政府需拥有完备的信息输入输出系统，接受、贮存、处理下级传递上来的制度需求等信息，捕捉获取潜在收益的机会，选择制度创新方案。(2) 维护政府的权威。等级制的维持是以权威的存在为基础的。只要人们明确地允许他人为自己做出某种行为规范的决定，权威就出现了。政府的权威通常依靠法律和其他约定俗成的普遍规则行使[①]，它既可直接体现在其发布的命令或制定的有关规则中，又可间接体现在政府进入市场或改变市场的条件中。(3) 保持等级制的稳定性。为了在自上而下的制度变迁中取得协调分工和职能专门化的效率，权力中心行使着制度安排的行政组织的权威，各级行政代理机构又分别行使对各自下级组织的权威。等级制度越健全，就越容易实现政府预期的制度创新净收益。(4) 各级行政代理机构能与作为委托人的权力中心“同心同德”，即能把权力中心的偏好与收益作为自己所追求的目标，向上级传递真实可靠的信息，并不走样地实施权力中心做出的制度安排。(5) 当发现下级代理机构利用上级的授

① 查尔斯·林德布洛姆．政治与市场：世界的政治—经济制度．上海：上海三联书店，1992.

权追求与权力中心不一致的目标而使制度变迁方向偏离原先的选择时，权力中心有能力监控、惩罚和校正下级的偏差行为。

政府组织实施决策权的分散化可以采取两种方式：一是行政性放权，即权力中心根据决策权的重要性，把一部分经过选择的决策权下放到地方或部门，再由这些利益相对独立的行政机构把部分决策权下放到企业。我国过去实施的放权让利式的改革主要是一种行政性放权。二是经济性放权，即通过政企分开和产权制度的变革，使企业脱离对政府的依赖，成为自主经营、自负盈亏的市场竞争主体。我国的制度变迁方式决定了行政性放权处于更重要的地位。但不管是行政性放权还是经济性放权，都将逐步瓦解供给主导型制度变迁方式。为了避免发生这种瓦解，就需维持等级制，放慢权限下放的步伐。

第一，随着放权让利或改革的推进，权威存在扩散化倾向。行政性放权实际上就是通过授予作为权力中心代理机构的各级行政组织更大的权限来激发其发展本部门本地区经济的积极性。然而，由于权力中心与其各级代理机构的效用函数并不完全一致，代理机构总有欲望利用上级授予的权威去做上级并未授权它做的事情，以满足其自身利益的最大化。代理机构的利益越独立化，被授予的权限越大，权威扩散的可能性就越大，其直接后果是弱化了权力中心的权威。我国实行分灶吃饭的财政体制后，就出现了明显的权威扩散化现象。

第二，与权威扩散化相联系，纵向隶属的等级制发生了松动，即由传统的单向依赖的等级规则演变为双向依赖的委托代理关系。随着各级行政代理机构经济实力的增强和利益的相对独立，它们既可以通过向上级传递虚假信息及讨价还价，诱使权力中心做出对自己有利的制度安排，又可以利用上级的授权，在满足自身利益最大化的限度内理解和贯彻上级要求实施的新制度规则。制度变迁也由过去的命令协调转变为谈判协调，因为随着代理机构经济实力的增强，权力中心的财政收入对其就有较高的依赖度。我国目前一些经济较发达地区有着较强的讨价还价能力就可证明以上推论。

第三，随着决策权的分散化，相当一批原先具有行政隶属关系的企业脱离了等级规则的束缚，成为不依赖行政部门而独立存在的经济实体，行政命令对其就不再具有充分的约束力。因此，只有当权力中心做出的制度安排与这些市场主体追求利润最大化的目标一致时，它们才会参与政府组织的制度创新活动，否则它们就会用“脚”投票，脱离有组织的制度变迁轨道，运用其拥有的决策权在政策或正式规则的边际上从事能满足自身利益最大化的制度创新。

第四，下放权限的直接后果是在一定程度上引入了产权规则及市场机制。于是，原来等级森严的行政协调系统在产权规则的冲击下出现了若干“真空”地带，拥有决策权的利益主体有可能寻找各种途径摆脱行政控制，“上有政策、下有对策”便是其真实写照。但是，市场关系又是在行政系统的缝隙中艰难地发展，产权规则受到等级规则的干预，如企业负盈不负亏，具有双重依赖性等。松动的等级规则与不健全的产权规则相冲突，必然导致市场秩序的混乱。

从以上分析可以推知，在供给主导型制度变迁方式下推进决策权分散化和市场化改革，将逐步面临经济上和政治上的双重障碍。经济上的障碍表现为政府控制下的分权化改革将会引发严重的通货膨胀，原因在于：政府在下放经营决策权的同时，没有相应地下放“责任”，这种回避产权重新界定的放权实际上使企业处于负盈不负亏的状态。由于投资风险很低，企业争夺稀缺资源，满足自身利益最大化的有效途径就是不计成本地获得尽可能多的资本，扩大生产规模，即投资需求很旺盛；行政性放权使地方政府的利益相对独立化，它们与权力中心讨价还价的能力及争夺稀缺资源的能力同其经济实力成正比，而提高本地区经济实力的捷径是通过扩大投资规模来加快经济发展。由于存在所谓货币供给的“倒逼机制”，只要中央没有实行“一刀切”的紧缩政策，它们的投资需求就有可能被满足；决策权分权化的另一后果是中央财政收入占国民收入的比重具有下降趋势，然而，中央财政所承担的责任不仅没有明显减轻，反而有所增加，如为若干改革中的净失益者提供补偿，为了维护社会稳定而对陷入经营困境的企业提供财政补偿，防止失业率的上升等。因此，中央财政总是入不敷出。弥合供求缺口与财政赤字的常用手段就是增加货币供应量，于是，公开性的通货膨胀就不可避免。就像企业倒闭、失业率上升等是激进的需求诱致型制度变迁方式的“副产品”一样，通货膨胀也许是渐进的供给主导型制度变迁方式的“副产品”。当通货膨胀超越社会可容忍的限度时，就有相当一部分家庭或利益团体成为改革的绝对或相对失益者。随着改革阻力增大和社会不稳定因素增多，分权化改革难以维持。

政治上的障碍表现为政府控制下的分权化改革将会导致使政府权威得以维持的等级制瓦解，原因已由前述。随着等级规则的松动，权力中心对制度变迁方向、速度、形式等的控制能力逐渐弱化，行政代理机构及企业不再不走样地实施权力中心规划的制度安排，改革“变形”不可避免，即权力中心的意愿制度供给与实际制度供给不相一致。在此条件下继续推进分权化改革，就可能因政治成本的上升而使制度创新的政治净收益小于零。这些成本因素包括：经济自由化所诱发的多元化政治力量对权力中心的执政地位产生某种潜在威胁；扩权过程中的官商不分、权钱交易等腐败行为降低了民众对政府的政治支持率；权威弱化造成权力中心为控制各级代理人的偏差行为需支付更多的费用；由利益关系调整引发的社会不稳定因素增多；等等。

在经济、政治双重障碍面前，权力中心面临两难抉择：如果继续推进分权化改革，则由于等级制的瓦解和政府权威的下降，导致政府主导型制度变迁方式的自我否定，这显然违背权力中心的改革初衷；如果要维护权力中心在制度变迁中的主导地位，就必须抑制过高的通货膨胀和恢复政府的权威。在宏观间接调控体系不健全的条件下，最有效的控制办法就是通过收权强化等级规则，其后果是中断分权化改革，即宏观控制与推进改革在某种程度上存在替代性。双重障碍引发的两难抉择，使中国的改革呈现走走停停、停停走走、“活乱”循环的局面。改革的这种周期性变化正是制度变迁方式的等级规则与制度选择目标的分权原则相冲突的外在表现。

第三节 中间扩散型制度变迁方式与地方政府的特殊功能

一、供给主导型制度变迁中的“诺思悖论”

产权理论、国家理论和意识形态理论构成诺思制度变迁理论的三大理论基石。按照诺思的解释，经济增长的源泉是制度，核心是产权制度，因为产权的明晰与否直接决定了行为人的收益预期是否明确，而一个人从事某项经济活动的动力或激励强度与其收益预期正相关。产权越明晰，当事人的收益预期越明确，激励强度越大，效率越高，经济增长越快。产权的明确界定与保护很难通过自我实施，由于国家掌握了立法、司法、执法及军队等国家机器，所以由国家来界定和保护产权具有规模经济效应。但是，作为国家权力执行机构的政府在界定与保护产权的过程中立场并非始终是中立的，它通常会追求双重目标，即社会总产出最大化与统治者集团的垄断租金最大化。一方面，为了以社会总产出最大化实现财政收入最大化，政府力图通过履行产权界定与保护的职能来构建一个有效率的产权制度，尽可能降低交易费用，提高资源配置效率，从而使经济增长；另一方面，为了追求统治者集团的垄断租金最大化，政府可能力图通过产权的界定和保护来排斥、限制那些有可能危及其执政地位的潜在的政治竞争对手，而对那些有助于其执政地位稳固的利益集团给予优惠性关照。这种在产权界定与保护中的区别对待原则必然会导致低效率产权结构的长期存在，从而导致经济衰退。因此，在最大化统治者集团垄断租金的所有权结构与降低交易费用、促进经济增长的有效率体制之间，就存在持久的冲突。所谓诺思悖论，是指一个能促进经济持续快速增长的有效率产权制度依赖国家对产权进行有效的界定与保护，但受双重目标的驱动，国家在界定与保护产权过程中受交易费用和竞争的双重约束，会对不同的利益集团采取歧视性的政策，从而会容忍低效率产权结构的长期存在及其导致的经济衰退。①

"诺思悖论"在供给主导型制度变迁方式中表现为制度变迁方式与制度选择目标之间的冲突。因此，在一个由权力中心的制度供给意愿和能力主导制度变迁方向的框架内，在向市场经济过渡的过程中，将因难以解开"诺思悖论"而面临一系列很难逾越的障碍。

从理论上说，随着由权力中心推进的放权让利改革步伐的加快，利益独立化的微观主体具有利用下放的决策权捕捉潜在制度收益的动机。然而，在权力中心主导制度变迁的条件下，微观主体的制度需求能否转变为现实的制度安排，依赖其能否从权力中心获得制度创新的特许权，或者能否凭借其讨价还价能力突破进入壁垒，因而自下而上的制度变迁同样面临障碍。

第一，担当制度创新的"第一行动集团"应是熊彼特意义上的企业家，他们能在不确定性的环境中及时捕捉到由制度非均衡产生的获利机会。但在产权关系模糊的条件下，微观主体或因收益预期不明确而不能及时感知这一获利机会，或因不能排除搭便车者而不愿从事充满风险的制度创新活动。

第二，以自愿性契约为基础的制度安排是相互同意的个人之间的合作性安排，任何人都可以通过比较一项新制度安排的预期净收益，自主行使进入或退出权。但由于我国的制度创新方案是根据权力中心的目标函数和约束条件来评估及选择的，因此即使微观主体感知到了获利机会，如果没有权力中心的许可或授权，也既不能自主"进入"可能导致自身利益最大化的制度创新，又难以"退出"由权力中心做出的制度安排。

第三，自下而上的制度变迁可能会受到现有宪法秩序的限制。宪法秩序直接影响行为人进入政治体系的成本和建立新制度的难易度。由于在现行宪法秩序下微观主体难以承受进入政治体系的成本，既得利益格局对新的立法阻力过大，或者微观主体的制度需

① 道格拉斯·C. 诺思. 制度、制度变迁与经济绩效. 上海：上海三联书店，1994.

求与现存法规相冲突，所以微观主体的自发制度创新活动会受到限制。

第四，自下而上的自愿性制度安排暗含了决策必须一致同意的假定，但由于存在外部性、不确定性等因素，它不一定能导致集体行动。[①] 这些障碍可通过集团内的说服、谈判从而达成一致同意的契约来克服，但由于高昂的交易费用，微观主体常常知难而退。

在自上而下的渐进改革的条件下，解开“诺思悖论”的突破口可能介于个体的自愿谋利行为与完全由权力中心控制之间的集体行动，即在微观主体之间的自愿契约与权力中心的制度供给行为之间，存在一种既能满足个体在制度非均衡条件下寻求最大化利益的要求，又可通过在与权力中心的谈判和交易中形成的均势来实现国家的垄断租金最大化的制度变迁方式，实现向市场经济的渐进过渡。实施这一集体行动的主体便是组织。所谓组织，是指在既定制度规则下寻求自身利益最大化的政治、经济、教育等团体。在现在约束所致的机会集合下，有目的地创立的组织是作为制度变迁的代理人角色出现的。当出现获利机会时，拥有充分的谈判力量的组织就会利用政治来实现最大化目标。[②]

在以私人合约为基础的分散化决策中，市民社会之间制度化的协商和谈判既能协调各种私人权威，又能监督、约束、抵制和对抗国家的可能侵犯，从而这种超越个体水平的集体行动可同时增加国家守护旧产权形式的成本和保护新产权创新的收益，直至重新建立国家获取租金的合约结构，使国家租金最大化与保护新产权之间达成一致。[③] 在实施供给主导型制度变迁方式的条件下，由于权力中心在制度安排的博弈中处于支配地位，以微观主体为基础的集体行动因谈判力量的弱小或外部性问题而难以突破由权力中心设置的制度创新进入壁垒。

然而，随着放权让利改革战略和“分灶吃饭”财政体制的实施，拥有较大资源配置权的地方政府成为同时追求经济利益最大化的政治组织。地方政府经济实力的增强所引起的谈判力量的变化导致它们开始努力重新签订政治、经济合约。当利益独立化的地方政府成为沟通权力中心的制度供给意愿与微观主体的制度创新需求的中介环节时，就有可能突破权力中心设置的制度创新进入壁垒，使权力中心的垄断租金最大化与保护有效率的产权结构之间达成一致，化解“诺思悖论”。这样一种有别于供给主导型制度变迁与需求诱致型制度变迁的制度变迁方式，被称为中间扩散型制度变迁方式。

二、地方政府在中间扩散型制度变迁方式中的特殊功能

（一）地方政府成为中间扩散型制度变迁方式中的“第一行动集团”

在诺思的制度变迁模型中，国家理论和产权理论是两大支柱。在国家理论中，诺思将地方政府行为抽象化，集中考察国家与产权主体在制度变迁中的博弈过程。这一理论假说很难真实地描述我国现阶段的制度变迁过程。事实上，随着放权让利改革战略和

---

① 曼瑟尔·奥尔森．集体行动的逻辑．上海：上海人民出版社、上海三联书店，1995．

② 道格拉斯·C．诺思．制度、制度变迁与经济绩效．上海：上海三联书店，1994．

③ 周其仁．中国农村改革：国家与土地所有权关系的变化——一个经济制度变迁史的回顾．中国社会科学季刊，1995（6）．

“分灶吃饭”财政体制的推行，地方政府具有了独立的行为目标和行为模式，从而在向市场经济的渐进过渡中扮演着主动谋取潜在制度净收益的“第一行动集团”的角色。

在实行统收统支的财政体制下，地方政府的行为特征类似于尼斯卡宁的官僚经济模型。① 在这一模型中，官僚所追求的效用函数，如津贴、权势、声誉、产出与管理的复杂程度等与预算规模正相关，而官僚机构的预算来自中央政府。所以，地方政府的首要目标就是通过与中央政府讨价还价不断扩大预算规模，扩大行政机构。由于官僚机构在双边垄断关系中具有明显的信息优势，因此它们常常能获得其所希望的最大化预算。实行市场取向改革以后，我国选择的改革方式导致地方政府的目标函数和约束条件发生了重要的变化，从而尼斯卡宁的官僚经济模型已经不足以解释地方政府官员的行为。

中国选择的是一种利用已有组织资源推进的增量改革，其显著特点是行政性放权。所谓行政性放权就是在行政系统内下放决策权，即权力中心根据决策权的重要性，把一部分经过选择的决策权下放到地方政府，然后再由地方政府经过选择把一部分权力下放给地方所属的国有企业。通过在等级框架内的权力下放，逐渐赋予企业部分自主权，进而引入市场关系，发挥市场机制的调节作用。然而，问题在于如果没有一个相应的激励机制，下级的行政部门未必会把中央下放的决策权再全部或部分下放给企业，从而使得行政性放权难以放出一个市场。

为了调动地方政府发展经济的积极性，同时也为了稳定中央财政收入，我国从 20 世纪 80 年代初开始先后在全国的省市自治区推行“分灶吃饭”的财政体制。实行“分灶吃饭”的财政体制后，地方政府的预算规模主要取决于以下两个因素：一是与本地经济发展水平相联系的财政收入规模；二是中央和地方分享财政收入的比例。由于分享比例经过一对一谈判已预先确定，且一定五年不变，所以地方政府可支配财政预算规模直接与本地社会总产出水平正相关。权力中心在下放财权的同时，也下放部分事权，如地方政府要为当地的居民提供公共产品以及为市场化改革提供必要的保障等。当地方政府以一预先确定的比例包干财政收支时，它就不再仅仅是一个纵向依赖的行政组织，已逐渐成为一个具有独立经济利益目标的经济组织。此外，改革之初推行了行政性放权战略，这使拥有较大资源配置权的地方政府获得了实现地方利益最大化的手段。而价格的逐步放开及相当一部分生产资源直接进入市场，使地方政府有可能凭借经济实力争夺稀缺资源。

在包干期内，地方政府的财政收入与当地的经济发展水平正相关。在基数和分成比例一定的条件下，本地经济发展越快，财政收入的总规模越大，地方政府可支配的预算规模越大，从而地方政府向本地老百姓提供公共产品以及发展经济的能力越强。例如，有更强的能力来改善投资环境，为招商引资创造更好的条件等。在本地经济实力增强的同时，也对中央财政收入的贡献率越高，从而地方政府官员职务升迁的概率越高。因此，财政包干体制不仅改变了地方政府的行为，而且形成了中国特有的一种竞争方式，即地方与地方之间的竞争，与财政收入相联系的 GDP 就成为度量地方政府官员政绩的一个非常重要的指标。于是，地方政府官员具有发展本地经济的强烈冲动。他们不仅是纵向等级构架中的行政代理人，而且是具有相对独立的利益目标与资源配置权力的自主行为主体，我们把这一在转型期中的地方政府官员称为政治企业家，即他们具有政治家

① W. Niskanen. Non-market, Decision Making: The Peculiar Economics of Bureaucracy. American Economic Review, 1968, 58 (2): 293-305.

与企业家的双重功能。地方政府官员作为权力中心的行政代理人按照等级规则行动，但是他们通过谋求经济上的发展来达到政治家的目的，即职务升迁。由于在财政包干体制后实现的分税制下，地方政府官员的政治升迁一般需要通过本地经济发展水平即GDP的高低来实现，所以，在地方之间竞争与制度非均衡条件下，地方政府官员就具有熊彼特意义上的企业家特征，即他们具有在制度非均衡条件下敏锐地发现潜在制度收益的能力，并可在政治上冒风险去率先俘获潜在制度收益，通过较其他地方更高的经济发展速度来获得更好的政治升迁机会。

（二）非平衡改革战略下的潜在制度收益与地方政府对制度创新进入权的竞争

经济利益独立化后的地方政府具有通过制度创新来营造有利于本地经济发展的环境的动机，但这种创新需求并不容易被满足。因为在供给主导型制度变迁方式下，权力中心通常依据社会总产出与垄断租金最大化双重目标制订制度创新方案，并一般偏好于选择利用已有的组织资源推进改革的非平衡改革战略：从改革的空间来说，采取先试点后推广的策略；从改革的时间安排来看，从增量改革推进到存量改革。获得改革优先权的试点单位通常可以在承担较小改革成本的条件下获得双重收益：一是由优惠政策带来的额外收益；二是由改革先行一步的体制优势带来的制度收益。进入壁垒的存在使这些收益具有“垄断租金”的性质，获得该租金的必要条件是从权力中心那里获得制度创新的优先权或进入权。

显然，个人或企业试图直接突破由权力中心设置的制度创新进入壁垒是很困难的，他们只能通过所隶属的上级主管部门向权力中心间接显示其制度创新的需求。相反，地方政府作为纵向制度安排的行政代理人，既有动机也有能力为谋求有利于当地经济发展的制度安排而与权力中心讨价还价。

地方政府主要通过以下途径获得垄断租金的制度创新进入权：一是地方政府直接从权力中心的制度创新方案中获得试点权，如经济特区等。二是地方政府通过正式渠道（如会议、汇报、文件等）或非正式渠道（如游说、“找关系”、“走后门”等）向权力中心传递反映本地利益的制度创新需求，并力图使这一需求转变为权力中心正式的制度供给方案，从而直接获得制度创新优先权。三是改革方案一旦形成后，地方政府为获得含有垄断租金的改革试点权而展开竞争。能否优先获得进入权，既取决于权力中心所认同的改革方向，又取决于地方政府讨价还价的实力和技巧。四是没有获得进入权的地方政府会通过“变通”的方式，以能否实现本地利益最大化的标准理解和实施权力中心的改革方案，使实际的制度安排或多或少地偏离权力中心的制度供给意愿，从而变相获得进入权。五是采取先斩后奏、暗中模仿试点单位的做法或另辟蹊径等突破进入壁垒，如在权力中心既没有明确授权也没有明确禁止的领域从事自发的制度创新，获取潜在制度净收益。

三、地方政府自发制度创新的事后追认

变迁一般是指对构成制度框架的规则、准则和实施的组合所做的边际调整。[①] 由地

① 道格拉斯·C. 诺思. 制度、制度变迁与经济绩效. 上海：上海三联书店，1994.

方政府自主实施的制度创新能在多大程度上背离权力中心的制度供给意愿，还要视正式规则的变通余地而定。由于正式规则的实施需要支付成本，从而在边际上正式规则不起作用。巴泽尔认为，没有绝对的权利，规则总有变通的余地。① 这里所要关注的问题是：当地方政府的自发制度创新需求与权力中心的初始制度供给意愿不一致时，地方政府是如何在给定的体制条件下突破权力中心设置的进入壁垒的？权力中心为什么会从最初容忍转为最终追认地方政府自发的制度创新活动？解开谜底，对于把握中国向市场经济过渡的特殊路径不无益处。

地方政府通过突破进入壁垒获取制度收益的能力与其谈判实力有关，而这种实力又与当地的经济发展水平及体制环境有关。在给定的条件下，地方政府通常采取以下途径从事自发的制度创新。

（1）“先做不说”。为了谋求有利于本地经济发展的制度安排，地方政府或者通过采用“改头换面”“变通”“重新解释”等方式理解和实施上级的“文件精神”，使本地的实际制度安排偏离权力中心的制度供给意愿，变相获得制度创新的进入权，或者通过“找关系”、“走后门”来打通有关“关节”，使管制进入权的“关键人”对地方政府的自发制度创新活动采取“睁一只眼、闭一只眼”的态度，从而“悄悄地”突破进入壁垒，或者玩文字游戏，尽量使当地自发的制度安排与当时的政策条文不发生冲突，从而避开上级政府对进入权的管制。

（2）“做了再说”。自发的制度创新刺激了本地的经济发展。随着经济实力的增强，地方政府开始有意识地通过各种渠道来“说”自发制度创新的绩效，希望通过制造声势和既成事实来获得上级政府的认同，争取正式的进入权。采取的方式通常有：邀请名人来访，由名人之口来“说”成绩；利用新闻媒体宣传当地的经济绩效；请名家写书或作文，总结自发制度安排的成功经验；召开新闻发布会或参加相关的正式会议，主动介绍当地的“独家创造”；向上级领导主动汇报；等等。

（3）领导批示或题词，由“地下”转入“地上”。上级领导对于地方政府从事的制度创新能否正式认同具有至关重要的作用。因此，地方政府会想尽办法让上级领导在正式或非正式的场合表态，使其悄悄干的“事”合法化，如请上级领导来当地视察，促其题词，或向上递报告，争取上级领导的赞同批示，然后对外宣传上级领导的题词和批示。显然，在没有获得正式授权之前，领导批示或题词是对地方政府自发创新的新产权进行非正式保护的一种形式。

（4）“先养儿子，再领结婚证”。地方政府未经授权实施的制度创新一开始是个“私生子”，尽管它可能已获得上级或媒体的赞许，但如果报不上“户口”，其实施的新产权规则就得不到国家的保护。因此，地方政府会以增缴部分收益增量为代价，通过各种关系补办“结婚证”，为“私生子”报上“户口”，使其自发的制度创新获得权力中心的正式认可。

权力中心在多大程度上能容忍乃至追认地方政府的自发制度创新行为，除了取决于地方政府基于经济实力的谈判能力外，还有两个因素。一方面，它与权威扩散化程度有关。所谓权威扩散化是指下级政府利用上级政府授予的权威去做上级政府并未授权它去

① Y. Barzel. Property Rights and the Evolution of the State. Discussion Paper Series, No. 127, School of Economics, University of Hong Kong, 1992.

做的事情。[1] 在自上而下的制度变迁中，正式规则的实施成本与权威扩散化的程度成正比。显然，行政代理层次越多，地方政府的经济利益越独立化，其讨价还价的能力越强，实施正式规则的成本就越高，提供给地方政府在正式规则的边际上发挥作用的空间就越大。这就是越是经济开放和发展的地区、越是低一级的地方政府，其自发制度创新能力越强的原因所在。另一方面，它还取决于在地方政府为追求潜在制度收益而逐渐改变的制度结构中，权力中心从中获得的收益是否大于维持管制进入权的成本。当地方政府愿意用上缴部分额外收益来换取上级的事后追认，而权力中心为保护旧的产权结构的成本大于其从新产权规则中获得的收益时，权力中心就会容忍和追认地方政府为追求更多的生产性利润所从事的制度创新活动。这验证了所谓的"无名氏"定理，即当统治者发现给予臣民更多的自由能激励出更多的财富，并且分给统治者的增加了的财富可以抵消统治者放弃独裁所增加的不安全感时，臣民的自由便会经双方约定而增加。[2]

第四节　从中间扩散型向需求诱致型制度变迁方式的渐进转换

一、地方政府制度创新的效率导向

按照西方主流经济学的逻辑，政府与市场存在内生的冲突，政府只有在市场做不了或者市场做不好的情形下才可以发挥作用，以弥补市场的缺陷，除此之外，凡是政府对经济活动的干预都将对市场造成破坏。而我国在向市场经济过渡过程中地方政府与企业之间却形成了一种特殊的政商关系，地方政府与企业之间虽有冲突，但更多的是相互依赖。地方政府依赖企业在本地更多的投资与更好的发展，以便为本地的 GDP 与财政收入做出更大的贡献；而企业也依赖地方政府为其发展提供更好的投资环境，特别是企业将与地方政府"合谋"共同向上级政府竞争改革优先权，以获取由试点权带来的垄断租金，其结果是引入了市场竞争，有助于确立产权，从而客观上推进了本地的市场化进程。

为什么我国的地方政府在向市场经济的过渡过程中所参与的经济活动不仅没有与市场发生冲突，而且在一定程度上有助于市场机制的发育呢？一个很重要的原因就是地方政府不仅是一个政治性组织，而且是一个经济性组织。尽管地方政府在实施制度创新时同样会面临"诺思悖论"，但在中央与地方的财政收入分享比例已定的条件下，不仅地方政府可支配财政收入最大化目标的实现依赖企业利润最大化目标的实现，而且政府垄断租金最大化目标（主要表现为职位的升迁、权力的稳定性、对资源的支配力及灰色收入等）的实现也与本地区的经济发展水平息息相关（在任期间本地经济上不去就可能丢官），这又依赖企业的扩张和效率的提高。所以，地方政府在界定和保护产权时更偏重

---

① 查尔斯·林德布洛姆．政治与市场：世界的政治—经济制度．上海：上海三联书店，1992.

② Y. Barzel. Property Rights and the Evolution of the State. Discussion Paper Series，No. 127，School of Economics，University of Hong Kong，1992；汪丁丁．经济发展与制度创新．上海：上海人民出版社，1995.

于效率，并通过追求效率获取垄断租金，从而有助于化解制度创新中的“诺思悖论”。

在通过行政性放权让利推进市场取向改革的条件下，市场竞争首先表现为地方之间的竞争，然后才表现为企业之间的竞争，即地方政府将努力凭借其行政权力及经济实力助本地企业一臂之力，从外部吸引稀缺资源，并帮助推销本地产品。地方政府的这种市场竞争行为具有两重性：一方面，它具有地方保护主义倾向，尤其是当本地尚无能力突破权力中心设置的制度创新进入壁垒而处于明显的竞争劣势时；另一方面，它又会充分利用各种政策创造优惠的投资环境，吸引资源的流入。

显然，地方政府为了在与其他地方的竞争中吸引更多的资源，刺激本地的经济发展，除了要求上级给予优惠政策外，也具有通过突破制度创新的进入壁垒构建一个相对有效率的产权结构的动机，期望通过有效的产权保护和良好的投资环境吸引外资与内资的流入，通过明确微观主体的投资收益预期激励其创造更多的生产性利润，从而扩大地方政府的剩余分享额。当这种由地方政府推动的制度创新有助于激励行为人创造更多的生产性利润时，社会中的特殊利益组织或集团的寻利活动未必像奥尔森所推断的那样，一定会降低社会效率和总收入①，而是也可能导致帕累托改进。

二、地方政府与企业之间的合作博弈及市场主体的培育

在权力中心对制度创新的进入权进行管制的条件下，尽管地方政府与企业之间在决策权及剩余索取权的分配方面存在冲突，但在如何争夺与优先进入权相联系的垄断租金方面存在很强的相互依赖性。地方政府对企业的依赖性表现为地方政府的讨价还价能力及政绩显示信号在很大程度上取决于当地的经济实力，而这种实力又是由当地企业的市场竞争力来体现的。只有当企业的利润目标和扩张动机得以实现时，才可能推动本地的经济发展和增加财政收入，从而有助于实现政府的垄断租金最大化目标；企业对地方政府的依赖性表现为正式的制度安排是通过纵向隶属的行政系统实施的，地方政府在这一系统中扮演着行政代理人的角色，企业作为这种制度变迁方式的间接谈判者，可以通过地方政府向上级传递其制度创新的需求，但它没有能力直接突破权力中心设置的进入壁垒，获取潜在制度收益。因此，企业常常需要借助于当地政府的力量来满足自己对制度创新的需求。

这种相互依赖性使地方政府与企业在自发的制度创新过程中合作多于冲突，它们走的是一条双方合作、共同与权力中心讨价还价突破进入壁垒的道路。地方政府常常成为当地企业的代言人，在企业改革试点权的获得、自主权的扩大、利润分享比例的提高、负担的减轻等方面与上级讨价还价，希望通过为企业的发展创造更好的环境来提高本地的经济实力，增加可支配财政收入，向上级展示其良好的政绩。例如，在招商引资和横向联合中，地方政府扮演“选对象”“送聘礼”“定婚约”的角色；在市场竞争中，地方政府充当本地企业的“保护神”；地方政府会帮助企业竞争制度创新的优先进入权；地方政府会向银行施压，帮助企业融资等。企业则为当地经济发展目标的实现提供财力、物力和人力。因此，企业领导人通常与当地的政府官员有着密切的公务和私人联系。

这种合作博弈的实质就是企业在地方政府的帮助下，通过突破进入壁垒获得潜在制

---

① 曼瑟尔·奥尔森．国家兴衰探源——经济增长、滞胀与社会僵化．北京：商务印书馆，1993.

度收益，进而地方政府也分享这一收益。潜在制度收益实际上是一种在已有的制度安排中经济主体无法获得的外部利润，它通常是由规模经济、外部经济内部化、对风险的分散与克服、交易费用的转移与降低等带来的。[①] 显然，外部利润的获得依赖制度创新，其关键就是要确立排他性的产权，明确微观主体的收益预期。因此，地方政府与企业合作突破进入壁垒的过程实际上是通过明晰产权关系实现外部利润内部化的过程，它客观上推进了企业向自主经营、自负盈亏的市场竞争主体转变。这就是在改革先行地区，企业产权制度改革总是先行一步，企业捕捉盈利机会的能力强一些的原因所在。

由此可见，随着行为模式的变化，地方政府具有追求本地经济快速增长以及响应获利机会进行制度创新的动机。由于地方政府作为一级行政代理人，可以利用政治力量主动地追求本地经济利益最大化，因而相对于微观主体有更强的组织集体行动和制度创新的能力。尽管利用已有的组织资源推进改革可能因为等级规则与产权规则的冲突而使地方政府官员的初始目标并不必定包含产权明晰的内在要求，但在地方竞争的压力下，地方政府为了追求以 GDP 为主要度量指标的政绩，不得不通过更明晰的产权制度和更有效的产权保护来创造更有利于吸引外资与内资的投资环境，其结果是本地市场化进程加快。这就是我国的经济体制改革虽是由政府主导的自上而下的过程，却导致了市场取向改革不断深化和经济持续快速增长的原因所在。

三、向需求诱致型制度变迁方式转换的可能性

当制度变迁由命令控制转为谈判协调时，地方政府在我国向市场经济体制过渡过程中事实上起到了中间扩散新制度规则的作用，从而将产生双重效应：一是由优先进入权带来的垄断租金将诱发地方政府的寻利活动。只要一个地方突破进入壁垒，其他地方就会群起模仿。随着进入壁垒被全线突破和垄断租金的消失，权力中心在制度供给中的主导地位就弱化了，它主要起到事后追认由地方政府和企业合作实施的制度创新行为的作用。二是制度创新的中间扩散过程实际上是确立排他性产权的过程，即通过明确微观主体的收益预期实现外部利润的内部化，使地方政府和企业分享的剩余额同时增加。一旦企业获得了较大的自主权，就希望限制政府干预其自主捕捉市场盈利机会的行为，包括制度创新活动。地方政府尽管仍然具有控制企业的动机，但随着排他性产权的确立，政府控制企业的成本非常高，而采取“无为而治”的策略反而可以增强企业的活力，政府也可从中分享更多的剩余。从利益最大化原则出发，地方政府会约束不合理的行政干预。一些改革步伐迈得较快的地区在产权制度改革到一定阶段都提出了“小政府、大社会”的口号，政府职能的转变明显要比改革相对滞后的地区快，这证实了上面的推论。

随着政府的逐步退出和排他性产权的确立，制度变迁是否发生，主要取决于参与创新的个人或团体在制度非均衡条件下捕捉外部利润的预期收益和成本。显然，当微观主体的制度创新需求不再需要通过地方政府间接显示就可能转变为权力中心的制度供给时，创新者为使新的制度规则被接受和采用而进行讨价还价以达成一致意见的组织成本与谈判成本将明显下降。只要它能克服创新过程中外部性的“搭便车”问题，这种制度

① 道格拉斯·C. 诺思. 制度、制度变迁与经济绩效. 上海：上海三联书店，1994.

变迁方式就是有效率的。由于权力中心从微观主体从事的制度创新中可获得更多收益，因而其逐步演变为仅仅充当新产权关系的界定者和保护者，并通过重建获取垄断租金的新合约结构，使权力中心的租金最大化和保护新产权之间达成一致。

当建立在排他性产权基础上的微观主体成为制度变迁的“第一行动集团”时，我国的制度变迁方式就由中间扩散型向需求诱致型方向转变，即个人或一群人在给定的约束条件下，为确立预期能导致自身利益最大化的制度安排和权利界定而自发组织实施制度创新。制度变迁方式的转换与体制模式的转变具有内在的关联性，体制模式的转变要求制度变迁方式做出相应的转变。需求诱致型制度变迁方式与市场经济的内在要求具有一致性。因此，伴随着这种制度变迁方式的转换，我国向市场经济体制的过渡将加快。

第五节　重塑改革的动力机制，进一步推进市场取向的改革

一、对我国制度变迁方式转换的规范分析

上文主要从实证的角度考察了在放权让利的大背景下，当自上而下的改革面临障碍时，可分享剩余索取权和拥有资源配置权的地方政府在一定阶段扮演制度变迁“第一行动集团”的角色对于推进我国市场化改革所起的特殊作用，并试图得出以下理论推断：一个中央集权型计划经济的国家有可能成功地向市场经济体制渐进过渡的现实路径是，改革之初的供给主导型制度变迁方式逐步向中间扩散型制度变迁方式转变，并随着排他性产权的逐步确立，最终过渡到与市场经济内在要求一致的需求诱致型制度变迁方式，从而完成体制模式的转变。

需要说明的是，一方面，本章着重从实证的角度来揭示我国市场化的实际进程，而没有从规范的角度来评判这一已经发生的过程的“好坏”或“优劣”；另一方面，在存在制度创新进入壁垒的渐进改革的条件下，制度变迁方式转换的三阶段假说能较好地揭示为什么政府主导的改革能导致实际的市场化进程。因此，本章所关注的是中间扩散型制度变迁方式的正效应，如因维持原有的等级构架导致改革的阻力较小、启动较快等；增量式改革导致政治与经济体系相对稳定，减小产权变革的政治压力，并不像激进式改革那样需要以经济的严重衰退为代价，而是可以保持经济的持续快速增长，为进一步的改革提供物质保障等。从总体上说，我国渐进式改革取得成功的主要原因如下：一是把社会主义基本经济制度与市场经济结合起来，在以公有制为主体的条件下大力发展非公有制经济，在以按劳分配为主的条件下采用多种分配方式，从而既坚定不移地推进市场化进程，又使社会主义制度适应现阶段的生产力发展水平；二是按照“三个有利于”标准来判断改革的成效，即是否有利于发展社会主义生产力，是否有利于增强社会主义国家的综合国力，是否有利于提高人民的生活水平；三是处理好改革、发展与稳定之间的关系，在稳定与发展中积极推进计划经济向市场经济体制的过渡；四是随着经济体制改革的不断深入，适时地推进政治体制改革，包括政府职能的转

变，推行政治民主化等。

然而，当我们从规范分析的角度来评判政府主导的市场化进程时，我们将发现该制度变迁方式所产生的一系列负效应。

第一，政治企业家行为规范的模糊化导致腐败现象日趋严重。在等级规则与产权规则同时对资源配置权的分配发挥作用以及改革优先权在行政系统内纵向安排的条件下，地方政府官员在资源配置权由政府向微观主体转移的市场化进程中发挥着关键性的政治企业家作用，这在弱化改革阻力的同时也导致政府官员行为合理化标准的模糊化，从而为权力的货币化创造了条件。价格双轨制中的“官倒”[①]、国有企业股份制改造中的国有资产流失、城市土地批租中的权钱交易、审批权配置中的“走关系”“开后门”等腐败现象都是权力货币化的具体表现形式。

第二，地方政府官员对GDP的盲目追求导致忽视资源、环境、社会等问题，导致地方的可持续发展能力下降。政府主导的改革导致市场化进程不断加深，一个很重要的原因是在地方政府官员的政治升迁中间引入了一个以GDP为核心内容的政绩指标，在地方之间的竞争压力下，地方政府官员不得不通过推进本地的市场化进程来加快本地的经济发展，但对GDP的过度追求导致一些地方政府官员选择了竭泽而渔的短期行为，从而导致对资源的滥用，对环境的严重破坏，忽视教育、社会保障、贫困等民生问题，导致一些地方的社会矛盾激化等。

第三，地方与地方之间竞争的加剧导致地方封锁，产生了所谓的“诸侯经济”现象。地方政府为了在地方之间的竞争中占据有利地位，不惜采取地方保护主义策略，从而导致市场的分割，妨碍了全国统一市场的形成，降低了资源配置效率。

第四，“先试点、后推广”的改革方式导致获得试点权的企业或地方因能持续地获得垄断性租金而获得优先发展的机会，相反，其他企业或地方则发展能力相对不足，这是导致不同阶层、不同地区收入水平的差距不断扩大的主要原因之一。

二、重塑改革的动力机制是保持长期中高速经济增长的关键

越来越多的有识之士认为，2012年以来的经济下行是结构性因素导致的，即传统经济增长要素发生衰变导致潜在经济增长率下降，进而导致中国经济呈现出L型态势，所以要推进供给侧结构性改革，进行结构调整，培育新的增长动能。然而大家发现，如果不改革，结构是无法调整的。为什么？因为现有的经济结构实际上是在既定体制和发展模式下的利益结构的反映，所以如果体制模式、发展模式不变，利益结构就有刚性，这时，结构性调整只能借用政府之手来进行，但是用政府之手调结构的结果可想而知，那就是摁下葫芦浮起瓢，这就是长期以来经济结构效果不理想的重要原因。当前很多人都明白必须深化改革，不改革是没有出路的，但改革的进程有所放缓，甚至在有些地方光打雷不下雨，很重要的原因是当下中国改革最缺失的是动力机制。

过去中国的改革为什么能有实质性的进展？西方主流经济学告诉我们，用政府之

① 所谓倒买倒卖是过去描述投机倒把的一种行为。改革之初一些有市场意识的人士利用市场开放后的国家定价与市场价格的差额做商品批发和零售生意，这些人被称为“倒爷”。在实行价格双轨制后，一些政府官员利用计划价格与市场价格之间的差额直接或间接参与计划物质的调配，然后通过各类“皮包公司”进入市场以获取价差，这些人被称为“官倒”。

手，由政府主导推进市场化改革，改革有很大的阻力，但是中国的改革在过去40年取得了实质性的进展。前面的制度变迁模型告诉我们，其主要原因是，在这样一个由政府主导市场化的改革方式中引入改革动力机制，就是满足了参与性的约束条件和激励相容的条件。地方官员要升迁就要做大GDP，在他有限的任期里最有效的办法就是招商引资。为了招商引资地方政府就不得不改善投资环境，而最好的投资环境可以让投资者在这里比在其他地方获得更多的投资回报，这常常可以通过获得改革优先权创造出来，因为所有改革优先权或者试点权的背后都是特殊体制和优惠政策。特殊体制和优惠政策会带来垄断利润，如果试点权是排他的，垄断利润就会转为租金，这个租金会使投资人获得超额的投资回报。这样的话，中国过去40年尽管改革权是在行政系统内配置的，但在这样的体制里，由于引入了这样一种财政分权和地方政府的激励机制，导致地方政府官员有兴趣、有热情与企业联合，和企业合谋，共同从中央获得改革优先权，这样一种政企合作或者“合谋”关系构成了过去40年中国改革的激励机制。

这样一种改革权纵向分配的改革形式，当引入财政分权这种激励机制之后，导致了持续多年的快速经济增长。但是，这样的政企合谋式的市场化改革也带来了很大的问题，包括行为失范、合理不合法、合法不合理、腐败越演越烈、“打擦边球”式的潜规则蔓延、资本和劳动的冲突等。这几年针对这些负面现象，我们开始坚决反腐败，毫无疑问这是正确的，如果任腐败泛滥，对未来中国的增长将是一个极大的制约因素，更重要的是可能导致亡党亡国。然而，在这种铁腕反腐败极大改善了社会风气、大大提升了党的威信的同时，过去那种政商关系下地方政府官员与企业家通过合谋来竞争改革优先权的激励相容机制发生了变化，从而行政权主导下的改革动力机制相对就变异了。目前，某些地方政府官员基于从改革中获得的个人收益小于改革带来的风险，因而为了规避风险，存在懒政、慵政的现象，过去商人见官员是脸难看，门难进，现在则常常是门进不了，脸看不见。所以当下中国的关键在于改革，而改革改不动最重要的原因在于改革的动力机制问题。如果没有一个相应的改革动力机制，我们就是在空喊，供给侧结构性改革很难取得实际的效果。如果我们还想坚持改革权在行政系统内分配的渐进式改革方式，那么毫无疑问必须调动地方政府的改革积极性，地方政府要有改革热情，要认识到经济过度下滑会成为中国最大的政治风险。

因此，在反腐倡廉取得战略性重大胜利之后，在稳增长的基础上积极构建新一轮大改革、大调整的激励相容的动力机制是非常有必要的。所以，需要重新厘清政府与市场之间的权力边界。党的十八届三中全会讲得很好，要让市场机制在资源配置中起决定性作用和更好发挥政府作用。我们应避免离开市场机制起决定性作用的前提来泛谈更好发挥政府作用，我们需要在市场机制发挥决定性作用的前提下来谈政府的作用及界定政府作用的边界。同时我们虽然要重视改革的顶层设计，但更要重视地方政府与微观主体的改革积极性。为了让市场经济在资源配置中的决定性作用落到实处，关键是要挖掘和培育出改革的动力机制，只有这样才能继续分享传统的改革红利、全球化红利、人口红利、工业化红利，同时可以激发出城镇化、消费率提升以及产业升级和创新等新的增长因素，进而推动市场取向的实质性改革，实现增长模式的转换和保持长期中高速经济增长。

三、我国进一步推进市场化改革的路径与方式

我国渐进式改革条件下产生一系列负效应的主要原因是等级规则与产权规则存在冲突，或者说新旧体制并存条件下的政治与经济存在矛盾。化解上述冲突进而减少上述负效应的根本出路还是在于进一步解放思想、深化改革，特别是进一步深化产权制度改革与政治体制改革，为进一步的市场化进程创造更好的条件。

显然，随着改革的不断深化以及我国经济增长条件发生变化，原有的改革路径遇到困境，改革必须进行重新调整和规划。这是因为地方政府主导的制度变迁方式遇到了新的挑战：(1) 以政府为先导进行改革。由于新的增长模式的构建，内需持续增长更多依赖市场引导，政府主导可能破坏市场导向型经济结构的调整。(2) 利用原有组织推进改革。随着经济的发展，原有组织可能与某些市场主体结盟，形成特定的利益集团，既得利益者继续改革的动力在衰减。例如过去通过地方政府推进改革，但地方政府主导改革的副作用日益明显。(3) 增量改革。新的增量改革常常是非帕累托改进的，一部分人将在改革过程中利益受损。新的改革要求约束政府权力，增强政府透明度，这些都会损害官员的个人利益。(4) 过去先试点、后推广的改革模式不可持续。改革试点权在行政系统中的配发在调动地方政府的改革积极性方面起到了重要的作用，因为试点权会带来垄断性制度收益。但是随着经济的发展，这种试点造成的寻租行为日益严重，从而扭曲了市场化改革的真实成本与收益。

我们需要继续坚持渐进式改革，但同时需要保持社会稳定。然而，随着各种失衡和矛盾的加剧，包括市场与政府的关系失衡、资本与劳动的利益失衡、地区发展失衡和收入分配失衡等，不改革就无法继续保持社会的稳定。但是，我们不能就改革谈改革，改革的重点不是重新界定收入分配结构，而是重新界定政府权力与市场权力。通过政府自身的改革，打破政府、企业和家庭之间的传统利益分配格局，使得政府的角色从“与民争利”转变为“为民创利”。因此，没有政府推动自我改革，深层次的改革就难以推进。当前，政府需要认清改革的局面，坚定改革的决心，从利益关系调整的过程中寻找改革的动力，调动各方的积极因素，促使改革不断推进。

根据中国的现实和国情，政府自上而下的改革是改革成功的关键。由于进一步的改革主要涉及全局性改革，特别是中央政府层面的改革，因此，改革需要依赖中央政府自上而下的推动，并保证地方政府具有落实中央政策的有效激励。但是，如果不能在微观层面培育出改革的动力，则再好的改革方案也难以落实。从中国历史经验来看，改革的道路虽然任重而道远，但只要社会达成改革的共识，理解改革的利害关系，以史为鉴，改革促进发展值得期待。

那么进一步推进市场化改革的突破口在哪里呢？党的十八届三中全会明确了下一步深化改革的目标，那就是“处理好政府和市场的关系，使市场在资源配置中起决定性作用和更好发挥政府作用”。具体来说，改革的四个突破口在于：(1) 政府功能重新定位；(2) 深化国有企业改革，限制国有企业的垄断力量，发展民营经济；(3) 完善要素市场和分配体制；(4) 社会改革。

政府体制改革，重点是重新界定政府与市场的边界，有所为有所不为，同时进一步完善社会保障体系，维护社会公平正义。市场经济的充分发展需要政府提供相应的服

务，政府必须从增长型政府向发展型政府转变。通过政府自身改革，打破政府、企业和家庭之间的传统利益分配格局，转变政府职能，避免政府“与民争利”。政府有选择地逐步从竞争性领域退出，减少“审批制”，特别是限制有可能产生大规模寻租活动的审批，停止干预市场价格和交易，逐步废除对土地、劳动力、能源、矿物以及资本价格（利率和汇率）的管制。政府必须推进结构性改革，改革垄断企业，并改革税收制度，以全面落实改善社会福利的目标，增加在社会保障、医疗、教育、住房和环境等公共服务领域的开支。政府政策要注意以下方面：一是平衡，即宏观政策的松紧平衡，该压的要压，但该保的一定要保；二是服务，政府应该为放松微观经济提供服务，创造环境；三是改革，市场化的改革要及时跟上，这样才能打破市场中的各种藩篱，释放经济活力。从地方政府的角度来看，我国的经济增长已经进入一个转型期，如果要试图获得一条新的报酬递增的增长路径，唯一可行的对策就是实现创新导向型经济结构转型。地方政府之间的相互竞争会影响到各地区的创新水平，进而会影响到各地区经济结构的调整。如果要通过地区创新能力的改进来实现结构转型，那么建立规范的地方政府间竞争秩序就至关重要。

市场交易本质上是产权交易，没有产权明晰的市场主体，市场机制就难以在资源配置中发挥积极作用。所以，进一步市场化的关键是深化产权制度改革，确立产权原则，为市场机制发挥作用创造微观条件。产权制度改革主要包含以下三个方面：一是进一步推进国有企业改革；二是发展民营经济，保护私人产权；三是在推进城镇化的进程中深化土地制度改革。其中改革的重点是深化国有企业改革，限制国有企业的垄断力量，放松对投资主体和投资领域的限制，为民营经济的发展创造条件。从目前情况看，是否出现“国进民退”的趋势？这依然存在争议，但现实是，国有企业数目在下降，就业人数在下降，增加值和固定投资在增加。尽管国有企业的占比在降低，但是国有企业控制了经济上游部分，拥有产品定价权，容易得到政府的支持，方便获取银行的贷款，同时国有企业的利润并没有真正用于社会的再分配。这些特征导致社会竞争受损、资源使用浪费和社会不公平程度提高。以对外投资为例，中国的外汇主要由私营部门创造，但是对外直接投资主要由国有企业驱动。因此，国有企业改革仍然任重而道远。

市场体系的进一步完善，重点是要素价格体系的完善与金融体制的改革，核心是金融企业产权制度改革、利率市场化、人民币国际化、中央银行独立化。当前，进一步完善市场体系的重点是完善要素市场，理顺价格机制，消除政策性扭曲，使劳动、资金等要素的供给和需求在市场上得到真实体现，并最终在工资和利率等价格信号中得到真实显露。完善要素市场，是要素市场真实显露不同产业部门或行业的投资成本与收益的前提。在要素市场能够真实反映要素成本和收益的情况下，市场力量才能成为投资结构演进过程的主导力量。我国居民收入增长缓慢的一个重要原因是财政收入增长过快，一定程度挤占了居民收入的增长。尽管政府可以通过再分配增加居民收入，但由于我国的财政主要是生产型财政，在财政支出的顺序中，与医疗、教育、社会保障相关的支出和转移支付并不处于优先位置，所以，财政的再分配功能并不强。从调整经济结构的角度来说，由于税种设置不合理，部分税种可能对创新和转型起到相反的作用。因此，在保持税收收入适度增加的同时，调整税种结构，完善和培育合理的地税体系，可能更有利于地区发展、区际平衡以及良性地区竞争。

市场化进程中如果没有必要的社会改革，那么在改革过程中保持社会稳定是困难的。中国的改革者必须注意到，随着中国经济的发展，社会结构发生了深刻的变化。经济发展必须与社会发展相协调。社会结构变化主要表现为：随着网络发展和信息传播扩散，社会成员对自我利益的感受和追求增强；社会成员之间利益关系的互动性、相互影响性增强，从原来分割的局面转为日益融合；社会成员的利益日益多元化，不同利益主体的利益冲突逐渐加剧，要求多样、灵活的社会政策与之相统一。这些特征会影响经济层面的改革。这要求经济层面的改革必须体现居民自下而上的需求。自下而上的需求更能反映居民自我利益的分布、多元化格局与发展的灵活性需要。要鼓励居民参与政策的设计和政策实践的反馈，同时要完善包括初次分配和再分配在内的整个分配体系，通过城市化和区域发展政策缩小城乡差距和地区差距，进一步完善社会保障体系。[①]

参考书目

1. 道格拉斯·C. 诺思．经济史中的结构与变迁．上海：上海三联书店，1991.
2. 道格拉斯·C. 诺思．制度、制度变迁与经济绩效．上海：上海三联书店，1994.
3. 曼瑟尔·奥尔森．国家兴衰探源——经济增长、滞胀与社会僵化．北京：商务印书馆，1993.
4. 查尔斯·林德布洛姆．政治与市场：世界的政治—经济制度．上海：上海三联书店，1992.
5. 林毅夫，蔡昉，李周．论中国经济改革的渐进式道路．经济研究，1993 (9).
6. 杨瑞龙．论我国制度变迁方式与制度选择目标的冲突及其协调．经济研究，1994 (5).
7. 杨瑞龙．我国制度变迁方式转换的三阶段论．经济研究，1998 (1).
8. 杨瑞龙．面对制度之规．北京：中国发展出版社，2000.

思考题

1. 什么是华盛顿共识与北京共识？请比较激进式改革与渐进式改革的差异。
2. 简述供给主导型制度变迁方式的特征。
3. 试分析供给主导型制度变迁方式中的“诺思悖论”。
4. 请阐述中间扩散型制度变迁方式的主要特征，并分析地方政府在我国市场化进程中的主要功能。
5. 请分析我国的渐进式改革所存在的主要问题以及进一步改革的方向。

① 杨瑞龙．内需可持续增长的结构基础与政策选择．北京：中国人民大学出版社，2014.

第三章 社会主义企业制度与国有企业改革

建立社会主义市场经济体制的关键条件之一就是要构建充满活力的微观基础，为此，一方面要积极发展非公有制经济，另一方面要深化国有企业改革。国有企业作为我国经济中最主要的微观经济主体，通过改革成为自主经营、自负盈亏的市场竞争主体就成为建立市场经济体制的内在要求。然而，国有企业在社会主义市场经济条件下到底应该扮演什么样的角色？国有企业改革应该遵循什么理论逻辑？到底如何在政企分离的基础上重构国有资产的管理模式？如何实现产权的多元化与产权关系的明晰化？如何避免国有产权转让过程中的国有资产流失现象？以上这些都是值得我们探讨的问题。

第一节 马克思的所有制理论

一、财产所有权是所有制关系的法律表现

马克思的经济学理论体系是建立在辩证唯物主义方法论基础之上的。马克思主义经济学认为，生产力决定生产关系，经济基础决定上层建筑。人类社会客观存在的最基础的经济关系，即生产关系的逻辑起点就是直接的物质生产过程中的生产资料所有制关系，这种以生产力为基础的生产关系辩证统一体形式，构成了其整个理论体系的基础。从这个逻辑起点出发研究现实社会时，马克思必然以当时生产资料的资本主义私有制为基础，考察社会价值运动的本质规律和内在矛盾，运用辩证逻辑生动地体现社会的整体联系，从而马克思第一次揭示了所有制与财产所有权之间的本质区别和联系，而不是像西方产权经济学家那样仅仅从资源配置的效率角度研究产权关系。

马克思是从两层含义上来论述所有制范畴的，一是作为经济关系的所有制范畴，二是作为法律关系的所有制范畴。前者体现的是经济主体对客观生产条件的占有关系，这种关系是通过在一定生产方式下的生产、分配、交换、消费活动体现出来的；后者体现的是一种意志关系和法权关系，它表示占有主体对占有的对象拥有一种任意支配的权利。一定的生产方式产生一定的占有方式，经济上的占有关系产生后，便会有法律上的所有权与之相适应。所有制上的独占或垄断必然在法律上表现为财产归属的确定性，同时也表现为否定该主体以外的任何人对同一财产的独占，即所有权是所有制的法律形态。对于所有制来说，有决定意义的是具有排他性的独占权。马克思曾指出，垄断就是财产所有权。私有财产的真正基础，即占有，是一个事实，是不可解释的事实，而不是权利。只是由于社会赋予实际占有以法律的规定，实际占有才具有合法占有的性质，才具有私有财产的性质。

在实际生活中，所有制的性质和内容决定所有权的性质和内容。所有制关系的变动必然要反映到作为上层建筑的法律制度中来，使所有权的法律制度和所有权关系相互适应，而所有权制度的变化又反过来为所有制关系的变化创造一定的条件。马克思主义经济学认为，法权关系起源于经济关系，起源于它们的经济条件。马克思指出，法权关系或意志关系的内容是由这种经济关系本身决定的。例如，在商品市场和劳动力市场上，买卖双方可根据各自的所有权支配自己的东西，通过让渡自己的商品，占有他人的商品。这是法权关系。然而，“这种具有契约形式的（不管这种契约是不是用法律固定下来的）法权关系，是一种反映着经济关系的意志关系”①。正是由于所有权是所有制关系的法律表现，因此，马克思认为，给资产阶级的所有权下定义不外是把资产阶级生产的全部社会关系描述一番。

二、所有权的权能

因为马克思认为财产所有权是所有制关系的法律表现，而所有制是生产关系的集中体现，所以所有权也与分工一样是历史的范畴。首先，最初人对自然生产条件的归属关系凭借“成员身份”（客观关系）而产生。其次，“分工从最初起就包含着劳动条件的、劳动工具和材料的分配，因而也包含着……所有制本身的各种不同形式”。当排他性占有的私有制出现以后，分工取得了生产关系的职能，成为“私有制的同义语”；从人的主观意志设定法权的现象随之产生。在未来更高级的人类社会形态中，所有权和分工将历史地消亡，因为人全面自由的发展要求实现全社会联合起来的财产关系，即实现全社会生产资料的公有制。

按照马克思的定义，所有权是确定物的最终归属，表明主体对确定物的独占和垄断的财产权利，是同一物上不依赖于其他权利而独立存在的财产权利。《法国民法典》中对所有权定义的规定常常被其他许多法典引用，它是这样规定的：“财产权就是以法律所允许的最独断的方式处理事物的权利。”我国《民法通则》规定，财产所有权是所有人依法对自己的财产享有占有、使用、收益和处分的权利。所有权的这一定义具有以下特点：（1）所有权并不意味着所有者可以为所欲为，所有者只能在法律允许的限度内行

① 马克思，恩格斯．马克思恩格斯全集：第23卷．北京：人民出版社，1972：102.

使所有权。例如，法律不允许任何刀子的所有者把刀子刺进任何其他人的胸膛，但他可以使用这把刀子去做任何人用任何刀子都可以合法去做的一切事情。（2）在法律允许的范围内，所有者可以自由地行使他对自己财产的各种权利，法律并没有对他行使哪种权利做出许可或禁止的规定。例如，一个房屋所有者既可以自己居住房屋，也可以把房屋出租给别人住，甚至可以把房屋捐赠给他人。（3）他人未经财产所有者许可，禁止侵犯（侵占）所有者对其财产的权利，这是法律予以规定的。由此可见，所有权概括和赋予了所有者能够实际享有的占有、使用、收益和处分的权能。

第一，占有权能。占有权能是指人对财产直接加以控制的可能性，是所有者与他人之间因对财产进行实际控制而产生的权利义务关系。占有权作为所有权的一项权能，在一定的条件下与所有权是重合的，因为所有权只有从占有开始，才能由客观权利变为主观权利，而且只有当占有权回复到所有者手中时，所有权才最终恢复其圆满状态。

第二，使用权能。使用权能是指不改变财产的所有和占有性质，依其用途而对其加以利用的可能性，是人与人之间因利用财产而产生的权利义务关系。使用权是直接于所有物之上行使的权利，因而使用权的存在以占有物为前提。当物与所有者分离以后，所有者的使用权亦与所有权发生分离。使用权在不同经济条件下的作用是不同的。马克思指出："只要'生活资料和享受资料'是主要目的，使用价值就起支配作用。"[①] 因而使用权的存在及其内容，对于所有者和非所有者都具有重要意义。

第三，收益权能。收益权能是指获取基于所有者财产而产生的经济利益的可能性，是人们因获取追加财产而产生的权利义务关系。人们拥有财产就是为了通过一定手段获取能够满足自己需要的某种经济利益，即收益权是所有权在经济上的实现形式。马克思指出："单纯法律上的土地所有权，不会为土地所有者创造任何地租"，"土地不出租，土地所有权就没有任何收益，在经济上就没有价值"[②]。在资本主义经济中，收益权主要表现为对剩余价值的无偿占有权，即职能资本家拥有对企业主收入的索取权，货币资本家拥有对利息的索取权，土地所有者拥有对地租的索取权，这种收益索取权的基础便是所有权。

第四，处分权能。处分权能是指为法律所保障的实施旨在改变财产的经济用途或状态的行为的可能性，它所反映的是人在变更财产的过程中所产生的权利义务关系。对财产的消费（包括生产和生活的消费）属于事实上的处分，对财产的转让属于法律上的处分。处分权在所有权权能中占有极为重要的地位，是决定所有者可否将自己的意志体现在其所拥有的财产上的重要一环。完全的、自由的土地所有权不仅意味着毫无阻碍和毫无限制地占有土地的可能性，而且意味着把它出让的可能性。因此，在各个法律主体之间发生的法律上的处分行为中，一个没有处分权的主体是无权与他人缔结转让财产合同的。

三、所有权各项权能的统一与分解

马克思并没有把所有权看作单一的权利，而是看作一组权利的结合体。占有权、使

① 马克思，恩格斯．马克思恩格斯全集：第46卷（下）．北京：人民出版社，1980：388．

② 马克思，恩格斯．马克思恩格斯全集：第25卷．北京：人民出版社，1974：853、854．

用权、收益权、处分权集中于同一主体，是自然经济形态的一种表现。随着自然经济向商品经济的过渡，所有权的各项权能会发生不同程度的分离。

在资本主义社会之前，受商品经济发展水平的限制，这种分离程度是比较低的，在法律上表现为所有权与所有权诸项权能的个别分离。在封建社会，“直接生产者不是所有者，而只是占有者，并且他的全部剩余劳动实际上依照法律都属于土地所有者”①。进入资本主义社会后，随着生产社会化的发展，所有权的诸项权能进一步分离。这种分离大体上可以分为两种类型。

第一种类型：资本的法律所有权与经济所有权的分离。马克思认为，借贷资本家与职能资本家“实际上是伙伴：一个是法律上的资本所有者，另一个，当他使用资本的时候，是经济上的资本所有者”②。利息与企业主收入分别是法律上所有权与经济上所有权的实现形式，职能资本家只要按期付息，就对借入资本获得排他性的占有权、使用权、收益权、处分权。在股份制经济中，它就表现为股东与公司法人的分权关系或委托代理关系。因此，马克思把这种两权分离概括为“资本的法律上的所有权同它的经济上的所有权分离”③。

第二种类型：资本职能与管理、监督职能的分离。马克思在考察企业主收入时指出：“资本主义生产本身已经使那种完全同资本所有权分离的指挥劳动比比皆是。因此，这种指挥劳动就无须资本家亲自担任了。”这里的所有权诸项权能的分离实际上是管理劳动作为一种职能同自有资本或借入资本的所有权相分离。如果职能资本家同时是资本所有者，那他就享有资本利息和企业主收入两份收益；而“商业经理和产业经理的管理工资，在工人的合作工厂和资本主义的股份企业中，都是完全同企业主收入分开的”④。马克思在考察股份公司时，又做了进一步的剖析。马克思指出：“在股份公司内，职能已经同资本所有权相分离，因而劳动也已经完全同生产资料的所有权和剩余劳动的所有权相分离。”⑤ 这样，“实际执行职能的资本家转化为单纯的经理，即别人的资本的管理人，而资本所有者则转化为单纯的所有者，即单纯的货币资本家”⑥。马克思进一步指出：“一旦从属于资本的劳动成为协作劳动，这种管理、监督和调节的职能就成为资本的职能。这种管理的职能作为资本的特殊职能取得了特殊的性质。”⑦ 也就是说，资本家首先是资本的所有者，其次才作为管理者而享有管理权。随着股份公司的成立，管理权与资本所有权发生了分离。“这个资本所有权这样一来现在就同现实再生产过程中的职能完全分离，正象这种职能在经理身上同资本所有权完全分离一样”，“经理的薪金只是，或者应该只是某种熟练劳动的工资”⑧。这实际上使私人资本采取了社会化的形式，是对“资本所有权的潜在的扬弃”⑨。

马克思认为，股份公司迅速发展的根源在于资本主义基本矛盾的不断加深。19 世

---

① 马克思，恩格斯．马克思恩格斯全集：第 25 卷．北京：人民出版社，1974：893.

② 马克思，恩格斯．马克思恩格斯全集：第 26 卷（第 3 册）．北京：人民出版社，1974：565.

③ 同②511.

④ 同①435、436.

⑤ 同①494.

⑥ 同①493.

⑦ 马克思，恩格斯．马克思恩格斯全集：第 23 卷．北京：人民出版社，1972：367－368.

⑧ 同①494.

⑨ 同①498.

纪30年代开始掀起的以蒸汽机、纺纱机的广泛运用为内容的第一次工业革命，使机器大工业迅速发展，生产社会化程度大大提高，这就与单个资本的占有形式产生矛盾。因为企业规模的扩大与资本有机构成的提高使得单个资本难以突破进入壁垒，而且随着投资规模的扩大，投资风险增大，单个资本家无力承担这种风险。于是，既能分散出资人风险，又能很快集中资本的股份公司便有了用武之地。马克思用修建铁路的事例形象地说明了以上结论。当时资本主义的信用制度已十分发达，这就有可能通过银行信用这一中介，使单个资本在全社会范围内大规模联合起来，组成股份公司。因此，马克思得出了这样的结论："信用制度是资本主义的私人企业逐渐转化为资本主义的股份公司的主要基础"①。

第二节　国有企业产权制度改革

一、国有企业产权结构分析

理论界常常套用现代产权理论中对公共产权的解释，把产权归属的不明确性视为国有产权模糊的集中表现。这实际上混淆了公共产权与国有产权的不同含义。从理论上说，全民所有制或社会所有制是一种生产性资源归属于社会全体成员的公共产权制度。根据马克思主义经济学的理论逻辑，当人类社会进入生产力高度发达、社会产品极大丰富的阶段时，公共产权无疑是比私有产权具有更高效率的制度安排。公共产权一般具有以下主要特征：一是产权具有不可分性，即财产在法律上是社会全体成员共同拥有的，但构成公众的每一个成员都不能对财产声明所有权；二是使用权的非排他性，即公众都可以为使用这一公共财产而自由地进行竞争，任何人都无权排斥其他成员使用该财产；三是外部性，即每一个成员在对公共财产行使权利时，会影响其他成员的利益；四是剩余索取权的不可转让性，因为权利是不可分的，因此任何社会成员都不能转让权利。如果在生产力水平比较低下和发展不平衡的条件下，即资源具有稀缺性，且如果共同体成员追求自身效用最大化，则必将导致对公共财产的过度使用。通过制定大量的法规限制公众的"搭便车"行为，也许可减少资源浪费，但需为此支付很高的交易成本。当既不能通过公众行使退出权来克服对财产的过度使用，制定约束规则的成本又过高时，由国家来代理共同体成员行使公共产权就成为一种必然的选择。

这种公共产权的国家代理制，即国家所有制具有以下特征：(1)产权归属的唯一性。宪法规定国家是国有资产的唯一所有权主体。(2)公共产权的国家代理是以国家政权为依托的，即国家无须直接获得作为初始委托人的每个劳动者的授权，而可以通过颁布法令等方式获得代理权。因此，它是一种以行政权为基础的强制性的代理关系。(3)与通常的代理关系不同的是，国家作为代理人不仅拥有公共财产的控制权，而且拥有剩余索取权。初始委托人通过由国家控制的再分配渠道获得剩余。(4)政府代理是国家所有制的逻辑选择。因为国家主权者是一个抽象的概念，由作为国家权力执行机构的

① 马克思，恩格斯．马克思恩格斯全集：第25卷．北京：人民出版社，1974：498.

政府来代理国家行使公共产权就具有必然性。(5) 与政府代理相适应，公共财产的剩余索取权与控制权的配置是由等级制来界定的。(6) 政府行使公共产权的目标函数是多元的，利润最大化可能只是一个次要的目标。(7) 维护这种代理关系的必要条件是剩余索取权的不可转让性，因为一旦剩余索取权具有可转让性，国家就将失去对公共产权的代理权。

国家取得代理权后，便依法享有生产性资源的排他性权利，即没有国家的授权，任何利益集团和个人都不能分割剩余索取权或占用、处分公有财产。排他性权利的确立显然有助于抑制共同体成员对公共财产的过度使用，减少租金的损耗。

根据现代产权理论，产权模糊总是与外部性及不确定性相联系的。它一般发生在以下两种场合：一是如果产权的归属是不清晰的，则意味着没有人对该项财产的价值（租金）具有排他性的所有权，从而必然使“搭便车”行为盛行；二是如果产权的归属是清晰的，但产权的保护是低效率或无效的，即法律制度不能充分界定当事人能够做什么或不能做什么的行为边界，从而不包含对利益受损者给予恰当补偿的权力分配，则当事人会利用自己的财产去损害他人的利益，使外部性普遍存在。

从前述对国有产权的定义来看，国家对国有资产拥有的各种权利在法律上已被明确界定，因此，把国有产权模糊地说成“所有者缺位”或“所有权虚置”是不确切的。看来问题的关键是，国家在国有资产上的各种权利得不到切实有效的保护从而导致国有企业的低效率是国有产权模糊的集中表现。国有产权屡受损害而得不到有效制止显然与国有产权的内在规定性有关。

第一，行政权对所有权的损害。以公法人身份出现的政府是履行国家管理职能的机构，它与私法人的区别在于，它既不是以社员权利为基础的人的集合体，也不是以提供一定目的之财产为基础的财产集合体。因此，政府在行使国有产权时，更为关注的可能不是盈利目标，而是诸如实现经济高速增长和充分就业、抑制通货膨胀、维护社会稳定和政府权威等社会经济目标，这就可能产生以下后果：一是政府常常凭借所有者身份，为企业设置体现社会偏好的激励约束规则，甚至不惜牺牲企业效率来实现政府目标；二是当企业目标与社会偏好不一致时，为了使企业的经营行为与政府期望实现的目标一致，政府常常借助于行政权来约束企业行为，即行政干预不可避免；三是由于企业承担了社会责任，成本与利润指标并不确切反映企业的努力程度，因此当企业陷入困境时，政府不会坐视不救，而会给予外部援助。行政权对所有权的侵害说明政企不分是国家所有制的内生现象。

第二，政府难以运用“退出权”来保护国有产权。当国家与企业之间被视为具有一种隐含的长期合约关系时，如国家用提供工作或就业保障的承诺去交换企业努力提高国有资产经营效率的承诺，为解决“履约问题”，合约双方应拥有终止合约关系的“退出权”作为惩罚性对策使自身权利和利益免受他人损害。然而，当政府作为合约一方履行所有者职能时，它通过行使退出权（如宣布企业破产，给企业“断奶”等）惩罚企业的违约行为（企业的低效率）的威胁事实上是不可信的。因为政府所承担的社会责任使其一旦解除与企业的合约就将承担巨大的潜在退出成本，如由失业率上升引起的社会不稳定等。同时，因剩余索取权的转让与国有产权不可能并存，为了保持企业财产的国有性质，政府就必须始终拥有剩余索取权。剩余索取权的不可转让性使退出权的丧失具有双重含义，即所有权主体的非人格化资本行为不可能通过剩余索取权的转让得到根本改变，且政府无法通过转让企业产权或股权来解除与企业的合约关系。这样，国家与企业之间的长期隐合约关系就变为一种特殊的长期“保险”合约关系。[1]

第三，剩余索取权具有不可转让性，不仅意味着企业的自主权只能局限于生产领域、销售和库存方面，企业无权根据市场需求自主处分企业财产，而且意味着政府不能以出让企业财产的方式退出与企业的合约来保护国有产权。这就使执行合约的监督成本很大，“道德风险”不可避免，即企业会利用政府无法运用退出权实施惩罚的“弱点”和信息的不对称性，从事能最大限度增进自身利益但可能有损于国有产权的违约或欺诈行为，造成企业的低效率。

二、传统国有产权的行政代理模式及其效率分析

在国家取得公共产权的代理权后，由于国家作为一个抽象的概念，其本身并没有行为能力，因此，作为国家权力执行机构的政府自然取代国家成为代理初始委托人行使国有产权的最终控制者。当政府取得公共产权的代理权并拥有生产性资源的剩余索取权和控制权后，它实际上没有能力直接管理如此之多的国有企业。因此，建立纵向的授权链是不可避免的。在传统的计划经济体制下，国有产权的政府代理采取政府直接经营的模式，即政府把国有产权的控制权依次授予各级行政机构，企业只是政府的附属机构。在这样一种集权控制型多级行政代理模式下，无论从委托人还是代理人角度都有可能产生机会主义行为。一方面，企业完全听命于政府，企业就像一颗“算盘子”，政府“拨一拨”，企业“动一动”；另一方面，企业无须为其经营活动承担责任，从而表现出显著的“软预算约束”特征，即企业的经营效果不完全取决于企业在市场上的竞争活动，而是在很大程度上取决于与政府的讨价还价，这就必然导致国有产权的低效率。

在政府代理下，政府官员代理初始委托人扮演着委托人的角色，他们的控制权由等级规则来界定，与其承担风险的能力及受控资产的运营效率并不直接相关。因此，政府官员的效用函数显然不像一般初始委托人那样单纯地追求利润最大化，而在其目标函数中包含了薪水、公务津贴、声望、权势、庇护、机构的产出、变革及管理机构的便利性等因素。[2] 政府的行为依据是法律，但由于信息的不对称及政府对立法和执法部门的控制，据以判断现有行政管理效率的基础是较弱的。因此，政府代理会产生另一种代理问题，即政府官员在履行所有者职能时也可能存在偷懒或“搭便车”行为，如力求在公众对其提供服务需求的约束下，通过不断扩大预算、膨胀行政机构甚至损公肥私等腐败行为来实现自身利益最大化。

能否有效地抑制上述代理问题，显然与委托人的监督动机和能力以及由此引发的信息费用有关。在国有产权政府代理下，初始委托人的监督动机不仅与公有经济的公有化程度有关，即初始委托人的监督积极性和最终代理人的工作努力水平随公有化程度的提高及公有经济规模的扩大而递减[3]，而且与初始委托人的行为能力有关。

第一，初始委托人的身份具有不确定性，即在或明或暗的合约中没有规定由谁来监

① 张军．社会主义的政府与企业：从“退出”角度的分析．经济研究，1994（9）．

② W. Niskanen. Bureaucracy and Representative Government. Chicago：Aldine，1971.

③ 张维迎，吴有昌，马捷．公有制经济中的委托人—代理人关系：理论分析和政策含义．经济研究，1995（4）．

督政府的代理行为。初始委托人是指全体社会成员还是指排除农民的城市居民，初始委托人拥有什么权利及承担什么义务等，都没有在代理合约中得到明确说明。

第二，在信息不对称的条件下，为监督代理人的行为，初始委托人必须为事先识别和事后监督代理人的活动支付很高的信息费用，但他们不是剩余的直接索取者，从而不能等比例地从他们的监督活动中获取收益。监督成本与收益的不对称性表明监督活动具有明显的外部性，这是导致初始委托人缺乏监督动机的重要原因。

第三，即使初始委托人具有监督动机，但由于法律限制其转让剩余索取权，因此他们也没有通过“用脚投票”的方式解除与代理人的合约关系，惩罚代理人的机会主义行为。

第四，初始委托人不仅间接监督能力很弱，而且由于国家对公共产权的代理并非来源于初始委托人的直接授权，而是依据政权的力量，所以初始委托人既不能选择代理人和合约的内容，也不能实际采用“一人一票”制的直接监督方式。

在初始委托人实际很少发挥监督作用的情况下，政府就扮演着实际委托人的角色。正如上面分析的那样，不仅政府官员在行使国有产权时会发生机会主义行为，而且依赖政府的企业也会发生偷懒行为。因此，在行政代理关系中，为了抑制下级政府利用权力中心的授权采取有损于委托人利益的机会主义行为，建立一种具有权威性的纵向隶属等级结构是必要的。国有产权的行政代理固然有助于国家拥有剩余索取权，避免市场交易成本，但需支付高昂的组织成本和信息成本。

第一，行政代理的激励成本较高。在市场竞争中，交易者是成本和收益的直接承受者，从而激励成本较低。行政代理的基础是等级制，这就存在一个权力中心如何激励下级代理人努力监控国有资产的问题。在等级制中，上级一般不能保证下级按明确的方式行事，它只能设计出一种下级对其反应的政策，而下级代理人的努力水平是监督强度和收入差异的函数。纵向授权链形成后，一方面，委托人的监督活动并不是一种纯粹的获利行为，而是一种监督费用很高的公共选择，并很难设计出一个近似市场衡量标准的激励约束机制；另一方面，代理人并不是剩余索取人，其努力水平与报酬并不直接相关。这样，为抑制下级代理人的机会主义行为，需支付高昂的激励成本，且激励成本随国有经济规模的扩大而上升。

第二，行政代理的信息成本较高。在市场交易中，价格机制以较低的成本向交易者传递有关信息。在行政代理中，权力中心为有效地监控国有资产，必须从下级代理人处收集足够的信息，并向下级发布各种规则和指令。然而，由于不仅信息在传递过程中会发生累积性的信息损失，而且下级代理人可能有意封锁信息或传递虚假信息，以实现自身效用最大化，因而信息成本迅速上升。

第三，行政代理有可能降低约束效率。等级组织内的交易存在严格的进入壁垒，代理合约具有长期性质，这就可能产生原谅失误、相互包庇、相互吹捧、不愿冒险和创新的倾向以及代理关系的政治化。以上因素都易于对监督和惩罚代理人的机会主义行为产生软化作用。

第四，行政代理将难以避免影响力成本。处于纵向授权链中的不同级别的代理人为在内部资源的分配中获得较大份额的支配权以实现自身利益最大化，将会把相当多的时间和精力放在游说上级与建立人际关系网这类非生产性活动上，以期按照自己的利益去影响上级的决策，由此付出的代价便是影响力成本。施加影响力所导致的效率损失表现为人力与物质资源的浪费以及由这种影响力的干扰所引起的委托人决策失误。

三、深化国有企业产权制度改革的内在必然性

作为体制改革目标的市场经济应具有以下共性：一是每个追求自身利益最大化的行为人都力图在给定的约束条件下占有和支配尽可能多的稀缺资源；二是在产权明晰条件下，行为人在市场交换中对他所买卖的商品或劳务有着充分的选择自由，并在市场上展开平等的竞争；三是行为人必须对其自由选择的后果承担完全的责任；四是在决策权分散的条件下，市场价格体系为行为人的自由选择提供信息和激励，并自发地协调他们的理性选择行为；五是政府的功能主要是通过立法和司法制度界定和保护产权，并通过提供公共产品及实行必要的政府干预克服"市场失灵"现象。为了实现向社会主义市场经济体制的过渡，就必须通过深化国有企业改革，培养出自主经营、自负盈亏的市场竞争主体。

第一，只有通过深化国有企业改革，才能为体制模式与增长方式的转变提供必要的微观基础。当前国有企业的种种不合理行为显然与体制因素有关，例如：企业预算的软约束及负盈不负亏导致激励和约束机制的扭曲；政府履行所有者职能后，权威来自企业外部，行政干预与企业的纵向依赖不可避免；企业内缺乏必要的动力机制，行为人的"搭便车"行为很普遍，导致资源利用的低效率；既定的产权安排对不确定性因素的克服能力较弱，行为人难以形成稳定的收益预期，导致企业行为短期化等。深化国有企业改革实际上就是要实现政企分开，确立法人财产权，解决企业的利益、责任、激励和动力等问题，使企业能真正自主经营、自负盈亏。当企业以利润最大化为目标参与市场竞争时，就不仅有利于刺激企业以最有效率的方式选择投资方向和利用生产要素，而且有助于重塑适应社会主义市场经济要求的微观基础，推进体制模式的转换。

第二，只有通过深化国有企业改革，才能为体制模式的转换创造必要的市场条件。市场机制的形成和完善不仅依赖放开价格，更重要的是市场竞争主体的培养。这是因为，交换本质上是产权的交换，只有产权关系明晰化，才可能形成具有敏感边际行为的市场主体，市场机制总是通过市场主体不断地接收和反馈市场信息流来发挥调节功能。如果企业只是政府的附属物，即使放开价格，也不可能形成竞争性的市场体系。只有企业成为具有明晰交易边界的市场主体，才可能形成公平竞争的市场环境，企业便会在利润动机的刺激下及时对市场信号的变动做出灵敏、及时的反应，市场机制便在这一过程中发挥着协调微观决策的功能。深化国有企业改革无疑是培养市场竞争主体的必由之路，当市场机制取代行政机制成为资源配置的协调机制时，便不仅有助于促进经济增长方式的转变，而且有助于向社会主义市场经济体制的过渡。

第三，只有通过深化国有企业改革，才能实现宏观调控方式的转轨。在传统体制下，政府不仅直接控制了企业的经营活动，而且是最主要的投资主体，粗放型增长方式占主导地位。这一切显然与国有企业的纵向依赖性有关。当政府集所有权、调控权与行政权于一身时，"统得过多、管得过死"就成为传统宏观调控方式的显著特征。深化国有企业改革的一项重要内容，就是要通过建立现代企业制度，使所有权、调控权与行政权相分离，实现政企分开，政府不再直接干预企业的经营活动，而是主要运用经济手段，通过市场机制间接调节企业行为，实现宏观经济政策目标。由此可见，宏观调控方

式的转轨依赖企业改革的深化，而政府职能的转变又为两大根本性转变创造了必要的条件。

改革开放以来，我国一直把国有企业改革作为经济体制改革的中心环节。国有企业改革大体上经历了以下几个阶段。

1. 放权让利阶段（1978—1984 年）

改革开放以后，我们认识到只有赋予企业一定的自主权才能充分发挥其积极性，同时避免由软预算约束引发的财政兜底状况，国家开始逐步向国有企业放权让利。这一时期的放权让利主要体现在“扩大经营自主权”方面。国家从“收”和“支”两个方面进行了两步“利改税”和“拨改贷”的改革。从“收”的角度，国家以“利改税”为主对国家与国营企业的关系进行了调整。从“支”的角度，国家进行了“拨改贷”。“拨改贷”就是将原来实行的列入国家预算由国家直接无偿拨款的基本建设投资，除无偿还能力的项目外，改为由中国人民建设银行贷款解决。

2. 两权分离阶段（1985—1992 年）

“扩大国营企业经营自主权”的改革依然是在国家直管直营的体制下运行，而所有权与经营权的“两权分离”使国有企业可以不再局限于由政府直接经营，而是实现由“国营”向“国有”的转变，让企业成为“独立经营、自负盈亏”的主体。这一时期改革主要是围绕“厂长（经理）责任制”“承包经营责任制”“租赁经营”等形式展开，同时，在少数具有良好条件的大中型企业中，试点展开股份制改造和企业集团化改革。

3. 现代企业制度与市场经济构建阶段（1993—2002 年）

1992 年 10 月，中共十四大提出“我国经济体制改革的目标是建立社会主义市场经济体制”，国有企业的改革方向是建立适应市场经济和社会化大生产要求的现代企业制度，这一现代企业制度的具体内涵被确定为“产权清晰、权责明确、政企分开、管理科学”。针对国有企业亏损面扩大的问题，于 20 世纪 90 年代末在构建“现代企业制度”的同时，展开了“抓大放小”和“战略性重组”改革，为实施“三年脱困”计划，中央推出了包括兼并重组、主辅分离等在内的一系列政策措施，尤其是成立了四家专门的金融资产管理公司对部分符合条件的重点困难企业实施“债转股”改革。

4. 国资委监管下的深化改革和制度完善阶段（2003—2013 年）

针对国企股份制改造中出现的内部人控制、国有资产流失、国有企业转制过程不透明、对企业员工补偿不到位等问题，为了进一步实现对国有资产的监督和管理，确保国有资产的保值增值，2003 年，国家专门成立了国有资产监督管理委员会（简称国资委）。此后的十多年里，在国资委的领导下，国企改革基本延续了“抓大放小”和“战略性重组”的改革思路，并且在现代企业制度方面展开了实质性的推进。第一，进一步推进股份制改革。第二，着力推进股权分置改革。第三，规范企业治理结构，构建完善的董事会制度。第四，进一步实现主辅分离、辅业改制。第五，继续实施政策性关闭破产。

5. 分类改革深化阶段（2014 年至今）

2015 年 8 月，《中共中央、国务院关于深化国有企业改革的指导意见》明确指出，根据国有资本的战略定位和发展目标，结合不同国有企业在经济社会发展中的作用、现状和发展需要，将国有企业分为商业类和公益类。通过界定功能、划分类别，实行分类改革、分类发展、分类监管、分类定责、分类考核，提高改革的针对性、监管的有效性、考核评价的科学性，推动国有企业同市场经济深入融合，促进国有企业经济效益和社会效益有机统一。党的十九大报告进一步规划了下阶段的国有企业改革，要完善各类国有资产管理体制，改革国有资本授权经营体制，加快国有经济布局优化、结构调整、战略性重组，促进国有资产保值增值，推动国有资本做强做优做大，有效防止国有资产流失。深化国有企业改革，发展混合所有制经济，培育具有全球竞争力的世界一流企业。

尽管国有企业改革取得的成绩有目共睹，但理论界和实际部门对国有企业的改革目标与路径一直存在争议。这种争议无非来自几个地方：第一，人们对于国有企业在整个国民经济当中的地位、贡献依然没有十分清楚的判断，尤其是，对于国有企业这样一个承受着国家政策性负担和社会性负担的多目标的微观主体而言，尚不清楚其企业的性质、功能、目标。对于评价其在整个国民经济中的贡献，一直缺乏客观有效的具有共识性的指标。第二，虽然人们的共识是改革国有企业，以实现国有企业效率的提高，但是，由于国有企业改革被赋予了太多的目标，而这些目标之间又往往有诸多冲突，导致人们对国有企业改革的具体路径争议颇多。第三，中国的国有企业改革内嵌于中国的转型背景，国有企业改革所依赖的制度体系的不完善导致国有企业改革并不能够一蹴而就，更不可能尽善尽美，导致在改革过程中产生了诸如内部人控制、腐败、国有资产流失等“非意图后果”，也导致人们对国有企业改革的方向产生了一些疑问。因此，从理论逻辑上讨论清楚国有企业在社会主义市场经济中的地位与作用就非常重要了。

四、产权关系明晰化的含义及功能

为了建立社会主义市场经济体制，建立起公平竞争的市场秩序，尽快改变国有企业低效率的状况，就必须通过深化产权制度改革，明晰产权关系，使国有企业成为真正自主经营、自负盈亏的市场竞争主体。

产权（property right）是改革开放以来才引入的一个概念，尽管它与所有权（ownership）都含有依法占有财产权利的意思，但在英文中是两个不同的词。《新帕尔格雷夫经济学大辞典》给出的定义为：“产权是一种通过社会强制而实现的对某种经济物品的多种用途进行选择的权利。”也就是说，产权不是一种而是一组权利，它包括使用权、收益权、转让权。这种权利的有效性取决于对此权利强制实现的可能性以及为之付出的代价。这种强制既可依赖法律规范、契约和政府强制，也可依赖伦理道德规范。所谓产权制度，是指既定产权关系和产权规则结合而成的且能对产权关系实行有效的组合、调节和保护的制度安排。

所有权与产权在经济学意义上还是有区别的：其一，所有权是绝对或普遍的权利，即由法律赋予所有者的独占权对于任何人都是有约束力的，除了法律禁止外，所有者可以自由行使对自己财产的各种权利。产权是相对权利，即它是不同的所有权主体在交易中形成的权利关系，这种由契约及其他方式规范的权利关系约束的是参与特定交易活动的经济主体的行为。其二，产权是一组权利，在交易中产权是可以分解的，如房屋租赁等。当产权分解后，所有者对所有权的行使就受到了某种限制。其三，产权与所有权相比有着更广的外延，它不仅包括通常的物权，而且包括股权、债权、专利权、商标权、名誉权等其他权利形式，甚至某些不能成为所有权内容的权利，如对清新空气的享用权等也能成为产权的形式。其四，所有权通常是指财产所有者支配自己财产的权利，而产权还指人们是否有权利用自己的财产去损害他人的权益。例如，尽管甲拥有奶牛，乙拥有麦田，但除非经特别允许，否则奶牛无权到麦田里吃麦苗，这种禁止并不妨碍当事人对奶牛拥有所有权。这种使自己或他人受益或受损的权利也是产权。因此，当我们讨论市场经济条件下资源配置的效率时，就需要引入产权。

按照著名的科斯定理，在交易费用大于零的条件下，权利的初始安排与资源配置效率有关，即产权对于提高资源配置的效率来说是非常重要的。因为现实的市场是不完备的，追求自身利益最大化的行为主体就可能在市场交易中采取损人利己的行为，如采取假冒伪劣、剽窃专利、偷税漏税等行为，市场主体为了保护自身的利益就会采取事前的防范措施与事后的保护措施，如制定与实施契约等，由此产生的费用就是交易费用。在交易费用大于零的条件下，我们就可以通过合法权利的明确界定以及经济组织的选择来抑制交易各方采取损人利己行为的动机，降低交易费用，提高资源配置效率。由此可见，产权的主要功能就在于它使人们在与别人的交换中形成了明确的收益预期，即从事一项交易活动到底收益是多少、成本有多大，从而为实现外部效应最大限度的内部化提供行动动力，有效解决人们的“搭便车”或“偷懒”问题。从资源配置的效率角度来看，产权才是所有制的核心和主要内容。因为产权关系越明晰，人们的收益预期越明确，从事某项交易活动的激励或动力越强，交易费用越低，资源的配置效率就越高。

为了建立完善的社会主义市场经济体制，提高国有企业的效率，就必须明确产权关系，即以资产来界定当事人占有稀缺资源的权利。只有这样，才可能构建具有充分活力的微观基础和公平竞争的市场秩序。这是因为：

第一，产权关系明晰化有利于明确界定交易边界。交换本质上是产权的交换，如果没有对财产权利本身的界定，就会模糊交易边界，从而不可能存在真正意义上的市场交易。一个在法律上强有力的产权制度可以通过法律等制度界定和保护排他性的产权，使交易者既能在市场上展开公平的现货交易，又可以与其他交易者缔结具有法律保障的契约关系，形成多样化的财货交换方式和财产转让方式，如借贷、租赁、拍卖、兼并、期货交易等。由此可见，排他性产权的确立是市场机制有效协调微观决策的必要条件。

第二，产权关系明晰化有助于规范交易行为。在现代市场经济中，财产的实际占有关系具有复杂性和多样性，一个在法律上强有力的产权制度一方面通过法律等形式界定财产的最终归属，保护所有者的权益，另一方面对财产实际占有主体进行定位和对其拥有的权限进行界定。明确的产权关系既有助于制定公平而有效率的交易规则，又能有效地约束和规范行为人的交易行为。因此，产权关系明晰化是市场经济有序运行的重要条件之一。

第三，产权关系明晰化有助于使交易者形成稳定的收益预期。产权是由一系列权利与义务的规范组成的，一旦确立了排他性产权，产权主体就可以在法律允许的范围内和在不损害他人权益的条件下自由支配、处分产权，并独立承担行使产权的后果。权利义务关系的明晰化与对称性，可使行为人在行使产权时具有稳定的预期，他将全面权衡成本与收益的关系，以效用最大化原则来支配和处分产权，从而优化激励约束机制。

第四，产权关系明晰化有助于提高合作效率。在某一资源的产权没有明确归属的情况下，一个经济当事人若要利用这一资源，或避免他人运用这一资源对自己造成损害，就必须与这一资源所有可能的使用者谈判。而当这一资源有了确定的归属以后，谈判对象就会大大减少，从而大大降低交易费用。这样，产权制度就通过降低达成人与人之间合作的交易费用提高了合作效率。

第五，产权关系明晰化有助于提高资源的配置效率。产权的排他性，使公平、自由的市场交易成为可能；产权的可分离性，可使人们在拥有和行使这些可分离的权利时实行专业化分工，获取由分工带来的收益增量；产权的可转让性，使资源能根据市场需求的变化在全社会自由流动，提高资源的配置效率。所以，一个在法律上强有力的产权制度有利于提高资源的配置效率。

因此，要把国有企业改造成自主经营、自负盈亏的市场竞争主体，就必须抓住产权关系明晰化这一改革的“牛鼻子”，核心是建立归属清晰、权责明确、保护严格、流转顺畅的现代产权制度。满足产权关系明晰化的相关条件实际上就是建立现代产权制度的关键内容，这些条件如下：

第一，产权的排他性。产权主体必须对交易对象拥有明晰的、唯一的产权，即产权归属非常明确。产权的排他性不仅意味着不让他人从该项资产中受益，而且意味着资产所有者要排他性地对该项资产使用中的各项成本负责，包括承担排他性的成本。一旦确立了排他性产权，产权主体就可以在规则允许的范围内和在不损害他人权益的条件下自由支配、处分产权，并独立承担行使产权的后果，包括收益与成本。如果产权不具有排他性，那么就面临“偷懒”或“搭便车”行为对产权的损害；如果产权拥有主体并不能独立承担行使产权的后果，那么就必然导致产权的滥用或资产的流失。

第二，产权的可分割性或可分离性。产权的可分割性是产权可转让性的前提条件。产权的可分割性不仅使产权在量上是可以度量的（通过市场价格反映出来，如股票价格），而且可使人们在拥有和行使这些可分割的权利时实行专业化分工，获取由分工带来的增量收益。往往只有在产权能被分割的情况下，才能有效地利用大规模集中的财产，如股份制。产权的可分割性还表明产权是可分解的，它既可以是占有权、处分权、收益权之间的分解，也可以是每一种权利的更为具体的分解。产权的可分解性使同一资源能够满足不同的人在不同时间的不同需要，从而提高资源配置的灵活性和效率。

第三，产权的可转让性。产权主体能按照收益最大化的原则自由地处置归其所有的资产，包括部分或全部权利的让渡。产权的可转让性不仅有助于产权主体自主地拆分、组合各种财产权利关系，灵活地选择各种有效的组织形式，促使资源根据市场需求在全社会自由流动，提高资源的配置效率，而且赋予产权主体以自由退出权，交易主体的利益一旦受到损害，就可以通过转让资产来行使退出权，保护自身的利益。例如，当分散化的股东发现公司经理损害公司利益时，他们就可以通过抛售股票来使自己的利益免遭进一步的侵害。

第四，产权的有效保护。有效率的交易不仅需要明确地界定产权，而且要求有效地保护产权。产权保护的社会机制主要有以下几种类型：一是暴力或暴力威胁；二是价值体系或意识形态；三是习俗、惯例；四是由国家及其代理人制定的规则和法令。现代社会中界定和保护产权最高和最完备的社会契约形式，就是以国家机器为物质基础的法律体系。法律制度对产权的保护是通过强制惩罚一切破坏现有产权关系的行为以及由此产生的威慑力量实现的。由此可见，国家在建立一个有效率的产权制度中将发挥不可替代的作用，一个国家是处于持续的经济增长中还是处于衰退过程中，都与国家在产权界定和保护中的行为有关。保持国家在产权界定和保护中的公正性、透明性和效率取向性对于建立一个有效率的现代产权制度至关重要。

第三节　国有企业走向市场面临的难题

一、构建“国民共进”的社会主义市场经济体制的微观基础

自改革开放以来，有关国有企业与民营经济之间关系的争论一直没有停止过，尤其是在评估2008年经济刺激计划的实际效果时，对于到底是“国进民退”还是“民进国退”，众说纷纭。尽管两派的观点针锋相对，但它们观点背后隐含了共同的逻辑，那就是发展民营经济与坚持国有经济的主导地位是相互矛盾的，发展民营经济必将动摇国有经济的根基，或者做大做强国有企业必将损害民营经济的生存环境，它们不可能共同发展。其实这种非此即彼的观点恰恰没有正视中国特色社会主义经济性质的最大特色就是社会主义市场经济体制。

建立社会主义市场经济体制就意味着市场机制在资源配置中发挥决定性作用，而市场机制有效配置资源需要相应的微观基础。它包括产权关系明晰的企业具有硬的预算约束，并自主经营、自负盈亏；自由、平等的市场竞争秩序与市场体系；由市场供求关系决定的价格具有充分的弹性；市场的开放性；政府主要运用经济手段调控经济等。市场交易本质上是产权交易，所以推进产权制度改革就成为建立社会主义市场经济体制的关键。产权制度改革一方面包含大力发展民营经济，另一方面包含通过国有企业的改革把国有企业改造成为自主经营、自负盈亏的市场主体。

然而，市场化并非意味着私有化，因为我国是在社会主义基本经济制度下发展市场经济，以公有制为主体、多种所有制经济共同发展的所有制结构构成了社会主义市场经济的所有制基础。发展壮大国有经济，国有经济控制国民经济命脉，对于发挥社会主义制度的优越性，增强我国的经济实力、国防实力和民族凝聚力具有关键作用。实践中之所以产生“国”“民”冲突的思维定式，除了存在一些理论上的偏见外，更重要的是因为国有经济与民营经济发挥作用的领域发生了一定程度的错位，即该国有经济发挥作用的领域过度市场化，导致市场失灵现象，从而不能满足社会需要，在该市场化的领域国有经济又过度参与，导致与“民”争利的现象，扭曲了市场机制。其实，在社会主义市场经济条件下，国有经济与民营经济之间是相互促进、相互融合、相互渗透的协调发展的关系，而不是相互割裂、相互排斥的关系。因此，“国”“民”对立的观点是有失偏颇的，我们应该构建一个“国民共进”的社会主义市场经济体制的微观基础，让国有经济与民营经济在不同的领域发挥各自优势，相互促进，共同发展。

“国民共进”的关键是让国有经济与民营经济在各自适合发展的领域发挥作用，私有化固然是行不通的，但公有制的主体地位并不等于国有经济规模越大越好，范围越广越好。正确发挥国有经济的主导作用，需要在提高国有经济的控制力上下功夫，按照生

产力发展的要求调整国有经济的布局、结构和组织形式，关键是要正确界定国有经济的边界，而界定国有经济的边界与正确认识政府的作用有关。政府的主要职责之一是提供公共服务。在不同的发展阶段和发展水平上，政府面临的约束条件不同，因而提供公共服务的载体也有所不同。有的政府直接提供公共服务，有的政府利用国企提供公共服务，而有的政府将公共服务外包给市场。除了提供公共服务外，政府也可能直接推动经济增长，干预微观经济活动，此时国有企业往往成为政府进行宏观调控和微观干预的主要抓手。我国不仅是社会主义国家，而且是处于转型中的国家及发展中大国，面临国内外的严峻形势，政府的作用远比一般的市场经济国家要大。中国必须依靠国有企业，同时大力发展民营企业，才能实现国家的宏伟目标。无论是从理论上讲，还是从现实需要出发，中国都需要一批强大的国有企业。

第一，国有企业有助于弥补市场失灵。市场经济的精髓是，价格引导资源实现优化配置。然而，价格并不是万能的，市场的价格机制在某些条件下会出现失灵，从而导致资源无法实现最优配置。当出现外部性、公共产品、垄断和信息不对称时，会出现市场失灵。除了垄断之外，在其他三种情形下，国有企业有可能成为解决市场失灵的有效途径。

(1) 外部性。如果一种产品或服务的成本（或收益）无法完全归属于生产者，那么社会边际成本就会偏离私人边际成本，从而无法实现边际成本等于边际收益的最优决策原则。在一般情况下，如果存在正外部性，产品的供给会出现短缺，例如基础研发。反之，如果存在负外部性，产品的供给会出现过剩，例如工业污染。当出现外部性时，在产权清晰且交易费用较小的情况下，特别是参与谈判的利益群体比较少时，利用科斯定理可以解决市场失灵问题，这意味着此时市场并未真正失灵。但是，科斯定理的条件在现实中往往难以满足。假如谈判涉及的利益群体较多，各自的成本和收益情况属于不对称信息，那么通过一对一谈判来解决外部性就几乎不可能。在这种情况下，国有化或国有企业可以成为一种有效的解决方案。在污染案例中，针对私人边际成本偏离社会边际成本的情况，政府可以按照社会最优原理，直接对国企征收“庇古税”，然后通过政府转移支付的方式对相关利益群体进行补贴。相对于私营企业来说，国企的会计信息通常比较健全，因此政府掌握的信息也更加全面，对国企的征税成本也更低。

(2) 公共产品。当一种产品存在非排他性和非竞争性时，这种产品被定义为公共产品。在市场经济条件下，私人通常不会提供公共产品，一是因为难以对消费者收费，二是因为容易导致浪费。国防、基础教育、文化宣传、卫生防疫、植树造林、邮政和港口等都是具有公共产品性质的特殊领域。为了有效提供公共产品，通常有两种方案：一是由国有企业来提供；二是授权民营企业专营。通常来说，一旦涉及国家安全，民营企业相对于国有企业就缺乏优势，并且会产生垄断问题。而垄断或者自然垄断都会压制市场竞争，扭曲资源配置，使创新缺乏动力。因此，在涉及国家安全的领域，相对而言，国企产生的扭曲要小于民企。

(3) 信息不对称。价格能够引导资源实现优化配置的前提是，消费者和生产者之间是信息对称的。一旦出现信息不对称，生产者就可能出现逆向选择和道德风险问题，在提供产品时以次充好，出现假冒伪劣产品，最终出现逆向淘汰，生产劣质产品的企业反而可能将生产优质产品的企业挤出市场。当出现这种市场失灵时，公共经济学证明，当产品质量不可证实时，追求利润最大化的私营企业有很强的动力去以次充好。此时，如果有一种“非营利组织”（NPO）不单纯追求利润最大化，或者其利润不能用于股东分配，那么这种组织提供的产品对消费者来说更加可靠（Hansmann，1980；Glaeser and Shleifer，2001）。在当下的中国，国企承担了很多社会责任和政治责任，因此其企业性质比私营企业更接近非营利组织。或者更直接地说，具有非营利性质的国有企业在信息不对称的领域更有利于减少信息不对称导致的市场失灵。

第二，国有企业可成为契约失灵时的次优产权安排。不完全契约理论（incomplete contract theory）为国有企业的边界提供了更直接的理论框架。如果交易双方无法预见未来所有可能的情况，或者即便预料到也难以写入合同，又或者一些合同的关键信息难以被第三方所证实，就属于契约不完全的情况，此时社会最优无法实现。这种市场失灵也被称为契约失灵（contract failure）。在契约失灵时，如果政府需要提供一项公共产品，这一公共产品既可以由政府通过国有企业来生产，也可以外包给私营企业来生产，那么，什么是最优的产权安排呢？哈特及其哈佛大学同事施莱弗等人证明[①]（Hart et al.，1997）：假设产品的质量不可证实（即契约是不完全的），并且生产者在节约成本和提高质量之间存在冲突，那么当产品的质量非常重要时，国企是实现次优效率的产权安排。其背后的逻辑是：在契约不完全时，投资者总是面临敲竹杠问题。对于民企来说，节约成本带来的利润总是归属自己，而提高产品质量的好处需要和政府分享，并且会阻碍成本节约，于是民企为了节约成本会更多地降低产品质量。相对而言，国企在节约成本和提高质量两个方面的激励都不如民企。因此，如果产品质量非常重要却难以证实，为了防止企业为了节约成本而过分降低质量，国企就是比民企更好的产权安排。在现实中，一些涉及国家安全的先进武器、关乎人命的复杂医疗，以及与国家战略有关的重大技术创新，可能都属于提高质量比降低成本更重要的领域，把这些领域交给国企来运营可能是约束条件下的次优选择。

第三，国企有助于发展型政府实现追赶目标。第一点和第二点的分析都是基于经济学理论，现在转向现实分析。20 世纪中后期，中国台湾、中国香港、新加坡和韩国的经济开始起飞，达到了中等发达经济体的收入水平，被称为“亚洲四小龙”，创造了所谓的“东亚奇迹”。国际学术界对这些经济体的发展实践进行了理论分析和总结，形成了美国学者查默斯·约翰逊（Chalmers Johnson）的《通产省与日本奇迹：产业政策的成长（1925—1975）》、美国学者爱丽丝·安士敦（Alice Amsden）的《亚洲新巨人：韩国与后发工业化》和英国学者罗伯特·韦德（Robert Wade）的《驾驭市场：经济理论与东亚工业化中政府的作用》三本代表性著作。这三本著作构成了当代发展型政府（development state）理论的基石。发展型政府具有如下特征[②]：首先，政府以发展主义作为施政纲领，即以促进经济增长与生产作为国家行动的基本目标。其次，政府具有很强的“国家自主性”，即政府聘用有才能、有操守的专业人士组成经济官僚机构，与社会利益集团保持一定的距离，并基于整体和长远的利益，独立自主地制定具有前瞻性的发展战略。再次，政府与商界保持紧密的政商关系，从而有能力实施经过精心选择的产业政策。最后，政府的施政能力卓越，即有足够的渠道来动员稀缺的经济资源并改变其

① O. Hart，A. Shleifer，R. Vishny. The Proper Scope of Government：Theory and an Application to Prisons. Quarterly Journal of Economics，1996，112 (4).

② 顾昕．“政府主导型发展”的国际神话．经济观察报，2014－01－18.

配置方向，从而有效地落实产业政策。按照上述标准，中国政府是典型的发展型政府，并且其发展战略的实施得益于国企的支持。中华人民共和国自建立以来，就面临资源短缺、资本不足、技术落后和工业体系不完善等诸多不利条件，作为一个追赶型发展的政府，面临着斯蒂格利茨所定义的“非传统意义上”的市场失灵现象，即市场本身难以承担如此跨越式发展的任务。在此背景下，中国要实现经济增长方面的赶超目标，最快速、成本最低的方法就是利用国企，发挥权威体制“集中力量办大事”的优势，将资本、技术和资源向国企倾斜，这样才能在短期内建成比较完善的工业体系，积累较多的储蓄和外汇，并且进行基础设施建设。① 相反，如果等民营企业自发成长，然后积累资本和实现技术进步，再用政府购买或补贴的办法鼓励民企投资于基础设施建设，那将需要一段非常漫长的时间，这与中国实现赶超目标的国家战略是不兼容的。时至今日，即便中国的民营企业在就业、规模和技术上有很大发展，作为一个发展型政府，中国政府要推行战略性发展目标，仍然离不开一定的产业政策。国企作为政府掌控的企业，在宏观调控、产业引导方面仍然发挥着民企难以替代的作用。

第四，国企有助于中国在世界竞争格局中实现竞争优势和国家意志。当今的世界是全球化的世界，因此我们在理解垄断和竞争的关系时必须放眼全球。按照传统的静态观点，在很多行业具有垄断地位的国企会阻碍竞争、降低效率。但是，一旦我们考虑全球的竞争格局，“垄断”的定义就发生了变化。在飞机制造业中，波音公司、空中客车公司和麦道公司是全球三大制造商，属于典型的寡头竞争格局。1996 年年底，波音和麦道合并，两者合计占全球飞机市场 65%以上的份额。按照标准的反垄断法，这是人为制造垄断。但是，考虑到美国公司和欧洲公司（空中客车）之间的国际竞争，这一合并极大地提高了美国公司在全球飞机市场的国际竞争力。中国是一个转型中的大国，虽然有不少企业能够进入世界 500 强，但是极少有具备明显的国际竞争优势的企业。在这种情况下，通过扶持少数国有企业，包括鼓励已经在国内处于垄断地位的国企做大做强，然后推动其参与国际竞争，是中国政府在短期内的有效策略。从另一方面讲，中国国企在海外发展壮大，有利于更好地贯彻国家意志。相对而言，民企要更多地考虑经济利益，贯彻国家意志并非其比较优势。

由此可见，发展社会主义市场经济，既需要大力发展民营经济，也需要做大做强国有企业，只要它们在各自适合发展的领域中发挥作用，就能“国民共进”。

二、在国有制框架内推进国有企业改革所面临的困境

确立市场取向的改革后，国有企业改革的必要性就毋庸置疑，但对于以什么逻辑来指导国有企业改革，一直存在争议。从最初的放权让利，到承包制、租赁制，再到以产权制度改革为主线的股份制与现代企业制度，都力图把国有企业改造成为自主经营、自负盈亏的市场竞争主体。这样一种改革逻辑其实有两大隐含的假定：一是假定国有企业都是低效率的，因而需要通过委托代理理论指导下的机制设计来解决国有企业的低效率难题；二是假定国有企业作为经济组织等同于普通的市场经济组织，因而需要按照普通

① 林毅夫，蔡昉，李周．比较优势与发展战略——对“东亚奇迹”的再解释．中国社会科学，1999（5）：4-20.

市场经济组织的模式以产权明晰原则来重构国有企业的治理结构。而要满足以上两大假定，就必须通过产权制度改革来解决国有企业政企不分及所有权不可转让的难题。但是，从逻辑上来说，我们无法在国有制的框架内找到合适的途径来实现政企分开及不受限制的所有权转让。

一是我们无法在国有制的框架内解决政企分开的难题。在国有制框架内，所有权主体的非人格化资本行为与要求企业以盈利为目标经营国有资产之间存在冲突。当政府作为所有权主体时，因其所承担的社会责任，它未必会把国有资产的保值和增值作为唯一目标，政府在与企业签约时，很可能会向企业输入与利润最大化目标相悖但体现社会偏好的约束规则。然而，为了完成向市场经济体制的过渡，就客观上要求企业以利润最大化为目标参与市场竞争。为此就需要实现政企分开，在产权明晰的基础上，避免行政权对所有权的损害，且合约各方均能运用退出权来保护自身权益。然而，从实践效果来看，政企分开的成效甚微。究其原因，我们发现在国有制的框架内政企之间是根本分不开的。因为国家主权者是一个抽象的概念，当我们认定某资产归国家所有时，必须寻找一个代理人来代表国家行使所有权，这个代理人非政府莫属，因为政府是国家的权力执行机构。所以，国家所有必然派生出政府代理，集所有权、行政权、调控权于一身的政府必定不会仅以利润最大化为目标经营国有资产，而常常会凭借所有权来贯彻社会目标，这就是所谓的行政干预，即政企不分是国有制的内生现象，行政干预是政府行使所有权的一种常态。如果在国企改革中政府通过行使“退出权”等途径来实现政企分开，则可能使国有制名存实亡；如果政府仍然履行委托人职能，则不管采用何种企业组织形式，行政干预就不可避免，从而企业难以成为真正的市场主体。

二是我们无法在国有制的框架内解决所有权不可交易的难题。市场交易本质上是产权交易，国有企业若要成为真正的市场竞争主体，就应对企业资产拥有排他性的占有权、支配权、处分权和收益权。企业一旦经营失败，就可能破产。只有所有权具有可转让性，资源才能在市场机制的作用下自由流动，从而实现资源的最优配置。更重要的是，当所有权可转让以后，在治理结构上所有者可以行使退出权，并且控制权市场是在股权分散化条件下有效的外部治理机制。但是问题在于，所有权一旦可以自由转让，企业的国有制性质就很难保住。国有企业改制上市后一定要对股份界定成分（股份分为国有股、法人股、个人股），原因其实很简单，那就是国有企业改制上市以后不管股份如何流转，只要国有股不能转让，那么不管国有控股的股份公司在哪里上市，政府仍然是控股者，所有制的性质就不变，但如此一来，国有企业上市以后，企业仍然需要听命于政府，国有企业的老毛病就难以根除。

为了解决上述两大冲突，我国通常采用所有权与控制权相分离的思路，把国有企业改造成股份公司，即在国家拥有剩余索取权的条件下，通过多级代理把资本制度模拟出来，从而把国有企业改造成产权独立化的营利性法人企业。然而，当政企不分和剩余索取权具有不可转让性时，多级代理很难充分创造出以上条件，从而难以建立起法人资产制度。

第一，当剩余索取权不可转让时，企业资产很难通过股权分散化取得独立的法律形式。股权分散化对于确立法人财产权的意义在于，当股权分散到一定程度，任何一个股东直接控制企业既没必要也没可能时，企业产权便独立化了。国有企业股份制改造后，国资委不仅是一家公司，而且是所有公司的最大股东。剩余索取权的不可转让性意味着股权集中化的格局不可能通过股份转让改变。由于股权非常集中，国资委很容易或者通过操纵股东会会议来控制董事会的组成，进而由听命于资产局的董事会任免经理来控制企业的经营活动，或者通过垄断股票市场来达到控制企业的目的。当企业产权不能独立化时，自然难以确立法人资产制度。

第二，当剩余索取权不可转让时，就很难确立有限责任原则。从理论上讲，国有企业完成股份制改造后，企业一旦破产或被清算，国家只以投入资本额承担有限责任。但由于剩余索取权具有不可转让性，所以即使委托人对企业的经营状况不满，或者股票价格持续下跌，委托人也无法通过转让股票终止与企业的合约来惩罚代理人的违约行为和尽可能减少自己所承担的风险。再加上国家所承担的社会责任，它也不愿意看到企业倒闭。因此，当企业经营陷入困境时，对于国资委来说，与其任其破产或被清算，倒不如给予援助，拯救其脱离困境，从而国家实际上仍承担着无限的责任。

第三，当剩余索取权不可转让时，很难形成最优化的激励约束机制。实现多级代理后，由于代理人不是风险承担者，为了防止代理人的违约行为，委托人必须通过对代理人行为的激励和约束来保护出资人的权益。但由于剩余索取权具有不可转让性，出资人与企业的合约关系具有不可解除性，即出资人无法通过转让股份转移资本，除非出资人破产，否则企业一般不会倒闭。当委托人缺乏必要的手段来惩罚代理人的违约和欺诈行为，反而使代理人几乎不必担心因企业被其他投资者接管或破产而丧失职位时，出资人的权益就很难得到有效的保护。

第四，当剩余索取权不能转让时，企业不可能拥有完全的法人财产权。法人财产权应包括法人对企业资产的排他性占有权、支配权、收益权和处分权。但是，企业产权的转让必将影响出资人对该企业的剩余索取权的拥有，为了使该企业的最终归属保持不变，资产局就有必要限制法人自主处分企业资产的权利。当企业法人不能根据产业结构的变动趋向，通过转让企业产权自由退出或进入某产业时，法人财产权就变得很不完全了。

三、国有制框架内的两权分离使国有产权保护陷入两难选择

即使我们假定通过多级代理可以实现政企分开和确立法人财产权，但是，每一级代理关系都会因代理人与委托人效用函数的不一致性而发生代理问题，从而多级代理所产生的代理成本是很高的。这些代理成本包括：向代理人支付的薪金、奖金等费用；代理人为追求非货币物品所导致的企业成本上升和利润减少；由代理人的决策与其委托人利益最大化的最佳决策之间存在的差异所导致的企业效率损失。

为了降低代理成本，委托人就需要通过契约关系来约束代理人的行为。但由于剩余索取权具有不可转让性，国家难以运用退出权来惩罚代理人的违约和欺诈行为，而只能主要通过对代理人行为的直接监督来保护产权。在信息不对称的条件下，这种直接的行为监督不仅难度大，而且可靠性低，其监督成本必定是很高的。尤其是制定和执行合约的环境具有不确定性，如果委托人不能在合约中充分考虑到环境的各种可能变动，那么为代理人规定一般的行为规则或决策程序就会限制企业对环境变化做出灵活反应的能力。因为合约中确定的约束规则越完整、明晰，代理人的自由选择空间就越狭窄，企业行为就越僵化，可能丧失的获利机会就越多。而要在合约中充分预测环境的不确定性几乎是不可能的。所以，这种约束行为本身可能会因代理人经营行为受限制而导致企业效

率的损失，即为降低代理成本，可能要支付昂贵的约束成本。

对国有企业进行股份制改造后，如何解决代理问题就成为一个非常棘手的难题。当由政府扮演法人企业的委托人角色，且剩余索取权具有不可转让性时，多级代理不仅将诱发更严重的道德风险，而且将使抑制道德风险的成本更高，难度更大，从而出现扩权步伐越快，国有资产流失现象越严重的局面。重要原因之一是，在国有股一股独大的条件下，政府代表国家履行大股东的职能，具体行使股权的是具有自然人特征的政府官员。这时，政府官员手中拥有的投票权是货真价实的，他可以选派或解聘董事长、董事和总经理，也可以决定公司发展与经营中的大政方针，但他并非是资产的实际所有者，他既不能分享因正确地行使该投票权所带来的收益，也不承担因滥用投票权所遭受的损失（我们可以把这样的投票权称为廉价投票权），从而扮演大股东角色的政府官员可能没有动机去监管国有资产。再加上处于公司内部的经理人本来就具有信息优势，他们可能会通过做假账等方式蒙骗上司，使得缺乏监管动机的大股东更难以发现经理人的侵占行为。例如，国有资产普遍存在账实不符问题，所有者无法控制和受益的账外资产越来越多，尤其是在境外投资活动中，隐瞒资产、化公为私的现象十分严重；在企业改制或并购过程中严重低估国有资产，把部分国有资产收益变为账外收入随意开支，甚至私自分掉；不提或少提折旧，掠夺性使用国有资产等。需要强调的是，国有股的投票权尽管对于行使人来说是廉价的，但对于经理人来说则是实实在在的，即经理人的任免以及公司重大决策权都掌握在投票人手中。于是，企业内部人或者为了避免过多的干预，或者为了保持其拥有的控制权，或者为了让监督者睁一只眼闭一只眼等，会想出各种招数来收买投票人。一旦投票人被收买，他就可能与企业内部人合伙瓜分国有资产。

为了防止多级代理下国有资产的流失，就必须对国有产权实施有效的保护。除了出资人对代理人行为的监控外，现代社会中确认和保障产权最高和最完备的社会契约形式，就是以国家机器为物质基础的法律体系。法律制度对产权的保护是通过强制惩罚一切破坏现有产权关系的行为以及由此产生的威慑力量实现的。国家既依法拥有国有资产的所有权，又履行着界定和保护产权的职能，受国有产权固有属性的影响，国家在实施国有产权保护时将会遇到诸多的两难选择。

第一，国家在界定和保护产权时的两难选择。国家通过产权的界定和保护要实现的目标是双重的：一是通过降低交易费用使社会总产出最大化；二是通过形成产权结构竞争与合作的基本规则使国家的垄断租金最大化。国家若要避免国有资产流失，必须确立排他性产权。但若以产权明晰思路推进国有企业改革，必将遇到竞争约束和交易费用约束。当面临竞争约束时，国家将力图避免既得利益集团的财富或收入受到产权的不利影响而无视这种产权结构对效率的负面影响，以避免政治支持率的下降；当面临交易费用约束时，国家将尽可能选择费用低、难度小、见效快的改革思路。因为有效率的产权结构产生潜在收益存在时滞，国家必须在短期内为此支付大量的交易费用，这就受到了可支配财政收入规模的约束。当有效率的产权结构在双重约束下迟迟不能形成时，随着代理关系的引入，国有产权的保护就会遇到严重的制度障碍。

第二，剩余索取权不可转让条件下国有产权保护的两难选择。国有资产的流失总是与代理人道德风险的存在相联系，但在剩余索取权不可转让的条件下，缺乏足够的激励约束手段来抑制道德风险。（1）如果代理人是风险中性者，则可以赋予代理人完全的剩余索取权，使其承受完全的风险。当代理人的偷懒动机变得无法给自己带来利益时，道德风险也就失去了存在的条件。但是，它是以出资人出让剩余索取权为前提的，这不仅会挫伤出资人的积极性，使国有制名存实亡，而且可能会刺激代理人的过度冒险行为。如果由代理人与委托人分享剩余索取权，则会因利益与风险边界的不确定性而仍然难以解决道德风险问题。(2) 根据投票权与剩余索取权相匹配的原理，由拥有剩余索取权的风险承受者来投票选择与约束企业经营者有助于克服道德风险。① 在多级代理模式中，代理国家拥有企业经理人选决定权及企业重大决策权的投票人既不享有剩余索取权，也不承担投票风险，从而难以避免投票人不负责任的投票、为满足个人利益的投票，甚至与代理人合谋投“假”票，其结果都将使国有股权益受损。因此，把剩余索取权赋予投票人固然有助于抑制道德风险，但有悖于国有产权的性质。(3) 通过中止合约可对代理人侵蚀国有资产的行为实施有效惩罚和威慑，但它要求剩余索取权能自由转让，这又会突破改革的基本约束条件。

第三，多级代理下所有权约束的两难选择。代理关系下的所有权约束实际上就是通过设置一个激励约束系统，把代理人对个人效用函数的追求转化为对出资人效用函数——企业利润最大化——的追求。由于国有制条件下的多级代理没能通过剩余索取权与控制权的分离塑造出承担财产风险的主体，以及受政府约束的国有资产管理机构目标多元化，因而所有权约束染上浓重的行政干预色彩。这样，资产局在保护国有产权时将陷入两难困境：如果强化所有权约束，如操纵股东会会议、控制董事会的组成、干预经理的决策、决定企业的经营方针等，则固然可以通过限制代理人的自主决策达到减少国有资产流失的目的，但这种约束会强化对企业的行政干预，抑制企业的活力，结果是导致企业效率的损失；如果弱化所有权约束，则因难以解决代理人的道德风险问题而无法避免国有资产的流失。

第四节　国有企业分类改革的逻辑与路径

一、国有企业分类改革的逻辑与原则

国有企业改革的初始设计有两种思路：一种是保守的思路，认为发展民营经济有损于国有经济的主导地位，国有企业的改革仅限于下放自主权，不能触及国有制本身。随着市场化改革进程的深化，这种思路越来越没有市场。另一种是激进的思路，要求国有企业尽可能退出，并对余下的国有企业进行全面的股份制改造。不过人们并没有对这种思路达成共识，这是因为改革之初，国有企业覆盖了总体经济的方方面面。从效率的角度讲，这些国有企业当中有一部分存在低效率问题，但还有一部分则具有较强的竞争力，足以和同类非国有企业竞争；从行业的角度讲，这些国有企业当中有一部分提供公共产品、准公共产品、外部性产品和服务，还有一部分则提供具有竞争性和排他性的私人产品。正因为国有企业类型多样，所以很难采用一种简单的激进改革方法来解决问题。

① H. Harris and A. Raviv. The Design of Securities. Journal of Financial Economics，1989，24：255－289.

在改革实践中一“包”不灵，一“租”不灵，一“股”也不灵，究其原因，并非是这些企业组织形式没有效率，而是在政企不分与所有权不可转让的条件下，频繁的行政干预扼杀了这些企业组织形式的效率。因此，我们不得不反思过去那种试图把所有的国有企业都改造成为市场主体的逻辑。其实，现存的国有企业和以往的国有企业存在巨大的差别，国有企业在效率上存在分化，一部分国有企业的确效率低下，但已经在市场竞争当中被淘汰，而另一部分国有企业和作为竞争对手的非国有企业相比并没有效率上的劣势，因而得以在市场竞争中生存和发展；国有企业也不同于普通的市场经济组织，国有企业是我国基本经济制度在微观领域的具体化，从性质上就展示出其内在的公共性和社会化，因而在功能上就表现为不仅仅提供私人产品和服务，更重要的是提供公共产品和外部性产品与服务。

据此，杨瑞龙分别于1995年发表在《经济研究》及1997年发表在《管理世界》上的两篇论文论证了国有企业分类改革的必要性及分类改革的原则和路径。[①] 在这两篇论文中，杨瑞龙用一个委托代理框架证明了在政府控股条件下对国有企业进行股份制改造也许可能改善企业效率，但付出的代价可能是国有资产流失。据此，杨瑞龙主张对国有企业采取分类改革的战略，认为并非所有的国有企业都需要按照市场化原则进行改造，而是应在界定国有企业在市场经济中的地位和作用的前提下，根据国有企业所提供产品的性质及所处行业的差异，针对不同类型的企业选择不同的改革思路，即该国有的企业政府就好好地管起来，未必要推进市场化，甚至要避免过度市场化；该市场化的企业就必须坚定地推进产权制度改革，真正解决政企不分与所有权不能转让的难题。合理界定国有资本与民营资本适宜发挥作用的领域，通过国有资本的合理流动与优化配置实现国有资本向关系国计民生的行业的集中。分类改革的具体路径就是提供公共产品的国有企业宜选择国有国营模式；垄断性国有企业宜选择国有国控模式；竞争性国有企业一部分宜进行产权多元化的股份制改造，一部分宜实行民营化。

由于这种分类改革思路符合国有企业的多样化特征，因而逐步取得了大多数人的认同，并转化成具体的改革政策。比如2003年党的十六届三中全会通过的《中共中央关于完善社会主义市场经济体制若干问题的决定》明确提出要大力发展混合所有制经济，并允许非公有资本进入一些基础设施和公用事业领域等。2006年颁布的《关于推进国有资本调整和国有企业重组的指导意见》（国办发〔2006〕97号）则明确区分了不同行业国有企业改革的具体思路，其中国有资本集中于涉及国家安全的行业、重大基础设施和重要矿产资源行业、提供重要公共产品和服务的行业等。其他行业鼓励国有企业公司化和控股化，并鼓励混合所有制经济。

国有企业分类改革的思路在最近几年得到进一步的明确。2015年颁布的《中共中央、国务院关于深化国有企业改革的指导意见》（中发〔2015〕22号）把国有企业明确划分为商业类和公益类，其中商业类国有企业实行公司制股份制改革，国有资本可以绝对控股、相对控股，也可以参股；而公益类国有企业则采取国有独资形式，但允许非国有企业参与。进一步看，对于商业类国有企业，鼓励混合所有制形式，但如

---

① 杨瑞龙．国有企业股份制改造的理论思考．经济研究，1995（2）；杨瑞龙．论国有经济中的多级委托代理关系．管理世界，1997（1）．

果是处于关系国家安全、国民经济命脉的重要行业和关键领域，或者主要承担重大专项任务的，则要保持国有资本控股地位。2016 年颁布的《关于推动中央企业结构调整与重组的指导意见》（国办发〔2016〕56 号）除了提出上述分类改革要求外，进一步提出了国有资本运营要与产业转型和升级联系起来，从而明确了国有企业承担的宏观调控责任。

实际上，地方政府也出台了具体的分类改革思路。比如上海市 2008 年颁发的《关于进一步推进上海国资国企改革发展的若干意见》（沪委发〔2008〕9 号）把国有企业划分为产业类和政府投资类，产业类国有企业按照股份制公司制进行改革，采取市场化导向；而政府投资类国有企业则保持国有控股地位，在非竞争性、公益性领域发挥主导作用。上海市 2013 年进一步颁发了《关于进一步深化上海国资改革促进企业发展的意见》（沪委发〔2013〕20 号），重新把国有企业划分为竞争类、功能类和公共服务类三大类企业，其中竞争类国有企业采取市场化导向的改革模式，功能类国有企业和公共服务类国有企业则发挥国有资本的主要作用。

其实，竞争性、非竞争性之间的划分标准与公益类、商业类之间的划分标准并没有本质的不同，只是侧重点有些差别（见图 3-1）。

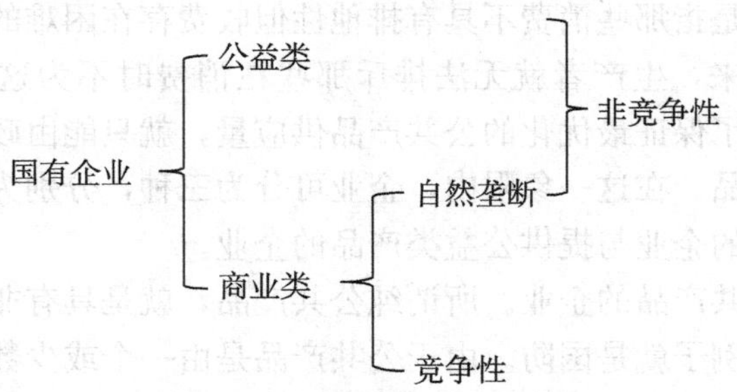

图 3-1　两种分类标准的比较

综合上述两种分类标准，我们可以根据国有企业所提供产品的性质及国有企业所处行业的特征，即产品性质及行业特征两个维度形成功能导向的分类方法，以此来对不同的国有企业选择不同的改革模式（见图 3-2）。

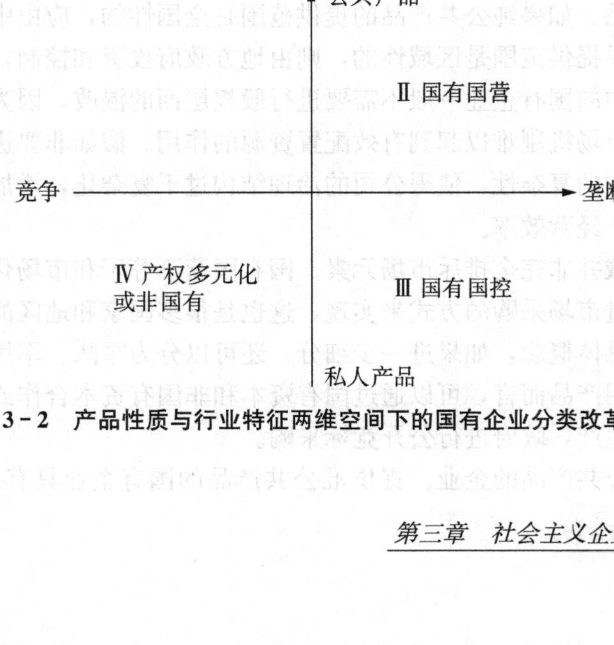

图 3-2　产品性质与行业特征两维空间下的国有企业分类改革模式

二、提供公共产品的企业宜选择国有国营模式

处于第Ⅱ象限内的国有企业，提供的产品属于公共产品类，行业特征具有垄断性，一般采用国有国营模式，即政府拥有所有权与经营权。

国有企业由于要承担某些社会责任，不可能仅仅按照利润最大化目标参与市场竞争，从而不可能与非国有企业在同一起跑线上展开市场竞争。那么这是否就意味着在社会主义市场经济中国有企业变得无足轻重了呢？恰恰相反，国有企业的重要性是毋庸置疑的，这不仅因为坚持公有制占主体的原则主要应由国有企业来体现，而且国有企业在公共产品的生产、存在外部性的场合、报酬递增产业等领域发挥的作用是其他类型的企业无法替代的。在这些市场失灵的领域，国有企业的特殊性质恰恰可以发挥重要的作用。因为政府履行所有者的职能可以使企业突破私人利益最大化的狭隘眼界而从社会利益最大化的目标出发，进入非国有企业不愿投资和经营的领域，弥补市场失灵；而剩余索取权的不可转让性可以防止企业受经济利益的驱使退出这些领域。事实上，国有企业是一种特殊企业，它的优势主要不在于参与市场竞争，而在于弥补市场失灵。

所谓公共产品，是指那些消费不具有排他性但收费存在困难的产品。也就是说，公共产品一旦被提供出来，生产者就无法排斥那些在消费时不为这些产品付费的"搭便车"行为。因此，为了保证最优化的公共产品供应量，就只能由政府用向国民征税获取的收入来提供公共产品。在这一象限内，企业可分为三种，分别为提供纯公共产品的企业、提供准公共产品的企业与提供公益类产品的企业。

第一，提供纯公共产品的企业。所谓纯公共产品，就是具有非竞争性和非排他性特征的产品，最典型的例子就是国防。由于公共产品是由一个或少数几个卖者向许多买者提供，它对买者而言具有高度专用性，寻找潜在供给者的成本非常高，所以买者容易受到卖者机会主义行为的伤害。同时，公共产品的非排他性、搭便车问题导致自愿供给无法实现。这类产品由政府直接来提供尽管需支付较高的组织成本，但可以节约市场交易成本。从全球范围看，各个国家和地区的纯公共产品基本上都是由政府来提供的。由于纯公共产品难以通过私人部门供给，政府就可以在预测社会对公共产品的实际需求的基础上，按照社会福利最大化的原则直接建立国有企业，并由政府直接经营，向公众有效充分地提供这类产品。如果纯公共产品的提供范围是全国性的，应由中央政府投资和控制，如国防等；如果提供范围是区域性的，则由地方政府投资和控制，如城市公共福利设施等。这个领域中的国有企业一般不需要进行股权层面的混改，因为这本身就是一个市场失灵的领域，市场机制难以起到有效配置资源的作用。假如非要进行混改，就相当于提高企业股权结构的复杂性，使得公司的治理结构过于复杂化，增加企业内部交易成本，降低企业的生产经营效率。

当然，这个领域并非完全排斥市场元素。国有国营不等于和市场化完全对立。部分产品和服务可以通过市场采购的方式来实现，这也是很多国家和地区的做法。比如就国防来说，这是一个总体概念，如果进一步细分，还可以分为军队、军用产品、基础设施等。其中就部分军用产品而言，可以通过国有资本和非国有资本合作或者合资生产，或者非国有企业独立生产，政府进行公开竞标采购。

第二，提供准公共产品的企业。提供准公共产品的国有企业具有以下特点：首先，

社会目标在这类企业经营中占据绝对支配地位，即企业在经营活动中，盈利目标服从于社会福利最大化目标。其次，垄断程度高。为了确保规模经济效益、范围经济效益及提高生产效率，在同一行业中一般只允许一家或少数几家企业提供准公共产品，即存在严格的“进入壁垒”。最后，在银行等由多数企业构成的行业中存在信息不对称，即消费者未必拥有充分的信息以决定在多种多样的服务和价格中选择哪种为好。显然，如果这类国有企业按照市场化标准进行改造，则在市场机制的调节下，未必能实现资源的最优配置。因此，政府不仅要对这类企业拥有全部或绝大部分资产的所有权，而且应由政府来直接经营这类企业。同时，由于这类企业处于绝对垄断地位，需要由政府对其进行有效的控制，防止企业凭借垄断地位侵害消费者的利益。

准公共产品的范围十分广泛，它介于私人产品和纯公共产品之间。准公共产品通常分为两种类型：一类是具有非排他性和不充分的非竞争性的公共产品，例如，地下水流域与水体资源、海洋资源、牧区、森林、灌溉渠道等。这类产品在消费上具有一定的竞争性，但很难排他，这就有可能造成所谓“公地悲剧”。另一类是具有非竞争性特征但非排他性不充分的公共产品，如公共道路、公共桥梁、广播电视、农林技术推广等。实行企业核算的自来水、电网、邮政、市政建设、铁路、港口、码头、城市公共交通等，也属于准公共产品的范围。由于这类产品在使用中难以排他，因此可能存在“拥挤效应”和“过度使用”的问题，从而导致市场失灵。准公共产品是由政府来提供还是由私人企业来提供，在理论上存在争论，在实践中不同国家有不同的做法。但有一点是肯定的，那就是无论是私人部门还是国有部门，都可能出现市场失灵，因而其供给至少都需要在严格的政府监管之下进行。尽管从可行性角度看，准公共产品可以通过界定私人产权的形式，实现私人部门供给，但私人部门供给会带来垄断，从整个社会的角度讲，准公共产品被私人部门垄断未必是社会最优的。这方面我国有一些教训，对提供准公共产品的国有企业实行过度市场化改革会产生市场失灵现象（例如，有些城市把水的控制权卖给私人企业未必是一个明智的选择）。实际上在全球很多国家和地区，这种类型的准公共产品都是由国有部门或者集体部门供给的。尤其是我国是一个发展中的大国，政府直接提供准公共产品有助于跨越“中等收入陷阱”，而且我国是社会主义国家，有些准公共产品还具有国家安全性及鲜明的意识形态特征，如电网、港口、机场、新闻媒体等，因此由政府直接经营利大于弊。当然，为了提高效率，我们可以在条件逐步成熟的情形下，有限地引入市场机制，例如最近几年我国对供电系统、邮电系统的改革等。

这种国有国营的企业模式主要有以下特征：

（1）由政府筹资创设提供准公共产品的企业。国家根据社会对这类公共产品的实际需求，确定每年的投资额度，在这个投资总规模下，控制具体的投资项目。资金来源一是财政拨款，二是政策性银行的低息贷款，三是国际金融机构或外国政府的低息优惠贷款。在确定贷款利率时应考虑到企业的收益状况。为了保持对所有权的控制，一般不进行直接融资，只进行间接融资。宏观效率或者社会福利最大化是衡量企业效率的主要标准。

（2）政府直接任命或罢免这类国有企业的负责人。政府应向企业负责人提出任期内应达到的目标，如收益目标、资源消耗指标、生产率及产出指标、产品和服务的质量、价格水平等。企业可以在政府下达的指标体系的约束下进行最优经营方式的选择。政府向企业派驻国家稽查员和主管部门代表，监督、检查企业经营国有资产的情况及指标的完成状况。政府有权解聘无能或失职的企业负责人。

(3) 对进入和退出的控制。为了确保规模经济效益和范围经济效益，政府允许特定一家或少数几家企业进入某垄断性行业，而限制其他企业进入，以限制过度竞争所造成的资源浪费。同时，对已允许进入该行业的企业的退出权加以严格限制，即不准任意停产或转产，以保障准公共产品的正常供应。

(4) 对收入分配的控制。企业的收入照章纳税后，企业的留利比例及留利的使用方向一般由政府通过企业的董事会加以控制，主要部分用于企业的技术改造和扩大再生产，小部分用于职工的福利和奖金。政府每年对国有企业职工的工资水平提出调整框架，控制工资总额的增长幅度，企业负责人在这一幅度之内确定职工的工资水平。

(5) 控制价格与确定财政补贴数额。由于提供准公共产品的企业处于垄断地位，因而企业不应拥有定价权，以防止过高的垄断价格损害消费者的利益。政府根据企业的边际成本状况、正常的盈利水平及消费者的支付能力确定准公共产品的价格。如果企业因服从社会目标而引起政策性亏损，则亏损额应由财政给予补贴。

第三，提供公益类产品的企业。除了准公共产品领域外，还有很多领域具有很强的正外部性，其产品的技术特征可能是竞争性和排他性，但由于正外部性的存在，其具有公益特征，可以被视为马斯格雷夫定义的“公益品”，比如医疗、教育、社保等。从产品的技术特征来看，这些产品与纯私人产品类似，因而可以通过私人部门提供。但从这些产品的正外部性角度看，对整个社会来说，单纯由私人部门供给可能出现供给不足，达不到社会最优，因而同样需要国有部门供给，以弥补私人部门供给的不足。所以，通常可以看到，公益品在绝大多数国家和地区都是混合供给的，私人部门和公共部门并存，很难看到纯私人供给的情形。对于正外部性强的产品，公共部门供给了大部分，甚至全部，比如义务教育、基本医疗服务、基本社会保障、基本养老服务等。这些领域由于有太强的正外部性，私人部门缺乏供给的激励，必须以公共部门为主导进行供给。

在给定现存的准公共产品和“公益品”领域的企业所有制分布格局的前提下，本书认为未来的改革重点应该是坚持“一个原则”、采取“两条腿走路”的方式。“一个原则”是指维持既定的国有企业数量，通过国有企业的制度重构来实现做大做强的目标，而不是通过国有企业民营化或者减少国有企业的方式来优化国有企业本身。“两条腿走路”是指在这些领域，采取分类设计的思路对国有企业进行制度重构。对于具有很强的正外部性的领域，比如义务教育、基本医疗服务、基本养老服务、基本社会保障等，可以采取国有国营的方式，由公共部门完全提供；对于涉及国家安全等方面的准公共产品领域，同样可以采取国有国营的方式。除了上述领域之外，在其他准公共产品和公益品领域，国有企业宜采取股份制公司制改造，通过股权关系和保持国有资本控股权的模式，形成国有控股公司，激励优秀的国有企业以股权投资、并购、新建分公司和子公司，甚至业务合作等形式，形成大型国有控股集团公司，提高国有企业的效率，同时也便于对国有企业进行监管。

三、自然垄断性国有企业宜选择国有国控模式

处于第Ⅲ象限内的国有企业提供的产品既具有排他性，也具有自然垄断特征，一般宜采用国有国控模式，即垄断性国有企业应该进行股份制改造，但国有资本应具有控制

地位。

具有规模报酬递增特征的自然垄断行业一般指基础产业。尽管该领域的产品在消费上具有排他性，但也具有一定的外部性，其自然垄断特性是由生产技术的性质决定的，与产权结构没有内在联系，即使由国有转为私有，仍然存在垄断。如果因为垄断而导致效率损失和福利损失，那么国有部门所带来的效率损失未必就比私人部门大。大量实证数据表明，在由垄断导致市场失灵的领域，私有企业和国有企业相比并无制度上的优势，也就是说，两者面临的约束条件是一样的，不存在国企就必然在效率上弱于私企的可能性。因为这种领域的核心在于产品自身的非排他性和非竞争性，私企看似所有者具有百分百的激励来创造利润，但这种领域里的利润最大化产出水平恰恰可能是非社会最优水平。因为作为发展中的社会主义大国，基础产业不仅要追求利润目标，而且要承担一定的社会义务，同时基础产业还需要超前发展，为其他产业的发展提供基础性条件，而且在激烈的全球竞争中，基础产业在支撑本国经济由比较优势战略向竞争优势战略转型以及保障国家经济安全方面发挥着重要的作用。尽管由政府控制自然垄断行业可能会导致因激励弱化而使微观效率降低，但由政府控制企业可使企业超越利润目标，追求长远利益与宏观效益，从而有助于优化资源配置、提高企业的资源利用效率、调节收入再分配、实现企业财务的稳定化及完成“后发国家”的发展任务等。基础产业包括基础工业和基础设施两部分。基础工业是指能源（包括电力）工业和基本原材料（包括重要矿产资源、钢材、石油化工材料等）工业；基础设施主要包括交通运输、机场、港口、通信、水利等设施。

处于基础产业的垄断性国有企业一般具有以下特征：第一，经营目标的双重性。垄断性企业不仅要追求利润目标，而且承担着一定的社会义务，即企业在经营活动中同时要考虑利润目标和社会目标，例如国家经济安全目标、社会稳定目标、为国家整体经济发展提供基础性条件目标等。第二，在规模报酬递增的条件下，由一家或少数几家企业大规模进行生产的确要比由许多家规模较小的企业同时进行生产能够更有效率地利用资源。第三，基础产业就其资本规模和技术工程而言，需要巨额投资，且具有“不可分性”；就其施工过程而言，建设周期较长，因此投资回收的周期也很长；就其存量资本的流动性而言，具有较强的凝固性，基础产业的外部效应一般较明显等。第四，基础产业是一个需适度超前发展的产业，因为它是其他一切生产部门从事生产经营活动的基础性条件。

需要说明的是，西方发达国家通常把支柱产业与高新技术产业看成是竞争性产业，其投资与生产经营活动完全由市场机制来调节。我国是一个发展中的国家，支柱产业与高新技术产业不仅在拉动本国经济方面而且在支撑本国经济由比较优势战略向竞争优势战略转型的过程中发挥着重要的作用，但与发达国家相比，我国这些产业无论在规模、市场占有率上还是在技术水平及无形资产的影响力上都存在很大的差距，在经济全球化的条件下，如果政府完全退出，并由市场机制来配置该产业的资源，那么很有可能在完全开放条件下我国资本完全丧失对该产业的控制力，而这无疑会对我国经济的长期稳定发展产生若干负面影响。基于此，我们认为，政府还应在产业内发挥必要的作用，特别是对支柱产业和高新技术产业中的龙头企业保持必要的控制力。

作为一个发展中大国，为了缩短与发达国家的差距以及提高我国企业的国际竞争力，国家还需在基础产业、支柱产业及高新技术产业等若干重点企业的发展中发挥相当重要的作用。具体来说，就是应通过对此类国有企业进行股份制改造引入多元化投资主体，明晰产权关系，确立法人财产权，尤其需要排除行政性垄断，规范政府与企业之间的关系，完善公司治理结构，优化激励机制，强化市场对公司的约束与激励，提高其经营效率。但又不能按照完全市场化的标准把自然垄断性国有企业改造成纯粹以盈利为目标的市场主体，而应选择国有国控模式。国有国控与国有国营模式的重要区别在于，在对企业进行股份制改造后，尽管国有资本在企业中占有明显的控制地位，以资本为纽带组建在国际市场上有竞争力的大型企业集团，但政府不再是企业的直接经营者，政府作为行使国有产权的代理人，兼顾社会目标和盈利目标，对企业实施所有权约束。政府通过设置进入许可规则来提高规模经济效益，同时通过一系列产业规制来防止垄断条件下企业在自主决策时所产生的不良经济后果。在明确界定政府与企业之间责权利关系的基础上，实行所有权与经营权的分离，确立企业独立的法人地位，企业在不损害社会目标的前提下积极参与市场竞争，特别是在国内外市场上积极参与与海外跨国公司的竞争，不断提高经济效益，并承担相应的决策责任。

在自然垄断性国有企业的所有权与经营权发生不同程度分离的条件下，政府通过设置进入许可规则与相关的管制政策来对垄断性产业进行必要的规制，提高规模经济效益；同时通过直接或间接控制手段来防止垄断条件下企业在自主决策时所产生的不良经济后果，并在不损害社会目标的前提下，积极创造条件，鼓励企业参与市场竞争。政府通过对自然垄断性国有企业的控制来达到以下目标：第一，优化资源配置。通过限制自然垄断性企业滥用市场支配力来提高资源配置效率。所谓滥用市场支配力，是指制定垄断价格和价格差别以及对顾客提供有差别的服务。第二，提高企业的资源利用效率。在垄断性市场结构条件下，为防止企业因缺乏竞争压力而不积极提高内部效率，作为行使所有者职能的国家应通过设置激励约束机制及必要的控制手段，促使企业不断提高技术效率、生产效率、配送效率及设备利用效率。第三，控制收入的再分配。在垄断的市场支配力下，垄断价格、差别价格、内部相互补助及差别对待都具有收入再分配的效果。因此，政府为了保护消费者的利益，有必要限制垄断价格的制定。第四，实现企业财务的稳定化。政府必须考虑到，应让企业能够筹措到一定的内部资金（利润留成、折旧）和外部资金来确保资本成本（股息、利息等），以便进行适当的投资，避免供给不足。根据以上目标，政府与企业之间应实行适当的分权，并用契约关系界定政府与企业的权利和义务关系，使拥有必要自主权的垄断性国有企业既能在一定程度上参与市场竞争，又能实现特定的社会目标。

在自然垄断行业保持国有经济的主导地位，不等于在该领域排斥市场竞争，恰恰相反，消除行政性垄断、对垄断进行必要的规制以及引入市场竞争不仅有助于提高垄断企业的经营效率，而且有助于保护消费者的利益。因此，在发挥国有经济主导作用的同时，应积极发展混合经济和非公有制经济，通过强化外部的竞争压力来提高国有资产的运行效率。必要的市场竞争会使企业面临较大的生存压力，经营者更不容易偷懒。只要竞争是公平的，那么即使在信息不对称条件下监管国有企业存在困难，国资委也可以通过观察竞争结果来判断企业的经营状况，从而可以大大减少监管成本。铁路、航空、电信这些垄断部门之所以开始向消费者放下架子，主要是因为引入了竞争因素。

四、对于具有较强竞争力的竞争性国有企业宜进行股份制改造

处于第Ⅳ象限内的国有企业所提供的是具有竞争性与排他性的私人产品，原则上应完全走向市场。竞争性国有企业是指那些由国家投资建成的、基本不存在进入与退出壁垒、企业产品基本上具有同质性和可分性、以利润为经营目标的国有企业。这些国有企业大部分分布在制造业、建筑业、商业、服务业等领域。

竞争性国有企业必须通过产权制度改革成为自主经营、自负盈亏的市场竞争主体，为此必须解决政企分开与所有权的可转让性问题，其最彻底的解决方案就是国有资本从竞争性领域退出。然而，在现有的制度约束条件下，通过国有资本的完全退出来解决政企分开与所有权的可转让性问题，更重要的是通过三十余年的市场化改革，有一部分竞争性国有企业实际上保持了和非国有企业同等的竞争力，只要这些国有企业不存在行政性垄断，也不存在与“民”争利及扰乱市场秩序行为，那么国有资本为何必须立即退出呢？但是对于那些缺乏效率甚至亏损严重的企业，政府为何还要背上一个大包袱呢？因此，我们可以区别对待竞争性国有企业。

具体来说，对于那些不存在行政性垄断但尚有较强市场竞争力的国有企业宜进行产权多元化的股份制改造，使之成为政企分开、产权明晰、产权主体多元化、管理科学的市场竞争主体，并以利润最大化为经营目标参与市场竞争，以法人资产承担责任。法人企业的典型形态是公司制，它主要包括股份有限公司和有限责任公司。公司制根据权力机构、监督机构、经营机构相互分离、相互制衡、权责分明的原则，依据法律制定公司章程，形成由股东大会、董事会、监事会和经理层组成的公司治理结构，保证权责明确、各司其职，有效行使决策权、监督权和执行权，因而公司制成为现代企业制度的主要形式。在公司制中，股份有限公司更具有典型意义。股份有限公司是由一定人数以上的股东所发起组织、全部资本被划分为若干等额股份、股东就其所认购的股份对公司承担有限责任、股票可以在社会上公开发行和自由转让的公司。

股份有限公司是现代企业制度的主要组织形式。现代企业制度最具有革命意义的是通过产权的重新界定建立起法人资产制度，它使所有权与控制权的分离从一种管理方式上升为一种法律制度。自由竞争式市场经济条件下的所有权是权利人对所有物任意使用、取得收益、进行处分的权利。在这种对物拥有直接支配权的所有制下也出现了多种形式的两权分离，但这种两权分离不是由法律规定的，而是由所有者决定的，它具有不确定性和不稳定性。经营权总是依附着所有权，所有者仍需对企业债务承担无限责任。

随着社会分工和两权分离形式的不断发展，所有者对物的具体的、直接的支配逐步转变为观念的、抽象的、间接的支配。股份有限公司的建立，使股权更具有观念上的所有权的一般特征，即股东作为一个整体，只是观念地、间接地支配公司的财产，股东能直接支配的只是股票。这表明出资人的个人财产与公司财产有着明确的分离界限，股东只以投入资本为限对公司的债务承担有限的清偿责任。公司作为独立的法人依法拥有公司财产，即股东的投入资本成为法人资产，公司作为整体，其终极占有者为股东，而公司财产的运行主体则是法人，股东不能绕开法人机构直接支配公司资产的运营。也就是说，以法人为中介的两权分离是具有法律意义的两权分离，它使法人财产权不依赖股东而独立存在，并由法人独立占有、支配、处分和收益，法人成为公司自负盈亏的主体。

竞争性国有企业经过股份制改造应确立法人财产权，这样一种法人资产制度具有以下基本特征：

（1）企业必须具有独立的法人资格。企业只有在法律上成为民事权利和义务的主体，才能独立地承担财产责任，而企业产权有没有独立化是衡量企业是否具有法人资格的主要标志。所谓企业产权独立化，是指终极所有者按照投入资本额获取相应的权益和承担有限责任，不再与公司资产的运营直接相关。转归法人所有的公司资产成为与所有者财产相区别的法人资产，公司法人依法享有资产权益，独立承担资产经营责任。法人资产主要由股东的投入资本和公司为弥补资本亏损而逐年提留的公积金构成。如果企业没有独立的产权，也就不具备承担财产责任的能力，而只能由所有者成为企业债务的最终清偿者。

（2）出资人承担有限责任。企业产权独立化后，出资人在获取相应的资本权益时，只以投入资本额承担有限责任，要求企业在破产时仍保持所有者投入资本额的完整性是不可能的。但所有者损失的至多只能以投入的资本额为限。也就是说，企业经营中形成的利润和资产增值，直接或间接归属出资人所有；而当企业破产时，出资人最大的损失即为投入企业的资本金。企业法人拥有法人所有权并独立承担财产责任。有限责任制度最重要的意义不仅在于使人们愿意为企业提供资本，因为投资于企业的风险较小，而且在于企业分散的投资风险也使企业的经营者乐意筹资。可以说，有限责任制度是在市场经济条件下，使出资人既敢于向经营者让渡更多的权力，让其放心经营，又能实行自我保护的一种有效办法。实行有限责任制度是国有企业进入市场，提高资产运营效率的必要条件。

（3）股票自由让渡是维护法人资产制度的重要条件。股份有限公司是众多出资人共同所有的企业，它根据出资人的资本份额，限定出资人的权利和义务。资本的运用则委托给按资本份额多数表决组成的法人代表机构——董事会，从而使所有权与控制权的分离制度化。但在现实中有两个难题：一是当多数表决做出的决策与少数人的意志不相容时，会使少数派股东有脱离公司、转移资本的可能性，但如果允许其抽走资本，则无疑会损害公司发展的稳定性；二是公司资本的固定化和回收周期的长期化与出资人要求的短期回收保证形成了冲突，出资人要求能够保证按照自己的意愿随时收回投资。允许股东随时抽走资本显然与股份制的准则相悖，而如果股票能在股市上自由转让，则以上两个难题就迎刃而解了。如果出资人对股东大会的决议不满意，或者不能忍受回收周期的长期性，他们便可在股市上出让手中的股票，收回投资。由于证券的买卖与公司资产的运动相分离，股东在股市上的股票买卖行为并不直接影响法人资产的完整性和独立运动，从而能继续维护两权分离的制度条件。股票的可转让性对早期股份有限公司的发展起了重大作用。不可转让的股票会排挤有才干的有识之士管理生产，从而为不善于管理和生产的人提供免于竞争的保护。

（4）界定经营者与公司的关系。英美法系和大陆法系都把经营者与公司之间的关系规范为委托契约关系，经营者不能以个人的名义与其他民事主体发生效果归于公司的法律关系，从而不能成为财产责任的承担主体。企业法人只能由出资人选出并代表出资人的根本利益，由对外代表公司、对内执行业务的常设机构来代表，这一机构在股份有限公司中便是董事会。经营者在法人代表机构的授权下具体经营企业业务，其收入、升迁、声誉直接与企业资产的运营效率及资产的增值状况相联系。一旦经营失败，他便会被公司解雇从而即刻失去原有的地位。

(5) 合理有效的所有权约束。有些学者把弱化所有权约束看作企业产权独立化的前提条件，似乎所有权约束与法人资产制度的建立是冲突的，这其实是一种误解。所有权与控制权分离后，所有权约束对于企业的生存和发展从来都是必要的。当然，随着企业制度的演变，所有权约束方式也会随之变化。在股份制下，所有权约束分为两个层次：第一层次是股东通过在股东大会上用“手”投票和在股票市场上用“脚”投票，对公司法人施加股权约束，使公司资产运营符合所有者增值资产和增加资本收益的愿望；第二层次是公司法人机构通过控制重大战略决策权、经理任免权、监督权等方式向经营者施加法人所有权约束，以确保公司的长期稳定发展。可见，所有权约束与公司产权独立化与其说是对立的，倒不如说是相互依存的。

(6) 要有一支高素质的企业家队伍。企业家的素质对于法人资产的高效率运营起着至关重要的作用，如果企业家的素质低，所有者就不会愿意拱手让出财产的控制权让其经营。在法人资产制度下，企业家分为两种类型：一类是以董事身份出现的企业家，其职能主要由董事会履行。一旦董事会由出资人选出后，他们就能独立行使法人所有权，追求资本增值和企业扩张，并承担风险。另一类是以经理人身份出现的企业家。正因为他们并非是企业财产的所有者和财产风险的承担者（当然，他们是自身人力资本的风险承担者），从而能够超越所有者短期利润最大化的界限，追求企业的长期发展。他们在创新和冒险的经营生涯中实现自身人力资本价值最大化和个人货币收益的同时，使企业资产不断增值。当然，为了防止企业家不负责任地利用他人财产去过度冒险，有利于企业发展的所有权约束总是必要的，以保护所有者和债权人的利益。

(7) 必要的外部约束条件。一是硬的市场约束。在市场既不受行政干预，又不受单个企业垄断的条件下，企业按照利润最大化原则对市场环境的变化做出灵敏、及时的反应，在市场竞争中求生存和求发展，而不可能通过提价原则或掠夺性经营等途径追求短期利益和转嫁风险。二是硬的法律约束。只有完善法律体系，并以法律为准绳，建立起严格的债务清偿责任制度，才能真正确立企业的法人地位，使企业法人以法人资产承担自负盈亏的责任，保护债权人的利益。

鉴于这类国有企业的生存现状以及纯私人产品供给的技术特点，这些领域中的国有企业不应该以做大做强为目标。道理很简单，假如借助于政策优势做大做强，形成垄断地位，等于通过不公平竞争来获得垄断租金，无论对其他竞争对手来说还是对社会来说都是不利的。因此，在维护公平竞争和市场秩序的前提下，应该把目标定位到效益最大化上来。为了提高效率，产权明晰与产权主体多元化是股份制改造中应遵循的原则，同时也不强调国有股的控股地位。因此，经股份制改造的竞争性国有企业的股权结构应具有开放性，视效率的变化及国家的战略调整，国有资本也可以逐步退出。

一个值得注意的现象是，绝大多数自然垄断性国有企业都进行了公司制改造，它们在做大做强的过程当中，不仅逐步形成了复杂的控股结构，而且在实施多元化经营过程中已经横跨不同的产业，凭借垄断地位，运用融资优势大规模投资于竞争性行业，如央企大规模进入房地产市场，不少央企成为“地王”，成为房地产泡沫化的重量级推手。尽管中央三令五申要求央企退出房地产领域，但是国有资本在房地产领域不减反增。这不仅导致了国企对民企的“争利”，而且使得过度追求盈利性的非竞争性国有企业反而不能专注于提供公共产品或者从事具有正外部性的基础产业，导致宏观效率的损失。那种该国有的过度市场化、该市场化的国有资本又过度进入的格局不仅不利于更好地发挥市场机制在资源配置中的决定性作用，而且不利于更好地发挥国有经济在社会主义市场经济中的主导作用。因此，国有企业应该根据分类改革的原则进行企业内的产业分类，国家保留适宜政府直接经营或者政府控制的产业，那些适宜市场化经营的产业应从企业中逐步分离出去，采用国有资本退出或者混合所有制的方式推进市场化及民营化，国有企业专注于提供纯公共产品、准公共产品和正外部性产品、非竞争性和排他性的私人产品三大类产品，满足最大化的社会需要。

五、一般的竞争性国有企业宜完全放开

对于那些效率低下、规模较小、市场竞争度高、市场需求变化快、产业重要性和关联度小、国家对其承担的风险大于其上缴的收益的一般的竞争性国有企业，适宜采用民营化的方式实现国有资本的退出。企业改革的经验告诉我们，国有资本从一般的竞争性国有企业中退出，不仅有利于让这些企业彻底摆脱政府的干预，完全在市场竞争中求生存、求发展，为建立社会主义市场经济创造必要的微观基础，而且有利于政府卸下不得不常常为它们"输血"的巨大负担，转而可以集中财力和人力抓好那些应由政府控制的行业。因此，构建所有权的退出机制更有助于坚持公有制的主体地位。

在现阶段主要应从以下几个方面构建国有资本的退出机制：

（1）对竞争性领域的国有企业进行全面的评价，选择切合实际的企业改造方式。对于那些资产状况尚好、产品仍有市场、有一定市场竞争能力、财务状况尚可、通过投资改造能够生存下去的竞争性企业，国有资本并不必定要马上退出，而是可以按照国际惯例对它们进行股份制改造。但在股份制改造中应该贯彻产权主体多元化的原则，鼓励非国有股东进入公司，不规定国有股本应占比例的下限，股权结构的演变由市场决定。国有股东和非国有股东享有同等权利及承担同样责任，不实行歧视政策。在进行规范化公司制改造后，政府不再干预企业的经营活动，包括不干预公司经理人的任免，企业自主经营、自负盈亏。

（2）发挥资本经营这一杠杆的作用，推动企业的兼并和重组，优化资产质量。为此需推进以下几个方面的改革：一是加快企业的改制，通过明晰产权关系明确企业的风险承担主体，避免企业重组中的资产流失问题。二是明确资本经营的主体是企业，政府只是企业重组的规则制定者，而不是直接参与者。三是避免企业重组中的所有制歧视，国有企业或国有控股企业可以兼并非国有企业，同时，非国有企业（包括外资企业）也可以兼并国有企业（除了国家法律规定的必须由政府控制的产业），市场竞争效率是主要的衡量标准。四是所有权的可转让性。在所有权具有不可转让性的条件下，资本经营或者无法进行，或者会发生严重的变形。因此，对于宜走向市场的国有企业，应开放所有权的转让市场。特别是对于已上市的股份公司，应逐步允许国有股与法人股公开上市，从而可借助于证券市场推进企业的兼并和重组。五是进一步完善证券市场。一个有效的证券市场不仅可以提供资本转让的场所，而且可以及时反映资产的价格，从而可以大大降低企业重组的成本。

（3）把企业的债务重组与企业重组结合起来，用市场经济的方法对经营陷入困境的国有企业进行重组。可以结合债权转股权的改革成立若干家承担企业重组任务的基金管

理公司。一方面，政府可将一部分需重组的国有企业的资产转移到这些基金管理公司，由基金管理公司对托管的企业资产进行重组。经过重组后，部分获得新生的企业可在规范的公司制改造后公开上市，部分企业可公开出售，部分企业可通过引进外资成为合资企业，部分无法挽救的企业则清算破产。另一方面，由基金管理公司作为投资主体，将商业银行原有的不良信贷资产以一定的折扣价转为基金管理公司对企业的股权。基金管理公司便以控股者的身份进入企业，有权处理企业的资产与人员，从而完成对企业的重组。重组成功后，基金管理公司可以出售股权收回资金。

(4) 可在部分中小型国有企业实行员工持股计划。当企业面临恶意收购或破产倒闭等状况时，职工为免遭失业的后果，可在所有者的同意下自愿参加持股计划。具体实施方法如下：通常员工持有的股份或股票分配以其工资为依据，同时兼顾工龄和工作业绩。购股款由托管机构经企业担保向银行贷款。员工持有的股份或股票由托管机构负责管理。托管机构既可以是公共托管机构，也可以是企业内自己组织的托管机构，如职工持股会。在规定的时间和条件下，员工有权出售持有的股份或股票，公司有责任收购。上市公司持股的员工享有与其他股东相同的投票权，非上市公司的持股员工对公司的重大决策享有发言权；政府给实行员工持股计划的公司一定的税收优惠。

(5) 对于那些重组成本过高而又能够卖出一个较好价钱的中小型企业，应予以出售。为了提高国有资产的价值，防止国有资产流失，应坚持以下原则：坚持先改造后出售的原则，在出售前应对企业进行必要的包装，甚至对某些亏损企业注入必要的资金，以求卖出高价；坚持公开出售的原则，避免暗箱操作，保护国有资产不受侵害。建立中介性资产评估机构，公正、客观地评估国有资产的价值；对国有企业不能一卖了之，而是应有选择地出售。

(6) 对于那些既卖不出去又无改造前景的亏损企业，应予以关闭，宣布破产。

尽管越来越多的有识之士清醒地认识到推动国有产权的转让对于提高国有资产的运行效率是非常重要的，但产权转让过程中国有资产的流失又是一个不争的事实。如何既能以合理的价格推动国有产权的有序流动，又能保护国有资产，是一个具有挑战性的问题。产权的证券化交易可通过证券交易所进行，一个运行有效和公开透明的资本市场有可能规范产权交易的价格与程序，但对于大量的非上市公司，如何透明化地进行产权交易呢?

第一，用市场的办法进行企业改制。面对国门打开后跨国公司的竞争压力，许多地方政府都希望培育出一批能与国际巨头抗衡的“航空母舰”，但所采用的大多是行政办法，如通过“包办婚姻”的办法把一批企业捆绑在一起。殊不知一批“小舢板”捆绑在一起，更加经不起风浪的冲击。因此，在企业改制过程中，并非是政府在那里发号施令、指手画脚，而是让市场主体唱主角，让企业与来自境内外的投资人“自由恋爱”，进行产权多元化的重组，使新组建的股份公司完全成为市场的产儿。

第二，进行重组的不仅是那些活不下去的国有企业，还应包括那些主动改制的国有企业。一些地方在推进国有经济的战略性调整时，常常希望把负债累累、亏损严重的国有企业甩掉，把那些日子还能过得下去或过得不错的企业拽在手中不愿松手。其结果是差的企业没人敢接手，而一些当时还算不错的企业因机制或体制问题日趋衰落，最终也落得个深藏闺房容颜日衰以至嫁不出去的下场。因此，可供选择的思路就是把国有独资企业改造成混合所有制经济，同时对集团核心产业外的部分采用靓女先嫁、整体改制、放虎归山等方式推向市场。

第三，建立一个国有产权可转让的开放性竞价机制。产权的有序流动需要一个程序规范、透明度高的交易平台。开放证券市场后，证券交易所为产权的证券化交易提供了场所，但对于非上市公司的产权交易则面临困难，主要问题是如何确定国有股权的转让价格。如果价格定得太高，则无人接盘；如果定得太低，则会导致国有资产流失。目前多地成立的产权交易所已经挂牌上市，从而为产权的非证券化交易提供了场所。具有制度创新意义的这些联合产权交易所不仅成为物权、债权、股权和知识产权等各类财产权的综合性交易平台，而且成为国有产权有序流动、国内外资本进入和退出的产权转让平台。若改制企业的资产通过联交所这一“阳光交易平台”，按照“公开、公平、公正”的原则进行交易，则有助于通过开放性的交易平台形成合理的国有产权竞价机制，实现国有资产的保值和增值，同时也为国内外的投资者参与企业的股份制改造提供平等的机会，推进国有企业投资主体多元化的进程。

第四，国有企业的改制采用与国际接轨的规范化运作方式。随着国有资本从竞争性领域退出的步伐加快，有些地方的企业改制被长官意志所控制，如政府下指标、定进度、选买家、定价格，甚至在封闭条件下搞管理者收购，出现了国有资产自卖自买的现象，这不仅导致改制后的股份公司的运作具有不规范性，而且不利于国有产权的保护。因此，企业改制应力图突破政府干预的体制性障碍，遵循国际惯例，以确定中介机构为突破口，进行透明化、规范化的运作。这种与国际接轨的规范化运作方式不仅有助于实现产权制度创新，而且有利于引进“门当户对”的国际大财团作为战略合作者。

第五节　分类推进国有企业混合所有制改革与国有资产管理模式改革

一、分类推进国有企业混合所有制改革

2013 年 11 月 12 日，党的十八届三中全会通过的《中共中央关于全面深化改革若干重大问题的决定》提出“积极发展混合所有制经济”。2015 年发布的《中共中央、国务院关于深化国有企业改革的指导意见》进一步把发展混合所有制经济作为国有企业的重要目标。所谓混合所有制是指国有资本、集体资本、非公有资本等交叉持股、相互融合的一种所有制形式。混合所有制主要包括三个方面：国企入股民企，民企入股国企，国企员工持股。国企混改是否有助于改善国企的效率？何种国企混改的形式更有效率以及为何国企混改能提升效率？刘小鲁、聂辉华的研究报告发现[①]，国有控股企业的效率要高于国有独资企业与民营企业，且国有资产的比重与效率呈现倒“U”形关系。国企混改能提升效率的原因如下：一是民企入股国企可以在一定程度上缓解多级委托代理和政企不分所导致的效率损失，优化激励机制，改善国企的治理结构；二是较小的融资约束，即混改后的国企可以凭借国企的地位获得更低的融资成本；三是较大的市场势力，即混合所有制企业所处行业通常处于垄断地位，这种垄断地位可帮助其获得程度不同的

① 刘小鲁，聂辉华．国企混合所有制改革：怎么混？混得怎样？．北京：中国社会科学出版社，2016.

市场竞争优势。

混合所有制经济不是一个新概念，20 世纪 90 年代伴随着国有企业股份制改造的推进，以产权多元化为主要特征的混合所有制就成为一个基本事实。目前所提出的混合所有制经济新的改革意义主要体现在国有企业分类改革战略下的混合所有制改造上。2015 年 9 月发布的《国务院关于国有企业发展混合所有制经济的意见》提出，国企混改的基本原则是"政府引导，市场运作"，思路是"分类""分层"进行。本书认为，国企混改只有和分类改革有机结合起来，才能真正落实国企改革的目标。

(1) 处于第Ⅱ象限内提供公共产品类的国有企业一般采用国有国营模式，通常排除股权上的"混改"，但在特殊的环节或者领域也可以在保证充分实现社会目标的前提下有条件地引入社会资本，这是一种"长期导向"下的混改。

首先，对于提供纯公共产品的企业来说，应坚持国有国营，但这是否意味着这个领域完全不需要"混改"呢？其实国有国营并非完全排斥市场机制，这是因为"纯公共产品"只是一个抽象的概念，在具体的产品和服务生产中，一些环节或者一些细分产品和服务并非完全需要国有部门专营，私人部门同样可以不同程度地参与其中。特别是在提供某些纯公共产品的产业链中，承担特定任务的国有企业为履行职能而采取上游环节控制，能够在功能实现与效率提升之间形成积极反馈。这意味着承担特定任务的国有企业可以把中下游环节的某些产品生产交给非国有企业经营。[①]

像国防领域的军工产品等纯公共产品的生产，一般需要国有国营，但其中部分中下游产品和服务，比如一些零部件、一些软件等，完全可以通过外包的方式引入非国有资本参与生产。这个领域的"混改"体现在两个方面：一方面，国有部门可以与非国有资本合作和合资兴建企业，生产这类中下游产品和服务；另一方面，非国有资本独立完成这类产品和服务的生产，然后由政府部门采取市场化原则公开招标采购。实际上很多国家和地区都实行这种"混改"模式，以充分利用社会资源，强化国有部门的竞争压力，提高国有部门的效率。

其次，针对准公共产品和公益类领域，在保证国有资本控股地位的前提下，采取增量改革的方式，引入社会资本，选择多元化的"混改"模式，以提高供给效率。由于这个领域市场失灵程度较高，私人部门可能供给不足，因而国有部门就会起到重要的导向作用，需要在这个行业里进行长期投资和运营。在这种情况下，混合所有制改革就需要建立一个长期的合作机制，是长期导向的混改，是在保证国有资本控股权占优前提下的"混改"。这类似于在国有企业中引入非国有资本扮演战略投资者的角色。国有资本和非国有资本是长期合作模式，并非短期投机盈利模式。比如医疗领域，基本医疗服务由国有部门主导供给，国有资本独资或保持控股地位，但如果非国有部门有激励参与，则可在保证控股权不受影响的前提下，允许非国有资本进入，组成混合所有制供给模式；在非基本医疗服务领域，无论是医院还是药品、医疗器械生产，都应放开对非国有资本的限制，鼓励非国有资本供给这些产品和服务；非国有资本也可以与国有资本合资或者合作供给这些产品和服务。总之，基本医疗服务必须以公平为导向；而非基本医疗服务则以效率为导向，非国有资本和国有资本公平竞争，政府负责该行业的监管。

---

① 谢莉娟，王诗桪．国有资本应该退出竞争性领域吗？——基于行业比较与批发业效率机制的分析．财贸经济，2016 (2).

政府和社会资本合作（PPP）模式也是一种可选择的混改形式。PPP是指在公共服务领域，政府采取竞争性方式选择具有投资、运营管理能力的社会资本，双方按照平等协商原则订立合同，合作建设城市基础设施、公共工程和公共服务项目。PPP模式实际上是在公共基础设施产业引入市场机制。财政部发布的《PPP项目合同指南（试行）》规定，政府方在项目公司中的持股比例应当低于50%，且不拥有实际控制力及管理权。PPP模式一旦广泛推行，势必打破政府干预、企业垄断以及准入限制的坚冰，加快“混合所有制经济”的改革进度。但是，诺贝尔经济学奖得主哈特认为，PPP模式对企业法人的激励包括两部分，一部分是降低成本的激励，另一部分是降低质量的激励。前者提高效率，后者降低效率。所以对于质量不易监督的行业，PPP模式并不适用。

（2）处于第Ⅲ象限内的国有企业处于自然垄断行业，一般采用国有国控模式，为了提高效率，需要重点推进垄断性国企的混改，但一般来说国有资本应在混改企业中保持控制地位，因此属于“控制权导向”下的混改。

目前，我国国有类型固定资产投资有相当一部分集中于具有自然垄断特征的行业领域。2014年，国有控股类型固定资产投资为161 379.7亿元，占全国总额的32.19%。[①] 其中，对水利、环境和公共设施管理业，交通运输、仓储和邮政业，以及电力、热力、燃气及水行业的投资分别占国有控股类型固定资产投资的21.54%、20.12%和9.35%，而这些行业都属于具有自然垄断和外部性特征的基础产业。此外，从工业的资产分布情况来看，国有控股企业的总资产同样大量集中在具有自然垄断特征的行业中。根据《中国统计年鉴》的数据，电力、热力生产和供应业这一自然垄断行业中国有控股企业总资产占全部国有控股企业总资产的27.38%。如果进一步考虑水的生产和供应业、燃气生产和供应业，以及在管道输送环节具有一定自然垄断特征的石油和天然气开采业，则这一比例为35.40%。

由于我国的行政性准入往往和所有制类型的进入门槛相联系，这也导致在大量自然垄断和资源类行业中，国有企业具有明显的行政性垄断势力，而价格管制措施却并未有效控制企业的市场势力。因此，一方面，自然垄断性国有企业在保证产业发展政策的顺利实施中具有不可替代的作用，保持国有资本的控股地位是有意义的；另一方面，产业发展战略的实施必须慎重把握行政性干预和市场机制之间的平衡，这就需要在准确界定自然垄断的基础上将管制与放松管制相结合，通过有效的机制设计和价格管制限制企业市场势力，通过股份制改造提高自然垄断环节的经营效率。因此，混合所有制改革的重点在于自然垄断行业中的国有企业。

第一，目前的国企改革文件把国企划分为“公益类”与“商业类”，并选择不同的改革模式。我们需要警惕有些部门为了既得利益，几乎将所有在垄断性行业的国有企业全部划入“公益类”，从而延缓国企改革的步伐。我们建议对那些“公共产品、公益类产品及关系国家安全和国民经济命脉的重要行业与关键领域”进行科学的细分，并作为“行业细分清单”向社会公布，把“谁出资、谁分类”作为一个公开客观的分类标准，从而加大商业类国企的改革力度。某些自然垄断性国有企业确实存在外部性问题，但总体上它们属于商业类企业，只不过其具有自然垄断的特性及在我国产业政策中处于特殊地位，我们需要在股份制改造中保持国有股的控股地位，但也需要通过加大混合所有制

① 数据来源于2015年的《中国统计年鉴》。

改造的力度，打破“玻璃门”“弹簧门”“天花板”等对民营资本人为设置的进入壁垒，从而让非国有产权主体进入原来由国有资本一统天下的垄断领域。引进民营资本，不仅有助于减少行政干预，改善国企的治理结构，提升国企的市场竞争力，而且有助于改善投资环境，激发民营企业的投资热情，提升民营企业的固定资产投资率。

第二，加快央企的“主辅分离”，在央企内部分类推进混合所有制改革。自20世纪90年代中期以来，自然垄断性国有企业就先后进行股份制改造，相当一批央企已经分别在海内外公开上市。因此，这些央企不再是“低效率”的代名词，不少国企的效率甚至好于大部分民企。但效率提升的背后也隐含了一些问题。例如，不少央企凭借其在垄断行业所独有的贷款优惠及市场势力，大规模进入竞争性领域，形成了庞大的盈利性辅业，既导致主业的投资不足，妨碍了产业政策的落实，也造成了“与民争利”的格局。央企频频进入房地产市场，不断造就新“地王”，即使中央要求央企退出房地产市场也屡禁不止就是一个明显的例子。另外一个问题是，过去央企的股份制改造大多发生在子公司层面，集团公司总部大部分仍然保留政府干预度很强的国有独资模式，因此，虽然下属公司打包上市，但作为大股东的国有独资的母公司仍然对其有极大的控制力，这样政企不分、产权不清晰的传统国企毛病在上市公司中仍然比较明显。因此，本轮混改需要通过内部的分类改革有针对性地解决以上问题。

其一，对于央企中处于国计民生领域的主业进行国有资本占控制地位的“混改”，而对于处在一般性竞争领域的辅业进行产权多元化、分散化的股份制改造，并不强调国有股的控股地位，由市场决定产权结构。从辅业中退出的资本向主业集中，更好发挥其在国家产业布局中的作用。

其二，集团公司与子公司不同类型的“混改”。本轮“混改”的突破口是对集团公司总部进行“混改”，条件成熟的可以通过引入战略投资者推动整体上市，也有一批央企的总部可以借鉴新加坡的“淡马锡”模式，把央企总部改造成控股型公司，为国有资产管理部门从“管资产”转向“管资本”创造制度性条件。处于主业的央企子公司的混改步伐可以更快一点，加大引入社会资本的力度，进一步在国有绝对或相对控股的条件下加快推进产权多元化。

第三，积极创造条件，引入员工持股制度。员工持股制度是一种有效的股权激励，在目前央企内对经营者及员工的激励机制普遍不健全的情况下，员工持股制度对于提高经营者的经营积极性及员工的劳动积极性有着明显的正面作用。同时，员工持股制度也是一种“混改”形式，它能改善央企的股权结构。当然，在尚未实质性推进混改的垄断性国企内，相对于其他行业，员工可能凭借其行政性垄断地位已经享受了相对稳定和丰厚的工资福利，再对其实行股权激励，可能导致利益固化，所以对于垄断性国企，应该先进行市场导向的“混改”，再推行员工持股制度。①

(3) 处于第Ⅳ象限内的竞争性国有企业由于其处于纯私人产品领域，既无须保证国有资本的控股地位，也无须保证国有企业的政策功能，因此，对它的改革不再是“控制权导向”的混改，而是“流动性导向”的混改。也就是国有资本采取股权、债权等多种金融产品和工具，通过金融市场来实现有效的资产组合管理。盈利最大化的前提是收益和风险的匹配，这就要保证国有资本有充分的流动性。因此，这个领域中的“混改”本

---

① 刘小鲁，聂辉华．国企混合所有制改革：怎么混？混得怎样？．北京：中国社会科学出版社，2016.

质上就是资产组合的灵活调整，是一种短期盈利导向的“混改”，是流动性导向的“混改”。国有资本和非国有资本通过金融市场相互渗透，共同投资，实现共赢。

这样一种“流动性导向”的混合所有制改革既不是对竞争性企业“一卖了之”，也不是死守国有股的控制地位，而是需要对竞争性领域的国有企业进行全面的评价，选择切合实际的“混改”方式。

混合所有制改革目前呈现出“雷声大、雨点小”的现象。政协委员、中石化原董事长傅成玉在政协上的发言发人深省，他说国企改革目前是“政府在忙，企业在盼，少数人在干，多数人在看，少数企业在试，多数企业在等”。究其原因，还是因为改革的权利与义务不对称导致改革动力缺失。傅成玉在发言中说，“干得好的没认可，干得不好有考核；有了争议没保护，出来问题要追责；干得多的毛病多，不干事的最快活”。国企领导人担心混改被人戴上“国有资产流失”的帽子。国有企业中蔓延着的“懒政”“慵政”现象是导致混合所有制改革推进不力的重要原因。为此，一方面要重塑改革的动力机制，鼓励国企领导人的改革勇气与胆识，另一方面要完善“混改”的制度安排，保护企业家的制度创新热情。

二、分类改革战略下的国有资产管理体制重构

政企不分、产权不清晰是国有企业的传统弊端，也是国企低效率的重要原因。国企改革首先要解决政府对企业频繁的行政干预。如果国有企业的所有者代表继续习惯于扮演政府的角色，那么只要是“一股独大”，不管选择什么改革形式，国有企业都很难成为真正的市场主体。因此，推进国有资产管理体制的改革至关重要。

第一，在政资分开的基础上实现政企分开，使国资委真正履行一个出资人的职责。通过分解政府职能，使资产所有权与行政管理权、宏观调控权分离开来，由国资委专职代表国家履行国有资产的所有者职能，以国有资产的保值与增值为目标，建立起能有效监控行使国有资产所有权的行为主体的激励和约束机制，为法人资产制度的建立创造必要的条件。

第二，把分散在各个政府部门的所有权职能集中到国资委，形成权利、义务、责任相统一，管资产、管人与管事相结合的国有资产监管体系。如果我们把国有资产的出资人权能细分为资产收益、重大决策和选择经营者三个方面，那么目前数个党政部门与国资委共同分享这些权能。我国有一个老少皆知的“一个和尚挑水喝，两个和尚抬水喝，三个和尚没水喝”的寓言，它说的是一旦某项经济活动存在正的外部性，人们就有搭便车的倾向。这些党政部门可以向国有企业下达指令甚至任命企业的负责人，却无须承担相应的决策后果，这就可能产生“三个和尚没水喝”的窘况。改革的实践表明，权威不足的国资局再加上“老板加婆婆”的国有控股公司事实上难以实现政企分开、产权明晰的国有企业改革目标。

第三，为了提高国有资产的监管效率以及调动地方政府的积极性，实行国有资产的分级管理，即中央与地方分别代表国家履行国有企业的所有者职能，国资委负责监管中央所属企业的国有资产，地方政府的国有资产管理机构负责监管地方所属企业的国有资产。由于监管范围显著缩小，国资委能更好地代表国家扮演出资人的角色。同时，应减少对国有资产运行进行管理的纵向层级，特别是避免类似于“老板加婆婆”的国资代理

机构的出现。同时需要切实保护国有产权，特别是在企业改制与产权转让中需要通过完善国有资产的评估及建立公开透明的产权转让平台，避免国有资产的流失。

第四，在国资委与股份公司之间建立平等的产权关系。国资委是所有权代表，并非一个行政机构，国有资产管理体制改革的目的不是把企业管死，而是让企业充满活力。因此，国资委与国有控股公司之间并非像传统国企那样是“老子”与“儿子”的关系，而是出资人与法人企业的关系。

国资委如何对国有企业履行监管职能，目前一般的表述是从以“管资产”为主向以“管资本”为主转变，即国资委今后不再具体干预企业具体的经营活动，而是聚焦于国有资本的保值与增值。从一般意义上说，这样的转变反映了国有资产管理体制改革的方向。但正如前文所论述的，由于国有企业所处行业不同，国资委具体的监管重点也是有差异的，其功能不能仅限于“管资本”。

（1）处于第Ⅱ象限内的提供公共产品的国有企业一般采用国有国营模式，国资委对公益类企业通常兼顾“管企业”与“管资产”职能，以“管企业”为主，即国资委通过“管”企业，保证必要的公共产品供给，满足社会需要，同时兼顾“管”资产，主要是控成本与控质量，尽可能提高公共产品的供给效率。

一部分央企属于公益类企业，但大部分公益类企业分布在地方。由于公益类企业的主要功能是满足社会需要，宏观效率是其主要效率标准，虽需兼顾国有资产的保值与增值，但不是其主要目标，因此，建议在中央与地方的国资委内专设一个公益类国有资产管理部，对公益类国有企业进行监管（见图3-3)。一是由政府筹资创设提供公益类产品的企业。资金来源除了财政拨款、政策性银行的低息贷款外，也可以通过PPP等方式吸收社会资本。宏观效率或者社会福利最大化是衡量企业效率的主要标准。二是政府直接任命或罢免这类国有企业的负责人。国资委考核的目标就是企业提供纯公共产品的质量和数量，对企业的激励主要以成本费用为依据，而不是主要以企业的盈利水平为依据。也就是说，对这类企业，政府要求其做到成本最小化。三是为了确保规模经济效益和范围经济效益，对进入和退出进行控制，同时进行必要的规制，既保障公益类产品的必要供应量，也保护消费者的利益。四是控制价格与确定财政补贴数额。由于提供公益类产品的企业处于垄断地位，企业不应拥有定价权，以防止过高的垄断价格损害消费者的利益。政府根据成本、必要的盈利水平及消费者的支付能力确定价格。如果企业因服从社会目标而引起政策性亏损，则亏损额应由财政给予补贴。

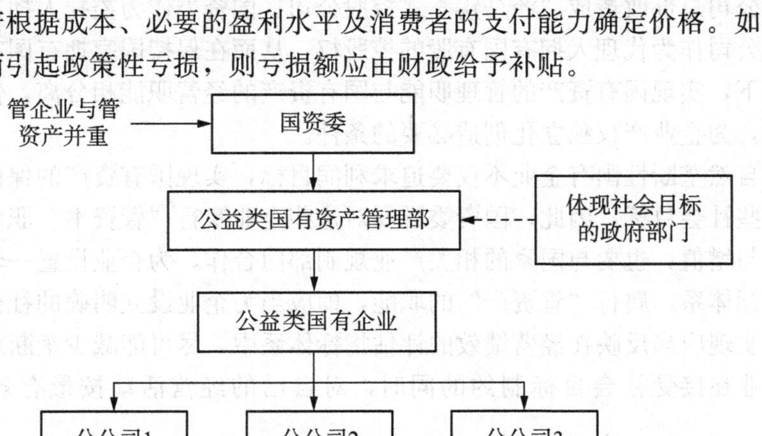

图3-3　公益类国有企业国有资产管理模式

(2) 处于第Ⅲ象限内的国有企业处于自然垄断行业，一般采用国有国控模式，国资委通常对垄断性国有企业兼顾“管资产”与“管资本”，以“管资本”为主，即国资委通过“管资产”来实现超越利润目标的社会目标，保持国有经济在国民经济中发挥主导作用，同时，通过“管资本”实现国有资本的保值与增值（见图3-4）。

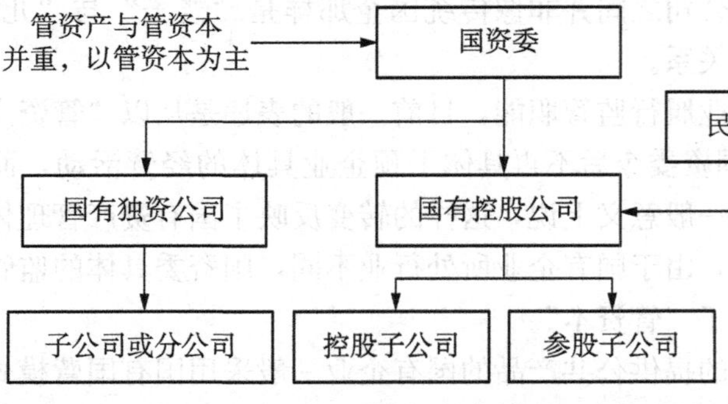

图3-4　自然垄断性国有企业国有资产管理模式

自然垄断性国有企业通常在国有股占主体条件下进行规范化股份制改造，有条件的可以在海内外公开上市，从而建立政企分开、产权明晰、权责明确、管理科学的现代企业制度。国资委通过以下环节对具有独立法人资格的国有控股公司行使所有权约束：一是国资委与企业之间是出资人与经营者之间的产权关系，即按照《中华人民共和国公司法》，企业接受国资委的委托经营国有资产；二是国有企业经改制后成为独立的法人，国资委凭借股东的身份向公司派出董事或监事，并通过公司董事会和监事会贯彻出资人的利益；三是公司的法人代表机构排他性地拥有对企业资产的占有权、使用权、处分权和收益权。国资委可以通过在股东大会上用“手”投票和在资本市场上用“脚”投票来激励及约束公司经营者的行为，实现国有资产的保值和增值目标。

考虑到国资委离政府比较近，容易把一些政府目标输入企业，导致政企不分现象，同时处于自然垄断行业的国有企业规模大，国资委直接监管有些应接不暇，因此，可以在国资委与股份公司之间构建一个中间层的代理机构，这一中间层的国有资产代理机构既可以按照市场化原则建立一批竞争性的控股公司或者国有资产经营公司，也可以把一批央企集团公司总部改造成“淡马锡”式控股公司。国资委作为委托人拥有国有股的收益权，控股公司作为代理人拥有国有股的控股权，从而在保持国家拥有国有企业剩余索取权的前提下，实现国有资产的管理职能与国有资产的经营职能相分离，使国有股权事实上分散化，为企业产权独立化创造必要的条件。

考虑到自然垄断性国有企业不仅要追求利润目标，实现国有资产的保值与增值，而且要实现某些社会目标，因此，国资委既要对这些企业履行“管资本”职能，实现国有资本的保值与增值，也要与国家的相关产业规制部门合作，为企业设置一套企业经营绩效的评估指标体系，履行“管资产”的职能，即应当为企业设立明确的社会目标，而且这些目标的实现应当反映在经营绩效的评估指标体系中，尽可能减少垄断对消费者利益的损害。企业在接受社会目标制约的同时，对自己的经营活动按最有效益的方式来安排。

为了有效实现“管资产”与“管资本”的目标，需要满足三个条件：一是国有企业要透明化，预算公开，成本费用数据公开，尽可能减少企业的私人信息。二是国有企业公司化改造后，可以自由进入和退出不同地区，消除地域保护。三是保持国有企业的潜在竞争性，通过混合所有制模式，引入非国有资本，进行增量改革。

(3) 处于第Ⅳ象限内的竞争性国有企业由于其处于纯私人产品领域，因而国资委只履行“管资本”的职能，即只追求利润最大化（见图 3-5)。

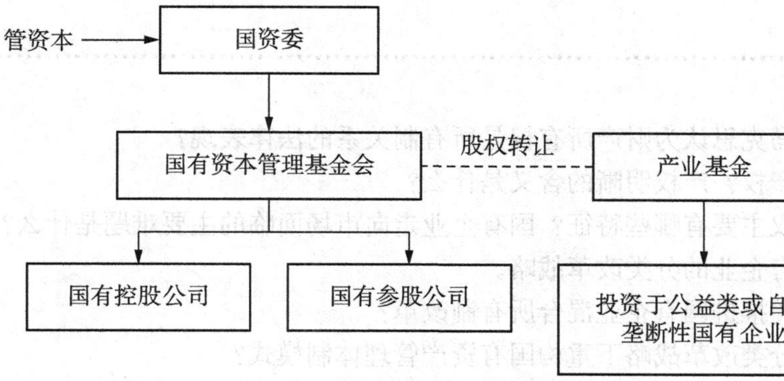

图 3-5　竞争性国有企业国有资产管理模式

处于竞争性领域的国有企业，应完全由市场机制协调，彻底排除行政性垄断，政府需要创造平等竞争的市场环境，国有企业以利润最大化为目标与民营企业平等竞争，优胜劣汰。对那些尚有竞争力的国有企业进行股份制改造，政府没有必要保持控股地位，即使一开始国有股拥有控股地位，也可以在资产重组中退出控股地位，转由民营资本控股，国有股参股。国有股也可以从一些经营状况不太好的企业中退出，或者拍卖那些经营不善的国有企业。可把转让国有股所获资金用于组建产业基金，充实公益类国有企业或处于基础产业中的国有企业，以便进一步做大做强做优国有企业。国资委通过委托代理方式把国有资产的运营权授权给市场化运作的基金会，履行“管资本”的职能。具体方式是通过产权多元化的股份制改造逐步实现国有企业的资产证券化，国资委针对竞争性行业的国有企业组建国有资本管理基金会，该基金会受国资委委托运营国有资本，是受托责任。基金会对这些国有企业的管理按照养老基金、社保基金和国外大学捐赠基金等领域的基金管理模式，采取资产组合管理技术和方法，以盈利最大化和风险最小化为目标进行资产证券化和股权投资，追求利润最大化，确保国有资产的保值和增值。国有资本可以自由进入或退出竞争性行业，并且可以自由从事一、二级市场的股权和证券投资。

参考书目

1. 马克思．资本论：第1卷．北京：人民出版社，1975.
2. 习近平．决胜全面建成小康社会 夺取新时代中国特色社会主义伟大胜利——在中国共产党第十九次全国代表大会上的报告．北京：人民出版社，2017.
3. 科斯，等．财产权利与制度变迁．上海：上海三联书店，1991.
4. 林毅夫，李周．现代企业制度的内涵与国有企业改革方向．经济研究，1997 (3).
5. 杨瑞龙．现代企业产权制度．北京：中国人民大学出版社，1996.

6. 杨瑞龙．国有企业股份制改造的理论思考．经济研究，1995（2）．
7. 杨瑞龙．新时期新国企的新改革思路．经济理论与经济管理，2017（5）．

思考题

1. 为什么马克思认为财产所有权是所有制关系的法律表现？
2. 什么是产权？产权明晰的含义是什么？
3. 国有产权主要有哪些特征？国有企业走向市场面临的主要难题是什么？
4. 试论国有企业的分类改革战略。
5. 如何分类推进国有企业混合所有制改革？
6. 如何在分类改革战略下重构国有资产管理体制模式？

第四章 国有企业治理结构的创新

企业治理结构是一种契约制度，它通过一定的治理手段合理配置剩余索取权和控制权，以使企业内的不同利益主体形成有效的自我约束和相互制衡机制。不同国家以及同一国家在不同发展阶段的企业治理结构都是从特定的政治经济文化条件下不断演化来的。我国的国有企业治理结构创新应突破资本雇佣劳动或股东至上主义的逻辑，走共同治理与相机治理相结合的道路。

第一节 最优企业所有权安排与公司治理

一、"团队生产假说"与企业的产权结构

按照交易费用理论的解释，企业从一个分工和专业化的交换经济中出现的主要原因在于，利用市场机制是需要付出代价的，而由企业家在企业内部按利润最大化原则配置资源来替代市场机制对资源的配置，在一定限度内可以节约交易费用。企业作为一种科层制组织，权力结构呈金字塔形，由等级来界定权力的分配，企业运作的特征是强制，规则、指令、习俗和监督是科层制组织内权力体系推动系统运转的基本方式。企业的运作方式决定了其组织成员的努力程度和报酬的相关度很不确定，从而激励收益也很不确定，存在较大的变动空间。如果在由许多要素的所有者合作生产某个产品的条件下，适当的报酬刺激与要素所有者工作的努力程度之间存在明显的因果关系，那么选择适当的方式来计量每个要素所有者的生产率从而给予符合其生产率的报酬是至关重要的。企业产权结构理论所涉及的就是如何使各种投入要素的所有者赖以合作的经济组织最大限度

地发挥比较优势，其所要解决的核心问题如下：一是计量投入的生产力；二是计算报酬，并使报酬符合所投入的生产力。

著名的产权经济学家阿尔奇安（A. Alchian）与德姆塞茨（H. Demsetz）在1972年发表的一篇影响广泛的论文《生产、信息成本和经济组织》中提出了著名的团队生产（team production）假说，他们从企业的产权结构上回答了以上问题，并试图解释了古典企业的产生。他们认为，企业的产权结构就是为了克服企业内部各种要素所有者之间在团队生产过程中的偷懒和搭便车动机而建立起来的制度安排。团队生产的含义是，至少由两种投入要素联合生产一种产出。在团队生产条件下，生产要投入多种资源，产品或产值不是每种投入要素的代数和，生产中使用的资源并非归某个人所有。由此，团队作为集体生产的一种方式，其相互合作的个别要素不能生产出可辨析的、可分离的产品，即它是“技术上不可分的实体”，且团队生产总量不等于个别要素产出的简单代数和。[①] 也就是说，团队生产中个人的边际产品几乎是无法测定的。例如，当两个人共同将一种货物搬上卡车时，单单观察总的货物重量几乎不可能精确地测定每个人的边际生产力（即使技术上可能，其成本也会非常高）。作为替代，人们一般通过观察每个团队成员的行为来评价他的实际贡献。

德姆塞茨认为，在团队生产中，当分辨每一个成员对企业产出的贡献时，在信息费用方面存在障碍，逃避责任问题就由此产生了。度量每个人边际生产力的困难源于团队生产是多项投入要素的联合生产。为了确定每项投入要素的贡献并使其报酬与之相对应，就必须观察每项投入要素所有者的行为。如果报酬的差别不能反映各项投入要素边际生产力的差别，就会产生“偷懒”的动机或行为，并且这种机会主义行为还会对团队生产中其他人的生产力产生影响，由此产生“劣币驱逐良币”的效应。除非能够有效地监督和计量每个人的行为及努力程度，否则这种偷懒和搭便车的“道德风险”很难在团队生产中得到有效的克服。[②]

市场竞争虽然有助于减少偷懒，但所产生的费用很高，尤其是偷懒动机在离开市场之后很可能会出现复归。由此，有必要从制度上将企业的产权结构化，形成一种可监督的结构，尤其是要有专人来履行监督职能，检测团队生产各成员的表现，使各成员所得到的报酬与他们的边际生产力相一致。但是，如果以监督其他要素所有者的努力程度作为自己专业职能的监工只是从团队成员中分离出来的要素所有者，那么监督的效果就会大打折扣。因为这样的监工也和其他要素所有者一样，怀有偷懒动机。为此，企业的产权结构安排必须克服监工与被监督成员在利益和动机上的雷同，设法使监工的偷懒动机变得对自己不再有利，从而使双方的激励具有相容性。一种有效的产权结构安排就是赋予监工剩余索取权，即每个团队成员以工资形式获取劳动报酬，而监工则获得扣除工资之后的剩余收入。这样一来，团队成员的生产越是有效率，监工的剩余越多，从而监工越有动机去监督团队成员的行为和努力程度，这又反过来促进团队生产效率的提高，导致良性循环。

既然剩余索取权的安排对于解决团队成员的偷懒行为是非常重要的，那么团队中谁

① 马克思在《资本论》中就提出了“这种生产力是由协作本身产出的”这一命题（马克思，恩格斯．马克思恩格斯全集：第23卷．北京：人民出版社，1972：366）。

② 哈罗德·德姆塞茨．竞争的经济、法律和政治维度．上海：上海三联书店，1992：20.

应该拥有剩余索取权呢？团队生产假说告诉我们，拥有剩余索取权的主体应该是可收回的或者可再出售的企业设备的投资者。因为即使在企业亏损时，剩余索取权的拥有者也有能力偿还所雇用（或租用）要素的价值，即以机器、设备、厂房、土地和其他生产资料的形式抵押偿还。这样一种资产在诺贝尔经济学奖得主威廉姆斯的交易费用理论中被称为专用性资产。所谓资产专用性是指资源在用于特定用途以后很难移作他用的性质，交易一旦过早终止，所投入的资产就将完全或部分无法改作他用，因而在投资所形成的固定成本和可变成本中都包含了一部分“不可挽救的成本”或“沉没成本”。这样一来，只要契约双方中有一方投入专用性资产，那么一旦另一方采取机会主义行为提出终止交易，投资方就可能蒙受损失。[①] 因此，由专用性资产的拥有者掌握剩余索取权对于监控团队成员中的偷懒行为是极其重要的，而劳动力却不适宜于偿还，因此劳动力多以雇用形式使用。

这种由资本所有者拥有剩余索取权并充任管理者的团队生产方式便是资本主义古典企业产权结构的典型形式。古典企业的产权结构具有如下特征：一是获得剩余收入的人是团队生产成员的监工（管理者）；二是有关企业生产的决策（包括各种投入要素的选择和鉴别，生产什么，如何生产等）都是由拥有剩余索取权的人做出的；三是拥有剩余索取权的人是企业主或雇主。

二、公司治理的核心是激励与约束经理人的行为

古典资本主义企业的主要特征是，拥有剩余索取权的资本所有者同时是企业的监督者。随着交易范围的扩大及资本的不断积累，企业的规模也扩大。于是，由资本所有者完全独立控制企业经营活动的方式越来越受到所有者的精力、专业知识、时间、组织协调能力的局限性的制约。当所有者不能在进行风险决策的同时很好地进行上述活动时，就可能委托专业人员代理执行监控企业的职能，这时便产生了委托代理关系。特别是随着生产社会化程度的不断提高，股份公司就应运而生了。股份公司作为一种法人资产制度，最大特征就是所有权与控制权的分离，出资人在凭借股权获得收益权与投票权的前提下，将资产的实际支配权让渡给公司法人。由股东大会选举产生的董事会是公司的法人代表机构，它掌握了公司重大事项的决策权，公司经理层则在董事会的授权范围内行使日常经营活动的决策权。于是，在公司股东与公司经理层之间就形成了一种委托代理关系，这种委托代理关系被定义为一种契约关系。

委托代理关系产生的首要原因是资本所有权与控制权的分离。但是，代理关系并不必然导致代理问题（agency problem)。只有在委托人与代理人的目标函数不一致及信息不对称的条件下才会产生代理问题。解决代理问题的核心是向代理人提供必要的激励和动力，使其为实现委托人的利益而努力工作。如果代理人与委托人的效用函数完全一致，则不会引发代理问题。因此，代理问题的产生还源于另一个条件，即代理人与委托人的效用函数不一致。资本所有者作为委托人拥有剩余索取权，他所追求的目标就是资本增值和资本收益最大化。拥有公司控制权的经理人作为出资人的代理人，除了追求更高的货币收益（如更高的薪金、奖金、津贴等）外，还力图通过对非货币物品的追求实

---

① 奥利弗·E. 威廉姆斯．资本主义经济制度．北京：商务印书馆，2002.

现尽可能多的非货币收益。所谓非货币物品，是指那些通常不以货币来进行买卖，但和那些能以货币买卖的物品一样可以给当事人带来效用的消费项目。如经理人的效用函数中还包括舒适豪华的办公条件等，可以提高个人声誉和影响力。此外，经理人为了晋升和获得更高的未来收入，盲目扩大经营规模，追求销售收入最大化及无意义的市场份额，在雇用职员时未必会把效率放在第一位，而是可能把听话等放在第一位，因为经理人最在乎的可能并不是利润最大化，而是对控制权的把控。

经理人效用函数中的货币收益目标与出资人的利润有一致的地方，出资人可以通过把经理人的货币收益目标与公司的利润目标相联系来激励经理人的行为。然而，经理人的效用函数中包括非货币收益，即他会利用委托人的授权去追求非货币收益目标，这会伤害股东的利益。所以，所有权与控制权分离后，如果没有适当的激励约束机制，代理人就有可能利用委托人的授权谋求更多的非货币物品，使委托人的利润最大化目标难以实现。由于委托人与代理人的效用函数不完全一致，所以为了防止代理人利用委托人的授权从事有损于委托人利益的活动，就需要监控代理人的行为。显然，关于代理人努力程度的信息对于双方达成一个理想的合同是至关重要的。但是，由委托人监督代理人的努力程度不仅成本高昂，而且常常并不可靠，针对代理人努力程度的信息也常常包含某些错误或误差。也就是说，在委托代理关系中常常存在道德风险问题。所谓道德风险，是指从事经济活动的人在最大限度地增进自身效用时做出不利于他人的行动。道德风险存在于下列情况：由于不确定性和不完全性的或有限制的合同，因而负有责任的经济行为者不承担全部损失，即他们不承担他们行动的全部后果，同样也不享有行动的全部好处。[①] 由合同的不完全性所诱发的道德风险主要产生于以下条件：

第一，由信息不对称所引发的道德风险。从事经济活动的人可能拥有独家信息，阿罗把这类信息优势划分为“隐蔽行动”和“隐蔽信息”。前者包括不能为他人准确观察或臆测到的行动，因此，对这类行动订立合同是不可能的；后者则指从事经济活动的人对事态的性质有某些可能不够全面的信息，这些信息足以决定他们所采取的行动是恰当的，但他人则不能完全观察到。这样，即使从事经济活动的人的行动可被他人无代价地观察到，他们仍然不能断定这些行动是否符合自己的利益。[②] 在现实生活中，代理人一般对经济活动的结果更为了解，所以在博弈模型中，通常把拥有某些私人信息的局中人视为代理人，相应地，定义行动受代理人的私人信息约束的局中人为委托人。在某个行为者的行动后果可以同他人的行动后果相区分的情况下，即便这些后果可能受偶然的、无法观察的事态的影响，只要他们对风险持中性立场，并按一个固定费用简单地把全部后果转嫁给这个经济行为者，问题就可能很容易解决。事实上，这就是一个完全的合同。合同的不完全性问题的产生，正是由于经济行为者要避免风险，或者是不能把责任归于一个经济行为者身上。内容最广的合同一般包括某种程度的保险，因此会导致刺激和风险分享之间的冲突。当事人之间的风险分担会引致道德风险问题。在信息为私人所掌握的情况下，即使所有当事人都对风险持中性立场，道德风险也是不可避免的。

---

① 约翰·伊特韦尔．新帕尔格雷夫经济学大辞典．北京：经济科学出版社，1992.

② K. Arrow. The Economics of Agency. In Principals and Agents: The Structure of Business. J. Pratt and R. Zeckhauser (ed.). Boston: Harvard Business School Press, 1985.

第二，由订立合同的障碍引起的道德风险问题。当签订详细的能适应各种情况的合同所费甚多因而个人无法掌握有关信息时，也会导致合同的不完全性，这在涉及复杂交易和长期合同时尤为明显。当有关未来的不确定性很大时，应加以考虑的不测之事显然很多，所以，不仅为应付每件不测之事采取适当行动而达成协议的费用很可能是高不可攀的，而且对不确定性做出预期和签署一个具体规定或要求采取相应行动的合同所需费用可能很大。当交易不太频繁而且数额较小时，合同往往会因为费用昂贵而难以签订。在交易是随机的或者强制的情况下，根本就没有合同。合同可能还会受到法律限制或从事经济活动的有限资金的限制。同理，当惩罚为法律所限制时，即便行动能在事后不费任何代价地被观察到，可能仍然不能解决道德风险问题。例如，破产和有限责任规则的确立，使借款人对极端不利的事态有了保险，但对他们从极端有利的事态中所获收益则未加限制，这就会产生道德风险问题，导致借款人从事风险较大的项目，而较少考虑对委托人有可能产生的不利后果。

第三，合同履行过程中的道德风险问题。合同履行的费用和其他限制是订立完全性合同的另一个障碍。当合同履行的费用很高时，忍受道德风险所产生的效率损失与试图实施最大可能地列出各种可能事变的合同相当，前者的效率还可能较高。在履行合同的成本大于合同本身带来的收益时，合同就必须具有自行实施的性质。要使合同有效，当事人必须随后采取符合自身利益的行动，这就是说，他们必须估计到道德风险可能的作用。

在存在道德风险的条件下，在委托人和代理人之间签订最优合同是至关重要的。对于一个代理人来说，最优的（通常是次优的）报酬结构是从观察到的变量中得出的。行为人总是力图避免风险，这将产生如下结果：一是最优合同要求委托人和代理人共同分担风险，由此产生激励不足这种形式的道德风险问题；二是高效率的合同应当利用一切可利用的信息，以对经济行为者隐蔽行动的可利用信息的统计推断为基础来构造合同；三是上述报酬结构的具体内容因可利用信息的性质而有差异，对未能解决的不确定性因素以及代理人和委托人要避免风险的程度都很敏感。

市场机制及法律制度的完善程度对于缓解委托代理关系下的道德风险也是很重要的。市场反应会削弱或者增强合同的特点以缓解道德风险问题，这些反应取决于竞争的性质。一般来说，经济行为者总是承担超过他们愿意承担的风险。如果他们能从第三者处买到更多的保险，则道德风险问题会加剧，从而使原合同的效率损失，这就要求合同的订立具有排他性。道德风险的存在导致了次优合同的产生。在以这种合同为特征的经济中，任何两方当事人之间合同的变化都会对社会福利产生重要的效应。道德风险可能导致限额分配和排队，隐蔽行为所引发的效率损失和资本市场上的不完全竞争最终可能导致社会福利的损失。[①]

三、对经理人的最优激励约束机制的设计

为了避免发生代理人利用委托人的授权从事与委托人利益不符的活动，减少道德风险，就需要设计一套对代理人的激励约束机制，使代理人在追求自身利益最大化的同

① 约翰·伊特韦尔．新帕尔格雷夫经济学大辞典．北京：经济科学出版社，1992：588－591.

时，实现委托人利益的最大化。由于委托人与代理人之间的信息分布具有不对称性，所以设计激励约束机制所遇到的普遍问题是：当委托人向代理人了解他们所属类型的信息时，除非以货币支付或者某种控制工具作为激励和代价，否则代理人不会如实相告。因此，获得代理人行为的相关信息是设计最优激励约束机制的重要条件。

出资人作为委托人主要通过以下几个渠道了解代理人行为的信息：一是对利润指标的度量，即通过直接观察企业利润的多少来确定代理人所付出的努力及其能力；二是利用股票市场度量，即通过直接观察上市公司股票价格的波动来度量代理人的行为；三是直接的行为度量，即委托人直接观察代理人的行为。以上三个渠道各有利弊，如企业利润还受诸多不能由经理负责的因素的影响，股票价格也无法将前述的那些不能由经理负责的因素排除在外，对经理行为的直接度量具有很大程度的不完全性等。

为了使委托人的期望收益最大化，最优激励约束机制的设计必须满足两个最基本的约束条件：一个约束条件是所谓的激励一致性约束（或被称为激励相容约束）。由于代理人是合同的接受者，机制所提供的激励必须能诱使代理人自愿地选择根据他们所属类型而设定的合同。如果委托人设计的机制所依赖的有关代理人的类型信息与实际相符，那么这个机制给代理人带来的效用应该不小于其他任何根据失真的类型信息设计的机制所提供的效用。否则的话，要么代理人拒绝接受该合同，要么委托人无法实现效用最大化。另一个约束条件是个人理性约束（或被称为参与约束）。这种约束是对代理人的行为提出一种理性化假设。它要求代理人接受合同所得到的效用不少于他的保留效用，接受合同比拒绝合同在经济上更合算，这就保证了代理人参与机制设计博弈的利益动机。如果机制设计满足激励一致性约束，那么该机制就是可操作的；如果一个可操作的机制设计满足个人理性约束，那么它就是可行的，并可使激励约束机制处于最优状态。

在股份公司中，经理人是出资人的代理人，享有对公司资产的控制权，但出资人仍通过各种渠道对代理人的经营行为进行监督。当然，在不同的企业产权结构中，监督的方式是有差异的。在U型（功能垂直型）结构的公司中，监督以代理人的行为作为主要依据，而在M型（事业部型分权）结构和H型（控股公司型）结构的公司中，监督以代理人的经营业绩为主要依据，以战略性行为为辅助性依据。M型和H型产权结构的特点是将市场协调方式引入公司内部，重新界定和明确各级管理层的责权利的配置关系，以市场环境中的独立经营业绩作为考核的主要依据，从而大大降低监督工作的难度和负载量，使公司的规模虽然庞大，却能充满活力。这种监督机制的优点是将内部专家监督与市场监督结合起来，因为单纯的专家监督难以摆脱个人主观的影响，单纯的市场监督易受投机波动的影响。同时，公共会计和审计体系的建立，以及防止和惩罚商业性犯罪的法律体系的完善，也起着保护公司内外部投资者的重要作用。

如果监督或约束是事后纠正，则激励是事先预防。激励的核心是将代理人对个人效用的追求转化为对企业利润最大化的追求。针对经理人对货币收入的追求，资本所有者可通过确定一个最优报酬计划来实现对代理人的激励和约束。经理人的报酬一般由薪金、奖金、股票与股票买卖选择权、退休金计划构成。每一种形式的报酬都有其优缺点。固定薪金虽缺乏足够的灵活性和高强度的刺激性，但能提供可靠和稳定的收入，可起到保险的作用；奖金基于当年企业的经营业绩，尽管具有灵活性和激励性，但易诱发经理人的短期行为；股票与股票买卖选择权最能反映企业的真实业绩，又最具有激励作用，但风险太大；退休金计划则有助于激励经理人的长期行为。因此，经理人的最优报酬设计应是所有不同报酬形式的最优组合。

西方现代公司雇用高、中级经理人一般采用激励性合同的形式，规定很高的年薪。如果公司的经营业绩超过预先规定的基本资产盈利率指标，经理人还可提取一定比例的奖金。为了防止各级经理人只追求短期盈利或账面利润，可根据公司长期经营业绩付给经理人较高比重的激励性报酬，其形式如延期支付的奖金、分成、购股证和增股等，一般根据公司过去3～6年的平均效益确定。经理人的部分报酬也可采取购股证的形式，如规定经理人在一两年内可以以略高于现价的水平购买一定数量的公司股票，如果公司未来因效益好而股票升值，经理人将购股证出售可得到收入。经理人的报酬还可采取效益增股的形式，即规定经理人如果完成一定的效益目标并继续为公司工作，就可得到相当数量的赠股。报酬随职位等级递增而增大幅度，也有鼓励经理人的长期行为的作用。为了防止各级经理人只追求本部门或子公司的经济效益，忽视部门间的配合，可规定经理人的激励性报酬按一定比例同本部门、关联部门和整个公司的经济效益挂钩，等等。

四、代理成本及降低代理成本的途径

在所有权与控制权相分离的条件下，由于委托人与代理人的效用函数不完全一致，代理制的引入必然会诱发一定的代理成本，它包括：(1) 向代理人支付的薪金、奖金等费用；(2) 代理人为追求非货币物品而导致的成本上升和利润减少；(3) 由代理人的决策与使委托人利润最大化的最佳决策之间存在的差异所导致的企业效率损失。

为了降低代理成本，委托人就需要通过合同关系和对代理人行为的密切监督来约束代理人的那些有悖于委托人利益的活动。问题是这种合同关系及监督规则能否适应环境的不确定性将直接影响约束成本的大小。如果不能在合同关系中充分考虑到环境的各种可能变动，那么为代理人规定一般的行为规则或决策程序就会限制代理人的经营活动，使代理人丧失适应无法预见的未来的可塑性。合同中确定的约束规则越详尽，代理人的自主选择空间就越狭窄，企业行为就越僵化，可能丧失的获利机会就越多。代理制下的约束成本包括旨在规范代理人经营行为的交易费用以及因代理人的经营行为受限制而产生的效率损失。在信息不对称和不确定性环境下，必然存在约束成本，且随着不确定性程度的提高，约束成本也相应增加。

代理成本的大小显然与监督和约束的难易程度及委托人与代理人利益的一致程度有关。一般来说，合同越是完整、明晰，越能约束代理人的机会主义行为，代理成本就越低，但也会带来较高的约束成本。代理成本和约束成本之间存在此消彼长的替代关系。这种替代关系就有可能使委托人在它们之间进行选择，调整约束强度。如果约束成本大于代理成本，宁可放松约束；反之，当约束成本低于代理成本时，就会强化约束。理性的委托人将在约束成本在边际上等于代理成本的水平上实现对代理人的外部约束均衡，这一均衡调整过程将使约束成本和代理成本之和达到最小化。

在充分获取代理人行为信息的基础上，根据边际代理成本等于边际约束成本的原则设计最优激励约束机制，有助于降低代理成本。除此之外，还可以通过市场制度的不断健全来降低代理成本。[1]

首先，经理人劳务市场的竞争对代理人行为的约束。如果经理人在任职期间被发现有严重的侵害所有者利益的行为，或者因决策失误造成企业亏损，那么在经理人劳务市场上，他的人力资本价值就会贬值。假定经理人的实际能力未知，并且假定时间是无限的，那么在这种情况下，即使没有任何监督，经理人也有可能努力工作。因为经理人劳务市场会根据经理人过去的表现计算出他的人力资本将来的价值，经理人要顾及长远利益，就必须努力工作。所以即使不考虑直接报酬的作用，代理成本也不会太高。

其次，产品市场的竞争对代理人行为的约束。如果企业面对的产品市场是充分竞争的，那么这种竞争会对经理人形成压力。假定同一产品市场上有许多企业，它们的生产成本是不确定的，但在统计意义上是相关的。这样，产品市场的价格便包含了其他企业的成本信息。同时，相关性使得这个价格也包含了被考虑的企业的成本信息。如果被考虑的企业的所有权与控制权相分离，那么只有代理人最清楚企业的成本，委托人并不拥有足够的信息。如果产品市场上的竞争是充分的，则产品市场的价格可以向所有者提供有关企业成本的信息。假定社会中的一部分企业由经理人控制，另一部分企业由所有者直接控制。在后一场合，所有者会努力通过降低生产成本来压低产品的市场价格，以便在竞争中占据有利的地位。这样，由所有者控制的企业越多，竞争就越激烈，价格就压得越低，对所有权与控制权相分离的企业中的经理人的压力就越大，从而促使经理人努力降低成本，把代理成本控制在较低的水平上。

最后，资本市场的竞争对代理人行为的约束。资本市场竞争的实质是对公司控制权的争夺，它的主要形式是接管。接管被认为是防止经理人损害股东利益的最后一种武器。在现代市场经济中，尽管每一个投资者在某一股份公司中所占的股份比例很小，不足以直接对经理人实行有效的监督，但是由于股份可以自由买卖，分散在千百万人手中的股份就可能被集中起来。如果公司经理人过分侵犯股东的权益，或者因经营不善引起公司亏损，或者代理成本过高，那么公司股票价格会下跌，于是，有能力的企业家或其他公司就能用低价买进足够的股份，从而接管该公司，赶走现任经理人，重新组织经营。由于企业有被接管的可能性，经理人为保住自己的职位，就会自觉地约束自己对非货币物品的过度追求，努力使企业利润达到最大化，从而可降低代理成本。

第二节　利益相关者合作逻辑与共同治理

一、股东至上主义企业治理模式面临的挑战

在20世纪70年代以前，由于试图坚持新古典经济学范式那永恒不变的内核，从马歇尔直到倡导不完全合约的哈特等均相信，企业行为的决定者是企业主，是提供物质资本的出资人，企业的目标就是追求出资人利益的最大化。这种在新古典经济学基础上发展起来的主流企业理论证明了资本雇佣劳动是最有效率的企业治理结构。它认为，企业

[1] 钱颖一．企业理论//汤敏，茅于轼．现代经济学前沿专题．北京：商务印书馆，1989.

是由不同生产要素所有者缔结的合约集合，由于信息的不完全性，合约是不完备的，为了防范由此发生的偷懒行为，合理配置剩余索取权与控制权是重要的。因为物质资本所有者投入企业的资产具有专用性和可抵押性，即一旦企业倒闭，该资产可能会严重贬值，从而他是企业风险的承担者，所以出资人拥有剩余索取权与控制权是有效率的。此逻辑在自然人企业中就表现为资本家既当监工又获利润，在法人企业中就表现为拥有剩余索取权的股东通过对经理人的激励和约束，使企业为股东利益最大化服务。

建立在新古典范式基础上的资本雇佣劳动或股东至上主义的企业治理逻辑一旦涉及人与人之间的关系，新古典的均衡唯一性范式就面临挑战：一是人的行为本身的不确定性形成了所谓的“私人信息”，由此带来的道德风险与逆向选择将导致最优均衡不存在；二是以人为中心的分析涉及偏好内生的难题，即人的偏好是后天生成的，环境的变化会导致偏好的变化，其结果是环境的不稳定性必然会带来偏好的不稳定性；三是若以人为中心，则一些被视为不确定性的因素是不能完全消除的，其中最主要的是人际关系本身所隐含的不确定性。

如果经济学不仅要讨论资源的最优配置，而且要讨论资源配置背后的人与人之间的关系，那么经济学分析范式的变革就在所难免。实际上，世界有自然演化的一面，在演化的过程中，偶然事件也常常起到决定性作用，因此，世界上并不存在唯一的最优均衡，实际存在的是多种次优均衡，不同环境约束下人们选择哪一种均衡取决于自我认识和偶然性的双重作用。在演化过程中，报酬递增规律起着关键的作用，社会经济演化的速度正在加快，复杂性越来越高，多元化趋势也越来越明显。这种对世界的新的判断反映到企业层面，就构成“现代契约”观的核心理念。给定不确定性和经济人的有限理性，当事人无法通过理性决策选择出一个最优的均衡结果。这意味着企业制度是多样化的，不同制度安排形式的企业共存，在相应的环境条件下同样具有适应性效率。

在我们看来，企业实质上是一个契约网络，其中有正式的文本合同，也有非正式的人际关系。当事人之间依据自身所拥有的物质资本或人力资本以及对该资本在未来企业成长过程中的相对地位的预期展开谈判，形成复杂的契约网络。如果各方谈判力接近，则不存在强制；如果各方谈判力悬殊，拥有较大谈判力的一方就可能获得单方控制权，由此导致命令—服从式的制度模式。当事人相互结成契约网络的目的是应付环境和人际关系本身所带来的不确定性，通过文本合同和非正式的默示合同，当事人获得了一种有利于理性决策的确定性环境。但这只是问题的一个方面，我们在承认确定性的同时，也关注不确定性的一面，即环境和人的互动关系以及人与人之间的互动关系会给当事人带来不稳定的限制。为了应对这种潜在变动，当事人通过边际上的制度创新来调整相互之间的责权利关系。一旦边际上的调整仍无法满足要求，那么超边际的变迁就会发生，即一种企业制度被另一种企业制度替代。

企业的利益相关者理论可以在上述契约观中找到根基。这就是给定一个初始状态，其中具有不同物质资本和人力资本的个人或组织通过谈判来分配各自的责权利，谈判的结果就是形成一份有约束力的契约。由于经济人的有限理性、环境的不确定性以及个人或组织初始资本存量的不同，因而权益分配不平衡。给定一个动态的干中学的机制，利益相关者之间会展开谈判活动，以寻找对自己最有利的权益安排，这种再谈判过程导致了企业制度的演进。就现实的企业来说，出资人、职工、经理人、债权人、长期的供货商及销售代理商等个人或组织确实会对企业的权利与利益分配产生实质性的影响，这意味着现代企业理论必须合理地解释这些利益相关者之间的利益冲突及其对企业绩效的决定作用。

其实，资本雇佣劳动或股东至上主义的最优证明只能限制在严格的新古典范式内。然而，在现实的企业所有权安排中，企业只有为利益相关者服务并让利益相关者在不同程度上参与企业治理才会获得高效率。在我们看来，理论上和现实中的企业所有权安排是有一定距离的，关键是让现实服从理论还是让理论服从现实。我们主张采用直面现实的研究方法。直面现实的研究不是不要理论，而是从我国经济发展过程中出现的特殊现象着手，通过对现象的深入剖析来检验现有的理论。如果现有的理论不足以回答现象所隐含的问题，那么就需要我们去反思理论本身，而不是一味地倒向理论。在现代契约观的框架内解释企业的利益相关者合作逻辑正是这种直面现实的研究方式的具体体现。

资本雇佣劳动或股东至上主义不仅在理论上面临很多质疑，而且在企业发展的实践中面临各种挑战。20 世纪 80 年代在美国兴起的放松管制以及恶意收购浪潮使人们开始怀疑股东至上的企业治理结构。恶意收购的目的是给企业经营者施加巨大的压力，迫使经营者在华尔街的建议下对企业进行重组以提高公司的股票价格，然后再转手倒卖，实现股东利益的最大化。恶意收购往往导致公司解雇经营者、裁员、加强成本管理、减少对社区的捐赠等，结果是损害了企业的利益相关者。所谓利益相关者是指与企业有合约关系的人，他们因企业活动而承担不同程度的风险，其中包括股东、经理人、员工、债权人、供应商等。因此，美国的 29 个州修改了公司法，通过设置一系列约束措施，要求企业在被收购时考虑利益相关者的利益。

欧洲的不少国家在第二次世界大战后就开始通过立法强制规定必须接受职工进入企业决策层，由此形成共同治理模式。例如，德国的《共同决定法》规定，雇用超过 2 000 名员工的企业应有一半的监事会成员由员工选举产生或工会任命，雇用超过 500 名员工的企业，其员工监事应不少于 1/3。欧洲大陆国家的公司监事会相当于英美国家公司的董事会，是公司的最高决策机关。日本的公司实行法人相互持股，同时银行持有 20%左右的非金融公司的股票，形成了特有的主银行制度，因此经理人与银行在公司治理中发挥着重要的作用。特别是前些年 OECD 公布的《公司治理结构原则》明确指出，公司治理结构的框架应当确认利益相关者的合法权利，公司的竞争力和最终成功是集体力量的结果，体现各类资源所做出的贡献，包括投资者、雇员、债权人和供应商。基于此，我国国有企业治理结构创新应遵循利益相关者合作逻辑，走共同治理与相机治理相结合的道路。下文将从理论上验证利益相关者合作逻辑。

二、产权的内涵与企业治理结构的主体

(一) 产权与物权：对订立企业合约前提的再思考

现代企业理论把企业视为一系列契约的组合，是个人之间交易财产权的一种方式，其隐含的前提是签约人必须对自己投入企业的要素（包括实物资本和人力资本）拥有明确的财产所有权，这种产权交易的结果是形成了企业所有权。现代产权理论的一个重要贡献是区分了产权与物权的不同含义。产权经济学的开山鼻祖科斯认为，产权理论所要

决定的是存在的合法权利，而不是所有者拥有的合法权利。循着科斯的理论逻辑，我们发现产权与物权是有差异的。首先，产权就是使一个人或其他人受益或受损的权利[①]，它只有在不同的所有者之间发生利益关系时才有存在意义。而物权仅仅是指法律赋予某人拥有某物的排他性权利，它可以在纯粹的法律意义上存在。也就是说，物权只不过是法律赋予某物的归属标志，而产权则是物进入实际经济活动后所引发的人与人之间相互利益关系的权利界定，这一界定可以是明确指定的（如法律规定的权利），也可以是隐含的（通过道德、习俗等加以承诺或默认）。其次，物权侧重于对所有者拥有物的状态描述，而产权则关注经济活动中人的行为。最后，产权比物权有着更广的外延，如以某种方式使用他人财产的权利、摆脱遭受侵害的权利、因发生欺诈而得到赔偿的权利等都是产权的形式。在一定条件下，若假定所有者在财产转让上有充分的自由，则物在财产权中的作用甚至可以不可思议地消失。[②] 在现代社会中，产权不再是支配物的权利，而是支配有价值的利益的权利；财产的合法权利所保护的不是物，而是价值。因此，产权已从单纯的物权转化为关于人的利益和行为的经济权利，它是人与人之间在经济活动中相互关系的反映。正如配乔维奇所指出的："产权是人与人之间的关系……把产权与人权分离开来是错误的。"[③]

产权与物权的差别性表明产权的行使将受到某种限制。这种限制可能来自禁止某人利用自己的财产去损害他人权益的社会强制，如社会不允许一个拥有汽车的人把汽车任意开进别人家的院子，但这种禁止并不妨碍双方对汽车和院子的拥有。产权行使的受限又可能来自产权分解。产权分解意味着同一产权结构内并存着多种权利，每一种权利只能在规定的范围内行使，超出这个范围就会对其他权利造成损害，从而要受到其他权利的约束。[④] 产权行使的受限还来自人的理性选择本身。因为人与人之间的经济关系充满了利益矛盾，产权的界定就是为了减少直至消除这些矛盾。如果产权的行使不受限，行为人的决策后果所引致的外部性就难以内部化，极端的自利追求会导致人与人之间的冲突激化，反过来也会损害个体本身的利益。因此，一个理性人在行使产权时会自觉考虑约束条件的限制，把相关者的利益也纳入保护的范围。

（二）企业治理结构主体多元化是产权内涵的逻辑延伸

如果承认产权与物权的不同含义以及产权行使的受限制性，就能够推导出企业治理结构主体多元化的逻辑结论。

第一，企业治理结构作为一组契约已经隐含地假定，缔结该契约的当事人必须是独立的、平等的产权主体。个人对财产的（物质的和非物质的）所有权，以及独立承担行使产权的责任是现代企业存在的前提。既然如此，契约当事人就有权利从未来的交易活动中获取自己的产权权益，片面地强调其中一方的产权权益并不符合内生于市场经济的公平原则。企业的契约理论还表明，契约的达成是产权主体平等博弈的结果。但由于个

① H. 德姆塞茨．关于产权的理论//R. 科斯，A. 阿尔钦，D. 诺斯，等．财产权利与制度变迁产权学派与新制度学派论文集．上海：上海三联书店，1991.

② 托马斯·C. 格雷．论财产权的解体．经济社会体制比较，1994 (5).

③ S. Pejovich. The Economics of Property Rights：Toward a Theory of Comparative Systems. Dordrecht：Kluwer Academic Publishers，1990：27-28.

④ 杨瑞龙．现代企业产权制度．北京：中国人民大学出版社，1996.

体受有限理性、信息不对称、外部环境的制约，在做决策时可能会屈从对方的机会主义行为（甚至强制行为），从而导致博弈结果的不平等性。然而，产权内涵与现代契约观是内在一致的，即在契约达成之前，参与博弈的各个产权主体的获利机会至少在原则上是平等的，结果的不平等性正是产权主体理性选择、谈判实力与技巧的反映（如资本雇佣劳动制度），它并不否认利益相关者的客观存在及其分享企业所有权的可能性。

第二，产权的内涵与现代契约的有限制特性相一致。传统的契约理论坚持“随意原则”，它认为契约总是从某一时刻持续到另一时刻，每一时刻都标志着一个契约的终结和一个新契约的开始。这些循环过程中每一时段的结束都意味着契约已被完全执行，不再与任何货币或其他义务牵连。这种“随意原则”显然只适用于物物交换的完备契约关系。企业作为一种特殊的合约具有不完备性，企业内的更多交易发生在人与人之间体力和智力的交换关系中，而人的行为充满了不确定性，这种交易常常会引致持续性后果。如果本期的雇主有一些有损于其声誉的行为被雇员观察到，并且雇员能预期到这些行为将损害其下一期的投资回报，那么该雇员将被迫减少本期的人力资本投资，并加速折旧，其结果反而不利于雇主。在理性的雇主看来，一个雇佣期的结束并不意味着责任和义务的完全终结，相反，他会自动地变更补偿条件或者主动披露更有利于雇员的信息，以吸引重要雇员继续与其长期合作。企业所有权初始分配合约不断的边际调整确实违背了契约的“随意原则”，它说明一个人在实施某一行为时，不得不考虑行为结果对他人可能造成的影响。也就是说，尽管契约是个体意愿和选择的表达，但选择总是有限制的。① 它反映了在企业治理结构的演变中两个以上的产权主体（包括利益相关者）不断地冲突与合作的过程。可以说，企业所有权的现实安排正是有限制的选择的均衡解。

第三，产权的核心是对人的行为、人与人之间利益关系的界定。这说明缔结契约的当事人并不必然由传统的物的所有者充当，仅仅拥有人力资本的劳动者也应是产权主体。从产权的角度看，人力资本与非人力资本同是参与实际经济活动的产权主体，两者的差异不在于产权的性质，而在于产权权益的大小。人力资本不是一般的商品，而是未来收入的源泉，因而应把它看作投资品。既然劳动者与股东等一样把自己的体力与智力作为资本投入企业，那么他们就不仅应获得相当于要素价格的固定收入，而且应享有对投资风险的补偿及对自己产权权益的保护。同理，由于消费者、供应商等其他利益相关者与企业有程度不同的利益关系，这就为他们影响企业治理结构提供了可能。但要使这种可能性转变为现实性还要取决于其他条件，如利益关系的专用性、企业的制度环境等。

总之，产权与物权的差异性及产权行使的受限制性为构建规范的企业所有权分析框架提供了一个正确的逻辑起点。② 契约背后隐含的产权主体的平等性和独立性要求企业

---

① K. V. W. Stone. Labour Markets，Employment Contracts，and Corporate Change. In J. Mclahery，Sol Picciotto and Colin Scott (eds.). Corporate Control and Accountability. Oxford：Clarendon Press，1993：66－67.

② 唐纳森（Donaldson）与普雷斯顿（Preston）认为所有与利益相关者有关的特征都可以从产权的基本含义中引出。但他们只注意到产权的有限制性，缺乏对现代产权的完整把握，因而没有提供逻辑一致的理论分析框架。人力资本所有者所承担的风险不仅来自企业外部，而且可能来自企业内部雇主的道德风险。资本市场越发达，企业中人力资本所有者比非人力资本所有者承受的风险越大，因为后者可以较容易地通过行使退出权规避风险。因此，主流企业理论中的产权及风险理论同样可以证明雇员分享企业所有权的合理性（Donaldson，Thomas and Lee E. Preston. The Stakeholder Theory of the Corporation：Concepts，Evidence，and Implications. Academy of Management Review，1995，20（1）：65－91）。

治理结构的主体之间是平等、独立的关系，这些相互关联的主体组成了“利益相关者”（包括股东、债权人、经理人、生产者、消费者、供应商及其他有关利益主体）。产权的基本内涵在承认一个人追求和保护自身产权权益的合理性、合法性的同时，强调应考虑产权的行使对他人权益的尊重和保护。因此，企业治理结构主体多元化是现代产权内涵的逻辑延伸。

三、人力资本的产权特征与企业所有权安排

为了回答人力资本的所有者是否应分享企业所有权的问题，就不能不分析人力资本的产权特征。不少学者把“人力资本与其所有者的不可分离性”看作人力资本的产权特征，即作为自然人的人力资本所有者可以自由地、任意地使用其拥有的人力资本。显然，他们都是从新古典经济学关于动机与行为相一致的理性人的基本假说来把握人力资本的产权特征。然而，当产权的行使受到限制时，人力资本与其所有者事实上并非必定是不可分离的。现实社会常常难以满足新古典理论的假设条件，信息具有不完全性，未来具有不确定性，并存在外部性，因而经济人的理性是有限的，他的预期与行为结果可能不完全一致。为此，诺思修正了新古典经济人行为的假设，一是在效用函数中加入了非财富性价值目标，二是引入了认知结构，他把学习当成认知能力发展的基础，并使时间成为认知能力发展的载体。①

有限理性和机会主义倾向使经济人的理性选择行为受到限制。因此，行为人在支配归其所有的人力资本以追求利益最大化时将会面临约束，这意味着人力资本与其所有者并非是完全不可分离的（尽管从自然属性看两者是合二为一的）。即便假定人力资本的所有者天生具有机会主义倾向，这一倾向也不可能任意地转化为现实的机会主义行为，因为机会主义倾向与机会主义行为是有区别的②，前者向后者转化要受到约束。例如，在一家企业中，雇员主观上可以任意退出或索取高价，但当他真正决策时就不得不顾及机会主义行为的可能后果（如遭家人的反对、自身声誉的损失等）。在这种社会约束力下，他不得不理性地选择与他人合作。由此可见，人的社会本质决定了人力资本行使的受限制性，它与产权的内涵是一致的，从而决定了人力资本具有一定程度的可抵押性。

人力资本一定程度的可抵押性只能说明人力资本的所有者有可能分享企业所有权，但并非说他一定能获得这种权利。若要使这种可能性转变为现实性，则还要取决于影响合约各方谈判力的一系列条件，而人力资本的专用性和团队特征是最重要的条件。威廉姆森认为，为特定交易或合约而投入的资产在再分配方面的性质是有很大差别的，从而使资产具有专用性。人力资本的专用性特征是指工作中有些人才具有某种专门技术、工作技巧或拥有某些特定信息。③ 一个具有某种专用性资产的人若要退出企业，则会给退出者本人或企业带来损失，因为这种特异能力在企业外部得不到充分评价，是一种难以进入市场交易的资源溢出。专用性人力资本与非人力资本是企业准租金的源泉，企业所有权的安排依赖于专用性资产的提供者占有准租金的可能性。

---

① 道格拉斯·C. 诺思. 制度、制度变迁与经济绩效. 上海：上海三联书店，1994.

② S. Ghoshal and Peter Moran. Bad for Practice：A Critique of the Transaction Cost Theory. Academy of Management Review，1996，21（1）：13-47.

③ O. E. 威廉姆森. 交易费用经济学讲座. 经济工作者学习资料，1987（50）.

人力资本的专用性是人力资本所有者参与企业治理的重要依据，因为专用性人力资本的积累可引致将来的谈判力，从而可能改变既定的利益状态。然而，人力资本的专用性还不构成其所有者拥有企业所有权的充分必要条件，因为职工的谈判力可能来自一般的市场技巧的掌握，甚至在没有专用性技巧及一般市场技巧时，职工的一致行动也能获得谈判力。尽管如此，专用性技巧能增大人力资本所有者的谈判力，进而影响企业所有权安排已被证实。①

资产专用性特征不能成为决定企业所有权分配的充分必要条件，但广义地看，企业剩余却是企业专用性资源所创造的。企业专用性资源的产出可被看作一种"集体产品"或"组织租"②，它是共同利用人力资本和非人力资本进行生产及经营的成果。这种"集体产品"显然是无法按个体进行原子化区分的，因为任何给定投资的专用化程度在个体水平上都是不确定的，所以我们把企业的团队特征等价于人力资本的团队特征。

加护野忠男和小林孝雄的"人质模型"注意到了人力资本的可抵押性③，但他们并没有深究其理论前提。伊丹敬之则直接从"事实上的控制"推导出从业人员主权模式，显然没有遵循基本的逻辑推理。④ 企业的本质在于它是一种团队生产或长期合约的集合，而企业的团队本质又表现为人力资本与非人力资本之间的相互依赖性。在企业中，一些资源的价值依赖其他相关的资源，依赖利益相关者之间的持久合作，任何一方的随意退出或机会主义行为都可能使对方的利益遭受损失。同时，相互依赖的资源也是相互特异的，从而存在替代成本。为保护依赖性资源免于受损，团队成员只能缔结长期合约，以确保一个可预期的补偿。

"集体产品"作为团队生产的"组织租"是由团队成员共同创造的，自然不能归某一方独占，而应由其共同拥有。但企业所有权的现实分配则要取决于人力资本与非人力资本所有者之间的谈判，谈判力的大小与他们的资产专用性程度及其在企业中相对重要性的变化有关。谈判的形式是多样的，如英美的集体谈判制，德国的共同决定制，日本的经理仲裁制等。不管谈判形式如何，其共同点都表明，企业持续发展一定是专用性资源所有者之间谈判的一个合作博弈解。也就是说，企业专用性资源的团队特征确保了企业所有权分配对参与各方都有利（至少任何一方都不受损）。

四、企业治理结构的客体与最优企业所有权安排

作为企业治理结构客体的企业所有权首先表现为剩余索取权。企业剩余的存在是企业的契约具有不完备性的内生特征，即当不同类型的财产所有者作为参与人组成企业时，每个参与人在什么情况下干什么、得到什么并没有在契约中明确说明。⑤ 由于企业的契约是不完备的，所以谁拥有剩余索取权就变得至关重要了，因为它能影响每个企业

① M. Hashimoto and John Raisian. Employment Tenure and Earnings Profiles in Japan and the United States: Comment. American Economic Review，1992，82（1）：346-354.

② M. Aoki. The Cooperative Game Theory of the Firm. Oxford：Clarendon Press，1984：24-25.

③ 加护野忠男，小林孝雄．资源抵押与退出障碍//今井贤一．现代日本企业制度．北京：经济科学出版社，1995.

④ 伊丹敬之．日本企业的"人本主义"体制//今井贤一．现代日本企业制度．北京：经济科学出版社，1995.

⑤ 张维迎．企业的企业家—契约理论．上海：上海三联书店、上海人民出版社，1995.

参与人事后讨价还价的既得利益状态。但不管剩余索取权的最终分配结果如何，现代产权理论与现代契约理论承认，人力资本与非人力资本所有者都有平等的权利索取剩余，这种可能性若要转化为现实性，则要通过所有企业参与人之间显性或隐性的谈判，还取决于谈判时的环境条件。仅仅考虑剩余索取权的重要性是不够的，因为企业参与人有权获得剩余并非等于他一定能获得。剩余索取权的实现还要依赖相应的控制权。控制权的存在意味着一方行为对另一方的损益存在影响。控制权通常包括监督权、投票权等，它既可以是明确指定的，也可以是暗含的，但它一定与企业决策有关。格罗斯曼和哈特用剩余控制权来定义企业所有权，并把剩余控制权理解为契约中未特别指定的活动的决策权。① 真正运用该定义来分析企业治理结构时却会遇到难以克服的困难。首先，按照该理论逻辑，契约中已明确指定的活动的决策权就不属于企业所有权范畴，但许多战略性的重大决策权往往在公司法和公司章程中都已做了明确的指定，如任命和解雇经理的权力、合并和清算的权利、重大投资权等。其次，他们的剩余控制权概念总是与非人力资本相联系的。然而理论上可以证明，试图明确任何个体的任何单独的剩余控制权是不可能的。事实上，股东的控制权总是受到严格的限制，真正拥有剩余控制权的常常是董事、经理及雇员。为了避免因概念内涵的含糊性所引起的理论上的混乱，我们以比较现实的态度把剩余控制权定义为企业的重要决策权。

剩余索取权与控制权合称为企业所有权。企业所有权是产权内涵的延伸，但又相对独立于财产所有权。对企业合约来说，财产所有权是订立合约的必要前提，企业所有权则是它的真实内容或客体。企业所有权的两个维度是缺一不可的。剩余索取权与控制权的对称性安排正是企业治理结构的效率含义②，而这种对称性安排又来源于现代产权的内在要求。

如果仅仅把最优的企业所有权安排描述成剩余索取权与控制权的对称性分配，则未免有些太过笼统。事实上，权利作为客体总与相应的主体有关，主体身份的认定、主体之间的关系都会赋予最优企业所有权安排不同的含义。

若假定企业治理结构主体具有唯一性，那么剩余索取权与控制权的集中对称分配就类似于两点分布。例如，在业主制企业中，雇主既拥有剩余索取权，又拥有控制权，获取合同收入的雇员被认为是具有机会主义行为倾向的风险逃避者，从而被排除在治理结构之外，成为被监督者。另一些经济学家则通过对职工自治企业模式及日本人本主义的企业体制的思考，给出了企业所有权集中对称分布的另一种极端情形——职工独占企业所有权。③ 无论剩余索取权和控制权是集中地对称分布于雇主还是从业员（或雇员），这些经济学家都假定企业治理结构主体具有唯一性。然而，如前所述，企业作为一种人力资本与非人力资本的特别合约，从合约的当事人都是平等的产权主体这一逻辑起点出发，他们都有资格和可能拥有企业所有权。因此，剩余索取权与控制权集中地对称分布于一方，至少意味着另一方的产权权益被剥夺（尽管这种集中式对称分布在一定条件下

---

① S. Grossman and Oliver Hart. The Costs and Benefits of Ownership：A Theory of Vertical and Lateral Integration. Journal of Political Economy，1986，94（4）：691－719.

② Paul Milgrom and John Roberts. Economics，Organization and Management. New Jersey：Prentice-Hall International，Inc.，1992：191－193.

③ Jaroslav Vanek. The General Theory of Labour Managed Market Economics. New York：Cornell University Press，1970.

是有效率的)。但是结果的不平等不等于产权主体之间签约前获利机会的不平等，因为契约的达成还要取决于产权主体之间的谈判。当一个雇主在劳动力市场上挑选若干雇员（若干雇员在资本市场上挑选雇主与此类似）时，双方凭借自身的非人力资本和人力资本展开博弈，此时，双方作为产权主体的地位至少在形式上是平等、独立的，具有相似的获利机会。但是，双方对外部环境不确定性的适应能力是不同的，即存在资本的外生差异。一方面，由于人力资本难以度量及受劳动力市场完善程度的制约，雇员很难显示其真实的人力资本，而非人力资本作为一种确定性的信号显示机制能充分显示雇主的个人财富，并且非人力资本具有完全的可抵押性。因此，雇主在企业初始合约的谈判过程中占有明显的优势（他更能应付环境的不确定性）。另一方面，谈判发生在雇主与单个雇员之间，单个雇员的人力资本量与雇主所拥有的资本量相比太弱小。谈判的结果是雇员不得不暂时放弃对企业所有权的要求，成为一个固定收入者，作为初始合约的企业治理结构表现为雇主对企业所有权的独占。这就是古典资本主义企业的真正含义。但是，初始合约并不是持续稳态的。随着企业参与人之间谈判对比力量关系的变化，合约内容是可进行边际调整的。在业主制企业中，雇员通过长时期的学习过程积累了一定的专用性资产；雇员之间所存在的共同利益促使他们采取集体行动；内部劳动力市场的形成和发展降低了信息成本，使雇员的人力资本能有效地显示出来；如此等等。以上因素会导致雇员的谈判力提高，进而迫使理性的雇主承认和尊重雇员的产权权益，其结果是雇员通过分享一部分企业所有权参与企业治理，剩余索取权和控制权便由集中对称分布走向分散对称分布，初始的集中对称型企业合约得到了边际修正。

第三节　国有企业治理结构的创新逻辑：共同治理与相机治理

一、企业治理模式的国际比较

(一) 企业外部治理模式的国际比较

英美与德日两种企业治理模式由于对市场经济所持的观点不同（英美模式的基础是斯密的市场哲学，强调“看不见的手”的作用，德日模式则深受黑格尔哲学和儒家哲学的熏陶，强调对“看不见的手”进行一定的修正），因而对政府和企业之间的关系就存在不同的看法。英美政府采取规制的态度，政府和企业保持较远的距离，主要是为企业创造稳定的宏观经济形势和制定有利的扶持政策，一般不干预企业的经营行为。德日政府主要采取促进的态度，政府的经济目标在经济中占中心地位，政府和企业通常进行亲密的合作。

在英美模式中，强调市场约束的外部治理在企业治理模式的选择中处于主导地位。该模式认为经理人劳动力市场、金融市场、产品市场以及技术市场上的竞争能够对企业的行为施加足够的压力，促使企业对资源进行有效的分配以适应市场。其逻辑是：产品市场以及技术市场能对企业的产品和技术做出迅速的评价，这种评价影响企业的财务，企业财务的变化通过金融市场的信息披露机制披露出来，金融市场对这种变化也进行评价，并通过股票市场和债券市场加以反映，它表现为企业股票价格的升降和外部融资可能性的变化；透明的证券市场使企业潜在的收购者能不受阻碍地收购企业的股票，从而使企业的所有权易手，新的股东通过改组企业的经理层解雇不称职的经理人；经理人劳动力市场对经理人的人力资本进行评价，从而使不称职经理人的人力资本贬值，直接影响其未来收入。在这种制度下，交易通过传统的契约来进行，并且由交易产生的纠纷主要是在法庭解决。

在英美模式中，市场能有效地治理企业，因此政府更多的是从制度上来规范和引导企业。企业的行为只要符合法律就行，在决策上无须征求政府的意见，政府也无权干预企业的决策。企业之间、政府和企业之间的纠纷通过法律来解决，因此采取英美模式的国家都需要有一个完善的法律体系。

在采用德日模式的国家中，政府对经济结构的变化干预较多，通常运用特殊的产业和技术政策来影响经济结构的发展。一般来说，政府往往先制定一个经济发展战略，提出某阶段经济发展的目标。为实现这一目标，政府鼓励企业展开竞争，但政府和企业长期的合作关系居主导地位，因此这种模式同时提供很强的保护机制来抑制企业之间的兼并收购，企业之间、政企之间的纠纷由特殊的对话机制加以解决。市场组织结构受到管制，合作与竞争并存，市场选择机制也受政府引导。利益相关者通过多种方式来参与内外部治理。

由于长期的利益合作关系占主导地位，德日的企业治理结构模式往往抑制企业所有权的转换，以使企业的经营决策保持稳定性和连续性，这必然要弱化证券市场的兼并收购功能。政府对长期经济结构目标的追求，要求政府与企业保持长期的合作关系，这必然要弱化证券市场对企业的治理，使企业可以更关注长期的发展战略。但同时企业控制权市场的功能缺失可能会产生严重的内部人控制问题，经理层可能和职员勾结起来共同损害股东的利益。为克服这一问题，要求有另一种制度来提供证券市场的监督、激励功能。

一般认为，产品市场为证券市场提供了重要的信息来源，但并不能代替证券市场。在缺乏其他控制机制的条件下，产品市场对企业的治理将是缓慢的和极易失控的，通常以企业破产而告终。破产将企业的控制权从股东手中转移到债权人手中，而债权人可能并不是企业的最佳经营者。主银行制为解决这一问题提供了新的选择，由一家银行来代表股东相对控股企业（这种控制权的获得可以是银行通过拥有企业的股份，也可以是银行通过代理股东投票），同时这家银行又是企业主要的信贷供给者。主银行制一方面能解决小股东治理企业的“搭便车”行为；另一方面由于主银行拥有企业相对多数的股份，并且是企业的主要信贷供给者，企业的经营绩效直接影响银行的收益，因此主银行有足够的动力来监督企业的经营管理。实际上，内部人控制内在地要求主银行制与之相匹配。

从实践上看，主银行可能直接拥有企业的大块股份，但相对而言，主银行所持股份数并不多。家族、非金融企业在企业股权结构中所占的地位更重要。戈顿和施密德[①]在

---

① Gory Gorton and Frank A. Schmid. Corporate Finance, Control Right and Firm Performance: A Study of German Codetermination. Unpublished Manuscript. Philly: The University of Pennsylvania, 1998.

对德国198家大型企业股权结构的考察中发现，198家企业中只有39家将银行列入大块股份持有者名单，并且所持有的大块股份比典型的要小。实际上，银行多数时候处于小股东地位。在更多的情况下，银行是通过代理投票来获得企业的控制权。由于小股东在对企业进行监督时存在严重的"搭便车"行为，因此让一家与企业有重大利益关系的机构来代理投票可以用较小的成本来对企业进行监督。主银行是企业信贷的重要供给者，由它来监督企业符合激励相容的原则。同时，为数众多的小股东又是银行的客户，由银行来代理其投票所花费的成本很小。虽然银行并不是最大的大块股份持有者，却可以通过代理投票控制企业。

由于银行有时并不是大块股份持有者，由银行代理投票是否会存在银行和企业相勾结，损害其他股东利益的可能性呢？从理论上说，这种可能性是存在的，这种合谋的结果是企业支付给银行较高的利息以换取银行对企业某些可能损害其他股东利益的活动的支持。比较英美和德日的企业分红情况可以发现，德日企业支付的股利一般低于英美企业。一种解释是德日企业通常为员工提供长期的工作保障和较丰厚的养老金计划，员工的长期利益和企业的绩效息息相关，因此员工作为股份持有者可以忍受较低的股利。

德日模式外部治理的另一特点是企业交叉持股。企业之间通过交叉持股形成一张网，使得来自外部的收购行为面临巨大的困难。日本在这一点上的表现尤其突出，众多的法人股东为稳定相互利益关系而交叉持股。1989年，日本公司法人持股比率达到70%以上。更重要的是，法人股东权益的行使是由法人企业经理人来实现的，造成了普遍的经营者主宰公司的现象。到20世纪90年代后期，随着全球兼并浪潮的兴起，企业间的交叉持股现象有所减轻。

通过比较发现，英美模式下的资本市场比德日模式下的资本市场发达，英美模式下的公司可以方便地利用资本市场进行融资，而德日模式下的公司多通过银行贷款进行融资。从股权结构看，分散化的股权结构和发达的金融市场使英美模式下公司股权的流动性大大高于德日模式下公司股权的流动性，因此外部治理多通过资本市场进行，从债权人结构看，德日公司的债务集中度高，银行贷款占负债的比例高。股权流动性不足使公司的外部治理必然通过公司最大的利益相关者——银行——来进行。资本市场的发达程度和股权结构的差异使外部治理的主体是资本市场或银行。

（二）企业内部治理模式的国际比较

在英美模式中，企业的内部治理结构主要由股东大会、董事会和经理层组成。在英美模式中，十分发达的证券市场能对企业的经营施加巨大的外部约束。企业股份高度分散化，股份多为机构投资者持有。这些机构投资者多为投资基金、保险基金、养老基金、银行信托公司等。个人投资者一般不直接购买企业股份，而是购买这些机构投资者发行的权益凭证，再由机构投资者进行分散化投资。机构股东在企业的股权结构中占重要地位，往往成为企业第一大股东。

英美模式下的机构投资者与德日模式下的大块股份持有者的差异在于：机构投资者持股并不是为了维持与企业间的长期稳定的合作关系，而是追求从证券市场获利，机构投资者并不干预公司的经营管理，虽然在理论上拥有这种权利。实际上，机构投资者持有几十家甚至上百家企业的股份，不可能去干预持股企业的管理。发达透明的证券市场使机构投资者可以采用"用脚投票"的方式对企业进行外部治理。由于公司管理层面临证券市场上公司被接管的压力，因而内部人控制的现象得到有效克服，从而维护股东的利益。

在英美模式中，企业股东大会的主要作用是选举董事会，审议公司的利润分配方案，对企业的经营管理并无太多涉及。董事会和经理层分开运作，经理层负责企业的日常经营决策工作，董事会负责重大事项的决策及监督经理层。为防止董事会和经理人勾结，通常规定董事会中必须有半数的外部独立董事，这些董事是来自社会上的专家学者。通过独立董事的公正监督，确保股东权益。企业还聘有独立审计员，通过财务审计和经营管理审计来约束经理人，形成双层约束机制。

德国企业的内部治理受到德国法律制度的约束。德国法律规定，德国公司必须建立双层委员会的治理结构。双层委员会分为经营委员会和监事会。公司日常的经营管理由经营委员会负责，监事会任命经营委员会的成员并监督其工作。监事会通常不参与企业的日常管理，但经营委员会必须定期向监事会汇报工作，并接受质询。监事会有权在任何时间检查公司的账目和记录。

对于监事会成员的组成，德国《共同决定法》规定：雇用超过2 000名员工的企业应有一半的监事会成员，雇用超过500名员工的企业应有1/3的监事会成员由员工选举产生或工会任命，而不是由股东选举或任命，其余的成员则由股东在股东大会上选举产生。但大块股份持有者可以直接任命代表其利益的监事会成员。银行也通常在监事会拥有一定数目的席位。监事会有权雇用和解雇经理人，经理人的任期一般不超过5年。经理人组成经营委员会，但不能同时是监事会成员。

《共同决定法》除了规定雇员代表参与监事会的权利外，还规定在工厂一级必须成立职工委员会。企业管理层在做出重大决定时必须先通知职工委员会。这些重大决定包括职工管理规则、工厂运行规则、职工转业和解雇以及大规模的职工解雇等。最后，工作车间规则必须经职工委员会同意才能生效。

尽管英美模式和德日模式在内部治理的规则上有不少差异，但它们都力图在不同权力机关之间进行控制权的合理配置，以权力的分立为纽带，通过相互制衡来实现资本的保全，通过授予一定范围内的自由处置权来保证经营者充分发挥能力，从而实现每个利益相关者共同获利的目的。由此可见，体现相互制衡的权力分立是内部治理结构的中心内容。

二、国有企业治理结构效率的实证分析

为了解释自推行放权让利的改革战略，特别是国有企业进行股份制改造以来出现的“穷庙富方丈”和国有资产流失现象，在20世纪90年代，我国经济学界广泛引入了“内部人控制”命题。“内部人控制”是以日本经济学家青木昌彦为首的一些学者在分析苏联和东欧的激进式改革时提出的一个命题。[①] 它是指在国有企业私有化过程中，多数的股权由企业内部人持有，从而在企业的重大战略决策中内部人的利益得到有力强调。或者简单地说，内部人控制是指之前国有企业的经理人或职工在企业公司化的过程中获得

① 青木昌彦．对内部人控制的控制：转轨经济中的公司治理结构若干问题//青木昌彦，钱颖一．转轨经济中的公司治理结构．北京：中国经济出版社，1995.

相当一部分控制权的现象。不少中国学者认为，随着企业自主权的扩大，内部人控制现象不仅在中国的国有企业中普遍存在，而且有越演越烈的趋向。

从内部人控制的命题出发，不少学者推断出经济转型时期国有企业具有以下行为特征：(1) 内部人控制就是指国有企业的经营者在经济转型过程中逐渐掌握大部分控制权，并且这种控制权的获得往往是通过与职工“合谋”完成的；(2) 与内部人控制相伴随的是对企业失去控制的“弱政府”，即政府成了各种利益集团寻租的“猎物”；(3) 内部人控制的后果是企业内部人以牺牲资本所有者的利益为代价来追求自己的利益。

上述结论总体上是对苏联和东欧经济转型时期企业行为的一种描述，但是它不能完全解释我国国有企业的现状。理由是：

首先，内部人控制的命题强调经理人与职工的“合谋”现象，即经理人获得企业的控制权要得到职工的默许或公开支持。然而，在我国的国有企业中，经理人对企业控制权的取得并不取决于职工，而是取决于他与政府主管部门一对一谈判之后的政府授权。由于职工对经营者的任免及决策的影响力很小，因而经营者就没有必要与职工共谋。

其次，内部人控制命题的一个重要证据是企业职工向经理人施加压力，追求人均收入最大化，导致出资人权益受损。事实上，两权分离或股权分散后，企业的经理人的决策权并非来源于内部职工的授权，因此从大量的实证分析的结果来看，职工的平均收入水平并没有随着国有企业自主权的扩大而普遍提高（国有垄断企业除外）。

再次，企业职工工资收入增长并非意味着对企业利润的侵蚀。一方面，职工在收入分配决策方面的作用与其收入的变化不相关；另一方面，职工收入的变化与企业收益的变化存在明显的正相关关系，增长的收入中一部分类似于“效率工资”，由经营者支付给职工以激励劳动积极性，另一部分由作为所有者的政府支付给职工，作为“公平工资”以换取社会安定，至于国有企业资本收益率的持续下降并非来源于职工工资的增长，而是与特定的产权制度有关。

最后，内部人控制命题所做出的“弱政府”判断也不符合我国实际。事实上，在渐进式改革过程中，我国政府不仅影响甚至操纵国有企业的重大决策，而且一直牢牢地抓住企业干部的任免权，党管干部是“强政”的重要体现。

我国的国有企业改革主要是通过政企关系的市场化和契约化来实现权责利的再分配，扩大企业的自主权，逐渐把企业推向市场，在企业内部则实行厂长（经理）负责制，以免“多头决策”现象的发生。在这种体制背景下，政府通过主动授权，赋予经营者很大的经营权，并监控经营者的行为，从而形成了有别于内部人控制的行政干预下的经营者控制型企业治理结构。

行政干预下的经营者控制型企业治理结构具有以下主要特征：(1) 通过企业主管部门与经营者之间一对一的谈判确定企业所有权的分配，经营者的自主权由政府直接授予；(2) 经营者一旦获得授权，便可独立行使决策权，政府作为所有者主要通过职位的晋升、精神鼓励及将经营者的收入与企业的经济效益挂钩来激励经营者不断提高国有资本的营运效率；(3) 尽管出于激励的考虑，经营者也通过职代会和工会赋予职工某些权利，但经营者作为企业的法人代表，在企业所有权的分配中仍处于支配地位；(4) 由企业主管部门充当经营者的监督者，以保护国有产权；(5) 政府监督经营者的主要手段是任免经营者和参与或干预企业的重大决策。

国有企业即使进行股份制改造以后，企业的治理结构仍然具有行政干预下的经营者控制特征。例如，公司的董事长、总经理由政府委派，政府对公司人事安排和重大决策仍发挥重要的作用；董事长、总经理角色混同。本来董事长作为股东代表行使财产权，董事会选任的总经理负责日常的经营管理工作。但实际上企业改制后，常常是由原来的厂长身兼董事长和总经理两职，导致经营者自己监督自己的局面，从而与原来的厂长负责制没有本质区别，监事会职能严重弱化。监事常常由企业的部门负责人兼任，他们一般听命于董事长和总经理，难以履行监督职能。政府常常把一些即将退休的老干部安排到公司当董事或监事，他们长期从事行政工作，没有能力胜任企业的决策和监督工作。因此，经营者在政府的行政干预下控制了企业所有权。

经营者由于有着不同于所有者的独立利益目标，在信息不对称的条件下，就可能利用所有者的授权来谋取自身利益最大化，因此，对经营者行为的监督是非常重要的。但是，当由政府来履行监督职能时，一般较难取得良好的监督效果。原因在于：首先，政府的目标是多元的，它不仅追求资产的保值与增值，而且强化所有权约束的后果通常会导致对企业过多的行政干预。其次，由于政府官员并不对投票后果承担责任，因此就难以避免有些政府官员利用“廉价投票权”与企业的经营者“合谋”，侵蚀国有资产，或者对投票表示“冷漠”。再次，在信息不对称的条件下，政府一般依赖企业“档案”和纵向的统计资料来判断、评价企业的经营绩效。经营者由于较容易操纵信息，因而可获得占优势的谈判力，谋求自身利益。最后，由于国有企业的剩余索取权不能转让，国家事实上继续对企业承担着无限责任，从而政府既无法“用脚投票”，也很难采取破产策略，以惩罚经营者的机会主义行为。

以上分析表明，这种行政干预下的经营者控制型企业治理结构存在以下明显的缺陷：一是对企业经营者只有激励没有相应的约束和惩罚手段，因为国家对企业仍然承担着无限责任；二是只有单向权威没有多边制约，这是片面追求厂长（经理）负责制的结果；三是个人决策、集体负责的后果是企业内部没有真正的风险承担者；四是信息资源及其衍生的决策和监督资源的浪费，债权人、职工的合法权益被忽视。以上缺陷是当前国家在处理国有资产流失现象时“管”也难、“不管”也难的症结所在。要从根本上改变企业因“失控”而导致低效率的局面，就必须改革这种行政干预下的经营者控制型企业治理结构，而重新设计最优化激励约束机制的根本途径是沿着产权明晰的思路推进产权制度改革。

三、国有企业治理结构创新应走出“股东至上”的困境

从已有的国有企业改革实践来看，一些改革的着眼点是单纯地改进政府对企业的控制和激励，而不是试图建立一个符合现实约束条件的科学的治理结构。不难看出，这是典型的“股东至上主义”在支配着改革的进程。所谓“股东至上”逻辑，就是指企业的制度效率的度量标准在于所有者或股东的利益最大化，如果经营者的自由处置行为损害了所有者的利益，则意味着企业的治理结构有问题。因此，治理结构就简化为单层的委托代理关系，其中的关键就在于作为所有者的委托人如何激励和约束代理人。按此逻辑，国有企业改革的原因在于，国有资本的所有权权益不能得到保全，因而改革的关键就是解决“所有者缺位”问题，也就是加强政府对企业的控制。所以，整个国有企业渐进改革过程就表现为政府的放权让利，实质上则是政府与企业经营者的权利争夺。由于

信息不对称及“廉价投票权”的外在约束，经营者在这场权利争夺战中总能占优势，从而能合法地取得绝对的自由处置权。然而，一方面，国有企业的经营者产生机制行政化，无法保证有能力的人走上决策岗位；另一方面，政府对企业监控机制的行政化及国有资本的无限责任制度又无法硬化企业的约束机制，结果改革越深化，经营者手中的权力也越大，滥用权力的现象也越多，这是国有企业低效率的真正根源。

正如前文所讨论的，“股东至上”逻辑无论在理论上还是在实践中都是站不住脚的。市场经济中处于主导地位的企业并不单纯地追求股东权益最大化，而是以公司法人财产为依托，追求一种“适应性”，以获得企业自身的永续发展。换句话说，企业制度本质上是一张“契约网”，它是为利益相关者服务的。仔细思考我国的国有企业改革过程不难发现，被忽视的恰恰是产权主体的平等问题。以政府代理人和企业经营者之间的权利争夺为核心的企业渐进式改革造就了经营者软约束下的自由处置权膨胀的温床，至于债权人、职工等在企业中的“声音”被无情地剥夺了，结果，国有企业的治理结构不是建立在科学的“三权分立”基础上，而是建立在没有监督能力和监督动力的政府代理人的监督行为及经营者的无外在约束的自律行为上，这必然为无能的或不负责任的、以权谋私的经营者创造了“良好”的生存环境，同时也为经营者与政府代理人“共谋”创造了条件。

股东至上逻辑使国有企业改革陷入难以摆脱的困境：

第一，由于“所有者缺位”，国有资产必须由一个代表来行使其权利，若政府主管部门成为代表，则将面临“廉价投票权”难题；若经营者成为代表，则其权力无限膨胀将导致没有约束的自由处置行为及所有者权益受损。

第二，股东至上逻辑要求委托人把大部分生产经营决策权委托给经营者行使，但国有企业的民主集中制原则又要求集体决策、集体负责，两者结合的后果是经营者常常以集体名义做出决策，从而使自己不用承担决策后果。

第三，普通职工应有的参与决策权、监督权在股东至上逻辑下成为走形式的工具，导致了人力资源的浪费。

第四，国有资本与政府权力的结合使经营者可以随意剥夺其他小股东和债权人的权益。

因此，要克服以上难题，就必须实现企业治理结构的创新，其核心是扬弃传统的股东至上逻辑，遵循既符合国情、又顺应潮流的利益相关者合作逻辑。新的改革逻辑强调，企业不仅要重视股东的权益，而且要重视利用其他利益相关者对经营者的控制；不仅要强调经营者的权威，而且要关注其他利益相关者的实际参与。

第四节　国有企业治理结构创新：共同治理机制的设计

一、利益相关者合作逻辑与共同治理

利益相关者合作逻辑与股东至上逻辑的本质差异在于公司的目标是为利益相关者服务，而不只是追求股东利益最大化。公司是利益相关者相互之间缔结的“契约网”，各利益相关者在公司中或投入物质资本，或投入人力资本，目的是获取单位个人生产无法

获得的合作收益。合作逻辑并不否认每个产权主体的自利追求，而是强调理性的产权主体把公司的适应能力看作自身利益的源泉。因此，一个体现和贯彻合作逻辑的治理结构必须让每个产权主体都有参与企业所有权分配的机会，但这是机会的均等，而不是权力的平均化。现实的企业所有权分配结构总是不平均的，这取决于产权主体相互之间的谈判。

贯彻了合作逻辑的治理结构就是“共同治理”机制，它强调决策的共同参与和监督的相互制约。具体地说，就是董事会、监事会中要有股东以外的利益相关者的代表，如职工代表、银行代表等。共同治理与原有的治理结构改革思路相比，有以下优点：

第一，承认改革的“路径依赖”特征。宪法已规定了公有制在我国经济中的主体地位，这实际上排除了通过私有化实现国有企业市场化的可能性。企业法、工会法等规定了职工地位和权益，企业改革无法回避这些。同时，职工的就业刚性及企业的债务刚性在短期内无法改变。诸如此类的约束条件限定了治理结构的创新空间。正确的改革思路应该是积极地面对“路径依赖”，把传统看作可利用的资源。比如人们常批评就业刚性，其实它反映了职工对企业的依附，这是确保职工与企业利益相关的基础。共同治理就是要把这些约束条件转为资源加以利用。

第二，能改变个人决策、集体负责的现象。共同治理要求一些重大决策由董事会集体表决、集体决策、集体负责。同时经理人代理行使日常生产经营决策权，并对其后果负责，一旦出现问题，由董事会（而不是政府）对其施以惩罚。监事会则代表除经营者以外的利益相关者的利益，独立地监督董事会及经理人的行为。

第三，有助于克服政府的“廉价投票权”难题。在政府是唯一独立的监督人时，该难题是致命的。但共同治理引入职工、债权人，甚至一些私人股东作为监督人，就可以在客观上弱化政府的监督“失灵”问题。因为职工的就业刚性、债权人的债务刚性、小股东的权益都能激发监督动力，而政府则可以“搭便车”。

共同治理的核心就是经济民主化，通过公司章程等正式制度安排来确保每个产权主体拥有平等参与企业所有权分配的机会；同时又依靠相互监督的机制来制衡各产权主体的行为；适当的投票机制和利益约束机制则用来稳定合作的基础。共同治理模式是在充分考虑制度环境约束及传统路径约束的前提下的现实选择。同时，共同治理模式是“可塑”的，具有自身的适应性，在不同的外部环境和内在组织特征下，它具有不同的具体机制。从这一角度看，共同治理又是长期的治理结构发展的指导模式。

共同治理模式包括两个并行的机制：董事会和监事会。董事会中的共同治理机制确保产权主体有平等的机会参与公司重大决策；监事会中的共同治理机制则确保各个产权主体能平等地享有监督权，从而实现相互制衡。

二、董事会中的共同治理机制

（一）职工董事制度

建立职工董事制度是完善董事会中的共同治理机制的一个重要内容。通过国际比较可发现，职工董事制度与各国的制度环境有关。大陆法系一直强调公司活动涉及劳资双方的一种伙伴关系，并坚持“所有制”是对责任的一种必不可少的解释，但这样的解释是不够的。因此，大陆法系国家大多建立了劳工代表参与董事会决策的制度。德国1976年通过《共同决定法》把监督董事会中的职工代表与资方代表的比例从1∶2调整到1∶1；荷兰则建立了职工委员会，要求董事会的某些重要决定必须通过该委员会批准；法国规定，雇员超过50人的公司的董事会中必须有职工观察员参加。与大陆法系相反，英美法系不要求职工代表直接参加董事会，但这不等于说职工的权益得不到保障。因为英美法系国家已形成一个精心设计的谈判圈来解决劳资纠纷，职工的参与是同工会活动和政府的规定（如最低工资、工作时间、工作条件等）结合在一起的。由此可见，虽然职工进入董事会只是共同治理的一种机制，但职工参与多层次的决策是普遍现象。

各国的国营企业大多允许职工进入董事会，如英国钢铁公司1978年8月任命了6名职工董事，他们全部是受薪职工，但不是专职脱产的工会会员；联邦德国的萨尔茨吉特机械设备公司的21人董事会中有2名雇员代表；法国电力公司的15人董事会中有5名雇员代表；其他的一些国营企业均设有雇员代表。我国让职工进入国有企业决策层有法律依据；同时也应看到英美法系的企业外工会与集体谈判制度在我国缺乏必要的法律运作基础，所以我们主张大陆法系所倡导的职工董事制度。

根据国外的经验与我国的体制背景，我国的国有企业或国有控股公司在构建董事会时有职工董事进入。我国建立职工董事制度应注意以下几个方面：

第一，关于职工董事的资格。职工代表必须反映企业大多数职工的利益。考虑到目前许多企业的职工代表由工会主席担任，因此可以规定，当职工代表人数为1人时，由工会主席担任该职，当职工代表有2人以上（含2人）时，必须有1/2来自基层的一线职工和干部。这样做的好处在于，国有企业职工是当然的工会会员，工会作为职代会的常设机构，代表全体职工的利益，有法可依；工会主席进入董事会可省去专门的集体谈判程序。让一线职工和干部的代表成为职工董事有利于保护广大职工的权益，因为：(1) 国有企业的冗员主要在后勤和管理层；(2) 一线生产人员是目前国有企业的中坚力量，他们对企业投入专用性人力资产，却因决策效率低下而利益受损；(3) 一线干部和职工充分掌握企业生产能力等信息，进入董事会便于干群之间的信息交流。这样做的不足之处在于可能把董事会变成一个集体谈判的场所。我们认为，国有企业职工的强依附性完全可以弱化对抗性矛盾，更何况，集体谈判单独进行同样会干扰决策，反而多了一大套程序。在现有创新空间内，应把企业工会与集体谈判制度提高到决策层，让职工参与企业决策，这可以积极地引导职工与出资人合作，充分利用其人力资源及和企业荣辱与共的精神。由于实践中一般把经营者当作国有股权的代表来处理，应特别规定职工董事不包括中层以上干部（工会主席除外）。

第二，关于职工董事的选任。职工董事（包括工会主席）由职代会按多数同意原则民主选举产生。

第三，关于职工董事的人数。有人主张职工董事在董事会应占1/5～1/4的比例，我国实际上该比例仅有1/10左右，该比例最高的国家是德国，占1/2。考虑到国有独资公司的特性，我们主张采取折中的办法，暂定为1/3左右。理由是，职工董事比例偏低，很难起到参与作用，太高也不行，容易引致通常所讲的“内部人控制”问题，并且留2/3归政府派出，可使政府有更多的机会选择专家成为独立董事。对于国有控股公司，其中有限责任公司职工董事的比例可以考虑在1/3左右，与国有独资公司类似。理由是由国有企业改组的有限责任公司基本上仍是国有股占主体，职工参与决策可更好地运营国有资产。股份有限公司的职工董事比例可定在1/5～1/4。职工董事中1名可以是工会主席，余者1/2为一线干部和职工，1/2为管理人员（中层以上干部除外）。

（二）银行董事制度

从我国上市公司股东大会的实际运作看，往往要求达到某一持股比例的股东方可参加股东大会，这容易造成大股东操纵股东大会的局面，对小股东的权益造成损害。当然，并不是每个小股东都愿意参加股东大会。我国的股票市场换手率极高，众多的股民只关注股价的涨落，很少关注公司的绩效。在这种情形下，很容易导致股东大会的形式化。此外，我国采取了“两业分离”模式，杜绝了银行参与公司决策的途径，但在现有银企关系下，如果银行不能积极地干预企业的行为，将无法保全债权权益，因为银行债权大多成为刚性的沉没资本，无法退出；而大面积地申请破产又不可能，政府会出面干预，并且破产也会造成银行的巨额损失。如何才能让银行合法地进入董事会、监事会呢？我们认为，通过表决权代理制度或信托制度可以同时实现小股东和银行的权益保护。

第一，表决权信托制度。这是指股东在一定期限内，以不可撤回的方式，将表决权让与其所指定的表决权受托人，以谋求表决权统一使用的信托制度。

第二，表决权代理制度。这是指股东委托其代理人行使表决权的制度，代理关系是一次性的，可撤回的。

这样，通过表决权代理制度，小股东在召开股东大会前把投票权委托给银行行使，银行可选一代表出席股东大会，代表小股东行使投票权。这样做可以绕开两业分离的法律障碍，充分发挥银行的信息优势和人力资源优势；同时银行代表进入董事会，也便于信息交流和权力平衡。小股东也可以委托某信托机构和投资公司为受托人，代表他们行使表决权，这样，也可以充分利用金融机构的人力资源。

三、监事会中的共同治理机制

有关监事会的法规分别见《中华人民共和国公司法》（以下简称《公司法》）与《国有企业财产监督管理条例》（以下简称《监管条例》），后者比前者更具体，但它们在监事的资格、人数上存在矛盾之处。《公司法》要求监事会由股东代表和职工代表组成，具体比例由公司章程规定，而《监管条例》则规定得比较宽泛。特别是《公司法》规定董事、高级管理人员不得兼任监事，而《监管条例》却无此限制。在人数上，《公司法》规定，经营规模较大的，其成员不得少于3人；规模较小及股东人数较少的，可设1～2名监事；而《监管条例》要求监事会成员不少于5人，并规定了15人的上限。

按照国家有关部门的解释，《监管条例》之监事会与《公司法》之监事会的区别在于：(1) 前者由政府派出，报酬由派出机构支付，而后者由股东选举产生，报酬由公司支付。(2) 在组织性质上，前者是外设机构，后者是内设机构。(3) 前者的目标是确保国有资产保值增值，后者的目标则是确保股东的权益。(4) 前者不具普遍性，小型国有企业可以不设监事会，而后者是公司的必设机关。麻烦在于，当某企业既属于国有企业，又属于有限责任公司时，以哪个法规为准呢？基于此，我们提出以下模式：

第一，对于国有独资公司，《监管条例》中有关监事会的诸规定可视为对《公司法》第二章第五十一条至五十六条及其他有关条款的解释条款。

第二，规定企业领导人（厂长、经理及财务负责人）不得兼任监事。因为监督的对象主要是企业经营者，若不加此限制，便成了自己监督自己，导致监督失败。董事与监事不得相互兼任。

第三，规定国有独资公司监事会中职工代表只设2～3人，其中1人可为企业中层管理人员。鉴于国有控股公司中有限责任公司应有1～2名职工监事，股份有限公司应有1/3职工监事，鉴于职工都可被视为企业的“内部人”，并且有权参与决策，因此，有可能形成自己监督自己的被动局面。不过，增设少数职工代表可以促进企业与外界的信息交流，便于双方的合作。

第四，规定职工监事的产生机制与职工董事相同。职工监事不能同时任职工董事，反之亦然。

第五，规定必须有1～2名银行代表作为监事，以确保债权人的利益，同时也反映了当前银企关系的现状。当公司规模较小，只设1～2名监事时，其中1名必须是银行代表。

四、分类改革战略下的国有企业共同治理机制设计

在逐步推进国有企业分类改革思路的指导下，相关的治理结构也必须以此展开分类再造，从而做到治理结构和分类改革路径的匹配。国有企业治理结构再造的总体原则是：通过加强党组织的领导作用来体现国有企业制度的性质，通过共同治理和相机治理有机结合的方式来重构具体的治理机制。

（1）处于公益类领域的企业通常实行国有国营模式，相应的治理结构应为内部人决策和外部人监督这两种机制的有机组合。

公益类国有企业为了保证社会目标的实现通常由政府直接经营，这个领域主要是国有独资公司，极少数产品和服务的供给采取混合所有制形式。就国有独资公司而言，由于只有国有股这一单一的股东，并且国有股又具有完全社会化的性质，因此，党委的重大决策通过公司董事会在公司治理中发挥核心政治作用，在此基础上具体建立以下两种治理机制。首先，内部人决策机制。由内部人负责公司具体的生产经营活动的决策。由于公司的管理层和职工对企业及行业更熟悉，具体的生产经营管理只有通过这些内部人来实现，才能避免出现决策失误。但为了避免管理层独断专行，即便是内部人决策机制，也应该按照利益相关者论来再造，具体来说，就是构建共同治理模式下的内部人决策机制。也就是说，公司的董事会虽然由内部人组成，但工人董事应该占有一定的比例，从而确保工人董事在生产经营活动中起到积极的作用。这种设计也便于工人和管理层进行民主协商和信息交流，使得公司决策民主化和科学化。其次，独立于内部人的外部治理机制。外部治理机制包含两个方面：一是有关政府部门负责任免管理层，并决定管理层的薪酬水平和结构；二是有关部门派出独立的监事，负责对公司生产经营活动的日常监督；三是审计部门对企业进行定期审计；四是企业信息公开，类似上市公司的做法，在指定平台上定期公告以资产负债表、利润表和现金流量表为主的财务信息，法定

豁免披露的除外；五是接受利益相关者或者其他社会成员委托国家审计机关或第三方独立审计机构不定期进行全面审计和专项审计。这套独立的外部治理机制实际上分设了事前监督、事中监督和事后监督三个机制。人事和薪酬的控制属于事前监督，通过管理层的选拔和薪酬制度的建立，可以事前形成对管理层的有效激励。而独立监事制度则是通过独立的监事来监督企业，属于事中监督。审计则是标准的事后监督机制。和过去的做法不同，本书认为，审计必须和信息披露制度相结合，才能实现事后监督的有效性。信息披露可以实现社会监督，通过社会成员对所披露信息进行分析和甄别，更容易发现问题。一旦发现问题，社会成员有权提请审计机构针对所发现的问题予以审计，审计部门有义务接受社会成员的委托。注意，此处的审计机构不仅可以是国家机关，还可以是独立的第三方审计机构，比如会计师事务所等。假如一个债权人或者或有债权人委托第三方审计，那么第三方有权对公司进行必要的审计。

（2）处于自然垄断行业的国有企业通常要建立现代企业制度，条件合适时在海内外公开上市，但为了兼顾社会目标与利润目标，国有资本要保持控股地位。相应的治理结构为董事会共同治理、监事会共同监督、外部相机治理三种机制的有机结合。

在自然垄断领域，国有资本保持控股地位，但鼓励混合所有制发展。因而针对这个领域的国有企业的治理结构再造，同样需要发挥党委在公司治理中的核心政治作用，在此基础上构建三种不同类型的治理机制：一是没有混改的国有控股公司的治理结构再造；二是包含非国有资本的国有控股公司的治理结构再造；三是国有参股公司的治理结构再造。没有进行混改的国有控股公司实际上就是国有独资公司，考虑到混改的可能性，需要在治理结构的再造上保留制度创新的空间，因而可以把有混改和无混改的国有控股公司作为一个统一的类别来看待。

对于国有控股公司来说，首先，应突出国有资本的权益地位，但又不能完全国有国营，而是要在制度层面上充分保护非国有资本的权益。其次，国有控股公司以管资本为主，政府只需要关注控股地位是否保持、国有资本是否保值增值这两个问题，而无须关心具体的生产经营活动。因而在治理结构的设计上，要采取一定的分权原则。简而言之，国有控股公司的治理结构应采取董事会共同治理、监事会共同监督、外部相机治理的三位一体模式，具体如下：

第一，董事会采取共同治理模式，核心设计是利益相关者代表进入董事会，具体包括：1）外部独立董事，由政府有关部门选派，人选必须是能力和经验足以胜任董事角色，比如企业所在行业的技术专家、财务和法律专家、经济学家、管理学家等。这类似“淡马锡”模式中的外部董事。政府有关部门建立国有控股公司董事监事专家库，从中进行选择。外部独立董事和企业没有任何关联，其津贴由政府有关部门支付。外部独立董事属于兼职，受政府有关部门委托，负责企业董事会层面的生产经营活动决策。2）管理董事，由公司高管构成。高管负责公司的日常生产经营管理工作，熟悉公司的方方面面，参加董事会有助于重大事项的交流和沟通。3）职工董事，由经验丰富、富有责任心的职工代表担任。职工熟悉基层工作，对企业的具体管理事务有自己的认识，能够从自身角度提出自己的看法。4）其他利益相关者代表董事，其中主要是直接债权人代表，比如银行等金融机构派出的董事。由于国有控股公司需要运营国有资本，涉及金融市场和金融工具，把金融机构代表纳入进来，有助于提高这方面的决策效率。外部独立董事、管理董事、职工董事和其他利益相关者代表董事可以各占1/3。

第二，监事会采取共同监督模式。过去监事会基本上形同虚设，起不到应有的作用。后来针对国有大型企业建立了外派监事制度，起到了较好的监督效果。但外派监事存在一个弱点，就是难以及时发现企业内部的变化情况。因此，国有控股公司的监事会需要按照共同监督的模式再造，具体来说就是：1）保留外派独立监事制度，政府有关部门从外部董事监事专家库中选派独立监事代表进入公司监事会，并担任监事会主席。2）工会监事。选拔经验丰富的、有责任心的基层工会代表进入监事会，成为工会监事。3）政府监事。由政府相关部门工作人员担任。主要是监督公司的负外部性，督促国有控股公司承担应有的社会责任，其中尤其重要的是环保部门可以直接派出监事进入企业，直接监督企业在环境保护方面的工作。原先国有企业的监事会就是由外派监事和职工代表监事组成，但职工代表监事往往形同虚设。让监事会的共同监督模式成为实际有效的治理机制的关键在于，监事可以给管理层打分，进行评价，而这个评价直接影响到其晋升和薪酬水平。

第三，在上述两种治理机制之外，设立外部相机治理模式。所谓相机治理机制，就是根据企业出现的某种信号而启动的治理机制。对国有控股公司来说，如果董事会和监事会能够正常、有效运转，那么外部相机治理机制就不会启动。假如公司出现某些信号，外部相机治理机制就会随之启动。1）外部相机治理机制的设定。外部相机治理机制由两部分组成：一是固定的事前人事和薪酬决策及事后审计监督；二是随势所变的管理层更迭机制和公司并购重组机制，可被看作某种相机机制。2）常规机制，就是指公司的主要决策者，即控股公司的高管由外部任免，也就是由政府有关部门任免，相应的薪酬水平也由有关部门决定，这和现行的做法一致；政府审计机关定期对公司展开审计。3）所谓相机机制，就是外部治理相机而行的意思，当公司出现了某种状况时，比如高管腐败、业绩大幅下滑、重大决策失误等，这种机制就会随机启动，有关部门通过对公司进行调查研究，相机任免公司高管；如果涉及公司业务的重大变化，好的方面如快速扩张，不好的方面如财务危机，那么外部相机机制就可以通过相关人事变动来推动公司的并购重组，从而达到化解风险的目的。

第四，对于混改的国有控股公司，其他机制不变，但在董事会共同治理模式中，非国有股东可派出董事，派出人数取决于其股份占比大小。假如非国有股东因参股份额很小，不满足派出董事的条件，那么可以允许非国有股东派出监事代表，行使监督权。这样有利于保障非国有股东在国有控股公司中的权益。

第五，对于这些领域中的混改的国有参股公司，因不具备控股权，严格意义上已经不属于国有企业，这类企业按照《公司法》的要求建立治理结构，国有股东按自己持有的股份选派自己的董事。其他机制不成立。

（3）在纯私人产品领域实现国有资本的证券化，相应的治理结构为董事会共同治理、监事会共同监督、外部相机治理三种机制的有机结合。

对于纯私人产品领域的国有企业来说，由于核心内容是管效益，通过国有资本证券化以及资产组合管理来实现利润最大化，因而这类企业可以采取类似养老金、社保基金或者国外大学捐赠基金的治理结构模式，具体如下：

第一，董事会采取共同治理模式。但由于纯私人产品领域中国有资本的管理以管效益为主，核心内容是确保国有资本的流动性，通过国有资本的证券化和资产组合管理，依托多层次金融市场，实现国有资本的利润最大化目标，因此，相应的董事会共同治理机制应该和这一核心内容相匹配。本书认为，这类企业的董事会应该包括三类代表：1）政府派出的外部董事，这一点与准公共产品和公益品领域的国有投资公司相同，政府派出的外部董事由政府有关部门从国有控股公司董事监事专家库中选择。2）管理董事，由公司高管构成。3）职工董事，由职工代表大会选出代表进入董事会。4）金融专家独立董事，由政府有关部门从国有银行、证券公司、基金公司以及其他投资公司和金融机构中选择经验丰富、富有责任心的金融专家担任。这些金融专家熟悉金融市场，通晓证券化和资产组合管理的理论及技术，能够帮助公司更好地管理国有资本。

第二，监事会采取共同监督模式。与准公共产品和公益品领域的国有控股公司类似，纯私人产品领域的国有企业同样设置监事会的共同监督机制：1）外派独立监事和工会监事，它们的设置与准公共产品和公益品领域的国有控股公司类似。2）审计监事，由政府审计部门工作人员担任，或者由政府有关部门从独立的会计师事务所选拔合适的人员担任，作用是监督公司的资金来源和资金运用情况。这一点与准公共产品和公益品领域的国有控股公司不同。这是因为纯私人产品领域的国有企业的核心是管效益，而不是管具体的国有资本在生产领域的价值创造过程。监事有权评价管理层的工作情况，并且这个评价直接影响其晋升和薪酬水平。

第三，纯私人产品领域的国有企业同样需要采用外部相机治理模式。这方面与准公共产品和公益品领域的国有控股公司的外部相机治理模式类似。

第四，对于混改的国有控股公司，其他机制不变，但在董事会共同治理模式中，非国有股东派出董事，派出人数取决于其股份占比大小。

第五，同样的道理，对于这些领域中的混改的国有参股公司，因不具备控股权，严格意义上已经不属于国有企业，这类企业只需按照《公司法》的要求建立相应的治理结构，国有股东按自己持有的股份选派自己的董事，无须增设特定的针对国有企业的治理机制。

五、分类构建国有企业经营者的激励机制

现代经济理论一再证明了企业家在一国的经济增长和企业的成长中所发挥的至关重要的作用。熊彼特断言："企业家是经济增长王国里的国王。"不管是美国的亚科卡，还是日本的松下幸之助，他们都一手创造了企业成长的奇迹。我国企业发展中的大量事实也同样证实了企业家的重要性。因此，无论从推进市场化进程来说，还是从造就具有竞争力的企业来说，都必须善待企业家，根据企业的业绩给予企业家必要的激励是一个重要的方面。尤其是根据委托代理理论，在所有权与控制权分离的条件下，由于所有者与经营者的目标函数不一样以及信息分布的不对称性，经营者很容易利用所有者的授权来谋取私利，"内部人控制"就是其典型特征。因此，对国有企业内的经营者既需要约束，也需要激励，通过体制改革与机制创新形成合理的国企高管薪酬形成机制，从而既能符合公众的道德判断，又能调动高管更有效地保值与增值国有资产。

最近几年，国企高管限薪成为大家热议的问题。普通员工认为大家都是企业的主人，凭什么高管就要拿数倍甚至数十倍于员工的薪酬；国企高管则觉得很委屈，认为自己付出了那么多，拿的薪酬远低于外企与私企的高管，员工还一直对他们进行道德审判。国资管理部门也左右为难，不限薪吧，民众不满意；限薪吧，调动高管的积极性恐

成问题。其实从公布的财务报表看，总体上国企高管的薪酬水平并非高得离谱，但媒体和民众为何还大声谴责呢？看来问题主要不是出在高管薪酬的绝对水平或者民众的“红眼病”上，而是国企高管薪酬的形成机制出了问题。其一，内部人控制下国企高管自己给自己加薪。本来经理人的报酬由公司股东会、董事会根据其经营业绩来确定，但是有些公司发生了内部人控制现象，即企业高管通过垄断公司信息或者贿赂拥有廉价投票权的人来控制公司董事会，从而背离企业的业绩，自己给自己涨薪。其二，对国企高管有激励但无约束。目前在国企的薪酬制度设计上大多是若企业业绩改善，则对高管的奖励有相对明确的规定，而企业一旦发生亏损或者业绩下滑，却缺失相对明确的惩罚规定。这种“旱涝保收”的薪酬制度不仅不利于激发高管“绝地反击”的勇气，而且引发广大员工的不满。其三，“明薪”低，“暗薪”高。从公司公布的财务报表来看，高管的薪酬确实不高，但事实上很多国企高管的实际收入并不只是公布的那些货币收入，还包括公众不知情的非公开收入以及其他非货币收入，如在职消费等。其四，低薪、低能与低效。尽管许多国企高管公开的薪酬低于外企与私企的薪酬水平，但表面的低薪下养了一批平庸低能的经营者，他们的无能甚至胡作非为导致企业资产的低效率运营，甚至是资产的流失。

解决以上困境的出路是在深化产权制度改革的基础上完善对经理人的激励约束机制。首先，在所有者职责到位的前提下形成出资人对经营者的制衡机制，使董事会既有动机又有能力为经理人设置有效的激励约束机制。其次，企业高管身份的规范化。当前国企高管既是经理人又是官员的双重身份造成了民众不满、高管委屈的不对称评价，即国企高管要比照外企和私企拿高薪，却同时享受着官员的权利，员工与公众对此不满；如果让国企高管比照公务员确定薪酬标准，却要其同时承担经理人的责任，则会让高管感到委屈。因此，明确国企高管的经营者身份对于选择一个恰当的标准来衡量高管薪酬水平的高低是相当重要的。再次，对企业高管既要有激励，也要有约束。人力资本只能激励，不能压榨。经理人是一种稀缺的人力资本，尤其需要激励，年薪制、奖金、股票期权计划、退休金计划等都是可选择的激励形式。但是仅有激励是不够的，还必须有相应的约束机制，并且一旦高管损害公司的利益，对高管的惩罚应是可置信的。最后，高管薪酬透明化。不仅国企高管薪酬标准的确定应有章可循，而且应有法定程序公开国企高管的薪酬，包括各种货币收入，同时限制其凭借控制权获取非货币收入的途径。

2014年8月29日，中共中央审议通过了《中央管理企业负责人薪酬制度改革方案》，明确了国企高管薪酬由基本年薪、绩效年薪、任期激励收入三部分构成，并对基本年薪、绩效年薪、任期激励收入的计算方法和与每部分薪酬相关联的计酬基数、年度考核评价系数、绩效年薪调节系数、任期考核评价系数的最高值以及薪酬支付发放周期等做出了具体规定。尽管从一般意义上说，必须优化对国企高管的激励约束机制，但由于国有企业所处行业不同，因而国企内部激励机制的设计应该坚持薪酬制度改革方案通过的“明确坚持分类分级管理”和“建立与企业功能性质相适应的差异化薪酬分配办法”，先确定企业高管身份，再构建与身份相对应的激励机制，并根据不同类型的国企对高管实施差异化薪酬激励方案。

第一，处于公益类领域的企业通常实行国有国营模式，企业管理者和员工的薪酬应当参考公务员薪酬标准，采用年薪制，并适当引入成本控制奖励。

公益类国有企业里的管理者与员工类似于国家公务人员，管理者有相应的行政级别，其薪酬标准参考同级别的公务员的薪酬水平。日本的经验还是具有参考价值的。日本的国有企业在组织形式上被称为独立法人，分布在金融、科研、教育、邮政、空运、铁道运输、烟草、盐业等行业。日本国有企业管理人员的薪酬是比照国家公务员薪酬制度来设定的，但允许适当调整，一般高于公务员。公务员的平均年薪相当于大企业员工的1.4倍，中小企业员工的1.8倍，而国有企业研究职位的年薪是公务员的1.4倍，行政职位、技术职位的年薪是公务员的1.1倍。2012年日本银行总裁（相当于公务员的部长级别）的年薪是公务员的5.4倍，大企业员工的7.1倍，中小企业员工的9.6倍。[①]为了保持规模经济效益与范围经济效益，政府设置了严格的进入壁垒，对于处于高度垄断地位且在很多情况下具有信息不对称的领域，由于消费者处于明显的劣势，如果高度采用绩效激励，则有可能诱发企业管理者采用涨价或者降低质量的方式来提高绩效，获取更多的收入。因此，一般可比照公务员采用年薪制。但这不等于说不需要在公益类国有企业中构建激励机制，只是与一般的市场型激励不同而已，例如，职务提升的行政级别晋升激励、精神层面的激励及与成本有效控制和消费者满意度相关的物质激励。

第二，处于自然垄断行业的国有企业通常要在引入战略投资者的基础上改造成国家控股的上市公司，它既要贯彻国家的产业政策，追求社会目标，又要提高效率，追求利润目标。因此，需要对企业内不同身份的经营者采用不同的激励机制。

自然垄断领域里的企业大部分属于央企，不仅规模大，而且行政级别高，许多都是副部级国企，改制后的央企经营者一般有三种类型：一种是中管干部，一般为中组部任命的副部级公司核心高管；另一种是由国资委选拔任命或者由地方政府任命的也具有行政级别的公司高管；还有一种是市场招聘型职业经理人。一般来说，中管干部型公司高管以职务晋升激励为主，以货币化激励为辅，其薪酬结构可以参考同级别公务员薪酬水平与公益类国企高管的薪酬标准，同时还有适当的与公司绩效相联系的激励性报酬，其年薪标准需经上级主管部门审核批准。对于国资委任命的公司高管，一般应为市场型激励与职务晋升激励并重，以市场型激励为主。国有控股企业不仅需要保持国有资本增值，而且负责国有资本的具体管理和经营，因此需要对管理人员提供足够的激励，其薪酬一般由基本年薪、绩效年薪、任期激励收入三部分组成，同时规定其薪酬总额一般不超过员工平均薪酬的8～10倍。对于市场招聘型职业经理人，则应选择具有市场竞争力的激励方案。人的劳动与创造能力隐藏在人体之中，如果不能引入有效的激励机制，那么人力资本所有者就可能在固定收入下最小化自己的劳动供给。经理人是一种稀缺的人力资本，尤其需要激励。当前可选择的是及早引入以年薪制、奖金、股票期权计划、退休金计划为主要内容的最优报酬计划，将经理人对个人效用最大化的追求转化为对企业利润最大化的追求。员工工资一般分为基本工资与绩效工资两种类型，应把员工的报酬水平与企业的绩效相联系，以激励员工的劳动积极性。在国有企业内部，根据不同岗位和职责设计激励机制，鼓励一定的差别化薪酬，提高非货币激励的作用。应该避免薪酬结构的单一化和扁平化，建立与管理者职责相适应的薪酬激励。如果条件成熟，也可在自然垄断型企业里适度实行股权激励和员工持股，让企业在市场竞争中保持人才优势。

第三，对于在纯私人产品领域的国有控股或者国有参股的企业，建立对经营者的市场化薪酬机制，通过多元化薪酬安排，满足多样化的激励需求。

---

① 数据来源于社会科学网（http：//www.cssn.cn/glx/glx_qygl/201406/t20140619_1217724.shtml）。

竞争性领域的国有企业高管与行政级别完全脱钩，国资委一般不再直接任命企业负责人，而是通过经理人市场招聘经营者，由董事会激励与约束经理人，在完成相应的经营目标的情况下，向经营者提供具有市场竞争力的薪酬，其薪酬结构采取短期激励和长期激励相结合的方式，特别是应引入股权激励，激励经营者追求公司的长期利益。

第五节　国有企业治理结构创新：相机治理机制的设计

一、企业治理结构的相机特征

（一）企业所有权的状态依存性

企业所有权是企业的剩余索取权和控制权的统称。治理结构本质上就是在既定的财产所有权格局下，对企业所有权的配置。企业所有权安排形式的多样化从动态的角度看就是它的状态依存性，也就是说，不同的企业经营状态对应着不同的企业所有权安排。① 这也意味着，当企业的现存既得利益状态被打破时，若其中某产权主体的利益受损，就必须有某种机制启动，自动地赋予受损方保护自己权益的机会与权利。这时，谁拥有企业所有权分配的支配权就显得特别重要。因为对受损方来说，只有掌握了这种支配权，才有机会重新配置企业财产，以弥补其损失；另外，让受损方掌握控制权恰恰体现了效率原则，因为当一个投资者不能实现资本保全时，他最有动力再造企业。

我们可以用一个简单的例子描述企业所有权的状态依存性。② 设 x 代表企业总收入，N 为股东最低预期收益率，W 为应付工人的合同工资，r 为债权人的合同收入（本金加利息）。并假定 x 在零到 X 之间服从连续分布（其中 X 为最大可能收入）；工人的索取权优先于债权人。状态依存的企业所有权说的是，如果企业处于"$W+r<x<W+r+N$"的状态，则股东是企业所有权分配的支配者；若企业处于"$W<x<r+W$"的状态，则债权人是支配者；如果企业处于"$x<W$"的状态，则工人是支配者；如果企业处于"$x>W+r+N$"的状态，则经理人就是实际的支配者。由此可见，从事后的利益状态看，企业所有权的分配是动态的、相机的。然而，企业所有权的状态依存性并不等价于支配权的自动让渡，比如当"$x<W+r$"时，股东会主动把支配权让渡给其他人吗？答案是不确定的。如果不存在事前的法律规定，企业所有权分配的支配权的让渡就必须依靠产权主体之间的自愿谈判来完成。然而，信息不对称、"强权界定产权"现象、集体行动的失败等都可能造成其中一方主动剥夺另一方或多方的支配权，或者其中一方或多方面临交易成本的约束被迫放弃对支配权的要求。要防止这些不良后果的出现，必须有一套制度以确保支配权的顺利让渡，并保证让渡的有序性。这套制度就是相机治理机制。

---

① Philippe Aghion and Patrick Bolton. An Incomplete Contracts Approach to Financial Contracting. Review of Economic Studies，1992，59（3）：473－494.

② 张维迎．企业的企业家—契约理论．上海：上海三联书店、上海人民出版社，1995.

(二) 相机治理机制的运作原理

相机治理机制的基础是企业所有权的状态依存特征。不同的经营状态反映了不同的利益分配格局，当其中某一利益相关者的权益遭到严重侵害时，他必然要求改变既定利益格局，进行企业所有权分配的再谈判。相机治理机制的设计目的就在于确保在非正常的经营状态下，受损失的利益相关者有合适的制度来帮助其完成再谈判。[①]

相机治理机制主要是通过对控制权的争夺来改变既定利益格局。控制权掌握在谁手中取决于对某一随机变量的可确信的认识。利用阿吉翁和博尔顿的基本模型可以对此加以说明[②]，如图 4-1 所示。

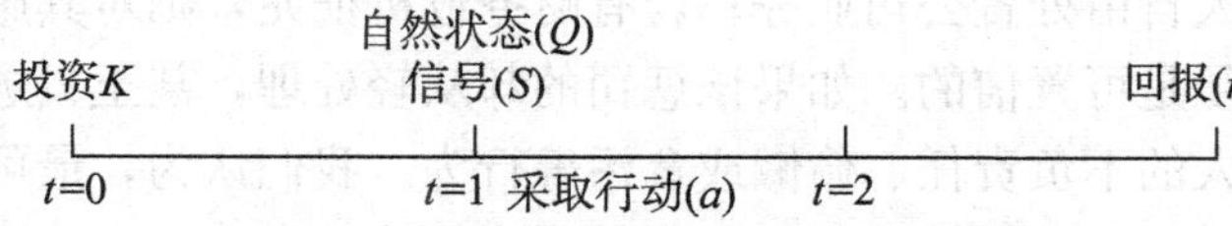

图 4-1 相机治理机制的基本模型

假定一个出资人和一个企业家共同兴办一家企业，并且出资人只贷款给企业家。如果出资人通过第一阶段（$t=1$）的企业运营状况（信号 S）与外部环境即自然状态（Q）判断预期回报（r）合意，那么企业完全由企业家控制。倘若作为债权人的出资人在第一阶段预期第二阶段（$t=2$）的回报不合意，比如，企业出现了财务危机信号，面临破产的危险，这时债权人为实现资本保全，必须在第一阶段一结束便采取行动（a），要求对企业进行控制。这样，控制权就从企业家手中转移到债权人手中。债权合约与破产法一起构成了一个相机治理机制。

当然，对公司来说，融资方式是多种多样的。除债券融资外，还有普通股融资和优先股融资等。金融工具的创新使公司的治理结构日益复杂化。但一般来说，只要企业处于正常的经营状态，利益相关者的权益不受损害，企业的控制权就总保持在公司董事会和经理人手中。董事会和经理人构成了公司的决策层，掌握着公司生存和发展的命运。相机治理机制主要是针对企业决策者，是其行为的外在约束机制。

现在我们可以对相机治理机制的基本原理进行简单的描述：一家企业在运营过程中，由于主客观原因，会显露出企业经营陷入危机的信号，如销售收入持续下降，股利持续低水平，负债率过高，经理人或董事有玩忽职守、贪污腐化等。这些征兆暗示某些利益相关者未来的权益将受到侵害，为实现资本保全，这些利益相关者通过相机治理程序，要求重新分配控制权（如改组董事会、更换经理人等）。当这一请求得不到满足或效果仍不合意时，相机治理程序转为破产程序或诉讼程序。可见一个完整的相机治理机制包含三个要素：能够利用该机制的人，即相机治理的主体；信号；相机治理程序。

(三) 相机治理的程序

一个完整的相机治理程序应包括以下三个阶段：

---

① 杨瑞龙，周业安．一个关于企业所有权安排的规范性分析框架及其理论含义．经济研究，1997 (1).

② Philippe Aghion and Patrick Bolton. An Incomplete Contracts Approach to Financial Contracting. Review of Economic Studies，1992，59 (3)：473-494.

第一，事前监督。每个相机治理主体在向企业投入专用性资产以前，应该对投资对象进行一个合理的评估，内容涉及企业的生产能力、发展前景、管理和组织能力、盈利率、潜在风险等。目的在于防止信息不对称条件下，拥有信息优势的一方可能产生的逆向选择行为，如高估盈利率、低估风险，以操纵信号。

第二，事中监督。密切关注企业的运营状况和经理人的行为，以防止道德风险行为的出现，因为经理人的利益目标与其他利益相关者的利益目标不完全一致，前者可能牺牲后者的权益来满足自身的利益。事中监督一般由监事会来完成。

第三，事后监督。通过公司绩效（一般是财务状况）来判断企业的未来，目的是防止财务危机。根据不同的绩效水平，相机治理主体采取相应的行动。比如，经营状况良好时将不干预经理人自由处置公司业务；若有财务危机征兆，则对其施以惩罚。要强调的是，这些行动必须是可置信的。如果该惩罚的却从轻处理，甚至只进行批评或让其反省，就会助长经理人的不负责任、偷懒或贪污等行为。我们认为，最可置信的惩罚是企业重组，即通常所讲的调整领导班子，必要时诉诸法律（见表 4－1）。

表 4－1　　　　三个不同的监督阶段

监督阶段	功　能	处理对象
事前	项目评估	逆向选择
事中	监督企业运营状况和经理人的行为	道德风险
事后	判定财务状况，针对不同的信号，采取惩罚性或纠正性措施	责任和义务

二、利益相关者的相机治理机制设计

（一）职工作为相机治理主体时的程序设计

我国现有法律仅能为职工的相机治理权提供有限的支持。我国公司法中关于监事会的职权有如下规定：当董事会和经理的行为损害公司的利益时，要求董事会和经理给予纠正；提议召开临时股东大会。公司法对有关职代会的职权有如下规定：评议、监督企业各级行政领导干部，提出惩罚和任免的建议。为了强化职工在企业治理结构中的作用，并充分利用职工的人力资源和信息优势，应把职工作为重要的相机治理主体。

第一，职工通过监事会进行事前和事中监督。

第二，当企业绩效下降、经营者救助不力时，或者当经营者有损害企业利益的行为时，职工通过职工监事要求经营者（董事或经理）予以纠正，或者要求董事会更换经理人，或者提议召开临时股东大会更换董事。

第三，对于国有企业和国有独资公司，建议加大事后监督力度，即当上述两项不能得到满足时，职工监事或多数职工提议召开临时职代会，罢免经营者，必要时可通过工会起诉违法的经营者。

第四，对于国有控股公司，由于股东会是合法的公司最高权力机关，职工无法通过职代会行使可置信的事后监督，可以考虑引入职工收购策略，即当职工的合法要求（上述第二条）无法得到满足时，可召开临时职代会，提出以职工收购为基础的企业重组方案，并允许职工与公司外的投资者或公司债权人联合行动，也允许公司股东参与收购。

（二）股东的相机治理程序

股东控制权的运作体现在股东大会的职权中。对于国有企业和国有独资公司，由政府和其他国有法人股东代表行使国有股权。当董事和经理有不良行为时，提请上级主管部门予以惩处。对于国有控股公司，则由监事会中的股东代表履行事前和事中监督职能，一旦监事会无法制止董事和经理的不良行为，则提议召开临时股东大会进行表决。股东也可以采取消极策略，即当股东发现经营者的机会主义行为时，可通过股票市场“用脚投票”，或者对并购行动给予支持。

（三）债权人的相机治理程序

债权合约是最标准的相机治理机制。如果债务人有偿债能力，债权人一般不加以干预；一旦债务人出现财务危机，债权人就要申请破产。常见的债权人相机治理程序其实是一种破产程序。然而，申请破产对债权人来说并非明智之举，因为债务人的资产经清算后一般是难以弥补债务的，破产对债权债务双方来说都存在不可避免的损失。有鉴于此，各国的破产法进一步丰富了破产程序，显著的特点是加入了自愿的破产程序，如美国《破产法》第 11 章、英国破产法中的管理程序、法国破产法中的内部警报程序、澳大利亚实行的“自愿管理”制度及德国破产法中的“临时管理人”制度等。[①] 这些制度本着和解原则，给予破产企业一段保护期，使债权债务双方能够对企业进行重组，以达到挽救企业危机的目的。自 2007 年 6 月 1 日起施行的《企业破产法》也给了企业重整的机会。但无论如何，一旦企业进入破产程序，债权人的权益事实上都会受到较大的损害。为更好地保护债权人的权益，我们认为有必要拓宽对债务合约相机治理的理解，可将一个更宽泛的债权人相机治理程序构造如下：

第一，事前的项目评估和信用评级。这方面银行已做了大量的工作，包括建立了一整套信用评级指标体系，特别是中国人民银行颁布了《贷款证管理办法》。从各地的贷款证制度的运行状况看，尽管存在一些问题，但它在提高企业贷款透明度、加大贷前审查力度等方面起到了一定的作用。

第二，事中监督。这是目前比较薄弱的环节。我国从 1996 年下半年开始推行主办银行制度，但从实践看，它只起到了重点融资的作用，主办银行制度的一个最主要的功能——监督功能——被忽视了。我们认为，银行业与证券业的分离并不影响银行对企业的控制。理由在于，债权和股权一样，都分担了企业的不确定性风险，债权人参与企业治理合情合理。特别是我国银行的不良债权大多是历史遗产，已构成银企改革必须面对的难题。为此，我们建议改进主办银行制度，加大主办银行对企业的控制。比较可行的办法是允许银行进入监事会，通过表决权代理制度，允许银行进入董事会。银行监事主要起事中监督的作用。

第三，事后监督。我国的破产程序并未明确赋予债权人重组企业的权力。建议针对国有企业和国有银行的特殊关系，在申请破产并经与债务人和解后，若对重组方案不满

---

① 沈达明，郑淑君．比较破产法初论．北京：对外贸易教育出版社（1994 年后更名为“对外经济贸易大学出版社”），1993；李曙光，葛明，李琪．中国企业破产与重组．北京：人民日报出版社，1996.

意，则银行经债权人会议同意可单方面要求重组企业；银行也可以联合其他金融机构组成财团，对企业进行接管。

第四，信托及其他金融机构也可借助于其债权及表决权托管制度启动上述程序。

（四）管理收购

相机治理机制要处理的核心问题是监督和惩罚经营者，目的在于强化对董事和经理人的约束机制。但这不等于经营者没有反监督的权力，因为企业绩效的好坏可能是技术、政策或市场原因造成的。对于债权人、股东甚至职工来说，很难把低效益的主客观诱因区分开来。换句话说，假定经营者是有能力的，那么他可能具有对企业发展前景的更准确的判断。在这种信息不对称的条件下，允许经营者收购企业将是可行的再生手段。同时，经营者收购也是出于无奈，要保住已有的权力，必须抵制他人接管。这样，一旦企业被成功收购，对经营者就构成财富约束，他就有动力拯救企业。从各国的实践看，管理收购已成为经常运用的企业重组手段。当然，管理收购也允许其他公司的经营者参与竞标，特别是要建立一个开放透明的产权交易平台，防止企业经营者与政府官员合谋，进行“黑幕交易”，严重低估国有资产价值，导致国有资产的流失。

三、相机治理机制的完善与程序的改进

（一）破产程序的改进

破产程序是相机治理程序的最后一道防线。我们在设计治理结构的新模式时，遵循“拯救为本，预防在先”的指导思想，这是与路径依赖原则相一致的。侧重于拯救不等于为绩效差的企业投保，重组本身是一种比较可行的、可置信的手段，经营者除非自己出资收购，否则将面临解职甚至被起诉的惩罚。然而广义地看重组可被视为两部分：一部分是局部范围的人事调整和经营战略调整；另一部分则是法律意义上的重组、整顿或重整，该部分实际上构成破产程序的一个环节或是一个独立的破产程序。一个有效的破产程序必须设置一套机制，以确保债权人的债权现值最大化，同时给予经营者可置信的惩罚。从现行的破产程序看，行政色彩很浓厚，政府而不是债权人在其中唱主角；企业重组程序单一；各级债权人之间的补偿顺序并不严格。我们的判断是，现行破产法较好地注意到了破产程序中重组的重要性，却忽视了重组程序的合理设计。

考虑到当前企业破产难、破产程序执行混乱、社会保障制度不健全等现实障碍，我们将阿吉翁-哈特-穆尔破产程序和有关思路与前 4 个相机治理子程序相结合，提出如下建议。

第一，债权人或债务人提出破产申请。

第二，在规定期限内债权人或债务人可提出重组或整顿申请，申请人必须与债权人会议达成和解协议。

第三，人民法院批准和解协议后，发布公告，终止破产程序，并转入重组程序，执行和解协议。法院指定债权人会议和政府或股东推举各自的代表组成重组委员会，负责协调重组工作，成员 5～7 人，其中 1 人为召集人，由法院在债权人代表中指定。

第四，重组程序包括 5 个子程序。按《企业破产法》和《民事诉讼法》的规定，职

工是第一级债权人，政府是第二级债权人，银行或其他金融机构为第三级债权人。因此5个子程序涉及的主体按顺序依次是：职工、政府、银行或其他金融机构、股东、经营者。

第五，法院指定会计师事务所评估各级债权人的债权现值，设定 X_1 为企业所欠职工工资和劳保费用；X_2 为所欠税款；X_3 为贷款本利。

第六，法院委托重组委员会设立重组权，其价值相当于 $X=X_1+X_2+X_3$。重组权归第一级债权人实际持有，但重组期权（即购买重组权的权利）分别授予其他债权人及股东、经营者。

第七，重组程序的启动次序为：经营者或股东→第三级债权人→第二级债权人→第一级债权人。解释如下：假如经营者或股东愿意重组企业，则行使其重组期权，向重组委员会提交重组方案，经委员会多数表决通过即可实施，条件是支付 X 费用购买重组方案。同理，若经营者和股东放弃重组期权，则转入第三级债权人。如果该债权人愿意行使重组期权，则必须支付（X_1+X_2）的费用购买重组权；依次第二级债权人可出价 X_1 购买重组权。值得强调的是，如果低一级程序提出重组期权的行使要求，高一级程序必须转让；经营者行使重组期权时，允许进行非现金投标，即如果经营者提出的重组方案得到各级债权人的首肯，在缺乏必要的资金时，债权人也可以授予经营者重组权。上述前一条的目的在于保证重组程序与清偿次序相一致，以免各级债权人的权益受损；后一条的目的在于让有能力但缺少财富的经营者有机会拯救企业。当然，以上所涉及的职工、债权人等均属集体概念，在具体操作中还要考虑每个参与者的权益及各参与者之间的协调问题。

（二）相机治理各程序的协调

相机治理程序按内容分则可分为两类：一类是预防性程序，另一类是破产程序。接下来我们将集中讨论预防性程序间的协调问题。预防性程序以主体自身的事前监督、监事会的事中监督为依据，通过判断经营者行为及企业绩效水平，采取相应的事后监督措施。事后监督的核心是监事会的警告和主体的可置信惩罚行动。每个主体都可以提出警告，这是《公司法》明确规定的；起诉作为一种可置信惩罚也有法律依据。需要协调的是决策层重组或通常所说的领导班子调整。困难在于，假若某主体提出的方案得不到其他主体的赞同，就有可能产生混乱，导致重组失败。因此，有必要规定重组顺序，我们的建议如下：

第一，鉴于职工拥有信息优势，且是破产清偿的第一债权人，可以授予其第一级人事调整权。职代会提出人事调整方案，报政府主管部门或股东大会。只要没有足够的证据证明该方案会损害自身的权益，换句话说，只要判定该方案是从企业整体利益出发的，政府主管部门或股东大会就应予以批准。

第二，政府主管部门或股东大会如果否决第一级方案，则必须提出第二级人事调整方案，但该方案须经债权人同意；对于国有企业和国有独资公司，该方案还必须向职代会报告，并听取意见。

第三，若债权人否决第二级方案，则必须提出第三级方案，但该方案应听取职代会、政府主管部门和股东大会的意见。第三级方案具有强制性，目的在于防止内部人控制或政府对经营者的庇护。

第四，上述程序的实施条件如下：监事会提出警告，但董事会、政府主管部门或股东大会拒不执行时；监事会的合理请求不能得到满足时；有明确的信号显示主体权益受到侵害时。

第五，三级方案可以由第一级开始，也可以由第二级或第三级开始，这要取决于各主体对信号的敏感度。

（三）相机治理信号系统的设计

相机治理程序的启动取决于必要的信号显示。目前各国采用的经济运行信号系统有两类：一类是显示宏观经济信息的宏观经济预警系统，另一类是专门用于破产监控的破产预警系统。有些国家也建立了企业短期经济观测调查系统，如有名的“日银短观”，以一个季度为着眼点，客观数据与主观判断相结合，定期公布企业景气动向。我国主要侧重于对宏观经济的预警，对企业景气的观测不够重视。中国工商银行等设计了一整套信用评价体系，这些都对企业监控有一定的帮助，但就整个相机治理程序而言，显然是不够的。信号是相机治理程序启动的阀门，设计的合理与否关系到程序运行得是否顺利。但信号系统本身就构成一个大课题，本书限于篇幅只提出一个原则性的、笼统的框架，以供参考（见图 4－2）。

- 相机治理信号系统
  - 直接信号系统
    - 事前信号系统
      - 信用评价系统
      - 项目评估
    - 事中信号系统
      - 经营者行为信号——以职工为主进行监测
      - 财务审计与经营审计——监事会和独立审计员进行监测
      - 破产预警系统——以银行为主进行监测
    - 事后信号系统——企业绩效评价或活力评价
  - 辅助信号系统
    - 企业景气监测系统——政府（以财政部门和中国人民银行为主）进行监测
    - 宏观经济预警系统——政府有关部门进行监测

图 4－2　相机治理信号系统

参考书目

1. 马克思，恩格斯．马克思恩格斯全集：第 23 卷．北京：人民出版社，1972.
2. 哈罗德·德姆塞茨．所有权、控制与企业——论经济活动的组织．北京：经济科学出版社，1999.
3. 奥利弗·E. 威廉姆斯．资本主义经济制度．北京：商务印书馆，2002.
4. 约翰·伊特韦尔．新帕尔格雷夫经济学大辞典．北京：经济科学出版社，1992.
5. 青木昌彦，钱颖一．转轨经济中的公司治理结构．北京：中国经济出版社，1995.
6. 杨瑞龙，周业安．一个关于企业所有权安排的规范性分析框架及其理论含义．经济研究，1997（1）.
7. 杨瑞龙，周业安．相机治理与国有企业的监控．中国社会科学，1998（3）.

8. 杨瑞龙，周业安．企业的利益相关者理论及其应用．北京：经济科学出版社，2000.

思考题

1. 什么是代理问题？请阐述委托代理关系下的激励约束机制的设计。
2. 资本雇佣劳动或股东至上主义的企业治理逻辑面临什么挑战？
3. 请阐述行政干预下的经营者控制型治理结构的特征及存在的主要问题。
4. 请阐述利益相关者合作逻辑的基本含义。国有企业的治理结构创新如何体现“共同治理”的原则？
5. 如何在分类改革的战略下构建国有企业的共同治理机制？
6. 请阐述相机治理机制的基本含义以及基本程序。

第五章 社会主义市场经济条件下的分配制度

马克思主义经济学认为，一定的分配形式，是以生产条件的一定社会性质和生产当事人之间的一定社会关系为前提的，也就是说，分配关系在本质上与生产关系具有同一性。在社会主义市场经济条件下，对应于以公有制为主、多种所有制经济并存的所有制结构，我国实行按劳分配与按生产要素分配相结合的分配制度。如何既能遵循“共同富裕”的社会主义原则，又能不断提高效率，从而处理好公平与效率之间的关系，是优化社会主义市场经济条件下的分配制度的重要内容。

第一节 按劳分配为主、多种分配方式并存的分配制度

一、社会主义市场经济中的按劳分配

按劳分配是马克思对未来社会个人消费品分配原则的理论概括。在马克思看来，在社会主义阶段（共产主义的第一阶段），生产力还不可能高度发展，社会产品还不可能达到极大丰富的程度，同时在各个方面，在经济、道德和精神方面还带有它脱胎出来的那个旧社会的痕迹，在这一阶段上，对个人消费品只能实行按劳分配，就是“每一个生产者，在作了各项扣除以后，从社会领回的，正好是他给予社会的。他给予社会的，就是他个人的劳动量。……他以一种形式给予社会的劳动量，又以另一种形式领回来”[①]。这是马克思对按劳分配的经典说明。

① 马克思，恩格斯．马克思恩格斯选集：第3卷．北京：人民出版社，1995：304.

按劳分配是社会主义公有制中个人消费品分配的基本原则，它体现了社会主义公有制的经济关系和社会主义阶段劳动的社会性质。在社会主义公有制条件下，生产资料是归社会所有的，人们在生产资料占有上是平等的，任何人都不能凭借对生产资料的占有占有和支配他人的劳动，劳动成为支配生产资料和获得社会产品的唯一根据。同时在这一阶段，存在旧的社会分工，劳动还是一种谋生手段，人们的劳动存在脑力劳动与体力劳动、简单劳动与复杂劳动之间的质的差别，社会主义社会只能默认劳动者的不同等的个人天赋，从而不同等的工作能力，是天然特权。在这种情况下，劳动者所创造的产品在进行了各项社会扣除之后，必须以劳动为尺度分配个人消费品。因此，按劳分配是体现社会主义经济关系的分配原则，是对各种剥削制度的否定。

在马克思所设想的公有制和按劳分配中，是不存在商品货币关系和市场机制的，因而劳动者的个人劳动不再经过迂回曲折的道路转化为社会劳动，而是作为直接的社会劳动存在着，因而可以直接以劳动者的劳动时间为尺度分配个人消费品，在这种情况下，劳动者可以“从社会领得一张凭证，证明他提供了多少劳动（扣除他为公共基金而进行的劳动），他根据这张凭证从社会储存中领得一份耗费同等劳动量的消费资料”[①]。

我国社会主义初级阶段与马克思所设想的未来社会存在很大差异，在所有制关系上，不仅存在多种公有制形式，而且公有制的实现形式不断趋于多样化，在不同范围、不同形式的公有制经济中，社会不可能按同一劳动标准进行按劳分配。此外，社会主义与市场经济相结合，在社会主义市场经济条件下，个别劳动不能直接转化为社会劳动，按劳分配不能通过社会直接计算和分配劳动时间来实现，只能通过市场机制和价值形式以迂回曲折的形式来实现。因而，按劳分配的具体含义和实现形式与马克思所设想的情况存在很大的差别。

第一，按劳分配不是依据劳动者提供的直接社会劳动时间量进行消费品的直接分配，而是借助于商品货币关系，经过迂回曲折的道路实现的，因为在市场经济条件下，个人的劳动和企业的联合劳动都不具有直接社会劳动的性质，耗费在产品生产上的劳动还要采取价值的形式，通过商品的实现过程体现劳动的社会性质。因此，按劳分配在市场经济条件下，只能按劳动创造的价值，通过商品货币关系来实现。

第二，按劳分配不能由一个社会中心在社会范围内按照统一的标准来实现，必须通过企业这一环节来实现。在市场经济条件下，企业是一种独立的经济组织形式，是一个独立的生产单位和分配单位，劳动者只能通过企业进行联合劳动，生产一定的商品，企业联合劳动的效率自然影响企业的经济效益。在这种情况下，劳动者的个人收入就不仅与劳动者本人的劳动贡献相联系，而且与企业联合劳动的效率相联系。企业联合劳动的效率越高，企业创造的价值就越多，相应地劳动者个人所取得的收入就会越多；反之，劳动者个人所取得的收入就越少。因此，企业是收入分配的一个独立环节，按劳分配必须借助于企业这一环节来实现。

第三，按劳分配的实现机制主要是工资，而不是劳动券。由于在市场经济条件下劳动并不能直接表现为社会劳动，劳动者的劳动贡献不能直接用劳动时间量来衡量，还需要价值插手其间，因而不能借助于劳动券来进行收入的分配，只能借助于价值形式——工资形式——来进行收入的分配。工资有货币工资与实际工资之分。货币工资是以货币

① 马克思，恩格斯．马克思恩格斯选集：第 3 卷．北京：人民出版社，1995：304.

形式支付的工资。实际工资则是货币工资的实际购买力，实际工资是用货币工资能购买到的实际商品量来衡量的。因而实际工资和货币工资会由于物价的变动而出现差异。

社会主义市场经济条件下按劳分配这些方面的变化并不是对按劳分配的否定，而是按劳分配理论在社会主义市场经济条件下的具体运用和发展，不能把市场经济与按劳分配对立起来，否定市场经济条件下按劳分配的可能性和重大意义。应当把按劳分配的本质和按劳分配的实现形式区别开。按劳分配的实质是以劳动作为分配的根据和尺度，它是对不劳而获的剥削制度的根本否定，也是对平均主义的否定，它承认能力和贡献上的差别和由此带来的收入差别。按劳分配的实现形式则只涉及这一原则的实现方式问题。从马克思非市场型的按劳分配发展成为市场型的按劳分配不是对按劳分配本质的否定，而是在市场经济条件下更好地实现了按劳分配原则。在市场型的按劳分配中，一方面，消灭了阶级剥削，消灭了靠生产资料的私人垄断无偿占有剩余价值的私有制分配关系，实现了生产资料占有上的平等；另一方面，找到了现实可行的既符合市场经济要求又体现按劳分配本质的劳动计量方式，使按劳分配与市场机制有机地结合在一起，不仅有利于按劳分配的实现，更好地实现“共同富裕”的社会主义原则，而且有利于社会主义市场经济的形成和发展。

二、多种分配方式并存

随着我国经济体制改革的不断深入，我国收入分配关系和个人收入分配方式发生了深刻变化，单一的分配方式逐步为多种分配方式并存所取代，既有体现社会主义公有制经济关系的收入分配方式，也有体现非公有制经济关系的收入分配方式，既有体现市场经济一般特性的分配方式，也有体现社会主义市场经济特点的收入分配方式。多种收入分配方式并存是我国个人收入分配制度的一个重要特点。

收入分配方式并存是由我国现阶段生产条件的分配决定的，也是我国社会主义市场经济发展的客观要求。我们知道，收入或产品的分配取决于生产条件的分配。马克思指出：“消费资料的任何一种分配，都不过是生产条件本身分配的结果；而生产条件的分配，则表现生产方式本身的性质。”[①] 生产条件包括生产的物质条件即客观生产条件和生产的劳动力条件或主观生产条件。生产条件的分配不仅包括生产条件在社会成员之间的分配，而且包括生产条件在不同生产部门和领域的分配。从生产条件在社会成员之间的分配来看，既包括客观生产条件在社会成员之间的分配，也包括主观生产条件在社会成员之间的分配。在市场经济条件下，谁拥有生产条件，谁就能以生产条件的所有者的身份参与收入的分配。在我国现阶段，客观生产条件在社会成员之间的分配涉及公有制生产条件的分配和非公有制生产条件的分配。客观生产条件有多种所有制形式，相应地要求多种分配方式与此相适应。

从主观生产条件看，在任何生产中，劳动力始终是生产的一个要素，但劳动力以何种形式参与生产直接影响收入分配的结果。在不同社会制度下，劳动力这一主观生产条件存在的社会形式和社会属性也是不同的，因而参与生产和分配的形式是不同的，获得收入的方式和收入的多寡是不同的。在奴隶社会，奴隶主不仅占有客观生产条件，而且

---

① 马克思，恩格斯．马克思恩格斯选集：第3卷．北京：人民出版社，1995：306.

占有奴隶本身，在这种条件下，奴隶主不仅获得剩余产品，而且能够占有必要产品的一部分，而奴隶只能得到必要产品的一部分，而不能通过出卖自身劳动力获得劳动力的价值。而在资本主义社会，劳动者与生产资料相分离，生产的物质条件以资本和地产的形式掌握在非劳动者手中，而人民大众所有的只是生产的人身条件，即劳动力，劳动力成为商品，劳动者能够通过劳动力的买卖获得劳动力的价值。可见，尽管客观生产条件都是私有制，但由于劳动力这一主观生产条件的社会形式和社会属性不同而具有不同的分配方式和分配结果。在社会主义初级阶段，劳动者与生产资料分离的情况并没有完全消除，因为存在私营经济。私营经济的存在意味着生产的一些物质条件依然以资本的形式被掌握在一部分社会成员手里，另有部分社会成员仅仅拥有劳动力条件，主观生产条件采取劳动力商品的形式并通过劳动力的买卖与生产资料结合。在这种情况下，依然存在按资分配和按劳动力价值分配。也就是说，对于劳动力的拥有者来说，收入分配是建立在劳动力商品等价交换基础上的。公有制经济中不存在私营经济劳动者与生产资料分离的情况，但客观生产条件的占有和主观生产条件的占有是有差别的。尽管客观生产条件是公有的，但由于存在旧的社会分工，社会不得不承认劳动者的不同等的个人天赋，从而不同等的工作能力，是天然特权。在这种情况下，收入分配只能建立在劳动者等量劳动相交换的基础上。这样，社会主义市场经济中，不仅存在着建立在劳动力商品等价交换基础上的收入分配方式，而且存在着建立在劳动者等量劳动相交换基础上的分配方式，并且两种方式交织在一起，相互渗透，相互影响。此外，还存在生产的物质条件和劳动力条件都由个人直接占有及控制的情况。在这种情况下，劳动者利用自己的生产资料进行劳动生产，其收入的多少直接取决于生产的物质条件的好坏及劳动者自身的劳动技能和劳动熟练程度即主观生产条件状况的优劣。

生产条件分配还有一个生产条件在不同生产部门之间的分配问题。生产条件总要通过一定的渠道和机制分配于不同的生产部门及领域，其分配渠道和分配机制的不同同样影响收入分配的方式和收入分配的结果。在市场经济条件下，生产条件在各部门之间的均衡分配是通过市场机制实现的。市场机制把生产条件的分配与收入的分配紧密联系在一起。在分配过程中，各种生产要素和资产都有自己的价格。在这种情况下，要素所有者和资产所有者以要素价格形式参与收入分配，从而导致收入分配的多样化。

三、按劳分配与按生产要素分配相结合

实行按劳分配与按生产要素分配相结合，是社会主义市场经济的客观要求，也是社会主义市场经济收入分配制度的一个重要特点。按劳分配，是社会主义制度在收入分配关系上的一个体现，按生产要素分配则体现了市场经济的一般原则。在市场经济中，生产条件或生产要素在各部门之间的配置和收入的分配，都是通过市场机制实现的，按照市场机制决定的价格进行配置。在这一过程中，生产要素的所有者实际上以其生产要素价格的形式参与收入的分配。按生产要素分配，就是按生产要素的数量和生产要素的价格参与收入的分配。显然，按生产要素分配与按劳分配不同，前者是建立在等价交换基础上的，后者是建立在劳动者等量劳动相交换基础上的。在社会主义市场经济中，按劳分配与按生产要素分配是结合在一起的，这种结合包含两种含义。

首先，按劳分配与按生产要素分配相结合意味着收入分配的劳动标准与所有权标准相结合。按劳分配是公有制经济中通行的分配原则，由于生产资料公有，生产的物质条件不能成为个人参与收入分配的根据，个人参与收入分配（严格意义上的消费资料分配）的依据只能是劳动。按劳分配的实质就是以劳动为尺度进行收入（或消费资料）的分配，劳动者取得的收入与其提供的劳动量成比例。因此按劳分配中通行的是劳动标准。与之不同，按生产要素分配中通行的则是所有权标准，生产要素所有者依据其对生产要素的所有权参与收入分配，显然，这种情况下的收入分配就是以所有权为标准，在生产要素所有者之间进行的分配。在公有制经济中，劳动标准支配着收入分配；在非公有制经济中，所有权标准支配着收入分配。在混合所有制经济的收入分配中，劳动标准和所有权标准二者兼而有之。因此，从社会范围内的收入分配来看，按劳分配与按生产要素分配结合的实质就是两个不同分配标准即劳动标准与所有权标准的结合。两个标准的确立和结合，是我国收入分配理论和分配制度上的重大突破，这对于促使劳动者为社会提供更多的有效劳动，促使社会成员创造和积累更多的物质生产要素，促进资源的合理配置，具有重大的现实意义。

其次，按劳分配与按生产要素分配相结合是按劳分配的实现形式与按生产要素分配的实现形式的结合。在社会主义市场经济条件下，由于各种生产条件的分配都要通过市场来进行，生产要素价格的决定与收入的分配联系在一起，因此按劳分配和按生产要素分配都要借助于价格机制来实现。对于非公有制经济来说，生产要素的市场配置过程，既是所有权的交易过程，同时也是所有权的实现过程，在这里按生产要素分配就是按所有者提供的生产要素和生产要素的价格来分配，这种分配是建立在等价交换基础上的。按劳分配中通行着等量劳动相交换的原则，在社会主义市场经济条件下，这种等量劳动相交换不仅不能脱离等价交换，而且必须借助于等价交换来实现。对于公有制经济来说，虽然公有资源不是个人获得收入的根据，但在资源配置过程中同样具有“价格”；由于劳动不具有直接的社会性，对劳动者的按劳分配只能借助于商品交换实现的价格量作为衡量劳动者提供劳动量的尺度；虽然劳动力不是商品，但工资的决定不能不受市场状况的影响。这意味着在社会主义市场经济条件下，按劳分配必然借助于市场化收入分配形式来实现并受市场化收入分配形式的影响，或者说按劳分配借助于市场按生产要素分配的形式来实现并受市场按生产要素分配方式的影响，因此按劳分配不可能是纯粹的，其实现过程和实现程度都或多或少地渗透着按生产要素分配的影响。当然，按生产要素分配的这种渗透影响完全不同于非公有制经济中的按生产要素分配，因为非公有制经济在市场化收入分配中通行着所有权标准。

在社会主义市场经济中，实行按劳分配与按生产要素分配相结合，使得我国多种所有制经济中的收入分配方式能够相互渗透、相互影响、相互补充，这有助于形成适合我国经济发展的收入分配结构。

应当指出的是，实行按劳分配和按生产要素分配，并不意味着劳动和生产要素都参与了价值的创造，应当把价值的创造与价值的分配区分开来。价值的唯一源泉是劳动者的劳动，资本、土地等生产要素不创造价值，按生产要素分配涉及创造出来的价值如何分配的问题。价值如何分配的问题不取决于生产要素是否创造价值，而是取决于生产条件分配的状况，这一点前面已进行了分析。在社会主义初级阶段，实行按劳分配与按生产要素分配相结合，使得社会成员能够通过提供劳动和物质生产要素参与收入分配，不仅有助于调动劳动者和生产要素所有者的积极性，促进劳动的积累和资本积累，而且有利于生产要素的有效、合理利用，促进其使用效率的提高。

第二节　微观收入分配与宏观收入调节

在社会主义市场经济条件下，收入分配过程被分为微观收入分配和宏观收入调节两个相对独立的过程，前者可以被称为初次分配，后者可以被称为再分配。这两个过程既相联系，又相对独立，共同作用和影响着收入分配的总过程及收入分配的结果。

一、微观收入分配过程

收入分配并不是一个孤立的过程，它本身就是生产的一个要素。在一个以分工和交换为基础的社会里，每个人都在为他人、为社会生产产品，因此，产品一经完成就会脱离生产者成为社会选择和消费的对象。生产者或生产要素所有者能够从社会取得多少收入或产品，以及他们以何种方式取得这些收入或产品，取决于生产条件本身的分配或者说是生产条件本身分配的结果。

在市场经济条件下，生产条件无论归谁所有，都要借助于市场分配到不同生产领域中去。在市场上，作为生产要素使用者的企业，要取得生产所需的生产要素，就必须支付与生产要素价格相等的报酬给生产要素的所有者，否则就不能取得这些生产要素进行生产。因此，生产要素的市场配置过程同时也是生产要素所有者以生产要素价格参与收入分配的过程。这一过程把两种分配即资源或生产要素的分配与收入的分配紧密结合在一起，这是市场经济条件下分配过程的一个基本特点。由于这一分配过程是企业市场活动的组成部分，因而我们把它称为微观收入分配过程。

微观收入分配过程是通过市场机制的作用实现的。一方面，市场机制特别是竞争机制把生产商品的不同个别劳动时间统一为社会必要劳动时间，把不同的个别价值统一为社会价值，并以此为基础进行等价交换，那些个别劳动时间低于社会必要劳动时间从而个别价值低于社会价值的企业按照统一的社会价值出售，就能获得较多的收益，那些个别劳动时间高于社会必要劳动时间从而个别价值高于社会价值的企业就只能获得较少的收益，甚至亏损，被竞争所淘汰。另一方面，按照不同产品生产总量所需的社会必要劳动时间分配社会总劳动于不同的生产部门，也就是说不仅单个产品的生产符合社会必要劳动时间标准，而且在产品生产总量上必须符合第二种含义的社会必要劳动时间标准，并以此为标准确定不同部门的价值。我们知道，在一定时期，社会劳动在各种特定生产领域的分配份额有一定的数量界限，只有在该生产领域投入的劳动量符合社会需要量时才是必要劳动量。如果在产品生产总量上耗费的劳动超过第二种含义的社会必要劳动标准，就会有一部分劳动得不到社会的承认，因而得不到补偿，一些企业就会在激烈的竞争中被淘汰。可以说，在市场经济条件下，微观收入分配过程是按照社会必要劳动时间来确定和分配价值，在这一过程中，企业取得收入的多少既取决于其在单个产品生产上是否符合及在多大程度上符合社会必要劳动时间标准，也取决于其在生产总量上是否符合及在多大程度上符合第二种含义的社会必要劳动时间标准。

通过市场机制实现的资源配置过程与微观收入分配过程是联系在一起的，在这一过程中，任何人要参与收入的分配都必须以提供生产过程所需要的要素为前提，因此，通常情况下企业按社会必要劳动时间标准取得的收入要在生产要素所有者之间进行分配。在劳动者与生产资料分离的情况下，生产要素所有者有资本所有者和劳动力所有者之分，这时企业按社会必要劳动时间标准取得的收入要在劳动力所有者和资本所有者之间进行分配，分配的比例不仅受制于市场，而且受制于双方力量的对比。在通常情况下，劳动力所有者只能获得劳动力的价值，剩余则为资本所有者所拥有，资本所有者按照投入资本的多少获得对应的经济剩余，在均衡状态下，等量资本获得等量利润。而在公有制企业中，情况有所不同。从理论上讲，生产资料公有制使得任何人都不能凭借生产资料的所有权参与收入的分配，劳动是支配生产资料并取得收入的唯一根据，劳动者生产的产品要在做了社会扣除后进行按劳分配。但在企业成为市场主体的条件下，社会扣除和按劳分配要通过企业的分配来实现，也就是说企业按社会必要劳动时间标准获得的收入在做了必要的扣除后，才能在不同劳动者之间进行按劳分配。在这种情况下，每个劳动者取得收入的多少显然不仅取决于个人劳动的情况，而且取决于企业联合劳动效率的高低，企业联合劳动的效率越高，企业按社会必要劳动时间标准获得的收入越多，劳动者个人获得的收入相应就越多；反之，劳动者获得的个人收入就越少。由于整个过程中存在个别劳动与社会必要劳动的差别，存在个人劳动与企业联合劳动的差异，因此按劳分配要受到劳动所表现的社会价值、价值实现和市场机制等因素的影响，按劳分配不可能是完全的，只能是近似的。不仅如此，在现实经济中，公有制的生产资料通常采取公有或国有资本的形式，企业的收入需要在公有或国有资本的所有者或代理者与劳动者之间进行分配，公有或国有资本及其收益的独立化在缺乏有效制度的约束下，往往不可避免地造成对按劳分配的限制。

二、宏观收入调节过程

微观收入分配过程只是收入分配总过程的一个组成部分，收入分配总过程还有一个宏观收入调节过程。微观层次的收入分配过程和宏观层次的收入调节过程是既相联系又相对独立的两个过程。宏观层次的收入调节过程是建立在微观收入分配过程基础上并独立于这一分配过程的再分配过程。这一过程既是收入分配过程的继续，同时也是对微观收入分配过程的补充和纠正。在微观收入分配的基础上进行的宏观收入调节，要考虑社会各个方面利益的平衡和社会整体、长远发展需要，对不同部门之间（包括不同生产部门之间、生产部门与非生产部门之间）、不同领域之间、不同社会成员之间的收入分配关系进行调节，促进社会公平与社会和谐。

如前所述，微观收入分配是通过市场机制进行的，市场机制特有的功能有助于强化收入分配的激励作用，有助于调动各种生产要素所有者的积极性。但是，市场机制存在缺陷，靠市场机制不能有效地调节和平衡各方利益关系，不能维护社会公平。首先，市场失灵使得市场价格不能反映资源使用的真实机会成本，微观经济活动的外部经济效应和外部不经济效应的存在造成社会成本、收益同企业成本、收益不一致，加之垄断等因素的存在，使得收入分配既不能体现公平，也不能体现效率。其次，微观收入分配与生产要素及其价格相联系，生产资料占有上的差别不仅带来收入分配上的差别，而且使得资本积累的结果趋向于两极分化，造成资产在一些人手里不断积累，没有生产资料的劳动者则相对贫困化，这不仅会造成他们之间的矛盾和对立，而且可能引发经济危机。最后，微观收入分配是通过市场机制进行的，但是，许多社会经济活动并不能通过市场加以分配和调节，如国防、教育、环保、治安等公益性活动，就不能通过市场加以分配；同时老、弱、病、残、孤、寡等弱势群体也不能完全通过劳动力市场获得生存的保障。有鉴于此，需要在微观收入分配的基础上在社会范围内进行再分配和收入的调节，平衡各方利益关系，消除微观收入分配造成的收入悬殊，把社会成员的收入分配差别，特别是把由劳动者自身条件差别以外的差别引起的收入差别控制在一定范围内，促进社会公平与社会和谐，促进社会经济的稳定发展。

宏观收入分配的调节一般从两个方面来进行：一方面，通过税收等形式把高收入者收入的一部分转移到国家手里；另一方面，通过国家预算支出保障非生产领域发展的需要，利用转移支付和社会保障制度等为低收入者提供收入保障。其调节的过程和机制是：利用所得税等把高收入者的一部分收入集中起来，形成国家预算收入，作为社会范围内收入分配和调节的资金来源，再通过转移支付、政府公共服务、社会保障机制等形式为社会特别是非生产性领域和低收入者提供收入来源及收入保障。因此，所得税、公共服务、转移支付和社会保障等构成宏观收入调节制度的基础。

在宏观收入调节过程中，所得税居于重要地位。一般而论，所得税的设置既要体现社会公平，满足低收入者基本的生活需要，同时避免形成低收入者对再分配收入的依赖，又要体现效率的要求，避免影响纳税人的积极性。因此，在收入调节过程中，要建立兼顾公平与效率的税收制度。

如果说所得税是从高收入者方面调节收入分配，那么，社会保障制度则是从低收入者方面进行收入的调节。社会保障制度具有促进社会公平的功能，从不同的方面为低收入者提供基本生活保障，发挥着平衡社会成员实际可支配收入差别的作用。

为有效调节收入分配，促进社会公平正义，政府应按均等化原则提供公共服务，这包括就业服务和基本生活保障等基本民生性服务，义务教育、公共卫生和基本医疗、公共文化等公共事业性服务，公益性基础设施和生态环境保护等公益基础性服务，生产安全、消费安全、社会安全、国防安全等公共安全性服务。所谓基本公共服务均等化，主要是指全体公民享有基本公共服务的机会均等、结果大体相等，同时尊重社会成员的自由选择权。实行基本公共服务均等化，是弥补市场失灵、促进社会公平的重要制度安排，是发展社会主义市场经济的内在要求。

社会保障是指国家和社会通过立法对国民收入进行分配和再分配，为社会成员特别是生活有特殊困难的个人或家庭提供基本生活保障的一种制度。社会保障的基本目标是满足人们的基本生活需要。能否满足社会成员基本生活需要直接影响劳动力再生产，进而影响社会再生产是否顺利进行。如果缺乏基本生活保障，劳动力不能进行正常再生产或只能在萎缩的条件下进行再生产，那么社会再生产难以顺利进行。因此，社会保障成为保障劳动力再生产，从而保障社会生产顺利进行的必要条件。随着大工业的发展和生产社会化水平的提高，社会保障逐渐成为各国普遍实行的一项制度。这一制度一般由社会保险、社会救济、社会优抚和社会福利等组成。

社会保障制度是现代社会经济正常运行必不可少的制度。社会保障不仅有助于维护和提高劳动者的素质，使劳动者得以解除生、老、病、死、伤残、失业等后顾之忧，保证劳动力再生产的顺利进行，而且通过国民收入的再分配为低收入者和生活困难家庭提供收入保障，有助于缩小收入分配差距，调节社会经济关系，缓解或消除社会矛盾，从而起到调节器、稳定器、安全阀的作用。社会保障制度是现代市场经济体制的重要组成部分，是现代市场经济有效运行的重要保证。市场经济贯彻着优胜劣汰的原则，在激烈的竞争中，一部分企业破产、相应一部分人失业是不可避免的，市场不可能为其提供收入来源，同时市场经济由于其功能性缺陷不能保证收入的公平分配，通过社会保障制度为暂时失去工作的社会成员和低收入家庭提供生活保障，是弥补市场失灵、保证市场经济有效运行的重要条件。对于我国来说，尽快建立和健全社会保障体系具有极其重要的意义，因为完善的社会保障体系不仅是社会主义市场经济体制的重要支柱，而且关系改革、发展、稳定的全局。

第三节　收入分配中的公平与效率

公平在西方经济学中通常被理解为收入分配的均等化，效率被理解为资源的有效配置。收入分配的均等化带有平均主义的意味。按照这种理解，公平与效率的确是难以兼得的。实际上，公平有初次分配中的公平和再分配中的公平之分。初次分配中的公平与生产条件的分配相联系，并由生产条件的分配决定。再分配中的公平与社会各方面利益的平衡相联系。在我国社会主义市场经济运行中，既要重视初次分配中的公平与效率问题，也要重视再分配中的公平与效率问题。

一、初次分配中的公平与效率

在市场经济中，一方面，微观领域的公平是由市场经济本身提出并规定的，因为商品经济的发展要求有自由的、在行动上不受限制的商品所有者，他们作为商品所有者是有平等的权利的，他们根据对他们所有人来说都是平等的权利进行交换，同时要有均等机会，实现公平竞争。① 另一方面，收入分配的公平取决于生产条件分配的公平，没有生产条件的公平分配，就不会有收入的公平分配。马克思指出："消费资料的任何一种分配，都不过是生产条件本身分配的结果；而生产条件的分配，则表现生产方式本身的性质。"② 因此，脱离生产条件的分配或生产方式本身的性质就难以对收入分配及其公平与否做出科学的解释。收入分配既然取决于生产条件的分配，那么只要在生产条件的分配上存在差别，就必然反映在收入分配上，不能把公平理解为没有差别。没有差别的

① 恩格斯在《反杜林论》中曾对资产阶级适应商品经济发展和反封建要求提出的消灭阶级特权、实现权利平等和机会均等的平等观进行了分析。恩格斯指出，社会的经济进步一旦把摆脱封建桎梏和通过消除封建不平等来确立权利平等的要求提上日程，这种要求就必定迅速地扩大其范围。同时自由通行和机会平等是首要的和愈益迫切的要求（马克思，恩格斯．马克思恩格斯选集：第3卷．北京：人民出版社，1995：447）。

② 马克思，恩格斯．马克思恩格斯选集：第3卷．北京：人民出版社，1995：306.

收入分配是平均主义的分配。平均主义意义上的所谓“公平”与效率是不相容的。[①] 实际上，公平与平均主义没有任何共同之处，在社会主义条件下，平均主义不仅不是公平，而且是对公平的否定。按照马克思的设想，未来社会的第一阶段只能实行按劳分配，这种分配制度的公平就在于以同一尺度——劳动——分配个人消费品，这种公平不承认阶级差别，然而它承认劳动差别和由劳动差别引起的收入差别及生活富裕程度的差别。因此，我们不能以差别或差别的大小作为判断收入分配公平与否的标准，而应根据造成收入差别的原因做出公平与否的判断。在马克思的设想中，由劳动差别引起的收入差别是公平的，而由非劳动差别引起的收入差别是不公平的。不过，我国的现实远比马克思的分析要复杂得多。在马克思的分析中假定劳动收入全部用于消费，这样就不会产生劳动者储蓄投资的差别和由储蓄投资带来的收入差别。考虑到现实劳动收入有一部分被用于储蓄投资，而储蓄投资差别又会带来收入差别，我们把这种储蓄投资差别带来的收入差别也看作是公平的收入分配所允许的。

在社会主义市场经济运行过程中，生产条件的分配与收入分配在微观领域是通过市场联系在一起的，且微观的收入分配直接取决于生产条件的分配，生产条件分配的状况不仅决定着效率，而且决定着收入分配的公平。这里的生产条件包括生产的物质条件即客观生产条件和生产的劳动力条件或主观生产条件。生产条件的分配不仅包括生产条件在社会成员之间的分配，而且包括生产条件在不同生产部门和领域的分配。生产条件这两方面的分配都直接决定着经济效率，同时决定着收入分配的结果。

从生产条件在社会成员之间的分配来看，无论是客观生产条件在社会成员之间的分配，还是主观生产条件在社会成员之间的分配，都决定着经济效率，同时决定着收入分配的公平。因为在市场经济条件下，谁拥有生产条件，谁就能以生产条件所有者的身份参与市场的收入分配过程。在价格既定的条件下，拥有的生产条件越多，获取的收入就多，反之就少。因此，生产条件在社会成员之间的分配直接决定着收入在不同社会成员之间的分配状况。

生产条件分配还涉及生产条件在不同生产部门之间的分配问题。生产条件在各部门之间的分配即资源配置是通过市场机制实现的，市场机制在分配各种生产条件于不同生产部门或领域的同时，在不同生产部门之间、不同生产条件所有者之间进行收入分配和再分配，而不同生产部门之间、不同生产条件所有者之间的收入分配直接受制于生产条件在不同部门之间分配的状况。因为在市场机制的作用过程中，不仅各种生产要素和资产有了自己的价格，从而使人们的收入与生产要素价格相联系，而且生产条件在各部门之间的分配比例影响不同生产部门之间、不同生产部门的生产条件所有者之间的收入分配。显然，只有生产条件在各部门之间均衡配置的情况下，才能实现收入在不同部门之间进而不同部门的社会成员之间的均衡和公平分配。在这一过程中，生产条件在各部门之间的均衡分配即效率，这种均衡分配或效率与收入在不同部门进而在不同部门社会成员之间的均衡和公平的分配是直接统一的。如果在市场机制的作用过程中，存在阻碍生

---

① 一些西方学者把效率理解为资源合理配置，如英国学者米德在《效率、公平与产权》一书中把效率解释为：“让资源的使用达到这样一种状态：任何一个人要想使自己处境更佳，必须以使其他人处境更差为前提”。所谓效率，也就是所谓资源配置的帕累托状态。而把公平或平等理解为收入分配的均等化，这样自然就面临着公平与效率的抉择。阿瑟·奥肯在他的著作《平等与效率——重大的抉择》中断言“平等和经济效率之间的冲突是无法避免的”（阿瑟·奥肯．平等与效率——重大的抉择．北京：华夏出版社，1987：80）。

产要素合理流动的自然的、人为的或制度性的障碍，那么不仅会影响资源配置效率，而且会造成收入分配的严重不均衡，造成收入差距的扩大。由此可见，市场经济中的微观收入分配是由上述双重意义上的生产条件分配决定的，影响生产条件合理分配的因素，同时也影响收入的公平分配。

我国收入差距的扩大同我国生产条件分配状况的改变有直接关系。自改革开放以来，我国生产条件在社会成员之间的分配格局和生产条件在不同部门之间的分配格局发生了重大改变，这种改变既有合理的一面，也有不合理、不公平的一面，特别是生产条件在不同社会成员之间的不公平、不合理分配以及由机制性扭曲和制度性障碍引起的生产条件在各部门之间的严重非均衡分配，不仅影响经济效率，而且严重影响社会的公平。

首先，生产条件分配产生了两种分离，即客观生产条件与主观生产条件的市场化分离和客观生产条件与劳动者的经济性分离。所谓市场化分离，就是主客观生产条件通过市场配置，使得不同生产要素有了相对独立的价格和收入形式，客观生产条件带来的收入取得了独立的形式并与劳动者收入相脱离，形成各种以代理者身份控制的局面。所谓经济性分离，就是一部分劳动者在市场化改革中失去了客观生产条件从而失去了借以获得所带来的收入的条件和机会。这种分离与市场化分离有所不同，如果说市场化分离还依然为劳动者保留着工作的机会，甚至保留着名义所有者的身份，那么在经济性分离的情况下，劳动者完全失去了所有者的名分，失去了现实的生产条件，仅仅变成劳动力提供者。市场化改革产生的这两种分离相互影响，相互作用，事实上促进了生产条件在一些社会成员手中的集中，这必然引起市场化分配过程中收入分配差距的扩大。

为适应市场经济发展，公有客观生产条件通过委托代理制实现这种市场化分离，公有生产条件采取了公有资本的形式，公有资本又通过不同的委托代理制进行资本化运作，从而获得了独立的资本收入形式。这种分离虽然不同于私有制意义上的分离，但由于劳动者或劳动者集体失去了对生产条件的实际控制权，因而其代理者能够从客观生产条件及其所产生收入的实际控制中得利，甚至把生产条件或公有资本化大公为小公，化小公为私有。这里所说的代理者不是一般意义上的代理者，而是指能够从客观生产条件的实际控制中获取利益者。在这种生产条件的分离中，不同部门、不同代理者获得的生产条件不同，从对生产条件的实际控制中获取的利益有别，从而会产生一些部门之间、不同代理者之间、代理者与劳动者之间的收入差别。一些部门、一些代理者能够有持久性的高收入，部门之间、不同代理者之间、代理者与劳动者之间的收入差距长期居高不下，原因就在于此。这不仅会造成公有资本代理者与劳动者之间的收入分配不公，而且会造成部门之间的收入分配不公。

其次，权利配置不公平和行权力量对比失衡导致收入分配失衡。微观收入分配是建立在市场交易基础上的，这种交易可能是劳动交换，如不同使用价值之间的交换，也可能是非劳动形式的交换，如产权或生产条件所有者之间进行的产权或权利交换。虽然两种交换形式都遵循等价交换的原则，但非劳动形式的交换对收入分配结果产生的影响不同于劳动交换。由于非劳动形式的交换实质上是权利或产权的交换，因此它对收入分配结果的影响首先取决于不同交换主体拥有的权利，拥有的权利不同，其价格或取得的市场收入份额自然不同。然后取决于双方社会力量的对比。市场上卖者有卖者的权利，买者有买者的权利，卖者和买者所拥有或所要求的权利都是商品交换规律所承认的。然而在平等的权利之间，起决定作用的是双方力量的对比。[1] 也就是说，在非劳动形式的交换下，即便交易双方的权利是平等的，如果没有形成均衡的社会力量，那么国民收入分配仍将发生倾斜。因此，在劳动力市场上，如果权利的配置不平等，或者拥有平等的权利，但一方不具有行使和维护这种权利的力量或机制，那么就不可能形成收入的均衡分配，这样就连市场经济最基本的平等要求都难以实现。我国近些年来，工资在国民收入中所占份额持续下降，实际上反映了劳资双方权利配置的倾斜，反映了劳方在市场讨价还价中的弱势地位和资方在讨价还价中的强势地位，特别是我国的广大农民工在工资的决定上处于无权、无力的地位，使其工资甚至难以达到劳动力价值的水平。可见，权利配置的倾斜和行权机制的力量失衡必然造成收入分配的失衡。在现代社会，权利配置的失衡和权利实现机制并不仅仅是经济的，政治上的行权机制也直接影响不同阶层或阶级的权利配置及其利益的实现。如在普选制下，各阶层都可以通过投票机制影响当选者及其政策走向，进而影响它们各自利益的实现，促进利益的平衡和收入分配在不同阶层之间的平衡。缺乏这种机制，不仅影响权利在不同社会成员之间的公平配置，而且直接影响利益平衡和收入分配的均衡。

最后，流动性障碍导致生产条件进而收入在不同部门之间非均衡分配。由于生产条件和收入的分配是通过市场机制进行的，劳动和非劳动要素能否按照价格或市场提供的收入差别协调一致地在不同生产领域转移流动，对生产条件和收入能否实现均衡分配至关重要。显然，这方面存在的流动性障碍越多，效率也就越低，收入分配也就越不均衡、不公平。现阶段流动性障碍来自多方面，既有市场发展本身带来的，如自然垄断、滥用市场支配力等，也有行政性干预带来的，如行政性垄断和行政性壁垒等，而更多的是制度安排带来的，如户籍制度、城乡分割造成的流动性障碍。这些流动性障碍严重影响了生产要素的流动和合理配置，同时也造成收入分配差距的扩大。

此外，由于通过市场进行的微观收入分配和生产条件的分配是联系在一起的，生产条件的分配决定收入分配，而收入分配也影响生产条件的分配。例如城乡之间，由于农业和农民的相对收入低及城乡二元社会结构的存在，市场化分配必然造成生产条件不利于“三农”分配，造成资源配置的“脱农”现象，即资源配置过程中脱离农民、农村和农业的现象，包括土地资源、人力资源、财政资源、金融资源等在市场化配置过程中都在向城市、非农产业倾斜，进一步加剧生产条件在城乡之间分配的不平衡，这种不平衡无疑会加剧城乡收入分配的不平衡。

可见，微观领域能否实现公平与效率的协调统一，关键在于能否实现生产条件在不同社会成员之间和不同部门之间的均衡分配。我国收入分配差距的扩大在很大程度上源自生产条件的不公平、不合理分配，这种不合理不是追求效率的结果，也不可能带来效率的提高。只有实现生产条件在不同社会成员之间和不同部门之间的均衡分配，才能促进公平与效率的协调统一。

---

① 马克思在分析资本与劳动之间的交换中说明了，劳动力商品交换的性质本身没有给工作日规定任何界限，因而没有给剩余劳动规定任何界限，资本家要坚持他作为买者的权利，劳动者要坚持他作为卖者的权利，“于是这里出现了二律背反，权利同权利相对抗，而这两种权利都同样是商品交换规律所承认的。在平等的权利之间，力量就起决定作用”（马克思．资本论：第1卷．北京：人民出版社，1975：262）。

二、再分配中的公平与效率

收入分配总过程是微观收入分配过程与宏观收入调节过程的统一。在社会主义市场经济中，不仅存在微观收入分配过程，而且存在宏观收入调节过程。宏观收入调节过程是建立在微观收入分配过程基础上并独立于这一分配过程的再分配过程。

我们知道，通过市场机制进行生产条件的分配和收入的分配，是社会主义市场经济条件下实现公平和效率及公平和效率的协调统一的必不可少的环节，然而市场机制的作用也会造成对社会效率和社会公平的偏离。首先，市场失灵使得市场价格不能反映资源使用的真实机会成本，微观经济活动的外部经济效应和外部不经济效应的存在造成社会成本、社会收益同内部成本、内部收益不一致，加之垄断等因素的存在，使得收入分配既不能体现公平，也不能体现效率。其次，微观收入分配过程通行着商品所有权原则，但商品所有权原则在一定条件下会转化为占有权原则，导致两极化积累，不仅导致收入分配的失衡，而且造成社会成员之间的分化和对立，并可能危及社会经济稳定，甚至引发经济危机。最后，微观收入分配是通过市场机制进行的，是以提供生产要素为条件的，然而一些社会成员由于缺少生产条件而难以通过市场获取生存的收入保障，同时许多社会经济活动并不能通过市场来进行，从事这些活动的社会成员虽然提供社会需要的服务，但只能通过非市场交换实现其社会价值。因此，不能仅仅考虑微观收入分配中的公平与效率问题，还要考虑社会再分配中的公平与效率问题。

如前所述，宏观收入分配的调节或再分配是从收入和支出两个方面来进行的。收入方面涉及税收等。税收既要体现社会公平，使社会收入差别主要体现劳动差别和劳动积累的差别，保证低收入群体的基本生活需要，避免低收入者形成对再分配收入的依赖，同时又要体现社会效率的要求，避免微观效率对社会效率的偏离，避免造成无效替代。支出方面包括转移支付、社会保障支出、政府公共产品提供、政府投资等。通过转移支付、社会保障支出，在社会范围内进行直接的收入再分配，使社会成员的实际可支配收入平衡。从公共产品来看，政府能否按照社会公平原则提供公共产品，不仅影响不同社会成员的实际收入和福利水平，而且影响他们的生产条件和经济环境。按均等化原则提供公共产品或公共服务，是弥补市场失灵、促进社会公平的重要制度安排，是发展社会主义市场经济的内在要求。政府投资似乎不属于收入调节的范畴，但这种投资直接影响部门、地区的产业发展，直接影响不同地区和部门生产条件的改善，从而对不同部门、地区社会成员的收入分配产生影响。因此，政府投资也具有收入调节的功能。

宏观收入分配的调节，无论是收入方面还是支出方面的调节，都应贯彻统一的国民待遇原则。所谓国民待遇原则，就是对所有社会成员一视同仁，不能因人而异，更不能有歧视性的制度安排。我国传统体制下的不公在很大程度上来自收入分配中的身份制和等级制。所谓身份制、等级制，就是通过一定的制度安排赋予不同的社会成员不同的身份等级，使他们相应享受不同的权利和待遇，在收入分配上适用不同的收入分配标准。在我国，这种身份制、等级制是通过城乡户籍分割和城乡二元制度安排固定下来的。这种身份制、等级制既是职业分工，又是等级分工，不同的身份等级对应着不同的权利和待遇，通行着不同的分配标准，如城市职工可以享受就业、工资、劳动保障和福利保障等权利和待遇，在收入分配上实行八级工资制，可谓是一般性国民待遇；干部则在一般城市职工之上享有种种特殊权利和利益，在收入分配上实行职务级别制，可谓超国民待遇；而农民则不享受城市职工的一般性国民待遇，更不享受干部享有的超国民待遇，他们没有工资保障、没有医疗保障、没有住房保障，没能享有按均等化原则提供的公共服务。[①] 我们原来用平均主义来概括计划经济体制下的分配，这不全面，不准确，平均主义只是对同一身份、同一等级上的社会成员而言的，对于不同身份和不同等级的社会成员不是什么平均主义，而是存在由身份等级决定的巨大差别，而且在身份制、等级制下，身份是不能随意转换的，等级是不能靠自己的力量超越的，因而形成的收入差距是极其稳固的、持久的。改革中我们注重打破平均主义，而对等级制、身份制没有给予足够的重视，结果是平均主义迅速被打破，而身份制、等级制依然被保留了下来，对农村居民、农民工实际上实行歧视性政策，不仅税制不统一，而且在公共产品供给、社会保障、医疗、就业、教育等方面，他们都不享有统一的国民待遇。这在市场化分配过程中必然造成严重的收入分配不公和逆调节，造成我国城乡收入差距的不公平扩大。因此，实现社会公平，促进公平与效率的协调统一，必须从根本上改变这种歧视性制度安排，实行统一的国民待遇。

宏观收入调节，无论是从收入方面还是从支出方面调节，都是借助于政府"看得见的手"来实现的，这与微观收入分配过程完全不同。"看得见的手"通常不会像"看不见的手"那样受到市场自发形成的均衡力量的制约，而是受制于政府掌控的权力和行权的制度安排。在宏观收入调节中，权力制衡是确保公平与效率协调统一必不可少的条件，因为只有在权力制衡的情况下，政府才能真正追求社会的公平目标和效率目标，避免因追求自身的利益目标和特权阶层的利益目标而偏离社会公平与效率的目标。在我国的收入调节中，还没有建立起权力制衡的有效机制，权力缺乏制衡和监督导致再分配收入向强势部门、特殊利益集团或阶层倾斜，同时一些权力主体或官员利用所掌握的再分配权力进行损公肥私的交易，贪污腐败，这不仅不能使国家通过收入的集中和支出进行收入分配的有效调节，反而使再分配本身成为社会分配不公的原因，同时由于收入的再分配或调节既不反映社会公平，也不体现社会效率，仅仅是权力寻租或权力货币化，因而必然造成效率的损失。因此，不根本改变这种状况，宏观收入调节不仅难以实现公平与效率的协调统一，而且会偏离社会公平和效率的目标，造成更大社会范围内的分配不公和效率损失。

三、构建公平与效率协调统一的收入分配制度

上述分析表明，无论是微观收入分配过程，还是宏观收入调节过程，公平与效率能否协调统一，关键取决于收入分配过程中的制度安排是否合理。合理的制度安排能够促进二者之间的协调统一，而不合理的制度安排则会导致顾此失彼，甚至既损害公平，也损失效率。我国的收入分配制度改革，就是要从根本上改革那些有损公平和效率的不合理的制度安排，建立起公平与效率协调统一的收入分配制度，包括微观收入分配制度和宏观收入调节制度。

① 笔者在《农民的国民待遇问题研究》一文中曾对我国差别性国民待遇进行了考察，说明在城乡二元制度安排下农民不能享受统一的国民待遇是造成城乡差别不公平扩大的重要原因，缩小城乡、工农差距，促进城乡协调发展，必须从根本上改变差别性国民待遇的制度安排。

在微观领域，实现公平与效率的协调统一，首先，需要建立生产条件分配和收入分配结合的微观制度。在市场经济中，微观收入分配是通过市场进行的，这往往给人们一种错觉，似乎收入分配的标准和人们的收入份额都是由市场决定的。实际上，收入分配主要取决于生产条件的分配和收入分配的具体制度安排。生产条件分配失衡及收入分配微观标准和制度规范的缺失，必然导致收入分配的无序和不公，导致效率的损失。控制生产条件分配的失衡，关键在于控制生产条件的市场化分离和经济性分离，避免代理人利用对公有生产条件的实际控制占有公有剩余甚至占有生产条件本身，确保公有剩余的合理分配和使用，确保公有或国有生产条件及其产生的收益能够增进广大劳动者的福利。为此，需要建立生产条件特别是公有或国有生产条件的保护制度，强化生产条件分配的制度约束。同时根据生产条件分配的制度性要求，确定收入分配的微观标准和制度规范，这包括：第一，劳动性收入的分配标准、规则和机制；第二，资产性收入的分配标准、规则和机制；第三，代理人（包括高管）收入的分配标准、规则和机制；第四，公有资本及其收益的分配标准、规则和机制；第五，劳动者、所有者及代理人在收入分配上的权利和行权维权机制。通过微观分配标准、规则和机制的建立，协调和平衡不同生产要素所有者之间的收入分配关系，避免收入分配因缺乏明确的标准、规则和机制而发生过度倾斜，导致失衡。

其次，需要建立自由与管制相结合的市场协调制度。在市场经济中，公平与效率都与一定的经济自由相联系，没有一定的经济自由，特别是没有相对自由的要素流动，公平和效率都无从谈起。为实现微观领域的公平与效率，促进公平和效率的协调统一，必须逐步消除劳动要素和非劳动要素的流动性障碍，特别是要素合理流动的制度性障碍，促进生产要素进而收入在不同部门之间、不同部门要素所有者之间的均衡分配。为此，需要破除各种形式的垄断，实施反垄断政策，消除部门间过多的进入壁垒；消除与主观生产条件相联系的身份制、等级制，打破户籍制度的藩篱，消除劳动力市场存在的各种歧视性政策和城乡劳动力流动的制度障碍，扩大社会成员进行选择的社会空间和自由，促进各种要素合理流动和配置。只有这样，才能促进生产条件在不同部门之间均衡分配，进而促进收入在不同部门、不同社会成员之间均衡分配，促进社会公平和效率的统一。这是问题的一方面。另一方面，在扩展经济自由的同时，必须进行微观管制。这种微观管制通常是由微观领域的市场失灵引起的，管制的目的在于纠正市场失灵，促进资源配置效率的提高和收入分配的公平。在社会主义市场经济中，微观管制被赋予更多的含义。因为无论是公有制还是按劳分配，或是各种国有企业分配秩序的形成，没有一定的微观管制是不可能实现的。通常的微观经济管制是政府通过认可和许可等手段，对企业的进入、退出、价格、服务质量、投资、财务、会计等进行的管制，通过经济管制，实现资源有效配置，确保企业内部效率，避免收入再分配，实现企业财务的稳定化，其内容一般包括：(1) 在自然垄断性产业实施进入管制，赋予特定的企业法定的垄断权，在保证经济效率的基础上，实施价格管制。(2) 为保证消费者能公平地享有服务，实施以制约企业的歧视性供给为目的的管制。(3) 对消费者对于选择何种服务及价格不能得到充分信息的部门，为了保证消费者利益以及防止由于企业破产而引起的消费者损害而实行进入管制和价格管制。从各国的实践来看，市场经济的微观管制不仅是经济性的，而且有一定的社会性管制，这种社会性管制是以保障劳动者和消费者的安全、健康以及保护环境、防止灾害为目的的，对物品和服务的质量及伴随着提供它们而产生的各种活动制定一定标准，并禁止、限制特定行为的规制。显然，仅仅有经济自由是不够的，必须把经济自由与微观管制相结合，才能促进公平与效率的协调统一。

在宏观层面上，为实现社会公平和公平与效率的协调统一，首先需要实行统一的国民待遇制度。统一的国民待遇制度意味着全体公民在社会生产和生活中享有同等权利、机会和自由，政府在收入和支出的形成与调节过程中，对所有公民一视同仁。这是实现社会公平和社会效率所要求的，没有统一的国民待遇制度，就没有社会公平，就没有促进效率的社会调节。我国城乡收入分配的不公在很大程度上是由差别性国民待遇制度造成的，是由城乡居民在身份、税负、就业、教育、医疗、保障、公共产品供给等方面的不合理制度安排造成的，这种不合理的制度安排或歧视性的制度安排同社会主义和市场经济都是不相容的，它不仅造成社会不公，而且造成要素合理流动的制度性障碍，压缩了相当部分社会成员全面自由发展、提升自身创造力的空间，必然影响市场效率和社会效率。因此，实现社会公平和效率，促进公平与效率的协调统一，必须彻底改变差别性或歧视性国民待遇制度，实行统一的国民待遇制度，使社会成员特别是农民能够平等地参与社会经济生活，平等地参与竞争，并能运用宪法赋予的权利来争取和保护自己的利益，这就需要在户籍管理、迁徙自由、市场准入、义务教育、劳动就业、社会保障、公共产品使用、民主参与等诸多领域，统一制度安排，使社会成员享有同等的权利和义务，确保收入再分配标准适用于所有社会成员。

实现统一的国民待遇制度，需要建立相应的宏观收入调节制度，促进公平与效率的协调统一。税收制度、政府公共服务制度、转移支付制度和社会保障制度构成宏观收入调节制度的基础。为避免收入分配的逆调节，需要建立体现社会公平要求的税收制度、政府公共服务制度和社会保障制度。税收制度要公平，税制要统一，不仅内外税制要统一，而且城乡税制要统一。政府应按均等化原则，提供公共服务。社会保障制度要真正体现社会性和统一性，要逐步改变保城不保乡、保固定不保流动、社保标准不统一的局面，逐步建立起覆盖全社会、标准统一的社会保障制度。

特别需要指出的是，宏观收入调节是通过政府这只“看得见的手”进行的，与微观收入分配不同，它不是建立在交易双方等价交换基础上的，如果没有严格的制度约束，则极易导致因权力滥用而引起的收入分配不公。因此，需要加强对政府收入调节过程包括收入过程和支出过程的制度建设，提高政府收入和支出的公开性和透明度，强化对再分配过程的有效监督和约束，特别是要强化在分配过程中对权力主体的制衡和监督，避免收入再分配向一些特权部门和特殊利益集团倾斜，防止政府官员滥用权力损公肥私和贪污腐化，提高宏观收入调节的有效性，促进社会公平与社会效率的统一。

第四节　超越分配关系的收入分配制度改革

一、收入分配制度改革是提升消费需求的必由之路

党的十八大报告指出，确保到2020年实现全面建成小康社会宏伟目标，实现国内生产总值和城乡居民人均收入比2010年翻一番。居民收入倍增计划的提出不仅体现了

让广大老百姓更多分享改革开放成果的民生目标，而且反映了通过收入倍增提升消费需求从而为经济的可持续增长注入活力的战略要求。

我国的传统增长模式具有“高投资、低消费、高储蓄”的特征，自改革开放以来，在投资、消费、出口“三驾马车”中，我国GDP增长越来越倚重于投资和出口，消费的作用相对疲软。在总需求结构失衡的条件下，为了维持高速经济增长，就不得不依赖出口与投资。从总需求结构的表象来看，为了扭转投资和出口占比过高、家庭消费需求占比过低的失衡状况，需要用家庭消费需求替代外需和内需中的投资需求。然而，在给定的结构和制度特征下，这两种替代过程都是难以完成的。走出以上困境的根本出路就是通过收入分配制度的改革来提升消费率，挖掘经济增长的新源泉。事实上，中国消费存在大幅度提升的空间。目前，发达国家的家庭消费率高于80%，即使是发展水平低于我国的印度，家庭消费率也高于60%，而我们的家庭消费率还不足40%。因此，由“投资大国”、“制造大国”以及“高储蓄大国”向“消费大国”的转变将成为中国经济持续高速增长的第一边际推动力。

当前国内消费不足的主要原因是收入分配制度不合理。这种不合理主要体现在以下两个方面：一是不同阶层之间、不同地区之间、城乡之间的收入分配差距较大。经测算，目前反映我国收入分配差距的基尼系数已经接近0.5。二是劳动者收入占国民收入初次分配与再分配的比重不仅比较低，而且在逐年下降。2008年，住户部门的初次分配收入为18.1万亿元，占国民总收入的57.2%，比2000年降低6.2个百分点。国民收入的再分配调整亦未缓解收入分配不均衡状况。2000—2008年的数据显示，政府部门可支配收入（再分配收入）的年均增速高于初次分配收入年均增速1.7个百分点，企业和住户部门可支配收入的年均增速则分别低于初次分配收入年均增速0.2和0.1个百分点。

收入分配结构对消费具有重要的影响。不同人群具有不同的边际消费倾向。即使人均收入水平提高了，但如果增加的收入主要集中在少数人手中，集中在高收入群体中，集中在消费倾向较低的人群中，社会总体消费水平也很难提高。尽管我国的城镇化获得了快速发展，然而城镇化水平仍然较低。推进城镇化建设是扩大消费需求的重要战略。社会保障制度可以降低消费者面对的未来不确定性，从而减少人们的预防性储蓄，增加消费。社会保障制度的建立增强了低收入阶层的消费能力和倾向，有助于全社会消费总量的提高。因此，通过收入分配结构的调整来缩小收入差距有助于提升消费倾向与消费需求。

导致居民可支配总收入占国民可支配总收入比例不断下降的原因是居民在收入分配体系中处于弱势地位，居民在初次分配中的弱势地位在再分配中也没有得到纠正。传统增长模式形成了特定的政府、企业和居民之间的分配格局，并导致居民消费增长缓慢。在传统增长模式下，一方面，由于生产率提高，劳动力成本较低以及环境成本较低，企业可以保持较高的利润率。对于私营企业而言，由于受到金融抑制的影响，企业以留存收益进行重新投资。国有企业由于得到银行系统的支持，能获取廉价资金。而国有企业追求规模的动机强烈，企业收益也被用于进一步投资。另一方面，在投资扩张过程中，政府获得了较高的税收收入，并由于对部分资源的垄断，可以通过资源释放，例如土地供应，增加收入。因此，投资扩张导致政府收入不断增加。与之相对，劳动保护落后、劳动力供给充足、户籍制度限制等因素导致工人谈判力不足，劳动收入占比不断下降，从而影响家庭消费率的提升。

二、分配制度的改革受制于发展模式的转换

尽管改革收入分配制度有助于提升消费水平，但在既有增长模式下，收入分配制度反映总体利益结构，收入分配制度改革并非简单的算账问题，如果不通过改革打破利益结构，收入分配结构就难以调整，因此通过收入分配改革来提升消费就是一个空洞的口号。

根据马克思主义经济学关于生产决定分配的基本原理，当前的收入分配格局反映了既定经济发展模式下的总体利益结构。在我国传统的增长模式下，与经济赶超型战略相适应，经济总量的扩张成为政策层面的首要目标。由于技术进步和生产率增长面临较多的约束和不确定性，促进资本投入的迅速增长就成为实现经济总量迅速扩张的首要选择。为了兼顾促进储蓄和增加投资的双重目标，最有效的措施是维持甚至加剧要素市场的扭曲。要素市场的扭曲导致家庭收入增长缓慢，收入分配向政府和企业倾斜。这使得政府和企业成为国内储蓄供给的重要主体。企业收入构成了资本积累的直接来源。在政府承担大量经济建设和投资责任的情况下，政府储蓄也成为资本积累的直接来源。通过要素市场的扭曲，家庭收入增长速度低于经济总量的扩张速度，这就使得总收入中越来越大的部分通过政府和企业这两个主体直接转变为国民储蓄，并成为资本积累的来源。

在特定的制度安排和市场结构下，金融体系蜕变成政府影响社会资本形成成本和结构的工具。利用利率管制下的以银行为主导的金融体系，政府可以对相关行业和企业的融资成本施加实质性影响，控制其信贷可获得性，影响其融资成本。利用产业政策设置行业进入壁垒，影响特定行业的竞争成本，达到直接影响特定行业资本收益率的目的。利用对生产、投资和出口直接的政策性补贴，改变资本形成成本和资本收益率。借助于要素市场扭曲、收入分配体制和政策、产业政策、供给政策以及生产和投资补贴等手段，一方面能够增加国内储蓄供给，使资本积累有充足的来源，另一方面能够维持资本收益和资本成本之间持久的、较大的差异，进而维持企业强烈的投资动机。这是支持我国高投资最为重要的内部因素。这种分配格局导致两种效应：国家财富迅速增长，政府和企业共同推动的高投资加速经济增长，产品出口加速财富积累；居民收入增长缓慢，企业没有动力支付高工资，政府没有动机减少税负。

在以内需可持续增长为目标的结构调整下，需要平衡政府、企业与居民之间的分配关系。然而，在既定的增长模式下，实行财政分权的地方政府具有强烈的通过本地更快的经济增长来显示政绩的冲动。地方政府为了在本地营造更优惠的投资环境，在招商引资中占据有利地位，更多地服务于资本，较少通过干预来提升劳动者在工资决定中的谈判力，从而强化了劳动与资本在生产过程中地位的不对等，资本处于强势地位，劳动处于弱势地位，这与要素市场的扭曲结合在一起，进一步制约了初次分配中劳动收入占比的提高。服务于资本积累的生产性财政体制使得地方政府在国民收入再分配方面难有作为，无法从根本上扭转劳动收入占比过低的初次分配格局。

也就是说，从增长模式角度来看，在既有投资结构和增长路径下，仅仅通过收入分配改革来解决目前的扩大内需问题，难以取得突破性进展。维持内需可持续增长的基础在于，通过投资转型，推动居民收入增长，配合收入分配改革，拉动消费增长，形成投

资和消费的良性循环。只有保持较高的投资水平，才能保证中国经济的增速，只有保证经济的增速，才能较好地解决收入分配问题。而依赖市场力量，通过投资结构优化和投资效率提高，对初次收入分配结构进行调整，增加居民收入，推动产业结构和供给结构与消费结构的协调，刺激消费增长，才是维持内需可持续增长的关键，而只有通过深化市场导向的改革推动经济增长模式的转换来调整经济利益结构，才能真正启动收入分配制度改革，刺激消费需求的可持续增长。

三、政府自我改革是推动发展模式转换的关键

事实上，无论是分配结构、总供给结构还是总需求结构，其特征都根植于我国传统的增长模式。在既有增长模式下，收入分配制度是总体政治经济利益格局的表现之一，它决定于现有的生产方式和权力结构，因此如果不通过改革打破权力格局和利益关系，收入分配结构就难以调整，消费需求就难以真正提升，而这需要政府超越传统的改革模式，推动发展模式的转换。

发展模式转换的核心就是让市场机制在资源配置中发挥更大的作用，政府更多地在市场失灵的领域发挥作用。在长期中，实现投资转型和投资持续增长的关键在于更多地利用市场之手来推动投资的转型，即从传统的、低效率的、依赖出口市场的生产领域转向创新的、高效的、适应国内家庭消费需求的产业部门。也就是说，只有供给和需求力量的对比在市场价格机制中得到真实体现，才能真实显露投资成本和收益的市场价格信号，进而充分发挥其对投资转型和投资增长的引导作用。

收入分配制度对应着一种权力关系和动力机制，同样，投资转型的关键就是要化解行政分配权力和市场分配权力之间的冲突。无论是通过发展要素市场、限制垄断等来发挥市场机制对投资转型的调节作用，还是通过发展模式的转换来推动分配制度的改革等，都非常依赖政府的自我改革，因为要素市场扭曲、国有企业垄断、投资领域限制等都与政府的制度或政策性安排直接相关。我们需要继续坚持渐进式改革，但同时需要保持社会稳定。然而，随着各种失衡和矛盾的加剧，包括市场与政府的关系失衡、资本与劳动的利益失衡、地区发展失衡和收入分配失衡等，不改革就无法继续保持社会的稳定。因此没有政府主动的自我改革，深层次的改革就难以推进。当前政府需要认清改革的局面，坚定改革的决心，从利益关系调整的过程中寻找改革的动力，调动各方的积极性，促进改革不断推进。根据中国的现实和国情，政府自上而下的改革是改革成功的关键。由于进一步的改革主要涉及全局性改革，特别是中央政府层面的改革，因此，改革需要依赖中央政府自上而下地推动，并保证地方政府具有落实中央政策的有效激励，同时要充分重视微观主体的首创精神。从中国历史经验来看，改革的道路虽然任重而道远，但只要社会达成改革的共识，理解改革的利害关系，以史为鉴，改革促进发展值得期待。

通过加大政府自我改革的力度来促进发展模式的转换和内需可持续增长的“四大突破口”是：

（1）政府功能的重新定位。不能就改革谈改革，改革的重点不是重新界定收入分配结构，而是重新界定政府权力与市场权力的边界。市场经济的充分发展需要政府提供相应的服务，政府必须从增长型政府向发展型政府转变，由生产性财政向公共性财政转

变，政府应避免“与民争利”，尽可能减少行政审批，更多地通过创造公平竞争的市场秩序来“为民创利”。

（2）完善要素市场，理顺价格机制，消除政策性扭曲，使劳动和资本等要素的供给和需求力量在市场上得到真实体现，并最终在工资和利率等价格信号中得到真实显露，这是要素市场真实显露不同产业部门或行业的投资成本与收益的前提。只有在要素市场能够真实反映要素成本和收益的情况下，市场力量才能成为投资结构演进过程的主导力量。当前改革的重点是金融体制改革，应推进利率市场化的进程。

（3）加大市场取向改革的力度，推动经济发展模式的转换，为收入分配制度的改革创造条件，拉动消费需求的可持续增长。不能就分配谈分配，分配关系的调整不仅在于权力关系的调整，而且在于生产方式的调整。因此政府一方面应当通过现有权力体系的大调整来实现收入分配关系的调整，另一方面应当重视中国的发展阶段，建立起与生产方式相适应的分配模式，市场力量也是调整分配关系的核心力量之一。特别是应在国民收入的再分配中更多地体现民生目标，努力缩小收入分配的差距。

（4）继续推进国有企业的产权制度改革，加大反垄断的力度，特别是限制行政性的垄断力量，放松民间资本的投资领域限制和行业准入限制，为民营经济的发展创造条件。

参考书目

1. 马克思，恩格斯．马克思恩格斯选集：第3卷．北京：人民出版社，1995.

2. 中共中央关于完善社会主义市场经济体制若干问题的决定．北京：人民出版社，2003.

3. 习近平．习近平总书记系列重要讲话读本（2016年版）．北京：学习出版社、人民出版社，2016.

4. 陈享光．当代中国经济．北京：当代世界出版社，2002.

思考题

1. 马克思设想的按劳分配与社会主义市场经济条件下的按劳分配有何不同？
2. 社会主义市场经济中生产条件分配与收入分配之间的关系如何？
3. 如何理解按劳分配与按生产要素分配相结合？
4. 社会主义市场经济中微观收入分配与宏观收入调节有何不同？
5. 如何正确处理社会主义市场经济条件下公平与效率之间的关系？
6. 为什么我们要超越分配关系来深化收入分配体制的改革？

第六章　社会主义经济增长与经济发展

走向现代化本身是个发展问题。邓小平同志在1992年南方谈话中精辟地指出，社会主义的本质是解放生产力，发展生产力，消灭剥削，消除两极分化，最终达到共同富裕。同时指出，改革也是解放生产力，发展才是硬道理。通过改革加快经济发展是我国面临的首要经济任务。我们所追求的经济发展并非是单一的物质财富的增加，而是一种可持续的发展。党的十九大报告强调要坚持新发展理念，坚定不移贯彻创新、协调、绿色、开放、共享的发展理念。中国经济在经历了30余年持续的高速增长后，目前已过渡到以中高速增长为基本特征的经济发展新常态。党的十九大报告指出，我国经济已由高速增长转向高质量发展阶段，正处在转变发展方式、优化经济结构、转换增长动力的攻关期，建设现代化经济体系是跨越关口的迫切要求和我国发展的战略目标。

第一节　经济增长与经济发展的一般理论

一、经济增长与经济发展

“增长”（growth）与“发展”（development）这两个概念过去常常被作为同义词来运用，实际上，它们之间是有区别的。经济增长一般指更多的产出，它通常用人均国民生产总值（人均GNP）或人均国内生产总值（人均GDP）的增长速度来表示。国民生产总值是指一个国家的所有常住居民在一定时期内生产的以货币表现的全部最终产品和劳务的总和。国内生产总值则是指一国在一定时期内（通常是一年内），在其领土范围内，本国居民与外国居民生产的最终产品和劳务总量的货币表现。经济发展显然要比经济增长有着更广的外延。最明显的例证是，一些石油输出国的人均GNP水平达到或超过了工业发达国家，但生活质量、工业结构并不能与发达国家相提并论，这就说明经济增长可能会与经济发展不同步，甚至出现有增长而无发展的现象。金德尔伯格等认为，经济发展“既包括更多的产出，同时也包括产品生产和分配所依赖的技术和体制安排上的变革”①。有的经济学家主张用公平分配的福利标准来衡量经济发展的程度，如西尔斯认为：“问到一个国家的发展情况如何，就应当提出：贫困情况有何变化？失业情况有何变化？不平等情况有何变化？如果这三者都从高处降落下来，那么，这无疑是有关国家的一个发展时期。如果这些中心问题中有一两个问题越来越糟，尤其是如果三者都是这种情况的话，那么，即使按人口计算的平均收入提高一倍，把这称为‘发展’，也是很奇怪的”②。

人均GNP或GDP不能完全反映一国的经济发展水平，主要有以下几个方面的原因：(1) 人均GNP或GDP没有充分反映国内总产值的分配情况。一国的人均GNP或GDP可能以较快的速度增长，但可能只有一小部分人是这种增长的受益者，大部分人则可能在就业、平均收入等方面没有什么根本改进，生活质量没有明显的提高。(2) 一国总产出的增长速度尽管可能很快，但如果人口增长率相当于或高于产出增长率，那么人口的增长就会成为阻碍发展的重要变量。(3) 由于官方汇率高估，统计资料不全，一些所谓“非市场”的产品和劳务没有计算在内，人均GNP或GDP可能缺乏国际可比性。(4) 人均GNP或GDP不能及时反映所生产的产品和劳务的类型或从使用这些产品和劳务中得到的福利情况。它也没有反映环境污染、都市化和人口增长对经济发展带来的副作用。(5) 人均GNP或GDP不能充分反映一国人民的生活质量。反映生活质量的指标是多方面的，除人均GNP或GDP外，还包括教育和识字率、预期寿命、按人均卡路里的供给或按其他这类指标衡量的营养水平、人均能源消费、人均钢铁消费、耐用消费品的人均消耗等。

美国经济学家吉利斯等主张经济发展包含三方面的含义：“一是人均GNP水平的提高；二是经济结构的变化，如工业在国内总产值中的比重上升（以及农业比重的降低）和城市人口所占百分比的上升；三是这个国家的人民必须自己动手加入这个经济发展过程，成为使经济结构发生上述重大变化的主要参与者。”③ 美国经济学家托达罗则认为：“经济发展至少必须达到以下三个目标：(1) 增加能够得到的诸如食物、住房、卫生和保护等基本生活必需品的数量，并扩大对生活必需品的分配；(2) 提高生活水平，除了获得更高的收入外，还应提供更多的工作、更好的教育，并对文化和人道主义给予更大的重视；(3) 通过把人们从奴役和依附中解放出来，来扩大个人和国家在经济和社会方面选择的范围。”④

由于GDP只是对最终产品和劳务的计量，并没有把资源成本和环境成本计算在内，因此，1993年联合国有关统计机构提出了生态国内生产总值“EDP”的概念，即绿色GDP，也就是在GDP的基础上减掉创造GDP所消耗的资源价值，然后再减掉创造GDP所造成的污染的治理成本。需要说明的是，可持续发展既包含自然意义上的可持

---

① 金德尔伯格，赫里克．经济发展．上海：上海译文出版社，1986：5.
② 达德利·西尔斯．发展的意义．国际发展评议，1969，6 (4).
③ 马尔科姆·吉利斯，等．发展经济学．北京：经济科学出版社，1990：14、15.
④ M.P.托达罗．第三世界的经济发展（上）．北京：中国人民大学出版社，1988：127.

续发展，也包含社会意义上的可持续发展，从核算上只减掉环境损害成本及资源消耗成本的绿色 GDP 只是自然意义上的可持续发展，而类似社会和谐、社会保障、就业率、教育状况、分配公平、司法公正、腐败消除等社会意义上的可持续发展因素并没有在绿色 GDP 中得到反映。

二、平衡增长与非平衡增长

发展中国家面临的一个重要问题是协调基础设施产业与直接加工产业之间的结构变化。发展经济学家在回答这一问题时形成了平衡增长与非平衡增长两个不同的流派。平衡增长战略，即“大推进”战略是由纳克斯和罗森斯坦·罗丹最早提出的。这种战略是建立在所谓的“贫困恶性循环论”的基础之上的。发展中国家的贫困恶性循环可用图 6-1 表示。

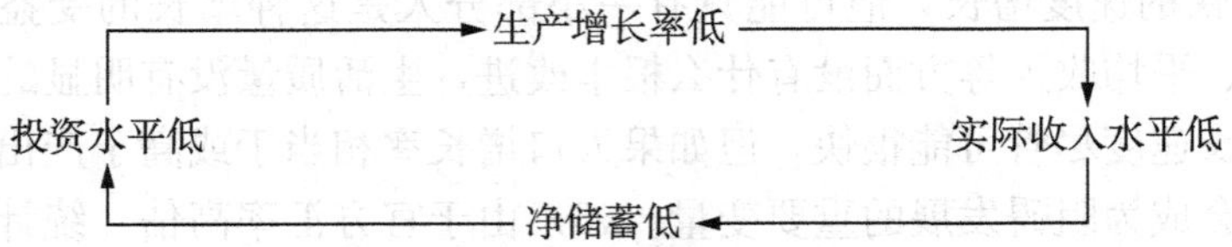

图 6-1 发展中国家的贫困恶性循环

在这一恶性循环下，单靠某一产业的优先发展来发展是无法奏效的。因为该产业生产出来的产品最终会因人均收入太低而缺乏市场，不可能长期发展下去。打破这种恶性循环的办法就是实施“大推进”战略，即通过实施全面增长的投资计划，使各种工业同时有所发展，互为需求，各个部门的投资都有利可图。平衡增长战略的实施可从两个方面入手：一是需求方面的平衡增长。因为工业的发展取决于消费者（以及投资者）的需求模式或消费模式，而需求和生产函数均具有不可分性。需求的不可分性是指不同的投资决策相互关联，相互提供需求，从而可减小投资风险（找不到市场的风险）。但是，发展中国家的低需求弹性造成了市场需求规模的狭小，因此相互关联的投资就必须有一个最低限度，才能利用不同投资之间提供的互补性需求。政府部门在一定的弹性需求下选择各部门的增长比例，使新创造的收入恰好能吸收新生产出来的产品。二是供给方面的平衡增长，即同时增长以防止供给短缺的出现。例如，在筹建一个钢铁厂时，计划人员就应同时筹建煤矿、铁矿等生产设施，除非这些投入品都可以从进口获得。从整体化的角度看，还需要保持工业发展和农业发展之间的平衡。由于各部门相互提供投入，所以，同时增长可以使得缺乏辅助性要素所引起的资本浪费现象减少。发展中国家实施平衡增长战略首先会遇到资金有限、外汇短缺、人才不足的硬条件约束。

艾伯特·O. 赫希曼针对这一弊端提出了非平衡增长战略。[①] 赫希曼认为，经济发展是一个渐进过程，试图短期内在传统的落后经济中强加上一个巨大的现代化部门是不现实的。非平衡增长战略的实质是，将经济发展过程（以工业化为核心）看作不同部门先后不同的成长，并相互联系着彼此施加压力和推力的结构演化过程。赫希曼认为，发

---

① 艾伯特·O. 赫希曼. 一个持不同意见者的自白：对“经济发展战略”的重新考察//杰拉尔德·迈耶. 发展经济学的先驱. 北京：经济科学出版社，1990.

展都是以领导部门的成长带动其他部门的成长，由一个企业或一个工厂的成长引发另一个企业或另一个工厂的成长的方式进行，因而平衡只是不平衡的结果。非平衡增长理论的中心概念是联系，在确定经济发展战略时，必须充分重视不同工业部门发展的关联作用。这种联系分为前向和后向两种联系方式，那些从其他工业部门获得投入品的工业具有“后向联系”作用。例如，汽车制造业使用机械工业产品和金属制品，而这些厂家又要使用大量钢材，因此，建造一家汽车制造厂将产生出对机械和钢的需求，这种需求会刺激投资者建立这些工厂。有些工业的产品成为其他工业部门的投入品，这样的工业具有“前向联系”作用。如果不是从汽车业起步，计划人员可以从另一头即建造钢铁厂起步，当投资者看到有国产钢铁供应时，就会兴建那些使用钢材的工厂。无论是前向联系还是后向联系，都会产生压力，促使人们兴建新的工业企业。而这些新企业又转而产生压力，促使人们去发展别的新的工业企业，依此类推，促使经济增长。因此，发展中国家不应用有限的资金去撒“胡椒面”，而应将有限的生产要素投入那些具有强大推进作用（前向或后向联系强）的主要工业，以推动经济发展。

在选择我国的经济发展战略时，一定要根据我国的国情，而不能照搬平衡或非平衡增长战略，尽管这两种战略都具有一定的道理。我国目前的基本情况是，在总量非均衡的条件下，产业结构不合理，尤其是基础工业、能源原材料工业、第三产业、农业发展落后。针对这一情况，我国的经济发展战略应该视经济发展阶段的不同而有所不同。在现阶段，应针对过去经济非平衡发展和资金、外汇、人才短缺的现实，采取非平衡发展战略，即把有限的资源投入制约国民经济协调增长的“瓶颈”产业，如基础产业等。经过一段时期的非平衡增长战略的实施，可以大体校正产业结构的严重偏差，使国民经济平衡发展，并积累大量的资金。这时，便可实现发展战略的转换，即从非平衡增长战略转变为平衡增长战略，以减少增长代价，使国民经济持续、稳定、协调地发展。

三、以通货膨胀政策刺激经济增长的代价

在发展中国家，对于通货膨胀能否作为促进经济增长的一种政策，在理论界和实际部门历来有不同的观点。持肯定意见的理由主要是：其一，当课税收入占国民生产总值的比重低、税负对收入的弹性并不总大于1时，发展中国家为了给用于促进经济发展的公共支出筹集资金，便把通货膨胀作为一种主要的“税”。在货币收入一定的假设条件下，通货膨胀能够增加课税收入。其二，通货膨胀可提高工业的盈余能力，从而可以刺激投资。其三，如果通货膨胀能在国内增加更多的收入，政府就不会被迫依赖外国资本。其四，以通货膨胀形式增加资金供应，可能会提高银行和其他金融机构的成本，这些机构可能引导公众去从事金融资产投资而不是从事实物资产投资，因而可为经济增长调出实际资源。由于对货币余额征收通货膨胀税比通过征收常规税更便于增加政府收入，而且通货膨胀税为累进税（掌握货币余额越多的人缴纳越多的“税”），因此，一些发展中国家把通货膨胀看作是财政扩张的一种理想手段。在20世纪50年代至60年代，联合国拉丁美洲经济委员会（现改名为联合国拉丁美洲和加勒比经济委员会）把适度的通货膨胀视为润滑经济发展的一种手段，强行动员对货币余额进行储蓄，并将其移交给十分缺乏投资资金的政府。然而，理论和实践都可以证明，政府通过通货膨胀来筹集资金，在最好的情况下也是一种危险的政策，并将为经济增长付出沉重的代价。

(1) 通过征收通货膨胀税推动经济增长这一命题隐含了以下假设：政府利用通货膨胀税来投资的边际倾向大于或等于1；税收系统的收入弹性大于或等于1；通货膨胀税的边际效率成本低于那些一般税收的成本。但是，这些假设条件明显脱离了发展中国家的经济现实。1）许多发展中国家的政府利用附加收入来进行储蓄和投资的边际倾向远低于1，即政府征收的通货膨胀税不可能全部投资于实物资产。2）发展中国家的收入弹性常常小于1，这使得常规税收入的增长大大落后于名义国民生产总值的增长。特别是在通货膨胀发展的早期阶段，部分较高的通货膨胀税的征收将被常规税收入实际值的下降所抵消。3）实践表明，一旦年通货膨胀率超过2%，通货膨胀税的增量效率损失就将大大超过常规税。①

(2) 通货膨胀有助于提高企业积累能力的前提条件是存在"货币幻觉"。也就是说，货币持有者只注重货币的名义价值而忽视货币的实际购买力，从而对政府推行的通货膨胀缺乏预期。于是，当物价上升速度高于职工的货币工资增长速度时，企业就可从中获得更多的利润以增加积累。一旦人们对通货膨胀有充分的预期，"货币幻觉"就会消失，以上效应就不可能出现。如果公众对通货膨胀有很高的预期，就会把所持有的正在贬值的货币尽早脱手，形成抢购风，从而更多地储藏实物资产而不是金融资产，这对经济的长期发展无疑是有害的。恶性通货膨胀还会使取得信用的条件变得更加苛刻和复杂，利用信用手段来促使达成购销合同所需要的费用越来越大。当利率变动落后于通货膨胀率的上升甚至出现负利率时，就会给通货和金融制度带来灾难性的后果。

(3) 在通货膨胀的环境下，企业进行投资的风险将增大。通货膨胀率越高，企业在投资和生产方面面临的不稳定性越大。企业对未来的收益越没有把握，就越可能力图减小风险。一般来说，投资回收期越长，风险越大。于是，在未来不确定性的环境下，企业宁愿投资于能尽早收回投资和带来收益的项目，对长期投资缺乏信心。不幸的是，这些长期投资恰恰是最有可能对整个社会收入增长带来好处的投资，如能源、基础性投资等。不仅如此，随着通货膨胀率的上升，如果利率维持不变，或者利率上升速度慢于通货膨胀率的上升速度，资金就难以流向有组织的金融系统，从而会抑制企业投资。

(4) 以通货膨胀政策刺激经济增长会降低经济效率。在通货膨胀的环境中，利润与工资之间的冲突和摩擦会加剧，企业与职工之间为增加工资而展开讨价还价的倾向将加强。为赶上通货膨胀的速度，企业将用更多的时间来调整工资，社会也需要越来越多的机构来调整补偿率，这些行为都将增加管理费用，从而降低微观经济效率和增加社会成本。在通货膨胀的环境中，生产者和销售者越来越重视产品价格的调整，而忽视产品质量和服务质量。价格的调整不仅是对供求关系变化的反映，而且是为了防止产品价格落在平均价格水平之下。这时，企业能否获得利润与生产效率的高低关系不大，而是取决于其管理机构工作效率的高低，取决于它们能否成功地使产品价格随着成本的上升而上升。垄断企业更容易利用垄断势力提高价格，在不提高生产效率的条件下，就能轻易地获取垄断利润，结果是进一步推动价格总水平上升。

(5) 以通货膨胀政策推动经济增长会恶化国际收支状况。当一国发生通货膨胀时，外国人会发现购买该国产品所需的货币越来越多，从而降低该国产品在国际市场上的竞争力，导致出口减少；相反，国内物价上涨却使外国产品在国内市场变得相对便宜，从

① 马尔科姆·吉利斯，等．发展经济学．北京：经济科学出版社，1990：440.

而会刺激进口。这样，在反映进出口流量相对大小的国际收支平衡表中将出现国际收支逆差。此外，如果通货膨胀导致一国实际利率降低，那么也会导致该国丧失对外国资本的吸引力，最终对国际收支平衡产生不利的影响。一旦国际收支逆差长期得不到改善，外汇短缺就会加剧。迫于外汇储备减少的压力，政府被迫实施外汇管制政策，或采取种种行政的和经济的手段来减少进口，不计成本地鼓励出口，以赚取外汇，并迫使本国货币贬值。由此可见，以通货膨胀政策刺激经济增长必将付出沉重的代价。在经济增长中保持通货稳定是我国应采取的一项长期政策。

四、不断促进人的全面发展是社会主义的根本目的

人不同于只知道吃喝拉撒的动物，他有七情六欲。按照马斯洛的需要层次理论，人除了吃饱穿暖等最基本的生理需要外，还有安全需要、社交需要、尊重需要、自我实现的需要。人的欲望或需要实际上是无止境的。共产党人所追求的最高纲领不仅是物质财富的极大丰富，而且是每个人全面自由的发展，使作为社会主人的每个个体各方面的需要都得到全面的满足。

马克思主义经济学批评资本主义制度的一个重要依据是，建立在私有制基础上的资本雇佣劳动制度使劳动始终从属于资本，一无所有的劳动者创造了全部价值，但获得的只是补偿劳动力再生产所必要的生活资料价值，资本家凭借对生产资料的占有无偿地占有剩余价值。从表面上看，劳动力的买卖似乎是自由、平等的，但一旦交易完成，进入生产领域，我们看到的就完全是另一幅景象：一个是颐指气使的生产过程的统治者，一个是战战兢兢的被统治者。劳动者的全面发展完全成为一句空话。

由于资本主义私有制束缚了人的全面发展，因而马克思主义认为社会主义代替资本主义具有客观必然性。马克思主义进一步强调个人自由的真正实现不能离开集体，只有在生产资料社会占有的基础上对社会生产进行有计划的调节，人类社会才能真正从必然王国进入自由王国。

人的全面发展这一共产党的最终目标能否实现，首先依赖于社会财富是否极大丰富，即社会生产力水平是否达到相当的高度。然而，社会主义却率先在当时欧洲最落后的俄国取得胜利，受各种主客观因素的制约，苏联选择了高度集权的计划经济体制，我国后来基本上复制了苏联模式。这一模式不顾生产力发展水平低下的事实，追求“一大二公”的所有制结构和政府统制的计划体制，试图通过强制手段消灭阶级对立，跑步进入共产主义。结果由于经济的低效率，不仅根本无法实现人的全面发展，甚至连大家的基本温饱问题都解决不好。

改革开放路线及时把中国拉出了计划经济的死胡同，重新认识了社会主义的本质，那就是解放生产力、发展生产力，消灭剥削，消除两极分化，最终达到共同富裕。也就是说，社会主义必须能够解放与发展生产力，贫穷并不是社会主义；但解放与发展生产力的根本目的是要实现共同富裕，而在消除阶级对立基础上的共同富裕是人的全面发展的必要条件。在社会主义初级阶段，落后的生产力发展水平严重限制了人的全面发展。因此，当前的首要任务是大力发展社会生产力，发展是我们党执政兴国的第一要务，而让一部分人先富起来、发展市场经济、实现对外开放等能够有效地激发人们创造财富的积极性，提高资源配置效率。从发展生产力的角度来看，社会主义当然也可以搞市场经

济。只要我们在发展市场经济的过程中坚持以公有制为主、多种经济形式并存的所有制结构，以及按劳分配与按生产要素分配相结合的分配制度，我们就既可以加快生产力的发展，又能促进共同富裕，最终有助于人的全面发展。

中国持续30多年快速经济增长这一铁的事实充分证明了走中国特色社会主义道路的正确性。改革开放政策的实施使得人们口袋鼓了、吃得好了、穿得美了、住得宽了。然而，财富更丰富以及人们的物质生活更好还不是我们的终极目标。共产党人所追求的更远大的目标是在物质财富极大丰富的基础上，使人民的精神境界极大提高，每个人全面而自由地发展。具体来说，就是在经济更加发展的基础上，民主更加健全、科教更加进步、文化更加繁荣、社会更加和谐、人民生活更加殷实。习近平总书记一再告诫我们的共产党人，要把人民对美好生活的向往作为自己的奋斗目标。

人的全面发展尽管是我们追求的最终目标，但不等于说它是要等到遥远的未来才能做的事。人的全面发展是一个伴随着生产力水平提高的渐进过程，所以完全可以从现在做起。那么，怎样才能不断促进人的全面发展呢？从战略上说，就是要在大力发展生产力的基础上，坚定不移地推进政治文明和精神文明建设。政治文明的核心就是党的领导、人民当家做主和依法治国的有机统一。为了促进人的全面发展，就必须始终坚持发展是硬道理。因为只有大力发展社会生产力，才可能在满足人民的物质需要的同时，满足人民的精神文化需要，促进人民素质的提高和人的全面发展。而人越是得到了全面发展，其为社会创造物质与文化财富的积极性就越能够被激发出来，社会生产力就发展得越快，人民的物质文化生活就越丰富，从而就越能促进人的全面发展。促进人的全面发展作为中国共产党的最终目标是在社会生产力和经济文化水平不断提高的过程中逐渐实现的，社会主义正是在发展社会生产力和促进人的全面发展这两个历史过程的相互结合、相互促进中不断完善的。

第二节　制度创新与经济增长方式的转变

一、粗放型经济增长方式的体制条件

经济增长方式与经济体制之间互为条件，相互制约。一般地说，选择了一定的经济增长方式，实际上就为经济体制的运行规定了目标函数和运行框架；而经济体制一旦确定，就会反作用于经济增长方式，为经济增长方式的实现提供体制条件。在现实的经济运行中，无论是经济增长方式还是经济体制，都是建立在特定的微观基础之上的，前者不能脱离后者而孤立地发挥作用。微观基础则是由一定的产权规则所制约的企业经营机制及企业对外部环境变动所采取的特有反应方式所决定的。现实的微观基础既决定于一定的生产力发展水平，又受到特定条件下的增长方式与体制模式的制约。微观基础一旦确定，就通过产权规则和微观主体的行为机制规定着经济增长的特殊方式及经济运行的一般特征。

在传统的计划经济体制下，我国选择了一种以强调数量增长和以外延方式为主的发展模式。这种传统的经济发展模式具有以下特征。

第一，它是一种以高速增长为主要目标的赶超型发展模式。中华人民共和国建立之初国力十分虚弱，再加上资本主义世界的经济封锁，使得资金与技术十分缺乏。为了迅速摆脱这种贫穷落后的面貌，我国提出了在尽可能短的时间内赶超西方发达国家的口号，追求经济的高速增长成为各级政府的首要目标，从上到下存在着强烈的数量扩张冲动。为了调动所有可利用的资源来推动经济的迅速增长，在宏观层次上，以提高积累率来筹措资金；在微观层次上，对产量、投入和存货实行严格的计划。

第二，它是一种借助于政府的行政力量来实施的发展模式。在传统体制下，企业只是被动接受计划指令的行政附属物，没有经营自主权，劳动者也没有职业选择权，大部分消费品实行定额供应，价格只是起核算工具的作用，市场机制也只是在狭小的范围内发挥调节作用。为了筹措必要的建设资金，政府一方面通过人为地压低消费提高积累率，采取有利于加快工业化步伐的国民收入分配方式，另一方面通过扩大工农业产品价格“剪刀差”，使农业部门为工业的发展提供积累资金。计划部门再根据国民经济各部门的优先顺序纵向分配由政府集中起来的资源，以实现既定的经济发展目标。

第三，它是一种经济结构倾斜型发展模式。传统的发展战略试图通过集中使用资源，迅速实现经济发展所要求的较快的结构变动，在较短时间内奠定工业化基础，建立完整的工业体系，摆脱对外国经济的依赖。由于资金严重短缺，在实践中只能采取以重工业为中心的发展战略，在重工业中又以钢铁工业为中心，资源根据经济部门的优先发展顺序实行计划分配，优先发展项目可以优先得到资源供应，以保证重点部门的优先增长；非优先增长的部门只能获得分配给优先发展部门之后的剩余资源，发展的滞后就不可避免。农业因不断扩大的价格“剪刀差”而缺乏积累能力，发展步履维艰。由此可见，这种结构倾斜型发展模式实质上是以农业、轻工业等产业部门的缓慢发展为代价的。

第四，它是一种粗放型发展模式。为了集中使用有限的资源，国家试图通过粗放型发展模式尽快地改变旧的产业结构，在较短的时间内实现工业化。粗放型发展模式的显著特征是追求外延型扩大再生产方式，通过大量劳动力和资金的投入来不断增加产品数量。为了实现这种粗放型发展模式，在实践中不断强化中央集权控制，实行详细的物资分配计划及采取有利于加快工业化步伐的国民收入分配方式。

第五，它是一种封闭型经济发展模式。由于片面强调自力更生，因而导致本国经济与世界市场分隔开来。而片面强调工业品的国产化，又使对外贸易计划仅仅成为国内经济计划的附属物。在这种封闭型发展模式下，经济的自给自足程度就成为衡量经济发展水平的重要标志。为了实现这一发展模式，我国实行进出口和汇率的严格控制，高估本币，隔开国际金融市场对人民币汇率的影响，产品的国内价格与国际市场价格严重脱节。

这种粗放型经济增长方式与计划经济体制之所以能在相当长的时期内存在，关键在于它们都以传统的所有制模式作为坚实的微观基础。在所有制结构上，片面追求“一大二公”，把国家所有制看成是全民所有制唯一的高级形式，强调集体所有制尽快向国家所有制过渡，把非公有制经济统统当作“资本主义的尾巴”而割除。国家拥有国有企业的剩余索取权与控制权，国家可凭借所拥有的所有权直接向隶属于它的企业下达计划指令，贯彻政府偏好。企业只是政府的行政附属物，其预算约束是软的。企业既没有独立的经济利益，也没有自主决策权，更不承担决策后果，只是被动地执行计划指令，完成产值指标。在以上条件下，企业生产什么、生产多少和怎样生产都是由计划控制的，而不是由市场调节的。

建立在以上微观基础之上的经济体制必然排斥市场机制，资源由政府的指令性计划配置，而计划经济体制又可使政府有效地贯彻粗放型经济增长方式。这种经济运行格局所产生的问题有目共睹，如经济效率低下、结构不合理、供求缺口大、经济缺乏活力、周期性波动明显等。邓小平同志指出："多年的经验表明，要发展生产力，靠过去的经济体制不能解决问题。"① 所以，为了充分挖掘经济增长潜力，实现国民经济和社会发展，早日建成小康社会，客观上要求从计划经济体制向社会主义市场经济体制转变，经济增长方式从粗放型向集约型转变。

二、经济增长方式的转变依赖于体制模式的转换

经济增长一般表现为一国国民收入的增加。所谓经济增长方式的转变，是指经济增长从主要依靠生产要素的数量扩张转向主要通过提高生产要素的使用效率来实现，即从粗放型向集约型增长方式的转变。也就是说，过去人们通常把资本积累视为经济增长的最主要源泉，现在人们则越来越明白，国民收入的增长速度不仅取决于劳动力和资本存量的增长速度，而且取决于技术革新速度。问题在于如何通过技术创新提高生产要素的使用效率，使经济增长向集约型转变。显然，离开体制的因素是很难说得清的，因为体制不仅是经济增长方式转变的必要条件，而且体制本身是经济增长的重要源泉。

传统的经济增长理论一般都抽象掉制度因素，即将制度因素作为"外生变量"，而只考察一国经济是如何通过物质生产要素的投入变化或生产率的变化实现增长的。描述经济增长最为简单的古典模型把经济增长视为资本积累的函数，即资本积累是经济增长的唯一源泉。该模型以一个以农业为主的国家作为考察对象，十分强调人们在生产大于消费时所积累的生产资本的重要性。资本通过向人们提供使得劳动更为便利的厂房和机器，提高了生产率，促进了国民经济的增长。作为古典模型与凯恩斯增长理论混合物的哈罗德-多马模型同样强调经济增长的原动力是投资。投资起着双重的作用，它既创造需求，也创造生产能力。该模型表明，为了寻求经济增长，一国必须从国民生产总值中拿出一定比例进行储蓄和投资，并通过创造追加的生产能力，在下一时期里带来更多的收入（用增量资本—产出比率表示）。本期的收入在下一期带来更大量的储蓄、投资、资本形成和更高的收入，由此推动经济增长。新古典模型则进一步把技术进步引入模型，它把资本的边际生产率和劳动的边际生产率都当作变量对待，认为这两个变量取决于投入使用的资本和劳动的相对数量的大小。因此，国民收入的增长速度取决于劳动力和资本存量的增长速度，同时还取决于技术革新速度。描述经济增长的模型通常假定不存在信息成本、不确定性及交易成本，私人成本与社会成本相一致，从而市场这只"看不见的手"引导生产要素流向能导致行为人收益最大化的领域，刺激技术进步，实现均衡增长。然而，把制度因素排斥在外，并不能真实地描述经济增长的绩效。因为在现实经济活动中，信息是不完全的，且信息的获得是需支付费用的，生产的调整过程取决于信息费用。一般来说，市场越不发达，信息传播技术越原始，调整过程越长，调整费用

---

① 邓小平．邓小平文选：第3卷．北京：人民出版社，1993：149.

越高。因此，信息的不完全性及信息费用会影响市场机制的运行结果，影响经济绩效及增长轨迹。同时，由于产权未被充分界定及产权的界定是需支付成本的，个体收益未必等于社会收益，如存在外部性、“搭便车”等问题。当存在低效率的产权结构时，随着知识与技术存量的增加，个人的获利能力会既缺乏又不完善，其结果是技术进步变得缓慢，自然资源存量的收益呈递减趋势，从而影响经济增长。在不同的国家里，由于体制条件的差异，即使投入相同的生产要素，国民收入的增长也有很大的不同，这也表明体制是影响经济增长的一个重要变量。

经济增长方式转变的标志在相当大程度上是由技术进步对经济增长的贡献率来评价和度量的，而技术创新又在相当大程度上依赖体制创新。以英国的工业革命为例，有的学者把它看成是一场纯粹的技术革命，而实际上它是一场制度创新，正如汤恩比所说，工业革命的实质就是用竞争取代以前控制生产和财富分配的中世纪规则。其实，在工业革命之前，英国就出现了大工厂，蒸汽机在瓦特蒸汽机之前已在煤矿使用了几十年，以瓦特命名的蒸汽机仅仅改进了以前的纽科曼蒸汽机。那么，是什么原因导致在瓦特蒸汽机之后发生了一场深刻的工业革命呢？答案是英国资产阶级革命后发生了一场制度革命，即新技术的发明引起经济的跨越式发展只有在制度创新之后，也就是说，交易成本与技术变化密切相关。例如，一套鼓励技术变化、提高创新的私人收益率并使之接近社会收益率的激励机制仅仅随着专利制度的建立才被确立起来。随着竞争制度的形成和产权的充分界定，市场更加完善和市场规模进一步扩大，这导致了更高水平的专业化与劳动分工。而随之发生的制度（如专利制度、竞争制度、质量控制方法等）创新通过产权的充分界定不仅提高了技术创新的收益率，而且降低了技术创新和市场交易中的交易成本，结果进一步刺激了技术创新。正是这种技术创新与制度创新的交互作用引发了工业革命，才出现了一个前所未有的经济高速增长时期。

体制因素之所以可推动或阻碍经济增长、制约经济增长方式的转变，是因为体制的变化具有既改变收入分配，又改变经济中使用资源效率的潜在可能性。体制的这种功能又与体制可影响人类的选择行为有关。第一，体制实际上为每一个参与社会经济活动的行为人设置了一整套正式的（如宪法、成文法、自愿性契约等）和非正式的（如习惯等）行为规则，这就为每一个追求最大化利益的行为人规定了约束条件。体制的变化也表明这种约束条件的改变，进而影响行为人的选择行为。体制创新正是通过改变交易规则来为经济增长创造新的条件。第二，体制创新可通过塑造出新的激励或动力机制，激发行为人参与交易活动和进行技术创新，推动经济增长。一个社会的经济缺乏活力或停滞不前，一般总是与既定的体制因素抑制行为人的创新动机或行为人的创新活动得不到最低限度的报酬有关。第三，当行为的伦理道德规范有助于克服经济活动中的机会主义行为或“搭便车”行为时，它就能以较低的代价换取较快的经济增长。第四，体制因素还影响信息和资源的可获得性。例如，既定的制度将影响信息分布、传递及信息的可信度，进而影响信息费用。一个社会因制度因素（如市场扭曲）所导致的信息费用上升必将制约经济增长。

上述理论结论可以找到很多案例来佐证。例如，19 世纪中叶，随着生产社会化程度的提高和市场规模的扩大，美国的自然人企业制度制约了经济增长。1845 年以后，美国的大多数州议会制定了公司法。公司法按照一套标准的规则进行新公司的注册工作，赋予公司法人地位，确立有限责任原则，保护公司产权，大大减少了组建公司的成本，促进了必须吸引众多投资者参与和积累大量的资本以获得规模经济的股份公司的组建。这种新的制度安排通过产权的重新界定降低了交易成本，提高了效率，使投资者获得了在做出新的制度安排之前所无法获得的制度性收益，与此相联系的一系列制度创新使19世纪中叶以后美国的经济呈现出跨越式发展的态势，并很快成为世界超级政治、经济和军事大国。我国自改革开放以来所取得的举世瞩目的成就也充分证明了体制创新对经济增长的巨大贡献，这验证了邓小平同志的一句名言：改革就是解放生产力。

既然体制因素不仅决定着经济增长绩效，而且决定着经济增长方式，那么把两个根本性转变看成是互不相关的两件事，认为体制转变靠改革，经济增长方式转变靠政府的投资计划和对企业投资的控制是缺乏依据的。经济增长之所以没有摆脱粗放型的轨迹，不少人仍热衷于铺摊子、上项目，不惜工本地提高增长速度，关键是因为改革还没有到位，旧体制因素在起作用。例如，当政府仍是事实上的投资主体时，政府在进行投资决策时就不会主要依据经济效益原则；地方政府的政绩冲动导致投资规模居高不下；企业仍不能自负盈亏，具有强烈的数量扩张冲动；低利率等宏观经济政策环境仍鼓励外延型经济增长等。在如此的体制环境下，试图通过政府优化投资计划、控制投资规模、加强项目审批来实现增长方式的转变是不可行的。前述的理论和实践已证明，经济增长方式的转变依赖经济体制的转轨。

三、制度创新推动经济增长的机理

所谓制度（institution）是指“一系列被制定出来的规则、守法程序和行为的伦理道德规范，它旨在约束追求主体福利或效用最大化的个人行为”①。制度可被划分为以下三种类型：一是宪法秩序。宪法秩序是用以界定国家的产权和控制的基本结构，它包括确立生产、交换和分配的基础的一整套政治、社会和法律的基本规则，它为集体选择确立了原则，从而是制定规则的规则。二是制度安排。这是在宪法秩序下约束特定行为模式和关系、界定交换条件的一系列具体的操作规则，它包括成文法、习惯法和自愿性契约。三是行为的伦理道德规范。它来源于人们对现实的理解（意识形态）。意识形态是与对现实契约关系的正义或公平的判断相连的，对于赋予宪法秩序和制度安排的合法性是至关重要的。

当把制度作为决定经济增长最为重要的变量时，经济增长主要表现为制度变迁的结果。当然，在制度不变的条件下，增加生产要素投入也可能增加社会财富。但如果一个社会没有实现经济增长，则必定与该社会没有为经济方面的创新活动提供足够的激励有关。具体来说，制度是通过以下几个环节影响经济增长的。

（1）产权。刺激经济增长的动力与一定的产权结构直接相关。产权是一种通过社会强制实现的对某种经济物品的多种用途进行选择的权利。德姆塞茨认为，“它之所以有意义，是因为它使人们在与别人的交换中形成了合理的预期。产权的一个主要功能就是为实现外部效应的更高程度的“内部化”提供行动的动力。有效率的产权应是竞争性的或排他性的，这将有助于减少未来的不确定性因素及避免产生机会主义行为。产权不清晰通过交易成本的增加限制经济增长，因为交易实际上是产权的变换，如果产权界定不

① 道格拉斯·C. 诺思．经济史中的结构与变迁．上海：上海三联书店，1991：225-226.

清晰，行为人不能通过交换使自己的利益有所增进，其生产或交换的动力很弱或没有，于是，或者交易活动不可能发生，或者交易规模缩小。其直接后果是交易成本上升，经济效率降低，进而限制经济增长。例如，17 世纪欧洲各民族国家之间出现不同经济增长率的原因可以从每个国家的产权性质中找到。尼德兰和英格兰所建立的产权，激励人们更有效地使用资源，并把资源投入发明与创新活动之中，因此它们首先在西方世界崛起。而当时的法兰西和西班牙，其税收的绝对量和取得财政收入的具体形式刺激个人做相反的事情，因此它们在竞争中失败并大大落后了。[①]

(2) 国家。有效率的交易需要明确地界定产权，但界定产权本身也是要花费成本的。由于国家拥有"暴力潜能"，由国家来界定和保护产权可降低交易费用。国家通过界定产权，及时获得一切关于破坏产权行为的信息，并对破坏产权的行为进行有效的制裁等来保护产权主体在交易活动中应享有的利益。因为国家决定产权结构，所以国家最终要对造成经济的增长、衰退或停滞的产权结构的效率负责。国家通过向社会提供"保护"和"公正"的服务来达到以下目的：一是界定形成产权结构的竞争与合作的基本规则，从而使统治者的租金最大化；二是降低交易费用以使社会产出最大化，从而增加国家税收。为达到第一个目的，必须确立一套基本规则以保证统治者所代表的集团或阶级的垄断租金最大化。为达到第二个目的，必须形成高效率的产权结构。由于统治者面临竞争约束（统治者将避免触犯有势力的选民，以弱化政治上的反对势力）和交易费用约束（为界定产权需支付费用，增大财政支出），无效率的产权可能长期存在。因此，使统治者（和他们的集团）的租金最大化的产权结构与降低交易费用和促进经济增长的有效率的体制之间存在持久的冲突，这是导致一个国家的经济增长过程内在不稳定的重要根源。

(3) 意识形态。意识形态由相互关联、包罗万象的世界观组成。但凡成功的意识形态都必须解决"搭便车"问题，其基本目标在于给各种集团以活力，使它们能对简单的享乐主义和个人主义的成本及收益采取相反的行为，从而节约交易费用。在一个"搭便车"之风盛行的国家里，必定有效供给减少，经济效率下降，经济增长乏力。"搭便车"与无效率的产权相关联，但产权的充分界定和行使以及对行为的考核是要花费成本的。因此，在成本大于收益的情况下，一个社会就需要通过伦理和道德的力量来克服"搭便车"现象。意识形态对经济增长的影响主要表现在以下几个方面：其一，被一种"世界观"引导的意识形态是一种交易费用节约机制，通过这种意识形态人们认识了他们所处的环境，从而使决策过程简单明了。其二，意识形态不可避免地与个人所观察到的世界对公正所持的道德、伦理评价相互交织在一起。如果占支配地位的意识形态使人们相信现存的分配或交易规则是与正义共存的，那么人们便会出于一种道德感来遵守这些规则。其三，当人们的经验与这种"公正""正义"的评价不相符合时，人们就会试图改变其意识形态。因此，如果占支配地位的意识形态与社会进步的方向不一致，或现存的意识形态不能有效地克服"搭便车"问题，则它将成为经济增长的阻碍力量；反之，则可以用较低的代价获得较快的经济增长。

---

① 道格拉斯·C. 诺思．经济史中的结构与变迁．上海：上海三联书店，1991：167－177.

第三节　中国特色社会主义的经济发展战略

一、“分三步走”的台阶式发展战略

邓小平在总结以往发展战略的经验教训的基础上提出了“分三步走”，基本实现现代化的台阶式发展战略。“我国经济发展分三步走，本世纪走两步，达到温饱和小康，下个世纪用三十年到五十年时间再走一步，达到中等发达国家的水平。”① 邓小平“三步走”发展战略思想是随着我国社会主义现代化实践的发展与经济体制改革的不断深化而逐步成熟和具体化的。这一战略主要包含以下要点。

首先，战略目标是实现四个现代化，把我国建设成社会主义强国。邓小平在1979年党的理论工作务虚会上明确指出：“我们当前以及今后相当长一个历史时期的主要任务是什么？一句话，就是搞现代化建设。能否实现四个现代化，决定着我们国家的命运、民族的命运。”② 邓小平又提出了现代化的量化目标，即到20世纪末达到小康水平的战略目标。他说：“我们提出四个现代化的最低目标，是到本世纪末达到小康水平。……所谓小康，从国民生产总值来说，就是年人均达到八百美元。”③ 到了20世纪80年代中期，邓小平进一步规划我国21世纪的发展目标。他指出，到20世纪末，中国人均国民生产总值将达到800～1 000美元，那时候我们叫小康社会，更重要的是，有了这个基础，再过五十年，再翻两番，达到人均4 000美元的水平……中国是个中等发达的国家了。

其次，提出了“分三步走”的战略步骤。邓小平在1987年会见西班牙客人时明确提出了“分三步走”实现战略目标的台阶式发展战略。他说：“从十一届三中全会开始，我们制定了一系列新的方针政策，实践证明这些方针政策是正确的。但毕竟我们只是开步走。我们原定的目标是，第一步在八十年代翻一番。以一九八〇年为基数，当时国民生产总值人均只有二百五十美元，翻一番，达到五百美元。第二步是到本世纪末，再翻一番，人均达到一千美元。实现这个目标意味着我们进入小康社会，把贫困的中国变成小康的中国。那时国民生产总值超过一万亿美元，虽然人均数还很低，但是国家的力量有很大增加。我们制定的目标更重要的还是第三步，在下世纪用三十年到五十年再翻两番，大体上达到人均四千美元。做到这一步，中国就达到中等发达的水平。这是我们的雄心壮志。目标不高，但做起来可不容易。”④

最后，确立了发展战略的重点。邓小平认为，实施“三步走”经济发展战略的重点，“一是农业，二是能源和交通，三是教育和科学”⑤。因为农业是国民经济的基础，能源和交通是支撑经济发展的基础产业，科学技术是第一生产力，而发展科学技术，不

---

① 邓小平．邓小平文选：第3卷．北京：人民出版社，1993：251.

② 邓小平．邓小平文选：第2卷．北京：人民出版社，1994：162.

③ 同①64.

④ 同①226.

⑤ 同①9.

抓教育不行。

邓小平提出的“分三步走”经济发展战略是对中华人民共和国成立以来我国社会主义建设正反两方面经验教训进行的科学总结，它必然成为我国今后制定现代化建设战略蓝图的指导方针。

（1）只有经济发展了，才能证明社会主义制度的优越性。过去我们也一直在谈论社会主义制度的优越性，但主要从生产关系上把握，甚至把“一大二公”说成是社会主义制度优越性的表现。其实，社会主义制度比资本主义制度更优越、更先进的根本表现是，能够用比资本主义高得多的速度来发展经济。邓小平在谈实现“三步走”发展战略目标的意义时明确指出：“如果达到这一步，第一，是完成了一项非常艰巨的、很不容易的任务；第二，是真正对人类作出了贡献；第三，就更加能够体现社会主义制度的优越性。”① 社会主义只有创造出更高的生产率，才能充分体现其优越性。

（2）经济现代化是整个社会全面现代化的基础与保证。邓小平认为：“我们进行社会主义现代化建设，是要在经济上赶上发达的资本主义国家，在政治上创造比资本主义国家的民主更高更切实的民主，并且造就比这些国家更多更优秀的人才。”② 但在整个现代化进程中，经济现代化始终处于中心与基础的地位。邓小平指出，现代化建设的任务是多方面的，各个方面需要综合平衡，不能单打一。但是说到最后，还是要把经济建设当作中心。离开了经济建设这个中心，就有丧失物质基础的危险。其他一切任务都要服从这个中心，围绕这个中心，绝不能干扰它，冲击它。因此，以经济建设为中心是实现全面现代化的基础，“三步走”的经济发展战略正是体现了这一指导思想。

（3）一切从实际出发，实现现代化不能急于求成。在通向现代化的征途上存在许多的困难，因为“中国科学技术落后，困难比较多，特别是人口太多，现在就有十亿五千万，增加人民的收入很不容易，短期内要摆脱贫困落后状态很不容易。必须一切从实际出发，不能把目标定得不切实际，也不能把时间定得太短”③。在这方面我国付出了高昂的代价，从“大跃进”到“洋冒进”都说明了欲速则不达的道理。邓小平在总结以往的教训时告诫我们：“建国以来我们犯的几次错误，都是由于要求过急，目标过高，脱离了中国的实际，结果发展反倒慢了。”④ 因此，制定切合实际的经济发展战略是至关重要的。

（4）发展经济的根本目的是不断提高人民的物质文化生活水平。传统的经济发展模式重积累、轻消费，片面追求增长速度，忽视人民生活水平的提高。而“三步走”发展战略的根本目标很清楚，那就是消灭贫穷，走共同富裕的道路。邓小平指出：“我们奋斗了几十年，就是为了消灭贫困。第一步，本世纪末，达到小康水平，就是不穷不富，日子比较好过的水平。第二步，再用三五十年的时间，在经济上接近发达国家的水平，使人民生活比较富裕。这是大局。”⑤

（5）只有坚持改革开放，才能为实现“三步走”发展战略创造必要的体制条件。邓小平指出：“特别要注意，根本的一条是改革开放不能丢，坚持改革开放才能抓住时机

---

① 邓小平．邓小平文选：第3卷．北京：人民出版社，1993：224.

② 邓小平．邓小平文选：第2卷．北京：人民出版社，1994：322.

③ 同①224.

④ 同①202.

⑤ 同①109.

上台阶。”[①] “改革的意义，是为下一个十年和下世纪的前五十年奠定良好的持续发展的基础。”[②] 因为只有改革传统的计划体制，逐步完成向社会主义市场经济体制的过渡，才能解放和发展生产力。

（6）利用机遇，把中国发展起来。受客观条件的制约，“分三步走”的经济发展战略目标的实现并不是轻而易举的。为了尽快缩短与发达国家的差距，我国必须以较快的速度发展经济。因为“低速度就等于停步，甚至等于后退”[③]。怎样尽快发展中国经济呢？邓小平认为：“要善于把握时机来解决我们的发展问题。”[④] 也就是说，要善于排除不利于我国经济发展的因素，最大限度地利用一切有利因素，把握时机使国民经济迈上一个新台阶。邓小平语重心长地指出：“抓住时机，发展自己，关键是发展经济。现在，周边一些国家和地区经济发展比我们快，如果我们不发展或发展得太慢，老百姓一比较就有问题了。”[⑤] “我们不抓住机会使经济上一个台阶，别人会跳得比我们快得多，我们就落在后面了。”[⑥]

二、可持续发展理论及战略

第二次世界大战后，发达国家的工业化对环境造成了巨大的破坏，发展中国家照搬发达国家工业化经验的结果之一，同样是资源的枯竭和环境的破坏，再加之发展中国家的人口爆炸，人们开始思考：发展与资源和环境之间是否可以协调？发展的环境代价到底有多大？20 世纪 70 年代罗马俱乐部关于增长极限的观点引起了人们的关注。1972 年，联合国在瑞典斯德哥尔摩召开了有 114 个国家（地区）参加的“人类环境会议”，通过了著名的《人类环境宣言》，提出了“只有一个地球”的口号。1980 年，世界自然保护同盟制定的《世界自然保护大纲》首次使用了“可持续发展”概念。1987 年，联合国世界环境与发展委员会提出了一份题为《我们共同的未来》的报告。该报告对“可持续发展”的内涵做了明确的界定，即“既满足当代人的需求，又不对后代人满足其需求的能力构成危害的发展”，这标志着可持续发展思想的成熟。1992 年，联合国在巴西里约热内卢召开了环境与发展大会，183 个国家（地区）的代表出席了大会，其中有 102 位国家元首或政府首脑。会议把可持续发展作为未来共同的发展战略，得到了与会各国（地区）政府的赞同。大会通过的《里约热内卢环境与发展宣言》和《21 世纪行动议程》，第一次把可持续发展由理论和概念推向行动。

可持续发展观是人类发展观的重大进步，它强调经济、社会、资源和环境保护的协调发展。可持续发展的核心是发展，但要求在严格控制人口、提高人口素质、保护环境、资源永续利用的前提下实现经济和社会的发展。总的来说，可持续发展观的理论内涵主要具有以下三个基本原则：第一，持续性原则。可持续发展观不仅要求坚持社会发展以人的发展为中心，而且要求在发展经济的同时，把社会发展纳入整个物质世界的能

---

① 邓小平．邓小平文选：第 3 卷．北京：人民出版社，1993：368.

② 同①131.

③ 同①375.

④ 同①365.

⑤ 同①375.

⑥ 同①369.

量循环与转化运动的统一性中，坚持人与自然生态运动和谐发展，并最终服务于人的原则。要求人类自身的繁殖、人类的经济和社会活动的总的物质消耗不能超越自然资源和生态环境的承载能力，不能破坏自己的生存条件；在发展经济的同时，妥善保护自然资源基础，保证再生性资源能持续具有再生能力，非再生性资源能获得新增储量和替代资源的充分补偿，并能有效地维持环境自净和纳污能力，形成社会发展的良性循环。第二，公平性原则。可持续发展观强调社会发展是一个连续的不间断的过程，对于每一代人和子孙后代的发展权利应当给予同样的尊重和保障。发展应满足整个人类的需求，而不只是某一部分人或某一代人的需求。可持续发展观强调每一时代的发展既应维护当代人的公平发展，也应维护代际的公平发展，即每一时代的社会发展，既应力求满足当代人的发展需求，又不能对子孙后代人的发展造成危害，并应为子孙后代留下可能的发展空间，坚持经济和社会发展的长期战略，注意处理好社会发展过程中经济发展与自然资源储备、短期利益与长远利益、本代人发展与后代人发展、阶段性发展与持续性发展、内源性发展与派生性及一体性发展之间的协调统一关系。第三，共同性原则。可持续发展观体现了在国际发展事务中发展中国家与发达国家具有共同的责任和义务，世界各国应力求平等合作，共同协调发展。第二次世界大战后，西方国家迅速形成了以经济增长为核心的发展模式，但其经济进步在很大程度上取决于对发展中国家的资源掠夺和生态环境的破坏。可持续发展原则的确立，不仅标志着发达国家与发展中国家在合理利用地球资源、保护生态平衡方面终于基本达成共识，而且更重要的是标志着发展中国家在维护国家主权、争取平等共同发展方面已经取得了具有历史意义的胜利。可持续发展观要求为了人类的长远利益，发达国家必须终止对发展中国家的“生态侵略”政策和行为，与发展中国家平等合作，共同合理开发与利用能源资源，协力克服、排除各种能源、生态、环境危机，谋求世界各国的共同繁荣发展。

1994 年 4 月，《中国 21 世纪议程——中国 21 世纪人口、环境与发展白皮书》正式公布，确立了我国走向 21 世纪的可持续发展的战略框架，并成为制定我国国民经济和社会发展中长期计划的指导性文件。同时，这也是国际社会出台的第一部国家级 21 世纪议程。该文件包含四个部分：

（1）中国可持续发展的总体战略。以中国特色社会主义理论和党的基本路线为指导，以经济建设为中心，以改革开放为动力，以四项基本原则为保证，坚持“两手抓，两手都要硬”的指导方针，强化农业、交通、能源、通信、水利和科技教育的基础；建立社会主义市场经济新体制；实行依法治国和科技兴国，实行计划生育，保护环境，实现社会结构的优化，保证经济、社会和环境协调发展，实现产业结构、生态环境和人口素质三个优化；保持国民经济高速、高效协调、持续发展，不断发展社会生产力，不断增强国家的综合国力，不断提高人民生活水平，促进社会全面繁荣进步。

（2）中国社会可持续发展战略。中国社会可持续发展以改善和提高人民的生活质量为目的，积极促进社会公正、安全、文明、健康发展。为此，要努力实行计划生育，控制人口数量，提高人口素质，改善人口结构；大力发展教育事业，建立卫生保健系统，积极开展群众性的文化体育活动，发展社会主义文化，合理调节社会分配关系，大力发展第三产业，扩大就业容量，消除两极分化、失业和不平等现象；建立健全社会保障体系，完善社会保障制度，保持社会稳定发展。

（3）中国经济可持续发展战略。利用市场机制和经济手段引导民众采用新的消费和生活方式。推动可持续发展，提供新的就业机会；完善农业和农林经济可持续发展综合管理体系。在工业生产中积极推广清洁生产，尽快发展环保产业；发展多种交通模式；提高能源效率与节能，推广污染少的煤炭开发开采技术与清洁煤技术，开发利用新能源和可再生能源。

（4）中国生态可持续发展战略。要树立资源危机感和保护生态的责任感，坚持保护环境的基本国策，要建立资源节约型国民经济体系，运用市场机制和政府宏观调控相结合的手段，促进资源合理配置，实行资源保护、利用与增值并重的政策，保护整个生命支撑系统和生态系统的完整性，保护生物多样性；预防和控制环境破坏及污染，积极治理和恢复遭破坏及污染的环境，同时积极参与保护全球环境、生态方面的国际合作。使人类与自然和谐共生，协调发展。

三、科学发展观

科学发展观是中国共产党在高举邓小平理论伟大旗帜，全面贯彻“三个代表”重要思想，认真分析世界经济政治发展趋势，总结世界各国发展的实践经验，着眼全面建设我国小康社会的伟大实践的基础上提出来的。

首先，从国际背景看，一方面，求和平、求发展、谋合作是当今世界的主流。中国只有突出发展主题，走和平崛起之路，坚持以经济建设为中心，不断解放和发展生产力，不断增强经济实力和综合国力，才能在日趋激烈的国际竞争中占据有利的地位，才能为世界和平与共同发展做出重大的贡献。另一方面，进入21世纪以来，经济全球化继续发展，科技进步日新月异，世界经济正处在新一轮恢复和增长期。各国经济之间相互依存、相互依赖的关系日益加深。尤其是自中国加入WTO以来，全球化进程对我国的影响更加明显，要利用好世界资源，促进自身发展，就要使中国更加融入世界经济，就要把中国的发展放到世界的大局中来思考，中国只有按科学发展观来促进发展，才能发挥比较优势，把握有利条件，趋利避害，取得发展的主动权。

其次，从世界各国发展的实践经验看，第二次世界大战以后，人类创造了前所未有的经济增长奇迹，但是一些国家由于单纯追求经济增长，不重视社会发展和社会公平，忽视环境保护和能源资源节约，因而出现了生态环境恶化、经济结构失衡、两极分化严重、社会发展滞后、社会动荡加剧等问题，并形成了严重的全球性问题。20世纪中叶，许多有识之士由此分析了人类面临的困境，特别是自20世纪末及进入21世纪以来，大部分国家和地区在正确的发展理论影响下，发展的观念产生了深刻的变化，人们在关注经济社会发展的同时，越来越关注和重视生态、人口、环境、资源等问题，可持续发展正成为国际社会共同的发展理念。

最后，从我国新世纪新阶段经济社会发展的实践要求看，自中华人民共和国建立以来，尤其是自改革开放以来，我国经济发展取得了举世瞩目的巨大成就，但也存在一系列突出的矛盾和问题，主要表现为城乡差距拉大、就业压力增加、区域差距扩大、资源短缺和生态环境遭到破坏、生态资源质量下降、社会的发展明显滞后于经济的发展等。同时，要全面建设惠及13亿人口的更高水平的小康社会，使经济更加发展、民主更加健全、科教更加进步、文化更加繁荣、社会更加和谐、人民生活更加殷实，必须解决好生产力和科技、教育比较落后的问题；城乡二元经济结构导致的城乡差距扩大问题；区域发展不平衡的问题；经济快速增长，对资源和环境的压力日益加大的问题；人口总量继续增加，老龄人口比重上升，就业和社会保障压力增大的问题；经济体制和其他方面的管理体制还不完善的问题；民主法制建设和思想道德建设等方面存在的问题；等等。这些问题归结到一点，就是为巩固和提高目前达到的小康水平寻找新的发展动力、机制的问题。而新的发展动力、机制的确立，要求我们必须树立和落实科学发展观。

科学发展观的第一要义是发展，核心是以人为本，基本要求是全面协调可持续，根本方法是统筹兼顾。

第一，发展是科学发展观的第一要义。科学发展观是用来指导发展的，不能离开发展这个主题。其深刻内涵和基本要求是：(1) 解放和发展社会生产力始终是社会主义的根本任务，要牢牢抓住经济建设这个中心，为发展中国特色社会主义打下坚实的物质基础。(2) 以经济建设为中心，全面推进经济建设、政治建设、文化建设和社会建设，按照“五个统筹”的要求，促进经济社会发展和人的全面发展相统一，实现经济发展与人口、资源、环境相协调。(3) 统筹兼顾，总揽全局，充分调动一切积极因素，妥善处理各种利益关系，注重实现良性互动，着力加强经济社会发展的薄弱环节。(4) 加快转变经济发展方式、完善社会主义市场经济体制。(5) 始终把实现好、维护好、发展好最广大人民的根本利益作为党和国家一切工作的出发点和落脚点，做到发展为了人民、发展依靠人民、发展成果由人民共享。

第二，以人为本是科学发展观的核心。以人为本，是指以人为价值的核心和社会的本位，把人的生存和发展作为最高的价值目标。只有深刻理解以人为本，才能全面把握科学发展观的精神实质和科学内涵，把科学发展观落到实处。(1) 以人为本就是以最广大人民的根本利益为本。要始终把实现好、维护好、发展好最广大人民的根本利益作为党和国家一切工作的出发点和落脚点。(2) 以人为本体现了立党为公、执政为民的本质要求，是中国共产党的根本宗旨和执政理念的集中体现，是社会主义制度的本质特征，是全面建设小康社会、实现社会主义现代化的根本要求。(3) 坚持以人为本，要在治国理政的过程中充分体现和代表人民的意愿，坚持发展为了人民、发展依靠人民、发展成果由人民共享，不断让人民群众得到实实在在的利益，使全体人民朝着共同富裕的方向稳步前进。(4) 要在经济社会发展的各个环节、各项工作中体现和保障人民群众的权益。经济建设，要着眼于创造更丰富的社会物质财富，改善人民生活、提高人民生活水平。政治建设，要着眼于保障人民当家做主的权利和合法权益，不断发展社会主义民主、健全社会主义法制。文化建设，要着眼于满足人民精神文化需求，提高人民精神生活质量，不断丰富人们的精神世界。社会建设，要着眼于协调好各方面的利益关系、增强全社会的创造活力，不断建设全体人民各尽其能、各得其所而又和谐相处的社会。(5) 坚持以人为本，就要把促进人的全面发展作为经济社会发展的最终目的，既着眼于满足人民现实的物质文化生活需要，又着眼于促进人民素质的提高，把促进人的全面发展落实到经济社会发展的全过程，贯穿到各项工作中去。

第三，全面协调可持续是科学发展观的基本要求。(1) 全面协调可持续具有丰富的内涵。全面，是指发展要有全面性、整体性，不仅经济要发展，而且各个方面都要发展；协调，是指发展要有协调性、均衡性，各个方面、各个环节的发展要相互适应、相互促进；可持续，是指发展要有持久性、连续性，不仅当前要发展，而且要保证长远发展。(2) 坚持全面协调可持续发展，就要正确处理经济与社会发展、城市与农村发展、东中西部发展、人与自然界发展、国内发展和对外开放、改革发展稳定等现代化建设中的重大关系；就要统筹安排和处理好消费与投资，供给与需求，发展的速度和结构、质量、效益，科技进步与人力资源优势的充分发挥，市场机制与宏观调控等经济发展的重大问题；就要坚持把社会主义物质文明、政治文明、精神文明、和谐社会建设以及生态文明建设和人的全面发展看成彼此相互联系、相互促进、不可分割的过程。(3) 坚持全面协调可持续发展，必须按照中国特色社会主义事业总体布局，坚持以经济建设为中心，不断促进经济发展和社会全面进步。坚持以生产发展为基础，以生活富裕为目的，以生态良好为条件，努力实现社会经济系统和自然生态系统的良性循环。

第四，统筹兼顾是科学发展观的根本方法。在现代化建设进程中，要统筹城乡发展、统筹区域发展、统筹经济社会发展、统筹人与自然和谐发展、统筹国内发展和对外开放，使各个方面的发展相适应相协调。(1) 总揽全局，统筹规划。坚持以经济建设为中心，全面推进经济建设、政治建设、文化建设、社会建设和党的建设，把促进科学发展、社会和谐与加强党的建设有机统一起来，使之相互促进、相互支撑，实现良性互动。(2) 立足当前，着眼长远。把当前发展和长远发展联系起来，既考虑现在的发展需要，又考虑未来的发展需要；既遵循经济规律，又遵循自然规律；既讲究经济社会效益，又讲究资源和生态环境效益。(3) 全面推进，重点突破。正确处理中心与全面、重点与非重点的关系，注重加强薄弱环节，善于抓住和解决牵动全局的主要工作、事关长远的重大问题，把工作的着力点真正放到解决改革发展稳定中的重要问题上，放到解决群众生产生活中的紧迫问题上，放到解决党的建设中的突出问题上。(4) 兼顾各方，综合平衡。既善于调动各方面发展的积极性，鼓励抓住机遇加快发展，又努力实现均衡发展，注重发展的协调性和稳定性。坚持因地制宜，因人制宜，因时制宜，不强求一律，不搞齐步走、一刀切，防止顾此失彼。正确认识和妥善处理重要利益关系，充分考虑不同地区、不同行业、不同群体的利益要求，善于把握各方利益的结合点，使各个方面的利益和发展要求得到兼顾。

四、经济新常态

自改革开放以来的1978—2011年，中国经济持续高速增长，GDP年均增长率高达9.9%，堪称“中国奇迹”。但是，从2012年起，中国经济增速正式告别9%以上的高速增长，2012年、2013年和2014年的增速分别为7.7%、7.7%和7.4%。2016年中国经济增速进一步下行到6.7%。这表明，中国经济发展进入了由高速增长向中高速增长过渡并以中高速增长为基本特征的新的发展阶段。

针对中国经济发展的新阶段和新特点，以习近平同志为总书记的党中央做出了“经济增长速度换挡期、结构调整阵痛期、前期刺激政策消化期三期叠加”的判断，这是对我国经济发展阶段性的理性认知，也是我国深化经济体制改革和制定重要经济政策的客观依据。2014年5月，习近平总书记在河南考察工作时首次提出中国经济新常态的概念，并强调我国发展仍处于重要战略机遇期，我们要增强信心，从当前我国经济发展的阶段性特征出发，适应新常态，保持战略上的平常心态。同年7月，习近平总书记在党外人士座谈会上再提“新常态”，提出要正确认识我国经济发展的阶段性特征，进一步增强信心，适应新常态，共同推动经济持续健康发展。2014年11月，习近平总书记在亚太经合组织（APEC）工商领导人峰会上发表的《谋求持久发展 共筑亚太梦想》主旨演讲中，向包括130多家跨国公司的领导人在内的世界工商领袖，阐述了什么是经济新常态、新常态的新机遇、怎么适应新常态等关键点，表明新常态在给中国带来新的发展机遇的同时，也将为处于缓慢且脆弱复苏中的全球经济注入持久动力。2014年12月的中央经济工作会议进一步明确了中国经济发展新常态的趋势性变化以及应采取的经济发展战略与政策。以习近平同志为总书记的党中央提出的中国经济发展新常态的重大战略判断，深刻揭示了中国经济发展阶段的新变化。因此，认识新常态，适应新常态，引领新常态，将是当前和今后一个时期中国经济发展的主旋律。

在中国经济新常态下，中国经济发展已经或将呈现以下九大趋势性的变化：第一，从消费需求看，过去我国消费具有明显的模仿型排浪式特征，现在模仿型排浪式消费阶段基本结束，个性化、多样化消费渐成主流，保证产品质量安全、通过创新供给激活需求的重要性显著上升。因此，在新常态下，必须采取正确的消费政策，释放消费潜力，使消费继续在推动经济发展中发挥基础作用。第二，从投资需求看，经历了30多年高强度大规模开发建设后，传统产业相对饱和，但基础设施互联互通和一些新技术、新产品、新业态、新商业模式的投资机会大量涌现，对创新投融资方式提出了新要求。因此，在新常态下，必须善于把握投资方向，消除投资障碍，使投资继续对经济发展发挥关键作用。第三，从出口和国际收支看，国际金融危机发生前国际市场空间扩张很快，出口成为拉动我国经济快速发展的重要动能，现在全球总需求不振，我国低成本比较优势也发生了转化，同时我国出口竞争优势依然存在，高水平引进来、大规模走出去正在同步发生。因此，在新常态下，必须加紧培育新的比较优势，使出口继续对经济发展发挥支撑作用。第四，从生产能力和产业组织方式看，过去供给不足是长期困扰我国经济发展的一个主要矛盾，现在传统产业供给能力大幅超出需求，产业结构必须优化升级，企业兼并重组、生产相对集中不可避免，新兴产业、服务业、小微企业的作用更加凸显，生产小型化、智能化、专业化将成为产业组织的新特征。第五，从生产要素相对优势看，过去劳动力成本低是最大优势，引进技术和管理就能迅速变成生产力，现在人口老龄化日趋加剧，农业富余劳动力减少，要素的规模驱动力减弱，经济增长将更多依靠人力资本质量提升和技术进步，必须让创新成为驱动发展的新引擎。第六，从市场竞争特点看，过去主要是数量扩张和价格竞争，现在正逐步转向以质量型、差异化为主的竞争，统一全国市场、提高资源配置效率是经济发展的内生性要求。因此，在新常态下，必须深化改革开放，加快形成统一透明、有序规范的市场环境。第七，从资源环境约束看，过去能源资源和生态环境空间相对较大，现在环境承载能力接近上限，必须顺应人民群众对良好生态环境的期待，推动形成绿色低碳循环发展新方式。第八，从经济风险积累和化解看，伴随着经济增速下调，各类隐性风险逐步显性化，风险总体可控，但化解以高杠杆和泡沫化为主要特征的各类风险将持续一段时间，必须标本兼治、对症下药，建立健全化解各类风险的体制机制。第九，从资源配置模式和宏观调控方式看，全面刺激政策的边际效果明显递减，既要全面化解产能过剩，也要通过发挥市场机制的作用探索未来产业发展方向，必须全面把握总供求关系的新变化，科学进行宏观调控。

新常态将给中国经济带来新的发展机遇。在新常态下，中国经济增速虽然放缓，但实际增量依然可观。经过30多年的高速增长，中国经济体量已今非昔比。2010年，中国GDP总量达到了世界第二。2014年，中国GDP为636 463亿元，首次突破60万亿元，中国成为全球继美国之后第二个GDP超过10万亿美元大关的经济体。2014年中国经济的增量就相当于1996年全年经济总量，可以在全世界排到第16位。因此，即使中国经济是7%左右的增长率，但无论是速度还是体量，在全球也是名列前茅的。同时，在新常态下，中国经济增长将更趋平稳，增长动力更为多元。中国正在协同推进的新型工业化、信息化、城镇化和农业现代化，既能扩大市场容量，又能大幅提高经济增长质量和效益，也有利于化解各种“成长的烦恼”。中国经济发展进入新常态，没有改变我国经济发展仍处于可以大有作为的重要战略机遇期，改变的是重要战略机遇期的内涵和条件；同时，也没有改变我国经济发展总体向好的基本面，改变的是经济发展方式和经济结构。在新常态下，中国经济发展将更加注重满足人民群众需要，更加注重市场和消费心理分析，更加注重引导社会预期，更加注重加强产权和知识产权保护，更加注重发挥企业家才能，更加注重加强教育和提升人力资本素质，更加注重建设生态文明，更加注重科技进步和全面创新。

为了适应新常态和引领新常态，应当采取以下具体战略与政策：第一，努力保持经济稳定增长。“按照稳中求进的工作总基调，及时加强和改善宏观调控，把稳增长放在更加重要位置。”[①] 稳增长的关键是保持稳增长和调结构之间的平衡，坚持宏观政策要稳、微观政策要活、社会政策要托底的总体思路，保持宏观政策连续性和稳定性，继续实施积极的财政政策和稳健的货币政策。要促进消费、投资和出口“三驾马车”更均衡地拉动增长。要切实把经济工作的着力点放到转方式调结构上来，推进新型工业化、信息化、城镇化、农业现代化同步发展，逐步增强战略性新兴产业和服务业的支撑作用，着力推动传统产业向中高端迈进。要高度关注风险发生发展趋势，按照严控增量、区别对待、分类施策、逐步化解的原则，有序加以化解。第二，积极发现培育新增长点。我国存在大量新的增长点，潜力巨大。发现和培育新的增长点，一是市场要活，使市场在资源配置中起决定性作用，主要靠市场发现和培育新的增长点。二是创新要实，推动全面创新，更多靠产业化的创新来培育和形成新的增长点，创新必须落实到创造新的增长点上，把创新成果变成实实在在的产业活动。三是政策要宽，营造有利于大众创业、市场主体创新的政策环境和制度环境，政府要加快转变职能，创造更好的市场竞争环境，培育市场化的创新机制，在保护产权、维护公平、改善金融支持、强化激励机制、集聚优秀人才等方面积极作为。第三，加快转变农业发展方式。解决好“三农”问题始终是中国经济发展中的重中之重，必须继续夯实农业稳定发展的基础、稳住农村持续向好的局势，稳定粮食和主要农产品产量，持续增加农民收入。要坚定不移加快转变农业发展方式，尽快转到数量质量效益并重、注重提高竞争力、注重农业技术创新、注重可持续的集约发展上来，走产出高效、产品安全、资源节约、环境友好的现代农业发展道路。要深化农村各项改革，完善强农惠农政策，完善农产品价格形成机制，完善农业补贴办法，强化金融服务。要完善农村土地经营权流转政策，搞好土地承包经营权确权登记颁证工作，健全公开规范的土地流转市场。要完善职业培训政策，提高培训质量，造就一支适应现代农业发展的高素质职业农民队伍。第四，优化经济发展空间格局。要完善区域政策，促进各地区协调发展、协同发展、共同发展。要继续实施西部开发、东北振兴、中部崛起、东部率先的区域发展总体战略。要重点实施“一带一路”倡议、京津冀

① 习近平．习近平谈治国理政．北京：外文出版社，2014：111.

协同发展战略、长江经济带战略。要通过改革创新打破地区封锁和利益藩篱，全面提高资源配置效率。推进城镇化健康发展是优化经济发展空间格局的重要内容，要加快规划体制改革，健全空间规划体系。要坚持不懈推进节能减排和保护生态环境，既要有立竿见影的措施，又要有可持续的制度安排，坚持源头严防、过程严管、后果严惩，治标治本多管齐下，努力实现蓝天净水的目标。第五，改善民生，促进中国经济包容式发展。习近平总书记指出，“人民对美好生活的向往，就是我们的奋斗目标”。为此，要更加注重保障基本民生，更加关注低收入群众生活，更加重视社会大局稳定。实行更加积极的就业创业政策，更好发挥市场在促进就业中的作用，鼓励大众创业，万众创新，以创业带动就业，提高职业培训质量，加强政府公共就业服务能力。要因地制宜发展特色经济，加大对基本公共服务和扶贫济困工作的支持力度。要更多面向特定人口、具体人口，实现精准脱贫。进一步改善贫困地区义务教育，支持社会资本、社会力量兴办教育。加快推进收入分配制度改革，努力形成公开、透明、有序的收入分配格局。第六，面对对外开放出现的新特点，必须更加积极地促进内需和外需平衡、进口和出口平衡、引进外资和对外投资平衡，逐步实现国际收支基本平衡，构建开放型经济新体制。要完善扩大出口和增加进口政策，提高贸易便利化水平，巩固出口市场份额。要改善投资环境，扩大服务业市场准入，进一步开放制造业，稳定外商投资规模和速度，提高引进外资质量。要努力提高对外投资效率和质量，促进基础设施互联互通，推动优势产业走出去，开展先进技术合作，稳步推进人民币国际化。

第四节　中国经济增长动能的转换

一、旧动能衰减是我国潜在经济增长率下降的主要原因

自改革开放以来，我国经历了 30 年的快速经济增长，一跃成为世界上第二大经济体。但在 2008 年美国次贷危机的冲击下，伴随着外贸的急剧下滑及随之而来的投资下滑，我国经济明显放缓了增长速度。尽管在我国迅速出台的“四万亿元”一揽子计划的刺激下，2009 年第一季度我国经济很快就触底反弹，然而，2009 年 3 月开始的经济迅速回升，主要是由国有重化工业引领的经济复苏，并存在房地产价格暴涨的资产价格泡沫化。这样，随着刺激计划的逐步推出，于 2010 年年底我国经济又陷入下行之中。一般认为，此轮中国经济增长速度回落的主导因素不是传统的总需求不足，而是潜在增速的回落，不是传统的周期性波动，而是结构性的趋势性下滑。

过去 30 年中国经济高速增长主要产生于以下五大源泉：一是由市场化改革所带来的制度红利；二是由全面对外开放与融入全球化进程所产生的全球化红利；三是由传统工业化驱动所产生的工业化红利；四是由大规模廉价的农村剩余劳动力向城市转移所产生的人口红利；五是高储蓄拉动的经济增长模式。2008 年美国次贷危机后，我国面临的外部环境及内部条件发生了深刻的变化，支撑我国经济高速增长的各因素均已发生衰减或变异：未来市场化进一步改革的红利将逐渐递减；受主要发达国家和地区外部不平衡调整的压力、全球经济增速深度下滑和复苏的不确定性、中国出口产品集中度不断上

升所逐步界定的国际市场容量、出口退税政策难有提升空间、劳动和资源成本上升及汇率升值的压力以及逆周期的贸易政策盛行等因素的影响，未来出口作为中国经济增长的动力和源泉难以维持和提升；受环境、资源约束等条件的影响，当前工业化过程已达到历史和国际的高位，传统工业化的路子越走越窄；人口红利逐渐衰竭，未来储蓄率将逐步降低，中国较长时期内依靠人口红利和高储蓄率带来经济高速增长的时代将出现变化。随着支撑中国经济高速增长的传统要素发生程度不同的衰变，中国将告别高速增长时期，从此将进入"次高速增长"时期，也就是说，中国经济的中长期走势将呈"L"型。

随着人口红利的逐渐衰竭，劳动力的推动作用一直呈下降趋势，从改革开放之初能够贡献1个百分点的潜在增长率转为到2015年只能贡献0.14个百分点。资本的贡献相对稳定，自改革开放以来，年均贡献3.7个百分点的潜在增长率。不过，随着资本边际报酬逐渐下降，自2011年以来，资本对经济增长的贡献也在逐年下降。除资本和劳动力之外，全要素生产率的变动是潜在增长率波动的最主要原因。对外开放带来的向世界技术前沿学习推动的快速技术进步、改革释放的资源配置效率提高和需求持续扩张产生的规模效应对全要素生产率都产生了重要的影响，其中尤为重要的是开放进程中对国际前沿技术进行的吸收和模仿。近年来，随着技术模仿空间缩小和第一次系统性改革的红利逐渐衰竭，全要素生产率增速持续下降，赶超进程趋于萎缩。尤其值得注意的是，无论是因为主动调控还是因为外部冲击，当经济的总需求疲弱时，在1988—1992年和1998—2002年这两个时期，全要素生产率增速都较慢，在国内消费高涨和外需上升时期，全要素生产率都呈现出上升的态势。由于需求具有重要的作用，随着外需增长空间越来越小和以消费为代表的内需仍有待启动，需求相对不足也降低了全要素生产率的增速。因此，传统模仿性技术进步、改革红利、需求扩张所产生的规模效应都呈现出弱化趋势，导致全要素生产率增长放缓，加之人口红利逐渐消失和资本边际效益递减，增长的传统动能渐趋消失。

从世界各国经济发展的经验来看，经济赶超导致技术模仿空间变小，工资上升导致出口动能下降，经济增速必然会放缓，这符合经济增长的一般规律。不过，增速放缓之后却可能出现两种截然不同的结果。一种是经济增速虽然下降，但是人均产出持续增长，从而使得国家从低收入走向高收入。另一种是经济增速下降后就持续不振，人均经济增长率约为零，经济维持在特定水平，跌入收入增长陷阱。因此，增速放缓并非必然陷入增长陷阱，重要的是进一步挖掘经济增长新源泉，适时实现新动能的转换，将经济增速维持在新的合理水平。当然，对中国经济而言，由于增速放缓是必然现象，新动能的出现并不意味着维持经济在两位数水平上的高增长，而是维持一个合理的经济增速，实现人均收入水平持续上升，从而使得中国跨入高收入国家行列。

传统动能消失之后，就需要寻找替代动能。国际经验主要指向三个方面。第一，技术模仿的替代动能是自主研发。因为距离技术前沿越近，就越需要用研发来代替模仿。新技术的研发本质上是以企业为代表的经济活动主体的试错过程，这就要求进一步发挥市场的作用。同时，这也要求政府在政策选择上更多定位于弥补市场外部性，对创新提供更多的支持，特别是加大教育投入、增加知识产权保护等制度供给，以降低企业创新风险。第二，代替对外贸易的主要是国内消费。经济增长带来的收入提高创造了中产阶级，这些人是未来市场需求的源泉。这就意味着在经济增长过程中收入分配起到了很大的作用。如果在增长初期，收入分配差距很大，中产阶级少，在外需减少后国内需求不能得到有效补充，就有可能导致增长陷入停滞，极端者落入中等收入陷阱。实际上，中产阶级的培育引致的内需正是和外需的逐渐放缓相一致的。经济发展导致工资上升，压缩了原有的外贸空间，但是工资上升促进了中产阶级的兴起，为国内消费增加提供了动力。因此，从外需向内需转型的关键问题是能不能转变为工资拉动的需求模式，如果能，那么就可以通过工资上升使总需求继续上升，一方面满足总供给，另一方面为企业干中学的规模报酬递增提供空间。第三，通过研发向国际价值链高端攀升。原有低成本的出口模式在工资上涨后受到抑制，需要通过新技术研发提高生产率，从低附加值产品转到高附加值产品，攀升国际价值链，提升国内产业结构。

二、中国经济增长新动能的培育

借鉴国际经验，结合我国国情和当前世界经济发展总体趋势，我国经济新动能的构建应致力于以技术前沿创新代替技术模仿、以人口质量红利代替人口数量红利、以技术创新导向的民间资本设备投资取代政府主导的基础设施投资、以以质量提升为导向的农业现代化和深度工业化代替原来以数量扩张为导向的农业产业化和工业化、以攀升国际价值链的新型开放和提升国内居民消费水平取代外需的数量扩张、以以城市群一体化为代表的深度城市化代替简单数量提升的城市化、以结构性改革红利代替原有的改革红利（见表 6－1）。

表 6－1　　　　新旧动能

旧　动　能	新　动　能
技术模仿	技术前沿创新
人口数量红利	人口质量红利
政府主导的基础设施投资	技术创新导向的民间资本设备投资
以数量扩张为导向的农业产业化和工业化	以质量提升为导向的农业现代化和深度工业化
外需的数量扩张	攀升国际价值链的新型开放和提升国内居民消费水平
简单数量提升的城市化	以城市群一体化为代表的深度城市化
改革红利	结构性改革红利

1. 世界技术增速放缓下中国在 ICT① 领域的前沿创新

技术革命既可以帮助人们走出危机，也不可避免地在其末期产生危机。上一次信息革命成果逐渐衰退导致 2008 年的金融危机，于是人们寄希望于出现一次新的技术革命以摆脱危机，但是当前国际技术前沿发展趋势表明，技术创新还主要集中在信息技术领域，信息革命的技术变革时代尚未结束，未来新的技术革命还需时日。

佩蕾丝描述了过去 200 年间的 5 次技术革命。工业革命是以机器的出现和工业时代的来临命名的。19 世纪中叶，人们普遍认为当时属于蒸汽和铁路时代，稍后，当钢代

---

① ICT 是信息（information）、通信（communication）和技术（technology）三个英文单词的首字母组合。它是信息技术与通信技术相融合而形成的一个新的概念和新的技术领域。

替了铁、科学改造了工业时，钢铁、电力、重化工业时代到来了。石油、汽车和大规模生产的时代始于1908年，而几十年以后，进入信息和远程通信时代。表6-2概括了这些技术革命。①

表6-2　相继出现的技术革命

技术革命（开始年份）	该时期的流行名称	核心国家（地区）	诱发技术革命的大爆炸	工业革命及其区间
第一次（1771年）	产业革命	英国	阿克莱特在克隆福德设厂	第一次工业革命 1771—1875年
第二次（1829年）	蒸汽和铁路时代	英国（扩散到欧洲大陆和美国）	蒸汽动力机车“火箭号”在利物浦到曼彻斯特的铁路上试验成功	
第三次（1875年）	钢铁、电力、重化工业时代	美国和德国追赶并超越英国	卡内基酸性转炉钢厂在宾夕法尼亚的匹兹堡开工	第二次工业革命 1875—1971年
第四次（1908年）	石油、汽车和大规模生产的时代	美国（起初与德国竞争世界领导地位），后扩散到欧洲	第一辆T型车从密歇根州底特律的福特工厂出产	
第五次（1971年）	信息和远程通信时代	美国（扩散到欧洲和亚洲）	在加利福尼亚州的圣克拉拉，英特尔的微处理器问世	第三次工业革命 1971年起
第六次（2020年至21世纪30年代）	绿色与智能化时代	美国、日本、欧盟、中国	新能源、新材料、纳米技术、生物技术、3D打印、物联网、机器人与人工智能	

说明：第六次技术革命为作者补充。

新技术革命的孕育期意味着中国存在加速赶超和弯道超车的可能。我国经过多年的学习模仿，在大量研发投入的积累下，在通信等领域已经达到世界前沿，能够为未来发展提供基础。新世纪以来，我国在研发投入占比、专利申请总量等指标上呈现出赶超之势。在制造业就业占比上升的背景下，高研发密集度行业在制造业中的占比上升就意味着我国高研发密集度行业在总就业中的占比快速上升，产业结构具有在世界技术前沿进行研发的初步基础。

2. 以质量红利为特征的第二次人口红利

为使我国经济未来的潜在增长持续保持在中高速通道，需要从提升人力资本和延长劳动时间两方面进一步挖掘潜在的人口红利，减小工作年龄人口下降所带来的负面影响。从人力资本的受教育程度、健康状况、劳动迁徙以及职业培训和技能这几个关键要素来看，中国劳动人口的人力资本还有极大的提升空间。

---

① 卡萝塔·佩蕾丝：技术革命与金融资本：泡沫与黄金时代的动力学．北京：中国人民大学出版社，2007.

伴随着人口增长放缓而出现的人力资本结构的变化并不是负资产，相反，它可能孕育着新红利的来源。首先，由于具有不同人力资本的劳动者失业率不同，人力资本质量的提升增加了高端劳动力的供给厚度，为生产技术创新和产业升级提供了基础。其次，我国从事研发的人力资源总量持续增加，国际相对地位提升，为技术创新提供了强大的后备军。最后，从中短期来看，还可以通过实施渐进式延迟退休年龄政策，提高中老年群体的劳动参与率，增加劳动供给，进一步挖掘“夕阳红利”。

3. 技术创新导向的民间资本设备投资取代政府主导的基础设施投资

模仿赶超转化为创新引领，对物质资本投资方式和投资主体提出了与以往完全不同的要求。要想落实技术前沿创新，仅仅有高质量的劳动力还不够，还需要能够通过投资将技术具体物化在实际生产过程中。因此，即使我国从模仿赶超阶段走向自主创新引领阶段，保持一定的高投资也是十分重要的。从投资构成来看，要通过固定资产投资物化新的技术，最合适的投资是设备投资。设备投资对物化技术起着最直接的作用。随着经济从模仿赶超逐渐过渡到创新引领，建筑安装工程投资，特别是基础设施投资对经济的边际拉动作用开始递减，为此我国需要从以基础设施投资为主转向以设备投资为主。

虽然一再强调消除行业进入壁垒，但是在我国，基础设施投资还主要由国有企业来完成，而国有企业很多时候体现的是国家意志，是国家宏观调控的重要渠道。如果要降低基础设施投资比重，是否应该让国有企业来完成设备投资呢？实际上，随着投资内容的变换，投资主体也需要改变。设备投资的主体最好是民营企业。这是因为创新实际上是一个试错的过程，而国有企业由于管理体制等问题，并不适合在生产决策中频繁试错，而是更多地完成基础性的、公益性的产品供给。在学习模仿阶段，因为目标明确，国有企业是可以参与到快速的技术进步中来的。但是，随着试错性质的前沿创新的到来，民营企业拥有比较优势，需要将物化前沿技术进步的设备投资交由民营企业来完成。

4. 借助于ICT技术和应用提升质量导向的农业现代化和深度工业化

当前，针对中国的经济发展阶段必须有一个清醒的认识和判断，这就是，中国并未完成工业化发展阶段，也未进入以服务业为主导的特定发展阶段。客观事实是，中国正处于由工业低端化向中高端化的关键转折期，这决定了中国现阶段由工业高端化所带来的高质量投资，是中国经济新动力的重要源泉。这种情形也决定了中国今后经济新动力既来源于生产装备制造产业部门和战略性新兴产业部门的扩张与壮大，又来源于传统制造业部门的转型升级。制造业部门投资的下滑已经成为中国经济持续下行的主导因素，这就意味着中国今后经济新旧动力的转换，必须立足于重新唤醒和激励中国制造业部门以提升生产效率为主的高质量投资的扩张，这是今后相当长一段时期内中国经济新动力的主要支撑来源。

我国农业劳动生产率的增速一直较快，但是绝对值与发达国家相比有巨大差距，意味着通过逐步改革来促进农业部门劳动生产率的稳步提升，能够释放较大的投资空间。但是因规模化、工业化生产受到诸多制约，农业部门对中国经济新动力的支撑作用需要在较长时期之内逐步释放。大量事实可以证明，一二三产业的融合不仅可为中国经济新动力提供重要支撑，而且将为中国经济新动力的形成以及可持续壮大提供不可替代的重要支撑作用。

5. 新型开放和提升国内居民消费

在出口总量扩张速度趋势性下降的背景下，需要考虑出口的内涵提升，也就是提高出口的国内增加值含量，以此提升出口增长对国内增值活动的拉动作用。这需要依靠两个方面的变化。首先是通过全球价值链上位置的提升，增加我国制成品出口中的国内增加值含量；其次是强化制成品出口对国内非制造业的间接拉动作用。事实上，这两方面具有共同的指向，就是通过国内产业调整和升级，提高机器设备、零部件和生产性服务等行业的供给能力及竞争能力。这样才能提高单位制成品出口增量对国内生产增值活动的拉动作用，包括对制造业自身增值活动的直接拉动作用，以及对非制造业特别是服务业的间接拉动作用。当前，应进一步借助于“一带一路”倡议，拓展对外经济合作的空间。

我国利润驱动型总需求增长模式已经随资本边际报酬递减难以为继，需要向工资推动型转变。然而，目前我国工资增长对投资具有较强的抑制作用，为了抵消因利润减少而导致的投资减少，就需要辅以结构性改革。简单提高工资收入并不能自动带来需求增长模式的转型，还需要相应的结构性改革，特别是金融市场改革，放松企业的外部融资约束，拓宽企业融资渠道，以抵消这种抑制效应。

6. 以城市群一体化为代表的深度城市化

我国的城镇化水平量高于质，深度城市化将为经济增长带来新的动能。除了打破户籍限制、缩小地区和城乡差距等常规性区域政策之外，利用区域的非均衡发展，整合单一区域优势和整体区域优势，对于进一步培育新动能、打造区域增长极和发展新平台具有重要意义。

按照国家城市群发展战略的布局，中国当前已经初步形成长三角城市群、珠三角城市群、京津冀城市群、中原城市群、长江中游城市群、哈长城市群、成渝城市群、辽中南城市群、山东半岛城市群、海峡西岸城市群和关中城市群共计 11 大城市群。区域的资源差异影响产业结构的演化，形成不同的城市群发展基础。利用一体化和协同发展实现优势共享，对于进一步培育新动能、打造区域增长极和发展新平台也具有重要意义。

基于上述分析，在我国劳动力数量和外部环境等不发生重大变化的前提下，如果启动新动能，那么未来相当长一段时期内我国仍然能保持中高速经济增长。

三、构建与新动能激励相容的机制体制

构建新动能，推动创新方式从模仿走向局部乃至全面的技术前沿创新，就需要将适应技术模仿追赶型的经济治理模式改革为适应前沿创新的经济治理模式。其中核心内涵就是重塑政府和市场的关系。在适应技术模仿追赶型的经济治理模式中，由于有技术国际前沿放在眼前，政府看得准发展方向，能够做出较为准确的规划，同时专注于发展所需要的基础设施。这是改革开放以来政府主导的赶超型战略和基础设施建设能够取得巨大成功的原因。但是，技术前沿创新需要以企业为代表的经济主体通过试错来完成，预先规划比较困难，因此，政府需要将技术前沿创新的控制权更多地交予企业，在更多方面确立市场资源配置的作用，由企业来完成自主创新。政府更多地是帮助企业分担研发产生的风险和外部性，而不是简单地进行大规模基础设施建设。经济动能本身发生转换也是近年来大规模基础设施投资对经济的拉动作用日益降低的深层原因。由于技术需要物化在资本中才能生产出高附加值的产品，所以以企业为技术创新主体的微观模式势必需要将现在大规模的政府

主导的基本设施投资转变为以民间资本为代表的以创新为导向的设备投资。

实现上述经济增长新动能的转换，更加需要我们深入推进新一轮的结构性改革。改革的目的是构建与新动能激励相容的体制机制，激励市场主体和政府行为与新动能相一致。新一轮改革的核心就在于重塑市场与政府的关系，将适应技术模仿追赶型的经济治理模式改革为适应前沿创新的经济治理模式，缩小政府的职能范围，将更多领域的资源配置交给市场，政府从经济发展方向的引领者走向支撑者。同时，为了适应动能的转化，这次改革需要是存量性质的全方位系统性改革。除了重塑市场与政府的关系，调整政府行为之外，还需要改革金融领域，放松企业的外部融资约束；改革要素市场，推动资源等要素价格的市场化；改革以规模为导向的产业政策转向行业发展过程中的市场失灵；提升劳动投入质量；进一步强化产品标准和市场监管，提升产品品质；建设高效能国家创新体系。

实现这些改革也需要较为平稳的宏观经济环境，这需要短期政策努力实现稳增长。即使如此，短期政策仍需要兼顾长期发展的目标。短期稳增长的政策需要以激发增长新动能为导向，在政策工具和政策组合的选择上需要考虑未来改革的需要。第一，财政还需要维持较为宽松的态势，但是在投向上要更多地以改革目标为宗旨，逐步从基础设施投资更多投向民生等领域，促进国内消费需求。同时为了容纳企业试错，加快建设社会安全网。在投向调整的过程中，逐步实现政府规模的缩小。第二，在短期内需要维持适度宽松的流动性，不急于降杠杆，而是首先进行过剩产能的清理。由于我国的过剩产能并不是市场自发形成的，大多是在政策模仿期内政府推行赶超型战略的结果，仅仅依靠市场并不能完成去产能，还需要政府的推进。在完成去产能任务后，市场价格上升，行业景气度恢复，企业的杠杆率自然就会下降。第三，为了维持国内稳定的宏观环境，需要对国际资本流动进行密切关注，防范国际风险。

参考书目

1. 邓小平．邓小平文选：第 3 卷．北京：人民出版社，1993.
2. 邓小平．邓小平文选：第 2 卷．北京：人民出版社，1994.
3. 习近平．习近平谈治国理政．北京：外文出版社，2014.
4. 习近平．决胜全面建成小康社会 夺取新时代中国特色社会主义伟大胜利——在中国共产党第十九次全国代表大会上的报告．北京：人民出版社，2017.
5. 世界环境与发展委员会．我们共同的未来．长春：吉林人民出版社，1997.
6. 国家计划委员会．中国 21 世纪议程——中国 21 世纪人口、环境与发展白皮书．北京：中国环境科学出版社，1994.
7. 魏礼群．科学发展观和现代化建设．北京：人民出版社，2005.
8. 胡乃武，杨瑞龙．中国经济非均衡发展问题研究．太原：山西高校联合出版社，1994.
9. 马尔科姆·吉利斯，等．发展经济学．北京：经济科学出版社，1990.
10. 艾伯特·O. 赫希曼．经济发展战略．北京：经济科学出版社，1990.

思考题

1. 请阐述经济增长与经济发展的不同含义。
2. 为什么说经济增长方式的转变必须依赖制度创新？
3. 试述制度创新推动经济增长的机理。
4. 简述中国可持续发展战略的基本框架。
5. 如何理解科学发展观的内涵？
6. 如何理解经济新常态？
7. 请阐述经济新常态条件下中国经济增长新动能的培育与构建。

第七章　社会主义市场经济条件下的经济结构调整

经济结构与经济发展阶段有着密切的联系，经济结构合理与否会直接决定着一国经济发展质量的高低。在中国经济步入新常态发展阶段后，以经济结构调整为核心的调结构将与稳增长、促改革、惠民生一起成为今后中国经济发展的重要任务。通过经济结构的调整升级，努力打造中国经济的升级版，为实现中华民族伟大复兴的中国梦打下坚实基础。

第一节　二元经济结构与农村剩余劳动力转移

二元经济结构是发展中国家经济结构的共同特征。二元经济结构转换的核心是实现传统农业部门的剩余劳动力向现代非农产业部门转移。

一、二元经济结构的含义及衡量指标

（一）二元经济结构的含义

二元经济结构是发展中国家国民经济体系的共有特征。所谓二元经济结构是指以城市工业为主的现代部门与以农村农业为主的传统部门并存，传统部门比重过大、现代部门发展不足，以及城乡差距十分明显的经济结构。这一理论最早由美国经济学家、1979年诺贝尔经济学奖获得者阿瑟·刘易斯于1954年在其代表作《劳动无限供给条件下的经济发展》一文中提出。刘易斯的二元经济结构理论有三个假设前提：第一，二元经济分为两个部门，即城市中以制造业为中心的现代化部门和农村中以农业、手工业为主的

传统部门。现代化部门生产规模大，所使用的生产和管理技术较先进，生产动机是谋利，产品多在市场上销售。传统部门生产规模小，技术落后，生产的动机主要是自给自足，产品很少在市场上出售，而且存在着大量失业人口。第二，劳动力无限供给。二元经济中的劳动力同其他生产要素相比，多到劳动力的边际生产率为零，甚至是负数，这说明劳动力相对过剩。但是，劳动生产率为零并非劳动力无限供给的必要条件。因为在这种经济中，非熟练劳动力的价格是仅能维持生存的工资，因此，只要按这种价格提供的劳动力超过需求，劳动力的供给就是无限的。第三，工资水平不变。由于传统的农业部门存在着大量剩余劳动力，农业人均收入很低，这一水平决定了工资下限。只要农业剩余劳动力没有被城市吸收完，工业部门的工资就会保持不变，不会随劳动生产率的提高而提高。

刘易斯认为，在二元经济的两个部门中，只有现代化的城市工业部门是增长的主导部门，农村中的传统农业部门只是被动地起作用。工业部门增长的动力来自资本积累，资本积累来自利润的再投资，利润又来自对剩余劳动力的有效利用。他将经济发展过程分为两个阶段。在第一阶段，由于工业资本不多，无力吸收全部剩余劳动力，因此无论对劳动力的需求怎样扩大，总能在不变的低工资水平上源源不断地得到劳动供给。这样工业总产值中利润部分增长的速度将大大超过工资部分增长的速度，于是进入第二阶段。在第二阶段，劳动力等生产要素的供给弹性很小，工资也不再固定不变，技术进步的利益也不全部归于利润，两个部门的收入将随着劳动生产率的提高而上升，最终二元经济便转换为一元经济。

（二）二元经济结构的衡量指标

二元经济结构体现了一国特别是发展中国家城乡经济或者农业和非农业两部门经济的差异程度，这种差异程度一般可以用比较劳动生产率、二元对比系数和二元反差指数这三个指标来衡量。

1. 比较劳动生产率

所谓比较劳动生产率，是指一个部门的产值比重（或收入比重）与在此部门就业的劳动力比重的比率。它反映每1%的劳动力在该部门创造的产值比率，大致能客观地反映一个部门当年劳动生产率的高低。一般来说，农业比较劳动生产率小于1，而非农业比较劳动生产率大于1。比较劳动生产率越高，本部门的产值比重与劳动力比重比值越大。农业部门与非农业部门比较劳动生产率的差别越大，经济结构的二元性越强。从时间序列来看，在二元经济结构强化阶段，农业的比较劳动生产率逐步降低，非农业的比较劳动生产率则逐渐升高；在二元经济结构弱化阶段，农业的比较劳动生产率逐步升高，非农业的比较劳动生产率则逐渐降低。

2. 二元对比系数

所谓二元对比系数，是指二元经济结构中农业比较劳动生产率与非农业比较劳动生产率的比率。二元对比系数理论上为0～1。二元对比系数与二元经济结构的强度即二元性呈反方向变动。这就是说，二元对比系数越小，二元性越大；反之，二元对比系数越大，二元性越小。当二元对比系数为0时，表明农业比较劳动生产率为0，经济的二元性最显著；而当二元对比系数为1时，农业和非农业的比较劳动生产率相同，二元经济完全转变成了一元经济，经济的二元性消失。据研究，发展中国家的二元对比系数通常为 0.31～0.45，发达国家一般为 0.52～0.86。

3. 二元反差指数

所谓二元反差指数，则是指工业或非农业产值比重与劳动力比重之差的绝对值。二元反差指数的取值范围理论上也为 0～1。与二元对比系数相反，二元反差指数与二元经济结构的强度为正向关系。这就是说，二元反差指数越大，农业和非农业的差距越大，经济的二元性越明显；二元反差指数越小，农业和非农业的差距越小，经济的二元性越不明显；而当二元反差指数为 0 时，表明二元经济转变成了一元经济，二元性消失。

二、中国二元经济结构的特征及其成因

（一）我国二元经济结构的特征

我国国民经济的二元经济结构是历史上长期形成的结果，即使是在我国改革开放经历 40 年后的今天，我国国民经济依然呈现出典型的二元经济结构特征。这主要表现在以下四个方面：

1. 农业严重落后于工业和其他产业，农业劳动生产率低下

按照工农业关系的一般发展趋势，工业化可划分为三个阶段：一是农业支持工业发展阶段，二是农业与工业平衡发展阶段，三是工业反哺农业阶段。具体地说，在工业化初期，是农业支持工业，保护工业发展，国家通过各种方式汲取农业剩余，为工业化提供资金积累。到工业化中期，则是工农业平衡发展阶段，一般来说，工业的发展不再依赖对农业剩余的索取，而是依靠工业自身剩余的积累，农业剩余应更多地用于农业自身改造和发展上，实现从传统农业到现代化农业的转换。然而，处于工业化中期的我国，不仅工农业发展失衡，而且农业仍继续承担向工业提供资金积累的“输血”任务，主要表现为：金融政策向工业和城市倾斜，农村资金大量流失；工业化和城镇化的发展，大量挤占农业资源，尤其是土地资源；政府财政对农业投入支持不足，农业发展缓慢。由此可见，国家对农业的多取以及少予使我国农业长期处于“贫血”状态，致使农业劳动生产率低下。

2. 城乡差距、地区差距扩大

城乡差距主要表现在，一方面，城市现代工业与农村传统农业的劳动生产率不断拉大，工农产品比价因需求收入弹性不同而出现有利于工业、不利于农业的变动趋向，大规模的工业企业容易形成垄断，而分散的小农在交换中处于劣势，极不利于农村的发展、农民的增收和农业结构的调整；另一方面，城市发展越来越现代化，正在从工业社会向信息社会转化，而农村则处于从农业社会向工业社会的转化过程中，由此产生的结果是城乡经济发展差距越来越明显。地区差距则与农村、农民和农业密切相关。一方面，就地区差距与产业分布的关系而言，以农业、农村为主的区域相对落后。经济最发达的东部地区 10 个省市第一产业创造的 GDP 比重最小，中部地区 6 个省较大，西部地

区12个省区市最大，经济发达程度与农业分布呈反向关系[①]；另一方面，各地区之间的经济发展差距尤其表现在各地区农民收入的差距上。2013年，全国农村居民人均纯收入为8 895.9元，其中，东部地区农村居民人均纯收入为12 052.1元，西部地区农村居民人均纯收入为6 833.6元，西部地区农村居民人均纯收入只相当于全国的76.8%和东部的56.7%。从单个省区市看，2013年全国农村居民人均纯收入最高的为上海，达19 595元，最低的是甘肃，仅为5 107.8元，前者是后者的3.8倍。[②]

3. 城乡收入差距拉大

长期以来，我国城乡收入差距一直悬殊。改革开放以后，随着农村经济体制改革的深化和农村经济的发展，城乡收入差距虽然有所缩小，但仍然很大，并且近几年还有扩大的趋势。2013年，我国城镇居民家庭人均可支配收入为26 955.1元，农村居民家庭人均纯收入为8 895.9元，城市人均收入是农村人均收入的3倍多。[③] 如果考虑到城镇居民在住房、医疗、教育、交通以及公共服务等方面所享有的各种补贴和劳保福利，再考虑到农民尚需从纯收入中拿出相当大的部分用于生产性支出，那么城乡居民的实际收入差距就会更大，大约为6∶1。据国际劳工组织的统计资料，世界城乡居民收入比例一般为1.5∶1，超过2∶1的国家只有3个，可见中国城乡收入差距较为悬殊。从基尼系数看，2013年中国的基尼系数为0.473[④]，远远超出了0.4这一国际警戒线水平。目前我国的基尼系数出现异常，城乡居民收入差距悬殊是一个重要原因。城乡收入的巨大差距、农村人口较低的收入，必然会阻碍一国的经济增长。

4. 城乡消费水平悬殊

尽管我国农村人口是城镇人口的3倍多，但因农村人均收入低，有效需求严重不足，消费水平远低于城镇。从人均消费水平看，2013年，我国城镇居民人均消费支出为18 022.6元，农村居民人均消费支出为6 625.5元，前者是后者的2.7倍；再从消费结构来看，农村居民仍停留在对需求弹性很小的生活必需品的消费，恩格尔系数高达37.7%，而城镇居民的消费层次远高于农村，尤其是高收入阶层的很大一部分收入用于需求弹性很大的奢侈品消费上，城镇居民的恩格尔系数为35%。[⑤] 如果再加上实物商品外的文化、教育和服务等方面的消费，城乡居民的消费差距会更大。

(二) 我国二元经济结构的成因

从我国二元经济结构演变的历程看，形成我国二元经济结构的原因主要有以下三个方面：

1. 赶超型经济发展战略所引起的生产率水平差异

1949年以后直至改革开放以前，为了支持赶超型重工业发展战略的实施，我国对

---

① 本章所指的东部地区共有10个省市，包括：北京、天津、河北、上海、江苏、浙江、福建、山东、广东和海南；中部地区共有6个省，包括：山西、安徽、江西、河南、湖北和湖南；西部地区共有12个省区市，包括：内蒙古、广西、重庆、四川、贵州、云南、西藏、陕西、甘肃、青海、宁夏和新疆；东北地区共有3个省，包括：辽宁、吉林和黑龙江。

② 国家统计局．中国统计年鉴2014. 北京：中国统计出版社，2014：166、176.

③ 同②158.

④ 同②16.

⑤ 同②158－159、165.

农业实施了超强度的剥夺以积累资金支持工业，特别是重点支持重工业的发展。其结果是虽然建立了比较齐全的重工业体系，但这一战略所导致的农、轻、重工业之间的比例的严重扭曲，极大地动摇了工业化的基础。我国以城市为基地的工业化战略主要通过工农业产品价格“剪刀差”，把农业中的资金强制地转移为工业化积累。1949 年以来，在工业化战略的推动下，现代工业在城市迅速扩张。1952—1970 年，我国工业产值增加了 6 倍，而农业产值只增加了 2 倍。在 20 世纪 50 年代至 70 年代期间，工业使用的是先进的设备和管理技术，因而成为我国经济中生产率水平较高的部门；而农业则主要使用人力和畜力，并以自给自足为生产的主要特征，因而成为我国经济中技术比较落后、生产率水平较低的部门。由赶超型经济发展战略引起的生产率水平的差异导致了我国二元经济结构的形成。

2. 传统经济体制造成的城乡分割

1949 年之后，在计划经济体制的建立和实施过程中，也逐步形成了城乡分割的体制。中华人民共和国成立初期，国家对城乡居民之间的相互往来和自由迁徙尚无限制，但是，随着越来越多的农民无节制地迁入城市，给城市发展带来了严重的负面影响，包括加剧了城市的就业压力，增加了城市在生活资料、住房和基础设施供给方面的负担等。基于这种情况，国务院于 1958 年颁布了《中华人民共和国户口登记条例》，明确将城乡居民区分为农业户口和非农业户口两种不同的户籍，并严格规定，没有城市管理当局的许可，农村人口不得流入城市，农业户口不得转为非农业户口，城乡分割体制最终形成。传统的工业化经济发展战略已经从根本上拉开了工业和农业的生产率差距，农业中大量的劳动力呈现为过剩和多余的状态。按照资源配置本身的要求，过剩的劳动力必然向城市和非农业部门转移，然而，城乡分割体制限制了这种转移，致使大量的剩余劳动力滞留在农村和农业中，并成为农村经济的一个鲜明特征。由城乡分割体制造成的大量剩余劳动力的滞留进一步加剧了中国经济的二元性。

3. 非农产业发展政策扩大了二元差距

自改革开放以来，政府在经济发展方面表现出强烈的赶超愿望，希望通过加快经济发展步伐来缩小同发达国家的差距。这一目标在政策上表现为对进口替代型工业和出口导向型产业的大规模投资，通过税收、关税、外汇以及价格政策的支持对工业实施全面的保护和控制，并在生产要素和产品市场上对农业实行歧视政策，以便实现农业剩余向非农产业的转移，为工业发展提供资金积累。大量的国家投资集中于资本密集型、技术密集型和知识密集型产业。相比之下，对促进农业发展的科研开发、新的生物化学和机械的技术开发投入却严重不足。无疑，我国的工业化政策在改革开放以来取得的增长是引人注目的，却并没有带来就业的快速增长，相反，还随着国有企业改革的深入，大量的国有企业不能适应市场竞争而破产，导致了城市失业率的上升，从而进一步限制了农村劳动力向城市的转移。

三、中国二元经济结构转换中的农村剩余劳动力转移

（一）我国农村剩余劳动力产生的根源

农村存在剩余劳动力并不是中国特有的经济现象，而是各国在经济发展过程中普遍

存在过的。与其他国家不同的是，我国农村剩余劳动力不仅存在，而且是超量存在。造成我国农村剩余劳动力超量存在的基础是农村人口的超量存在和农村人口比例过大，而土地资源相对稀缺。在我国，不仅土地资源新开发数量极为有限，而且，随着我国经济的不断发展，不断有大量的农业用地转为非农业用地。而过量的农业劳动力及其快速增长，大大超过了刚性土地资源的有效容纳能力，农村劳动力和土地资源配置比例的失调形成大量劳动力过剩。我国自改革开放以来，以家庭联产承包责任制为核心的农村经济体制改革以及农业生产技术的进步，使农业劳动生产率提高，造成对劳动力需求的减少，从而释放出来的剩余劳动力增加。农村产业结构不合理，非农经济发展滞后，导致农村内部就业条件相对不足。这些都是导致我国农村剩余劳动力超量存在的重要原因。

然而，造成我国农村剩余劳动力超量存在的最重要根源，则是计划经济体制下形成的二元经济结构。为了保证城市重工业发展所需要的农产品供给和维持城市居民低收入、广就业的社会保障制度，城乡实际上成了两个相互封闭和隔绝的社会系统，这是我国二元经济结构的一个重要特征。维系二元经济结构的制度性因素——户籍制度、粮食供给制度、副食品和燃料供给制度、住宅制度、就业制度以及社会保障制度等，排除了劳动力在城乡之间自由流动的可能性，特别是剥夺了农民在城市定居和就业的权力，农民被禁锢在土地上，农村人口城市化被阻止；中国特色的以重工业发展为核心的工业化道路，鼓励发展的是资本密集型产业，结果，工业部门的人均资本拥有量迅速上升，而同量资本吸纳的劳动就业人数越来越少。所有这些都是导致我国农村剩余劳动力超量存在的根源。

(二) 促进我国农村剩余劳动力转移的对策

农村剩余劳动力转移是发展中国家经济发展过程中的必然现象。自改革开放以来，在快速的工业化进程中，我国农村剩余劳动力的转移过程也在加速进行。从我国农村剩余劳动力转移的渠道来看，主要有两种：一是就地转移，进入农村工业，即所谓的离土不离乡、进厂不进城；二是转移到城镇就业，即所谓的离土又离乡。总体而言，自改革开放以来，我国农村剩余劳动力大规模地向非农产业转移，并自 20 世纪 90 年代中期以来向城镇转移的速度加快，从而在很大程度上缓解了我国农村剩余劳动力问题。然而，我国农村剩余劳动力转移还远未结束。今后随着改革的深入，经济发展中各种深层次矛盾将逐渐暴露出来，大量农村剩余劳动力的转移将成为我国经济发展过程中不能回避的问题。为此，应采取以下对策措施，促进我国农村剩余劳动力的进一步转移。

首先，加快农村城市化进程。虽然现有城市可以解决部分农村剩余劳动力的就业问题，但是不可能解决更多人的就业。要使更多的剩余劳动力就业，就要加快农村城市化进程。城市化过程不仅是人口在地区之间的转移过程，而且是劳动力由传统部门向现代部门转移，引发劳动生产率突变和提升的过程。许多国家工业化过程中社会生产力大幅度提高都与城市化直接相关。根据国外的经验，在农村城市化过程中，城市人口规模在 25 万人以上时，经济效益明显提高，教育、文化、卫生、交通等公共设施可以比较充分地发挥作用。而当超过 50 万人时，又会出现公共设施拥挤和不足，制约经济效益的继续提高，并造成生活质量下降。因此，农村城市化的最佳人口规模是 25 万～50 万，这也就是次级城市化的依据。因此，借鉴国外次级城市化的合理内核，我国应采取“中小结合，中为主导，突出特色”的农村城市化模式。

其次，支持乡镇企业的发展，实现农村剩余劳动力的“就地转移”。以“就业优先”的原则指导乡镇企业的发展，在产业类型上，注重发展劳动密集型产业；在规模上，注重支持中小企业；在经济类型上，注重发展非公有制经济。同时对于规模较大的乡镇企业，重在支持其提高管理水平和技术水平、提高研发能力、加快自主知识产权的开发、提升竞争能力；对于小型乡镇企业，应重在培育，要放宽政策、降低门槛、加大扶持力度，促使其尽快发展壮大。适当加大对乡镇企业的财政扶持力度并不等于直接的资金拨付，而是通过间接的投入形式，比如在农村修建公共设施、提供公益性服务以及技术开发支持等措施来提高乡镇企业的竞争力，以吸纳城市中无法消化的农村剩余劳动力。

再次，完善农村教育制度。要推动农村剩余劳动力的“城市就业”，就要不断改善农村落后的教育条件，让适龄儿童享受平等的受教育机会，让缺乏技能的成年人享受平等的受教育机会。给予农民平等的国民待遇首先应该是实现受教育机会的平等。农村教育在几十年的发展中，由于政府教育拨款的城市偏向，农村平均受教育年限和师资水平远远落后于城市。这不仅加重了农村就业的压力，而且导致农村剩余劳动力转移受阻，破坏了二元经济结构向一元经济结构的转化。发展农村教育，办好农村学校，是从根本上解决农村剩余劳动力转移的关键所在，是转移农村剩余劳动力、将人口压力转化为人力资源优势的重要途径。完善农村教育制度，不仅能使广大农民群众及其子女享有接受良好教育的机会，有利于实现教育公平和体现社会公正，而且有助于增强国民经济增长的后劲。

最后，废除二元户籍制度。废除二元户籍制度，可以使农村人力资源这种最重要的生产要素加速自由流动，解除农民的身份限制，实现农村剩余劳动力在不同职业间、不同地区间的自由转移，打破城乡原有的难以逾越的鸿沟，使得农民与城市工人一样享受公平的待遇，并还农民以公民权利，切实加强对其经济权利的保护。通过市场竞争实现劳动力在城市的优胜劣汰而不是人为设置转移障碍，给予每一个人平等的城市准入资格，将农业户口和非农业户口统一为居民户口，实现农村剩余劳动力自由转移。发挥农村剩余劳动力“蓄水池”的作用，一方面减轻农村的就业压力，另一方面提高城市工业效率，创造新的就业机会。

第二节　低端劳动力工资形成机制的变革及其结构性效应

一、中国低端劳动力市场已由总体过剩向结构性过剩转变

进入新世纪后逐渐出现的“民工荒”现象不仅说明中国低端劳动力市场出现了由总体过剩向结构性过剩的拐点变化，更为重要的是它宣告了中国低端劳动力市场的工资形成机制发生了重要的转变。

1. 即使在金融危机的冲击下，以农民工为代表的低端劳动力工资仍然不降反升，持续上涨

自2004年“民工荒”爆发后，农民工工资结束了长期的停滞状态，进入了一个快速的上升通道。迄今农民工工资延续了多年的上涨态势，涨幅超过1倍，年均涨幅超过

12.4%。一个典型事实就是，在金融危机肆虐的2008—2009年，农民工工资不降反升，增幅不下10%。

2. 劳动力市场供求关系出现大幅度逆转，局部出现“民工荒”

全部在岗职工人数2010年3月同比增长了3.5%，工业企业就业量1—3月增长了2.9%，而城市劳动力需求供给比达到103%，超过正常繁荣时期95%的平均水平。同时，沿海和内陆局部区域同时出现了“民工荒”。从地区情况看，2010年中国东部、西部、中部各个区域的劳动力需求—供给比都超过0.95，达到历史的最高水平。特别是珠三角地区，2009年到该地区务工的农民工较2008年减少22.5%。

3. 我国人口结构已经发生显著变化，低端劳动力增长幅度放缓，低端劳动力供给水平下降

从我国人口结构变化趋势来看，尽管劳动力在总人口中的占比仍然很高，但最近几年，劳动力增速明显放缓。根据联合国的预测，2010年我国人口总抚养比达到历史低点。随后，总抚养比开始提高，劳动力比重开始下降（见图7-1）。

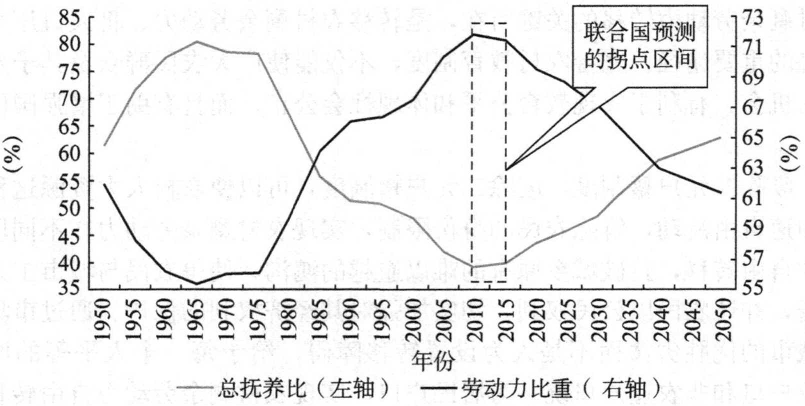

图7-1 中国人口结构

4. “劳资关系”冲突进一步加剧，各种民营和外资企业大幅度提高招工工资，各级政府大幅度提高最低工资标准

劳资纠纷问题最显著的特征是纠纷的数量和涉及的人数都呈现出不断增长的趋势。根据《中国劳动统计年鉴》，1996年我国相关部门受理的劳动争议案件为48 121件，涉及劳动者人数为189 120人；2008年相关部门受理的劳动争议案件达到693 465件，涉及劳动者人数为1 214 328人，案件数量和人数分别为1996年的14.4倍和6.4倍。

二、工资形成机制从生存工资法则转向市场议价型工资法则

此轮工资上涨不仅说明中国低端劳动力市场出现了结构性拐点变化，更为重要的是宣告了中国低端劳动力市场的工资形成机制正从传统的生存工资定价法则向保留工资约束下的市场议价工资法则转变。

1. 随着我国经济发展水平的提高，保留工资不断上涨，推动低端劳动力价格上涨

留在农村的农民保留工资的上涨主要源于以下两个原因：第一，农村改革使务农收

入进入一个稳健的上升通道。在“两级所有、家庭承包”的土地制度下，务农收入就等于家庭内部的人均农业产出。由于存在剩余劳动力，边际生产力低，随着劳动力的转移，人均产出将增加。过去政府通过农业税、各种统筹提留、压低粮食价格等手段将人均产出增加的好处剥离出农户，压制了务农收入的增长。但现在，随着农业税豁免、清除统筹提留，以及粮食补贴、粮食收购价保护政策的实施等，人均产出增加的好处留给了农户，人均产出的增加真正演变为务农收入的增加。可以预料，出于改善城乡结构的考虑，我国仍会进一步强化农村制度创新以及对农民利益的保护，务农收入的增长态势仍然会继续。

第二，受制于经济发展的资源约束，资源价格不断上涨，它将带动城市生活成本、交通费用的上涨，并对转移成本构成上行压力。调查发现，农民外出务工的最主要三项开销是食品支出、衣着支出、交通通信支出，特别是食品支出，占总开销的2/3以上。仅2003—2008年短短5年时间内，食品价格就累计上涨了48%，年均涨幅接近10%，这在相当程度上抬高了城市生活成本及生存工资。

2. 我国留守劳动力的家庭分工型特征决定了即使农村存在大量剩余劳动力，劳动供给也不再具有无限弹性[①]

中国目前农业劳动力人数仍高达3亿，其就业比重达到40%，可以说，农业部门仍滞留着大量的剩余劳动力。需要强调的是，即便剩余劳动力大量存在，也不代表劳动供给曲线就像刘易斯二元经济结构理论所描述的那样具有无限弹性。这与我国农村劳动力的家庭分工模式有关。传统理论假设，由于农业收入极低，农业剩余劳动力到工业部门务工的机会成本近乎为零，所以只要城市工业部门的工资水平超过农民的保留工资和转移成本，农民工就会在既定的工资水平下源源不断地涌向城市，这是造成劳动供给曲线无限弹性的根本原因。但在今天的中国，外出务工的机会成本正在不断上升，并不像传统理论所假设的那样可忽略不计，特别是在城乡分割的二元体制下，务工地与家庭生活地点的空间分离使他们难以兼顾家庭内部的劳动分工，家庭效用损失愈发明显。

按贝克尔的家庭劳动分工理论，一个人的劳动供给决策不仅取决于劳动力市场的收益与成本比较，而且取决于家庭内部劳动分工的需要。即使他参加工作能够赚取工资，如果家庭需要他留下来分担内部劳动，他也可能会放弃这样的机会，除非工资足以弥补他放弃内部劳动所带来的效用损失。对中国农村来说，可能正面临着这一现实。在改革开放之初，农村留守劳动力比较多，将劳动提供给工业部门不会对家庭内部劳动产生明显影响。但随着劳动力的持续转移，留守劳动力越来越少，照顾老人、子女、房屋等家庭内部的劳动分工日益迫切。留守劳动力虽然闲散，但在承担家庭劳动分工方面是一个不可或缺的载体。离开这种分工，家庭生活质量就会受到很大的影响，子女无人管教、老人缺乏呵护、房前屋后荒芜、财产面临失窃危险等，都是这种影响的典型表现。

上述变化将带来一个重大影响，那就是对农民来说劳动供给不再是没有机会成本的，如果要再增加农民的劳动供给，由于会带来家庭效用的损失，工业部门必须以更高的工资作为补偿。这样，即使在农村还存在大量剩余劳动力的情况下，只要工业化对劳动力的需求上涨，工资也会随劳动供给的增加而增加，劳动供给曲线变为一条斜向上的

① 详见中国人民大学《中国宏观经济分析与预测报告（2010年第三季度）》的分报告。

曲线，是缺乏弹性的。

3. 随着中国制造业国际地位的确立，制造业对劳动力的需求持续增长，劳动力供给已经由总量过剩转向结构性过剩，低端劳动力的供求关系发生根本性变化，未来中国工业化进程加速，会进一步催生工资上涨

2010年，中国东部、西部、中部各个区域的劳动力需求—供给比都超过0.95，达到历史的最高水平。未来中国工业化进程加速，会催生出工资上涨的另一股强劲动力。第一，巨大的就业压力将倒逼中国工业化以不间断的速度向前推进。工资上涨是在劳动力剩余条件下发生的，在应对工资压力的同时，国家不会忘记就业目标，而带动就业的根本途径就是通过工业化实现经济的快速增长，可以说，就业扩张与工业扩张已成为不可分割的一个整体。第二，工业化将进入加速期，产值急速扩张带动劳动需求急速膨胀，巨大的劳动需求会形成巨大的推力，推动市场议价型工资超越生存工资的约束，出现持续、强劲的上涨。

4. 随着中国重化工阶段和加工贸易化阶段达到顶点，在全球化日益加深的条件下，过去长期被压抑的中国制造业工资水平存在回补趋势

要素价格均等化定理表明，随着国际贸易的深入展开，一国相对丰裕的要素的需求将增加，而稀缺要素的需求将有所减少，不同国家相同要素的价格将趋于均等。在一般意义上，发达国家的高技能劳动力要素丰裕而低技能劳动力资源相对稀缺，发展中国家的情形则恰恰相反。在存在国际贸易的背景下，由于发达国家的比较优势集中在高技术行业，发展中国家的比较优势则建立在低端产业之上，国际贸易的结果将增加对发达国家高技能劳动力以及发展中国家低技能劳动力的需求，反映在劳动力要素价格上，便是发达国家高技能劳动力报酬和发展中国家低技能劳动力报酬的上涨。2003年以后，随着我国经济重化工阶段和加工贸易化阶段的深化，我国对低端劳动力的需求不断增加，低技能工人的劳动报酬也快速上升，相对工资比重由2003年的64%上升到了2008年的72%，存在着较为明显的“回补”特征。

三、市场导向型经济结构调整机制的逐步形成

低端劳动力价格上涨的传导作用将导致中高端劳动力市场工资水平的相应变动，最终导致要素市场总体发生变化，促使要素市场价格机制在资源配置中的主导作用得到加强，从而改变过去单纯依靠政府的“有形之手”来调结构的行政化结构调整机制，逐渐形成市场导向型经济结构调整机制。

1. 工资形成机制的变革有助于收入分配结构的调整和产业结构的升级

由农民工工资上涨引发的劳动者收入水平的提高将带来中国收入分配格局的变化，从而启动中国市场化的收入倍增变化，并加速中国“收入—消费升级”的台阶效应的到来。尽管自2000年后职工的实际工资增幅在10%左右，但工资总额占GDP的比重仍呈下降趋势，收入对消费的制约直接影响了由主要依赖外需向更多依靠内需转变。农民工的工资形成机制的变革必将改变中国工资占GDP比重过低和消费启动大大落后于同类国家的局面，从而加速促进中国的消费升级和产业升级。

2. 工资形成机制变革有利于居民收入增长，对增加国内需求和经济保持平稳较快发展具有重要的意义

长期以来，居民消费支出水平低、增长缓慢，对经济增长的拉动作用逐渐减弱。提高劳动力收入，一方面可以增加农民工收入，提升农村居民的购买力，另一方面可以促使更多的进城务工农民留在城市，加快我国的城市化进程，从而刺激内需发展。

3. 工资形成机制变革将加速推动中国产业在区域上的“梯度转移”，并使中国产业在“加速性梯度转移”中实现产业升级

中国幅员辽阔，地区经济发展存在着较大的区域差异，这一点在地区间劳动力工资的差异上反映得也较为明显。在 1996—2008 年期间，我国不同地区间制造业部门的年均工资呈现出显著差异，东部地区的平均工资要显著高于中部和西部地区。平均而言，在 1996—2008 年期间，东部地区的制造业平均工资比西部地区高出了 29.8%，而比中部地区高出了 40.8%。事实上，即便考虑到劳动生产率的地区差异，从单位劳动成本的地区比较看，我国不同地区间的劳动力成本差异也是非常显著的。工资形成机制变革将大大压缩东部地区产业生存的空间，从而导致产业自动向中西部转移。事实上东西部人均工资随着劳动力供求的变化发生了巨大分化，到 2009 年东部人均工资高出中西部人均工资接近 30%，而土地价格高出中西部 40%多。这直接推动很多劳动力密集型产业向中西部转移，以及东部产业的自发升级。同时，东部各种劳资关系的恶化也使大量资本向中西部转移，以谋求要素套利和制度套利。

4. 工资形成机制变革将导入产业结构高级化内在机制和推进城市化进程

当前经济结构调整的困难在于，缺少市场导向型结构调整的内在驱动力量，即在二元经济结构下，要素价格市场化机制长期无法实现。经济发展过程就是通过生产结构调整和就业结构变化促使人均收入水平不断提高的过程。工资形成机制的变革推动了要素价格市场化的过程，这将促使产业结构自动升级，中国将在推进工业化的同时提前启动制造业的高加工度化，进一步强化中国在未来国际分工中的大国地位，从而使资源配置具有内在的由行政力量主导转向市场力量主导的可能性。另外，由于城镇化水平与城市人均消费水平正相关，工资形成机制变革有利于增加居民收入，增加农民工进城的机会，这将进一步加快我国的城镇化进程。

鉴于上述判断，我们不能过分夸大低端劳动力市场供求拐点变化以及随之而来的工资水平的快速上涨所带来的负面效应。我们必须高度重视这种低端劳动力市场工资形成机制变革的战略性意义，应当看到低端劳动力市场的变化不仅是中国社会进步的产物，而且是开启中国全面市场型结构转型的支点。对此，我们提出以下几个方面的政策建议：

第一，要从战略发展的高度，把低端劳动力市场的工资形成机制的变革与要素价格市场化作为未来经济结构调整的核心，通过价格机制的杠杆作用撬动整个经济结构的重塑，从而将以往单纯的行政转型思路转变到以市场导向来推动经济结构转变的思路上来，使市场主体自发地、全面地、稳定地在分配机制的调整、产业的升级、区位的选择和创新的强化中扮演重要的角色。

第二，要积极推动低端劳动力市场工资形成机制的变革，引导和规范低端劳动力市场“市场议价型”工资形成机制的培育。政府要顺应工资形成机制变革趋势，积极推进工资形成机制变革的制度建设。落实《劳动法》，切实推进工资集体协商机制和进行深入细致的工资条例改革。同时，逐步完善工会制度，加强劳资纠纷的立法，重视对农民工的培训。同时积极采取各种措施，以应对工资水平的上涨带来的负面冲击。

第三，尽管市场力量成为未来结构调整的基本驱动力，但劳动剩余与工资上涨的并存格局决定了结构调整还要辅之以政府的适度干预，防止单一的市场机制将中国经济过早地引入偏废就业的新古典轨道。政府干预主要体现在中观层面的产业干预和微观层面对企业技术选择行为的间接引导上。例如，在农民工工资水平大幅度上涨和农民工工资市场议价机制形成之后，政府应当引导该机制变革对于中高端劳动力市场的冲击，积极培育市场化工资形成机制，有意向地调整传统的劳资关系，加强初次分配改革中的各项制度建设。

第三节　内需可持续增长的结构性基础与政策选择

一、总需求结构失衡与我国宏观经济的动态脆弱性

自改革开放以来，我国总需求结构发生了显著变化，最终消费占比大幅度下降，投资占比大幅度上升，这构成了我们所界定的总需求结构失衡状况。1980—2010 年，最终消费占 GDP 的比重下降了约 18 个百分点，从 65.5%降至 47.4%；资本形成占比上升了近 14 个百分点，从 34.8%升至 48.6%。2010 年，投资占比超过最终消费占比。在最终消费中，政府消费占 GDP 的比重较为稳定，30 年间的变化不超过 4 个百分点。最终消费占比的下降主要来自家庭消费占比的下降。1980—2010 年，家庭消费占 GDP 的比重下降了 17 个百分点，从 50.8%降至 33.8%。在横向国际比较中，我国家庭消费占 GDP 的比重不仅低于发达经济体和世界平均水平，而且低于其他发展中经济体。

在总需求结构失衡条件下，我国宏观经济的动态平衡高度依赖投资和出口，这导致我国宏观经济对外需冲击的脆弱性提高。随着 GDP 增长内在稳定性的下降，在各种外生冲击下，政府熨平经济波动的政策力度必须不断提高，政策性干预带来的负面影响会不断加大。

第一，伴随着总需求结构的变化，宏观经济的内在稳定性下降。

投资、家庭消费和净出口具有不同的微观行为基础和影响因素，呈现出不同的动态特征。基于已有的理论判断和经验证据，家庭消费行为的稳定性相对较高，投资和净出口的稳定性较低。从 GDP 增长率的波动性的变化轨迹可以看出，伴随着家庭消费在总需求中占比的下降，我国 GDP 增长越来越倚重于投资和净出口等内在稳定性较低的拉动力，由此导致我国 GDP 增长的内在稳定性下降。在经济增长的动态轨迹中，波动性“由降转升”的转折点与家庭消费占比从“稳中有升”阶段到“急剧下降”阶段的转折点相契合。

第二，伴随总需求结构的变化，宏观经济对外需冲击的脆弱性提高。

在过度依赖投资和出口的总需求结构中，投资增长和出口增长之间形成了一个相互强化的联系机制。在投资和出口的相互强化机制中，外需冲击的影响不断放大，宏观经

济对外需冲击的脆弱性显著提高。

第三，宏观经济调控成本不断增加。

GDP 增长的内在稳定性下降并不必然意味着 GDP 增长率的波动性提高，因为政府会采取各种政策手段抑制宏观经济可能出现的波动。但是，随着 GDP 增长内在稳定性的下降，在各种外生冲击下，政府熨平经济波动的政策力度必须不断加大，政策性干预带来的负面影响会不断加大。这也意味着宏观经济调控的效率下降、成本上升。

传统增长模式下失衡的总需求结构导致总需求的增长难以持续。在宏观经济的动态平衡关系中，投资兼顾了需求和供给两方面属性，投资增长不仅意味着当期需求的增加，而且意味着未来供给能力的更快扩张。在失衡的总需求结构中，这要求出口持续快速扩张。受制于国际分工体系的演变趋势及国外市场的竞争态势，我国出口持续快速增长的空间越来越小，这必将制约国内投资的增长。此外，高投资还直接受制于国内环境和资源成本的加剧及约束的强化。

二、总需求结构失衡的根源及其速度依赖症

我国总需求结构对投资和出口的高度依赖性源于经济赶超型战略的政治动因和实现过程。为了在短期内实现经济赶超目标，经济总量的扩张成为政策层面的首要目标。由于技术进步和生产率增长面临较多的约束和不确定性，促进资本投入的迅速增长就成为实现经济总量迅速扩张的首要选择。

首先，在中国传统增长模式下，适应于经济赶超型战略，经济总量的扩张成为政策层面的首要目标。

其次，处于经济发展的特定阶段，我国的高投资有其必然性与合理性。经验表明，工业化过程必然以大量投资作为基础。与东亚其他国家类似，在改革开放之初，中国经济远远落后于发达国家。为了追赶发达国家，政府一般会选择快速工业化，发展可贸易部门，通过对外贸易积累资本，学习技术，获取前沿知识，从而获得经济的快速增长。大量的基础设施投资是落后国家追赶发达国家的必然。

最后，资本投入的增长不仅受制于资本形成的来源，即储蓄的供给，而且受制于资本成本和资本收益的权衡。为了加速资本的形成过程、推动投资的迅速增加，需要通过各种手段增加国内储蓄的供给，提高资本收益率，压低资本成本。借助于要素市场扭曲、收入分配体制和政策、产业政策、供给政策以及生产和投资补贴等手段，一方面能够增加国内储蓄供给，使资本积累有充足的来源；另一方面能够维持资本收益和资本成本之间持久的、较大的差异，进而维持企业强烈的投资动机。这是支持我国高投资最为重要的内部因素。尽管随着我国劳动力市场的完善，实际工资在不断上升，但是由于扭曲资本收益和资本成本的政策性或体制性因素依然存在，资本收益和资本成本的差异依然显著存在。在劳动成本不断上升的背景下，企业用资本替代劳动，这导致我国的投资率无法实质性下降。

高储蓄和高投资必然会带来另一个问题，大规模投资意味着未来生产能力和产出规模的膨胀，那么在国内消费需求受到压制的情况下如何解决日益扩大的产出能力的市场实现问题？为了解决这个问题，出口成为中国经济赶超型战略的必要组成部分之一。由此引出另一个问题，什么样的产品更适合于出口？在一般意义上，产业部门可以分为贸

易品部门和非贸易品部门，贸易品部门主要包括第一产业和第二产业中的工业，非贸易品部门主要包括建筑业和服务业。[①] 既然最终需要通过出口来解决国内大规模投资所形成的生产能力的市场实现问题，那么，投资的快速增长就应该主要集中于贸易品部门，即第一产业和工业。第一产业的生产特点导致其对自然禀赋条件的依赖较高，所以无法成为中国的选择，剩下的选择自然也就是工业部门。工业部门不仅能够在很大程度上摆脱对自然禀赋条件或不可再生要素的依赖，而且具有最高的可贸易性。此外，相对于农业和服务业，工业部门具有更加显著的规模化生产特征，最容易实现大规模投入和大规模产出。因此，加速推进工业化进程往往就成为赶超型战略下政府的必然选择。这样，从最终表现来看，我国的经济赶超型战略演变成出口导向型工业化战略。

在赶超型经济发展战略下，消费增长面临收入与供给的双重制约。

第一，传统增长模式决定了当前的收入分配模式。这表现在如下几个方面：(1) 为了快速推进工业化进程，必须通过劳动力市场和金融市场等要素市场的扭曲，压低劳动价格和资金价格，降低工业部门的生产成本和资本形成成本，推动资本形成过程的加速；(2) 高资本密集的重化工业部门迅速发展，资本替代劳动的能力显著提高；(3) 金融市场扭曲人为压低了资金成本，在劳动力成本上升的背景下，资本替代劳动的动机不断增强；(4) 工业部门特别是重化工业部门的生产特点，决定了劳动与资本在生产过程中地位的不对等，资本处于强势地位，劳动处于弱势地位，这与要素市场的扭曲结合在一起，进一步制约了初次分配中劳动收入占比的提高；(5) 服务于资本积累的生产性财政在二次分配方面难有作为，无法从根本上扭转劳动收入占比过低的初次分配格局。

第二，在特定发展阶段、资源约束和国际分工条件下，出口导向型工业化战略有助于实现经济总量的快速扩张，从而实现经济赶超目标。但由此导致国内供给结构与家庭消费结构的错配，并从供给层面制约家庭消费的增长。

传统增长模式决定了要素市场的扭曲与再分配失衡，导致家庭收入增长缓慢，收入分配向政府和企业倾斜。这使得政府和企业成为国内储蓄供给的重要主体。在中国的总储蓄中，家庭储蓄所占比重不到50%，另外一半以上是政府储蓄和企业储蓄。企业收入构成了资本积累的直接来源。在政府承担大量经济建设和投资责任的情况下，政府储蓄也成为资本积累的直接来源。通过要素市场的扭曲，家庭收入增长速度低于经济总量的扩张速度，这就使得总收入中越来越大的部分通过政府和企业这两个主体直接转变为国民储蓄，并成为资本积累的来源，而消费占比不断下降。

同时，家庭的消费倾向不仅受制于收入水平以及谨慎性储蓄动机，而且受到供给结构的影响。一方面，国有企业改革导致家庭在教育、医疗和住房方面的支出成本大幅增加。城市化以及农村劳动力向城市的流动虽然带动了农村居民收入的上升，但是由于户籍制度的存在，农村移民工人难以充分享受城市的医疗、教育、养老和住房等方面的福利。所有这些都会导致家庭谨慎性或预防性储蓄动机的增强。另一方面，教育、医疗和养老等非贸易品供给的不足使得家庭的潜在需求即便有收入支持，也无法转变为实际的购买支出，由此导致"强制储蓄"问题。这就使得家庭虽然在国民收入分配中占有的份额较低，却依然维持非常高的储蓄率。

在原有的过于依赖高投资的增长模式下，我国经济增长的就业创造效应和收入创造

---

① 当然，可贸易程度的区分并不是绝对的。

效应不断降低，为了解决就业和收入增长问题，必须依赖高增长速度，这是所谓的“速度饥渴”或“高增长速度依赖症”。所以，一旦投资和出口驱动的增长模式无法持续，就意味着我国经济超高增长的时代趋于结束。由此将会带来严重的就业和社会问题，导致多重失衡。

第一是政府与市场失衡加剧。为了稳定经济增长，政府不得不选择越来越多地干预微观经济。而随着政府干预的增加，市场自我完善的能力趋于减弱，导致政府与市场之间的失衡加剧。这集中表现为政府主导的投资挤压了私人投资空间，要素市场价格机制扭曲导致民间借贷问题日益突出。第二是资本与劳动失衡加剧。为了维持增长，保持较高的投资水平和投资收益，政府在一定程度上选择保护投资而不是保护劳动。劳动者的谈判力并没有随着相关法规的出台得到明显提高。劳动报酬不能随着生产率增长而增长。劳资冲突不断加剧，带来社会管理的困难。第三是城乡失衡加剧。在既定增长模式下，城市部门的增长决定了地区经济增长，城市发展被倾注了更多的政府注意力。而农村的发展滞后于城市的发展。城乡之间的差距并没有随着经济发展明显改观。总体而言，城乡失衡矛盾不断凸显。第四是收入分配失衡。在传统增长模式下，要素市场价扭曲和再分配的生产偏向导致收入分配不断恶化。第五是内外失衡加剧。随着国际经济不平衡加剧和金融危机影响的持续，中国经济内外失衡的矛盾也不断凸显。上述矛盾带来的结果很简单：有速度，结构恶化；没速度，社会矛盾爆发。

三、内需可持续增长的结构基础

总需求结构失衡是由传统增长模式内生决定的，而随着经济增长约束条件的变化，传统增长模式不可持续。尽管增加消费被看作中国经济结构调整的关键，但是在既定的增长模式下，无法通过调节收入分配来刺激消费增长。如果增长模式不变，收入分配格局不可能从根本上得到改善。从长期来看，可通过增长模式转换来改变收入分配格局，进而提升消费需求对 GDP 的贡献率。但在短期内，受社会经济条件的制约，只能更多依赖投资稳定经济增长。因此，一方面，我们要依赖投资稳定经济增长；另一方面，我们要在增长过程中推动增长模式转变。走出困境的根本出路是深化经济体制改革。

第一，从家庭消费需求与外需之间的替代关系来看，相对于国内总供给，我国的家庭消费需求更加偏向于非贸易品，而出口的则是以制成品为主的贸易品。消费需求作为内需的重要组成部分，所需要的主要产品并不是那些可供出口的产品，在既定供求结构下，无论是支出变更政策还是支出转换政策，都无法有效地实现国内消费需求对出口的替代。

第二，鉴于消费和投资支出中非贸易品类别的差异，降低投资支出并不能有效缓解国内供给对非贸易品消费支出的强制约束。非贸易品供给约束直接制约非贸易品消费支出的增长，而且使得总消费支出也无法迅速增长[①]，单纯的需求管理政策无法刺激消费支出的迅速增长。

---

① 经过过去多年的经济发展、收入增长和消费升级，包括耐用消费品在内的有形产品的消费相对“饱和”，对医疗、教育和社会保障等服务的潜在需求迅速增长。从消费选择行为来看，在服务性消费需求得不到有效满足的情况下，对有形产品的消费难以大幅增加。

第三，从家庭消费行为来看，消费不仅受制于供给约束，而且受制于家庭的收入和消费倾向。影响家庭收入增长和消费倾向提高的因素有很多。人均可支配收入的提高是一个缓慢的过程，并且收入提高不一定马上带来消费迅速增加。从我国当前制约家庭消费持续、稳定增长的众多因素出发，为了实现家庭消费需求在未来中长期的持续增长，结构转型和投资快速增长都是必不可少的。

第四，实际上中国的消费增速已经在加快。中国的发展阶段表明，我们并没有达到发达经济体的消费水平。片面压抑投资不仅无法提升消费，而且在短期内不利于中国经济的健康发展。投资速度调整甚至是简单地压低投资速度，不是可行的选择。

第五，尽管改革收入分配制度有助于提升消费水平，但在既有增长模式下，收入分配制度反映总体利益结构，如果不通过改革打破利益结构，收入分配结构就难以调整，因此通过收入分配改革来提升消费就是一个空洞的口号。

也就是说，从增长模式角度来看，在既有投资结构和增长路径下，仅仅通过收入分配改革来解决目前的扩大内需问题，并不是治本之策。维持内需可持续增长的基础在于，通过投资转型，推动居民收入增长，配合收入分配改革，拉动消费增长，形成投资和消费的良性循环。只有保持较高的投资水平，才能保证中国经济增速，只有保证经济增速，才能较好地解决收入分配问题。而依赖市场力量，通过投资结构优化和投资效率提高，对初次收入分配结构进行调整，增加居民收入，推动产业结构和供给结构与消费结构的协调，刺激消费增长，才是维持内需可持续增长的关键。

增长模式变革下的投资转型是内需可持续增长的关键。在投资结构优化和效率提高的支持下，产业结构逐步升级，就业增加，进一步导致收入增加，收入的持续增长将为消费升级奠定基础。进一步结合收入分配制度改革，增大社会保障力度，缩小收入的地区之间、城乡之间和家庭之间的差距，促进最终消费需求的稳定增长。而最终消费需求的增长又将进一步促进投资增长，形成投资增长与消费增长的良性互动。如果当前仅仅强调通过收入分配改革促进消费增长，忽视投资领域的改革，消费最终将变成无源之水。

在长期中，为了实现投资转型和投资持续增长，关键在于投资结构的转型和投资领域的拓宽，即从传统的、低效率的、依赖出口市场的生产领域转向创新的、高效的、适应国内家庭消费需求的产业部门。这种转变应该是市场力量引导下的自发演进，为此，必须通过完善要素市场、放松政府管制和投资领域的准入限制、推动财税改革、限制国有企业的垄断力量，推动投资结构转型与投资持续增长走上市场力量引导下的自发演化的路径。

所谓投资转型，就是通过劳动力、技术、资本、自然资源、环境承载与制度资源等在不同产业部门或行业之间的重新配置，实现整体经济增长效率的提升，实现产业结构协调发展并逐步向更高水平演进，即实现经济结构的优化并与社会发展相适应。在投资动力机制和方向转变的条件下，将带来新的消费升级机会。一方面，投资转型将改变产品市场的供给结构，满足居民更多样的消费需求；另一方面，投资转型将会创造新的就业机会，并提高劳动者的收入占比，增加居民收入，促进消费的可持续增长。

如何才能在保证投资总量不变的情况下，优化投资的内部结构，把投资从产能过剩领域、从环境损害领域、从阻碍需求的领域转到适应中国经济发展阶段、投资内部效率提高的领域和部门中来呢？如何促使微观企业从依赖政府主导的投资决策转到更加依赖市场、更加依赖创新才能发展的轨迹上来？我们认为，为了实现投资转型，必须创造如下几个方面的条件：（1）完善要素市场、理顺价格机制，使得不同产业部门或行业的投资成本与收益在市场上得到真实显露；（2）推动政府的自身改革，打破利益格局，避免政府“与民争利”，政府更多地专注于创造公平竞争和市场秩序；（3）限制国有企业的垄断力量，放松民间资本的投资领域限制和行业准入限制。这样，供给和需求力量的对比才能在市场价格机制中得到真实体现，真实显露投资成本和收益的市场价格信号才能充分发挥其对投资结构转型和投资增长的引导作用。

由于家庭消费增长面临着比投资增长更多的约束，所以，投资转型带来的供给结构变化、就业模式变化和初次分配格局变化不足以保证家庭消费的持续增长，还必须进行其他方面的变革，包括：（1）完善包括初次分配和再分配在内的整个分配体系；（2）通过城市化和区域发展政策缩小城乡差距和地区差距；（3）完善社会保障体系。

第四节　供给侧结构性改革的着力点及实施路径

一、经济中的结构性问题是供给侧的重要结点

供给侧作为产品和劳务的提供方，包括量和质两个方面。传统的以量为主导的粗放式供给模式给我国经济社会带来了诸多隐患，表现为供给的总量与质量不相匹配，缺乏有机的统一，其中最根本的就是供给方面的结构性问题。尤其是随着 2008 年四万亿元经济刺激计划的实施，国有部门控制的重化工业复苏及房地产价格泡沫化进一步扭曲了资源配置机制，恶化了经济结构。

（1）有效供给不足，消费者更加关注消费品质的提高，这与我国传统供给能力脱节。改革开放之初，因为收入较低，消费者更加关注能够消费什么商品。随着人均收入超过 6 000 美元，消费者开始更加关注商品的品质，从山寨货向正品靠拢，从吃饱饭到吃好饭，大量消费者为了购买放心的正品大规模海淘。以往的供给侧政策更多地是刺激产量，加大供给，这与当前消费者的品质要求脱节，无法激起更大的消费潜力。

（2）无效供给过大，无法与现实需求相匹配，过剩产能难以消化，加剧了供需中的结构性矛盾。经过 30 多年，尤其是近 20 年来的发展，大规模的、排浪式的基础设施建设和城市化建设已经过去，而此前由此建立起来的钢铁、水泥等行业却一时难以转型，面临着严重的产能过剩，存在大量的“僵尸企业”。尤其在城市化建设中，由于需求刺激政策、GDP 考核等多方面因素的影响，各地的造城运动带来了所谓的“高新开发区”四处开花，“鬼城”遍布。这些三、四线城市，以及商业用房领域的房地产市场的无效供给，使得结构性问题雪上加霜，成为当前供给侧面临的严重现实难题。

（3）收入结构恶化，由于收入结构制约着需求结构，因而传统的供给体系与现实的有效需求的矛盾进一步加剧。收入作为劳动要素供给的报酬，在现实中许多不合理制度的安排下，收入差距进入 21 世纪后迅速拉大。由于富人与穷人的需求存在较大差异，而且存在不可替代性，因而加剧了传统的供给体系与现实的有效需求的矛盾。

（4）区域空间结构不合理，限制了社会有效需求的形成，加深了供给侧的结构性矛

盾。现在的区域空间布局中，为数不多的几个一线城市一枝独秀，成为人口的高度集结地和超级消费中心；二线城市作为区域经济中心，并不能对所属区域形成有效辐射，无法承担起带动当地经济发展的职责；三线和四线城市集聚人口、促进新型城市化的作用较小。这些因素导致全国性的有效需求难以形成。

客观来说，传统的粗放式供给模式的形成以及产能过剩等问题的出现，是有其特定的历史条件的，是由各种错综复杂的因素共同促成的。从需求侧及需求管理的角度来看，需求在解决上述矛盾中的动力逐渐减弱。

(1) 从贸易开放到资本项目逐步开放，新常态的大开放格局使得国际经济周期传导效果加深，国际经济形势对国内的影响加深。自改革开放以来，特别是加入 WTO 之后，我国主要在贸易开放领域做了大量工作，积极融入国际价值链。在这个过程中，我国的资本流动和汇率受到了比较大的管制。这使得我们可以将对外贸易当作一个控制经济增长的工具，在经济波动时期可以进行相应调整。随着金融全球化的深入，最近十几年来资本流动的可控性降低，资本管制效果被削弱。加之我国主动通过“一带一路”、亚投行进行资本输出，资本双向流动加大，汇率决定更加市场化，使得世界经济形势通过金融传导加剧，我国在世界大形势中更加难以独善其身，任何重大改革都需要关注对国内外环境的影响。

(2) 外贸发展余地越来越小，难以有效刺激出口需求。自 2000 年以来，我国在欧美市场上对东亚和东南亚其他经济体的替代，以及欧美市场总体规模的扩张，共同推动了我国制成品出口的高速增长，但是前者的贡献远大于后者。随着产品内分工模式主导下的全球价值链条和地区性价值链条的最终形成，支撑我国制成品出口增长的最大动力来源——对其他经济体的自然替代过程——已经消失，无论是增加对现有市场的出口，还是开拓新兴出口市场，都只能依赖目标市场规模的扩张，或者在与其他出口国的竞争中获胜。显然，这些只能带来边际意义上的贡献，可以稳定我国的制成品出口，但是不足以推动我国制成品的持续高速增长。

(3) 汇率和利率的联动制约国内货币政策独立性，制约需求管理。在资本双向流动加大、国内外金融市场日益紧密联系的环境下，货币政策的独立性大幅降低。在美国加息的情况下，我们会面临汇率贬值压力，有可能带来国内资本的大规模外流。要保持汇率稳定，我国就面临加息压力。我们的货币政策日益受到欧美等国政策的影响，独立使用货币政策刺激国内需求的约束越来越强。

(4) 伴随着消费进入个性化时代，大规模需求刺激难以发挥作用。改革开放使得居民生活水平呈现出跨越式上升。从家电到住房和汽车，我国居民实现了一波波的排浪式消费。在这个过程中，需求管理可以很好地调节消费速度，从而稳定经济。随着这些大规模需求的满足，个性化成为当前的主流。简单刺激需求难以见到成效，需要创新供给创造新需求。

(5) 我国税收进入低速增长新阶段，同时财政支出刚性限制了财政政策的空间。在新常态下我国税收进入低速增长阶段。这是因为企业增加值等指标增速放缓，经济条件难以支撑税收的高速增长；分税制对税收高速增长的激励已经消失；尽管营改增等改革措施已逐步推出，但原有税制仍存在着较多重复征税，现在的税收实际上就存在重复计算。因此，如果未来不开征新税种，我国税收增速将持续保持低位。在这种环境下，财政支出刚性还在加大。这是因为新型城镇化意味着大量人员市民化，必然导致民生支出大幅增长；人口老龄化带来社保、医疗支出上升；调整结构带来失业保险上升；“一带一路”倡议等国家举措的实施，也需要财政政策的支持。在收支双重挤压下，财政腾挪空间减小，大规模刺激必然导致赤字大幅攀升，产生较大的挤出效应。

(6) 历史上的需求刺激导致了高杠杆，金融风险加大，进一步刺激的空间小。历次经济刺激以财政和货币手段加大资源投资，特别是信贷投入，使得微观经济主体积累了很高的杠杆。这在经济增速下降的新常态中蕴含了大量的金融风险。在高杠杆的环境下，继续进行大规模需求刺激会提高杠杆，导致泡沫的进一步聚集，使经济危机风险加大。

总的看来，在新常态时期，供给侧的结构性问题成为供需矛盾的主要方面，“高速增长转变为中高速增长，经济结构不断优化升级，要素驱动、投资驱动转变为创新驱动”成为新常态的特点。为此，中央明确了当前供给侧结构性改革的任务是“三去一降一补”（去库存、去杠杆、去产能、降成本、补短板），同时，也明确了“宏观政策要稳，产业政策要准，微观政策要活，改革政策要实，社会政策要托底”的基本政策基调和原则。供给侧结构性改革是在新的历史时期，为适应新常态，引领新常态，跨越中等收入陷阱，实现2020年全面达到小康社会目标的重大战略举措。因此，党的十九大报告把供给侧结构性改革作为贯彻新发展理念，建设现代化经济体系的首要任务。

二、供给侧结构性改革的主攻方向

供给侧结构性改革是一个系统性工程，需要做的事情千头万绪。我们需要抓住重点，在明确供给侧结构性改革目标和思路的基础上，从一些重点方面入手。

(1) 我国的供给侧调整需要在全球大环境中对各经济体进行区别对待。在国际大格局中，美日欧和新兴市场国家不同的政策考虑将为我国结构调整提供外部机遇。美国以军事霸权和技术创新力为基础，提供了全球最多的安全资产，因此美元在未来几年将维持强势地位。同时美国为了解决政府债务问题，将利用强势美元进行经济再平衡。在超级铸币税的推动下，美国再工业化中产生的智能制造业还是会向外转移，本土留存的更多是与之相关的高端服务业。欧洲目前的区域内贸易增速超过了对外贸易增速，未来将更侧重于内向型政策。日本受困需求不振，增长的持续性面临极大挑战。新兴市场国家为了各自利益，难以形成有效合力。在这种大环境下，国际贸易将会维持低速增长，国际投资更多向欧美汇聚，大宗商品价格承压。我国供给侧结构性调整需要因势利导，在大宗商品价格不振的条件下，发挥我们的成本优势，把握以下三点：1）加强与美国高科技企业的合作，努力承接智能制造业转移，攀升国际价值链；2）积极参与欧洲的基础设施投资计划，输出能源、建材等领域的过剩产能；3）在国际资本流出的环境下，加大对新兴市场国家的投资，整合我国的原材料产业链，以资本优势巩固传统制造优势。

(2) 将人民币建设成为新兴市场国家的区域性货币，通过获取铸币税降低企业成本。加入SDR[①]，标志着人民币国际化进入了新阶段，但当前人民币还不具备和美元直接竞争、成为世界储备货币的能力。我们需要在加大对新兴市场国家投资的大方向下，

---

① 特别提款权（special drawing right，SDR），又被称为“纸黄金”，是国际货币基金组织（IMF）于1969年第一次修订《国际货币基金组织协定》时创立的用于进行国际支付的特殊手段。

在资本账户中加大对这些国家的人民币输出，使得人民币成为整合这些国家产业的计价货币，更大限度地获取人民币铸币税。考虑到新兴市场国家很多是我国的原材料来源地，人民币作为计价货币将降低我国的原材料成本，创造新的供给优势。

（3）以提高国内产品标准为手段，推动企业兼并重组，加大存量改革。随着收入的提高，人民对产品品质的要求日益提高。当前国内产品标准低，产品安全问题屡见不鲜，导致大量购买力向海外转移。这需要国家强力实施高于世界水平的国内标准，达不到标准的企业必须退出，集中优势资源。在资源再配置过程中，随着优质企业规模的扩大，规模经济和标准倒逼的创新会抵消日常担心的品质上升产生的额外成本。当前，质量标准检查等权力在现行分税制下部分集中在地方政府手中。地方政府以此为手段，招商引资，促进本地短期经济增长，但也危害了全社会的竞争力。我们需要借助于财政体制改革来将监管权力上移，加强统一监管。

（4）在要素成本上升的大环境中，规模经济、范围经济和创新是未来降低企业成本的三大动力。供给侧调整的核心是降低成本。我国的产能过剩除了周期性等因素外，重复建设、成本高企导致难以产生有效需求也是重要的方面。在劳动等要素成本上升的大趋势下，企业竞争力降低也就部分表现为行业产能过剩。"僵尸企业"以吸纳社会资源勉强为生，进一步降低有效供给并推高社会成本。企业成本、产能过剩和"僵尸企业"问题就形成了一个逆向循环，严重拖累中国经济。为了降低成本，适应需求升级，只有在供给侧实现规模经济、范围经济和创新时，生产效率才能提高，在抵消要素价格上升的同时降低成本，提高供给质量和效率，促进结构调整。

（5）以制造高端化为主要着力点，提升产业结构，带动服务业发展。供给侧改革的一个目的是提升产业结构，但是提升服务业不能脱离制造业。当前全球经济正在从产业间、产业内分工逐步向产业链分工转变，各国均可凭借比较优势找到自身在产业链中的位置，并不必然会重复农业到制造业再到服务业的道路。因此，如果强行推动服务业升级，容易导致制造业的人为衰落，制约经济增长。美元的国际地位创造了美国服务业的竞争优势，这是我们在短时间内难以撼动的。需要以制造业高端化为切入点，带动相关服务业发展。

（6）有序废止审批权，加强事中和事后监管，进一步简政放权。只有废止部分审批权，才能根本性地解决问题。政府权力需要向后移动，以监管代替审批，发挥企业进行自由兼并重组、要素资源再配置的能力。

（7）利用城乡收入差距，通过新产业带动新型城镇化发展。新型城镇化需要的是以新产业带动城镇化，核心是产业化，利用互联网等技术将农业等传统产业升级，利用聚集优势和规模经济，带动农村产业融合发展，自然地从简单农业走向现代产业。

（8）区域再平衡提供了巨大的结构调整空间和动力，需要以新产业积极融入国际价值链。我国巨大的区域差距为经济提供了广阔的回旋余地，通过原有产业转移，带动地区和全国经济发展。但是，这还只是表面上的调整。在新常态下，更为需要的调整是发挥后发优势，积极融入国际价值链，成为新产业的发源地。

三、供给侧结构性改革的政策着力点

为了有效地推进上述供给侧结构性改革的重点领域，在政策制定和实施中，需要注意如下几个着力点：

(1) 为了配合供给侧结构性改革，在宏观上需要有选择地主动加杠杆。要进行供给侧结构性改革，就需要给企业空间。我们不能再主动执行一刀切、全社会性的去杠杆，而是要对不同部门有选择地加杠杆。我们经常担心的高企业杠杆率并不可怕，因为企业的杠杆率是逆周期的，随着供给侧结构性调整的深入会自然逐步降低。在结构性调整过程中，需要政府或者中央银行主动加杠杆，通过提供流动性，给企业提供进行兼并重组、发挥规模优势的空间。

(2) 发挥市场的基础性调节作用，产业政策定位于市场失灵。成功的产业政策应更多地发挥市场力量在产业发展中的关键性和基础性作用，而政府仅仅作为对市场失灵的补充。实现这个目标的最行之有效的办法就是找到产业发展中存在的市场失灵。一般来说，政府需承担起推进通用技术发展的责任。这是因为这类技术在产业发展过程当中具有很强的外部性特征，有些甚至具有公共产品的特性，导致企业对它的研发投入不足，难以达到社会最优水平。

(3) 政策要与市场激励相容。改革政策要落到实处，重要的是要与经济主体激励相容。我国的很多政策之所以落地很难就是因为虽然有好的初衷，但与经济主体的激励不吻合。例如新能源汽车骗补等事件表明，政府希望激励消费者购买新能源汽车，但结果是企业利用政策瑕疵进行套利、骗补。改革措施的顶层设计，更需要与市场沟通，要加强对市场的预期管理，对社会做出积极回应。

(4) 着力构建宏观经济自动稳定器和社会安全网。供给侧结构性改革会更多地将决策权交给市场。政府要做的是提供维护市场稳定运行所需的基础设施，最为重要的就是能够平抑周期、稳定经济的宏观经济自动稳定器和帮助市场平稳转移资源的社会安全网。只有经济稳定了，才能为供给侧结构性改革创造好的环境。我国一个重要的问题是宏观调控中政府的积极行动与结构调整往往有矛盾。为此，就需要建立市场内在的自动稳定器，通过完善累进的个人所得税和失业保险，维护市场稳定。同时，因为结构调整就是资源的再分配，这就会导致出现资源转移中的失业等问题，为此，需要加大社会安全网建设，为资源转移兜底。

新常态时期矛盾主要方面的转化，以及供给侧结构性问题的突出，意味着依靠大规模需求刺激来稳定经济增长的效果会大不如前，只会进一步提高微观主体的杠杆率，提升经济危机的风险。因此，要稳定经济就需要从供给侧提高潜在增长率。但是，传统的供给模式难以适应新要求，需要调整的是供给结构，而不再是单纯追求量的积累。这就需要通过顶层设计，通过改革，探索适合中国国情的体制，解决供给侧结构性问题。

因此，为了适应新常态的新要求，适应新常态时期的长期性，供给侧结构性改革的目标就不是需求管理关注的短期，更多地是在短期基础上着眼中长期，将化解产能过剩和创造新供给的指挥权还给市场，政府不要划定领域，指定任务，需要的是退出干预。在存量改革中，主导权需要全权交给市场。产能过剩是一种市场行为，是市场不能自由地将资源转移到新兴领域。要界定产能过剩，需要由市场来决定，不能简单由政府判断。在创造新供给中，政府干预问题更为严重。政府并不能比市场更好地判断什么是新供给。通过政府刺激方式发展新供给只会产生新的产能过剩，新能源汽车骗补等问题就是明证。

鉴于产能过剩行业市场供需出现了严重矛盾，要完成化解过剩产能的任务，就必须以市场需求为导向。一方面，运用市场机制，通过拓展国内外需求来消化产能，通过市场竞争引导落后产能退出；另一方面，调整生产要素和资源向战略性新兴产业转移。这既依赖政府职能的转变，又凸显出地方投融资体制改革的必要性和紧迫性。

在淘汰落后产能的过程中，要防止过去那种生硬的通过行政手段进行干预的方式。虽然现在把化解产能过剩作为政绩考核指标或者任务下放到各级政府，但更应该发挥市场机制在资源配置中的决定性作用，形成市场对过剩产能特别是落后产能和绝对性过剩产能的“倒逼机制”，使其加快退出。在淘汰过剩产能的过程中，还要防范失业的风险。特别是那些劳动密集型产业和企业，在过剩产能化解过程中，应研究如何合理安置这些剩余劳动力。政府应发挥作用，做到既化解过剩产能，又不引起社会动荡。这在政府陷入财政困局的情况下显得尤为突出。由于存在财政困局，政府用于公共开支的资金增长速度有限，因此应该适度控制淘汰过剩产能的节奏，防止运动式行政干预，给社会稳定和财政安全造成过度负担。

第五节　区域经济结构调整及其协调发展

一、中国区域经济发展不平衡的现状

区域经济是在一定区域内经济发展的内部因素与外部条件相互作用而产生的生产综合体。区域经济是从空间侧面看的国民经济子系统。整个国民经济正是由众多区域经济系统耦合而成，各子系统间的协调性是国民经济大系统稳定高效运行的前提。自 1949 年以来，我国区域经济的发展大体经历了以下四个阶段：

第一阶段，从中华人民共和国成立初期到改革开放前，是我国工业布局由沿海向内陆推进的阶段。

第二阶段，从改革开放初到 20 世纪 90 年代中后期，是沿海地区率先发展阶段。1978—1995 年，沿海地区吸引外资占全国吸引外资总额的 84.7%，沿海地区的生产总值年均增长 11.6%，比内陆高 2.1 个百分点。这一阶段我国东部地区与中西部地区的发展差距逐步扩大。

第三阶段，从 20 世纪 90 年代中后期到 2012 年，是我国区域经济协调发展总体战略初步形成并不断完善的阶段。该时期我国区域经济发展的战略可概括为“四大板块”战略，即推进西部大开发，振兴东北地区等老工业基地，促进中部地区崛起，鼓励东部地区率先发展，形成东中西相互促进、优势互补、共同发展的格局。随着这些重大战略的实施，区域经济差距扩大的趋势得到有效遏制，区域经济发展的协调性不断增强。

第四阶段，从 2012 年至今，是中国区域经济整体步入均衡发展和加快发展的阶段。2013 年 9 月和 10 月，习近平主席在出访中亚和东南亚国家期间，先后提出了共建“丝绸之路经济带”和“21 世纪海上丝绸之路”的重大倡议，即“一带一路”倡议。2014 年和 2015 年又分别发布了《关于依托黄金水道推动长江经济带发展的指导意见》和《京津冀协同发展规划纲要》。从“一带一路”建设，到京津冀一体化，再到长江经济

带，作为推动我国经济社会发展战略支撑的新区域经济带正在形成。

1949年以来特别是改革开放以来，我国区域经济发展取得了巨大成就，然而，由于我国是一个幅员辽阔、人口众多的发展中大国，各地区的自然、经济、社会条件差异显著，区域经济发展不平衡依然是我国的基本国情。中国区域经济发展的不平衡及存在的问题集中体现在以下五个方面：

第一，区域经济发展差距仍在扩大。虽然我国东中西部和东北地区经济增长速度格局的扭转使区域差距扩大的势头得到一定程度的遏制，但总体而言，我国区域经济发展的差距仍然过大，特别是东部地区与其他地区的差距并没有从根本上改变区域经济差距扩大的趋势。从人均GDP看，2013年，东部地区人均GDP达62 405元，东北地区为49 606元，中部地区为35 357元，西部地区仅为34 491元。东部地区人均GDP分别是东北地区的约1.3倍、中部和西部的各约1.8倍。[①]

第二，区域间基本公共服务水平差异明显。基本公共服务包括义务教育、公共卫生和基本医疗、社会保障、社会救助、公共安全、公共文化等。目前，我国不同地区人民享有基本公共服务的程度还存在着差别，机会也未能实现完全均等化。在教育发展方面，西部地区的教育水平还比较低，特别是基础教育还比较薄弱。在医疗卫生方面，东部地区每万人拥有医生数量为115.7人，而中部、西部和东北地区分别只有68.2人、71人和24.6人。[②] 中西部贫困人口的卫生服务可及性和可得性较差。在社会保障方面，受社会保障制度地区分割、统筹层次低的影响，劳动力和人才在区域间的自由流动受到较大制约，不利于实现区域协调发展。

第三，经济与资源环境和人口之间的空间失衡。从经济布局与资源分布看，一些不适宜大规模工业化和城市化的区域因过于强调人口及产业集聚，加剧了水土流失、石漠化、荒漠化、草原退化等生态系统功能的退化；在一些资源环境承载能力较弱的区域，由于过度开发，造成绿色空间锐减，资源短缺压力加大，生态环境遭到严重破坏。例如，在水资源严重匮乏的地区发展高耗水产业，在能源资源短缺的地区却继续发展高耗能产业，结果不得不从外部远距离调运资源，增加了资源利用的调运成本，占用了更多的空间，加大了对当地环境的损害。从经济布局与人口分布看，我国经济布局呈现出向沿海地区集聚的态势，但经济集中的区域并没有集聚相应规模的人口。

第四，东中西部地区产业互动关系不强。一方面，东部地区在参与国际分工中始终处于全球价值链的低端，其所依赖的比较优势是一般的、低级的生产要素，而不是专业化的、高级的生产要素，这与中西部的比较优势具有很大的同质性和竞争性。如果东部地区继续沿用高消耗的粗放发展模式从事低附加值的劳动密集型活动，那么它就不可能为要素优势与其相似的中西部地区腾出市场和增长空间，中西部地区劳动密集型产业发展的价值链就难以形成。另一方面，区域间各种贸易壁垒和要素流动障碍依然存在，市场封锁，地方保护严重。产业无序竞争、重复建设现象突出。不仅一般性产业、重化工产业重复建设现象严重，而且新兴产业也出现了重复建设现象，如风电、太阳能电池等。东部产业向中西部地区转移面临着物流成本较高，协作配套能力弱，与市场化程度、政府效率和税费、法制化水平有密切关系的经营成本较高等问题。

---

① 国家统计局．中国统计年鉴2014. 北京：中国统计出版社，2014：821.

② 同①823.

第五，落后地区的稳定发展仍然面临诸多困难。尽管近年来我国加大了对老少边穷以及资源枯竭型城市的支持力度，但由于这些地区贫困和困难人口多、贫困程度深，解决民生问题和扶贫攻坚的任务仍然艰巨。

二、中国区域经济协调发展的内涵及目标

受自然条件、资源禀赋、生产要素、创新能力以及民族、宗教、文化等众多因素的影响，任何一个国家或地区在一定程度上都存在着区域经济发展不平衡问题。然而，如果区域经济发展不平衡悬殊或任凭其不断加剧，则会对一国的经济发展、社会稳定、可持续发展和国家整体竞争力产生直接的影响。换言之，区域经济发展不平衡问题不仅是经济问题，而且是政治和社会问题。值得注意的是，当区域经济差距过大问题与民族问题、宗教问题纠葛在一起时，往往成为一些国家社会动荡甚至分裂的诱发因素。因此，世界各国均十分重视区域经济发展不平衡问题，并通过实施有针对性的区域战略或政策，努力实现区域经济的协调发展。

区域经济协调发展是指在区域开放条件下，区域之间经济联系日益密切、经济相互依赖日益加深、经济发展上关联互动和正向促进，各区域的经济均持续发展且区域经济差距趋于缩小的过程。为此，我国区域经济协调发展所要实现的目标至少应包括以下五个方面：

第一，各地区人均生产总值差距应保持在适度范围内。地区人均生产总值是衡量地区之间发展差距的重要指标，在一定程度上反映着地区间经济发展的协调性。不能把促进区域经济协调发展简单地理解为消除地区间生产总值的差距，这实际上也是做不到的。但随着人口的流动和欠发达地区的经济发展，各地区人均生产总值的差距是可以缩小的。现阶段我国在这方面的主要任务是，遏制地区间人均生产总值差距扩大的趋势，使之保持在一定的限度内，而随着经济社会的发展，逐步缩小这种差距，最终实现不同地区间的共同发展。

第二，各地区群众能够享受均等化的基本公共服务。这是指政府要为社会公众提供基本的、在不同阶段具有不同标准的、最终大致均等的公共产品和公共服务。也就是说，在基本的公共服务领域，政府应尽可能地满足人们的基本物质需求，尽可能地使人们享有同样的权利。提供这些服务是政府义不容辞的责任，而且这种服务不应因地区的不同、人群的不同而有明显的差异。

第三，各地区比较优势能得到合理有效的发挥。不同地区有着不同的比较优势，只有各地区的比较优势得到充分发挥，才能实现全国整体利益的最大化。消除区域间的利益冲突，实现区域间的优势互补，互利互惠，是促进区域经济协调发展的重要内容，也是衡量区域经济协调发展程度的重要标志。因此，在实际工作中，应努力促进各地区特色经济的发展，提高地区竞争力，加强区域经济合作。

第四，各地区人与自然的关系处于协调和谐状态。良好的生态环境是社会生产力持续发展和人们生存质量不断提高的重要基础。要牢固树立保护和改善生态环境的观念，彻底改变以牺牲环境、破坏资源为代价的粗放型增长方式。我国生态环境整体上比较脆弱，许多地区的经济和人口承载能力有限。因此，各地区的经济发展必须充分考虑本地区的资源环境承载能力，既要促进本地区的经济发展，努力缩小地区差距，同时也要做

到开发有度、开发有序和开发可持续，切实保护好生态环境。

第五，不同地区之间形成优势互补、互利共赢的良性互动机制。以市场为主导、以政府为引导、以企业为主体，注重发挥市场配置资源的决定性作用，充分发挥各区域的比较优势，深化体制机制创新，优化区域合作发展环境，并根据统筹兼顾的原则，有效协调区域经济合作中的各种利益关系，不断拓展区域经济合作领域，丰富区域经济合作方式，以区域经济一体化发展、承接产业转移和对口支援等为重点推动区域经济合作向纵深发展。

三、促进中国区域经济协调发展的战略措施

根据我国区域经济发展的现状和实现区域经济协调发展的目标，我国应当重点实施以下六项战略及措施，以促进区域经济协调发展和经济结构调整升级。

第一，深入推进西部大开发。西部大开发所涵盖的地区范围共有12个省（市、区），包括重庆、四川、贵州、云南、西藏、陕西、甘肃、宁夏、青海、新疆、内蒙古和广西。这12个省（市、区）的国土面积占全国的71.4%，人口占全国的28%，而地区生产总值仅占17%左右，人均地区生产总值约为全国平均值的2/3，不足东部地区平均值的一半。为了促进我国区域经济的协调发展，应当坚持把深入实施西部大开发战略放在区域发展总体战略的优先位置，并给予特殊政策支持。

第二，全面振兴东北地区等老工业基地。为了促进我国区域经济的协调发展，应当充分发挥东北地区产业和科技基础较强的优势，完善现代产业体系，推动装备制造、原材料、汽车、农产品深加工等优势产业升级，大力发展金融、物流、旅游以及软件和服务外包等服务业。深化国有企业改革，加快厂办大集体改革和“债转股”资产处置，大力发展非公有制经济和中小企业。加快转变农业发展方式，建设稳固的国家粮食战略基地。着力保护好黑土地、湿地、森林和草原，推进大小兴安岭和长白山林区生态保护及经济转型。促进资源枯竭地区转型发展，增强资源型城市的可持续发展能力。统筹推进全国老工业基地调整改造。重点推进辽宁沿海经济带、沈阳经济区、长吉图经济区、哈大齐和牡绥地区等区域发展。

第三，大力促进中部地区崛起。中部地区包括山西、河南、湖北、湖南、江西、安徽6省，面积占全国10.7%，人口占全国28%。应当发挥中部地区承东启西的区位优势，壮大优势产业，发展现代产业体系，巩固提升全国重要粮食生产基地、能源原材料基地、现代装备制造及高技术产业基地和综合交通运输枢纽地位。改善投资环境，有序承接东部地区和国际产业转移。提高资源利用效率和循环经济发展水平。加强大江大河大湖综合治理。进一步细化和落实中部地区比照实施振兴东北地区等老工业基地及西部大开发的有关政策。加快构建沿陇海、沿京广、沿京九和沿长江中游经济带，促进人口和产业的集聚，加强与周边城市群的对接和联系。重点推进太原城市群、皖江城市带、鄱阳湖生态经济区、中原经济区、武汉城市圈、环长株潭城市群等区域发展。

第四，积极支持东部地区率先发展。东部地区是我国经济相对发达的地区。为了推进我国区域经济的协调发展，应当发挥东部地区对全国经济发展的重要引领和支撑作用，在更高层次上参与国际合作和竞争，在改革开放中先行先试，在转变经济发展方式、调整经济结构和自主创新方面走在全国前列。着力提高科技创新能力，加快国

家创新型城市和区域创新平台建设。着力培育产业竞争新优势，加快发展战略性新兴产业、现代服务业和先进制造业。着力推进体制机制创新，率先完善社会主义市场经济体制。着力增强可持续发展能力，进一步提高能源、土地、海域等资源利用效率，加大环境污染治理力度，化解资源环境瓶颈制约。推进京津冀、长江三角洲、珠江三角洲地区区域经济一体化发展，打造首都经济圈，重点推进河北沿海地区、江苏沿海地区、浙江舟山群岛新区、海峡西岸经济区、山东半岛蓝色经济区等区域发展，建设海南国际旅游岛。

第五，加大对革命老区、民族地区、边疆地区和贫困地区的扶持力度，加强精准扶贫。

第六，加快实施“一带一路”倡议以及长江经济带和京津冀一体化战略。“一带一路”倡议应当汇聚我国东中西部各地区的协同发展，并连接沿线国家（地区）共同繁荣。东部沿海省份经济发达、外向型经济水平高，应在“一带一路”东西双向开放中起到重要纽带作用；中部省份人口众多、市场广阔、产业体系完整，应成为“一带一路”经济合作的重要腹地；西部地区作为丝绸之路经济带国内段的前沿，应成为连接我国与中亚、西亚、南亚和欧洲地区国际战略大通道的重要依托。长江经济带建设应当依托长江黄金水道，高起点高水平建设综合交通运输体系，推动上中下游地区协调发展、沿海沿江沿边全面开放，构建横贯东西、辐射南北、通江达海、经济高效、生态良好的内河经济带。京津冀协同发展的核心则是有序疏解北京非首都功能，调整经济结构和空间结构，走出一条内涵集约发展的新路子，探索出一种人口经济密集地区优化开发的模式，促进区域协调发展，形成我国经济的新增长极。

第六节　技术进步与经济结构调整

一、技术进步与经济增长方式的转变

在一个以传统农业为主的国度里，经济增长主要依靠增加劳动投入和资本投入来推动。但随着传统农业社会向现代工业社会的过渡，技术进步就成为经济增长的重要源泉。我国人口众多，但人均资源占有量低，资本短缺，仅依靠生产要素的不断投入来刺激经济增长的粗放型增长战略受到客观条件的制约，突破这一约束的最好途径就是通过完善技术创新机制和选择适宜的技术来实现经济的集约式增长。

20 世纪 50 年代和 60 年代初，流行于西方国家的发展经济学都把资本形成和生产要素的数量增加视为经济增长的主要发生器。典型的经济增长模型仅仅建立在资本和劳动这两种生产要素之上，并引入固定的产出—资本比率。例如，罗斯托认为，一个国家实现经济起飞的重要先决条件是，储蓄和投资占国民收入的比率必须足够高，发展中国家的储蓄率和投资率越高，就越能实现经济的持续增长（按照罗斯托的观点，为实现经济起飞，一国的储蓄率和投资率至少应不低于 10%）。[①] 然而，几乎没有历史证据支持

① W. W. Rostow. Process of Economic Growth. New York：Norton，1952.

罗斯托的所谓10%投资率的主张。有的学者指出，历史“研究表明，当代几乎每一个国家都进入了一个投资率低于魔术般的10%数字而维持经济增长的阶段，投资率的提高不是领先于而是伴随着新技术的采用”①。

无独有偶，我国在相当长一段时期里所奉行的数量扩张型经济发展战略与以上理论所强调的重心有不少相似之处，即把工业化和资本形成看作是经济增长的主要发动机，区别只是由于政治、军事等方面的原因，我国进一步强调重工业优先发展的政策，轻工业及农业的发展被忽视。事实上，高投资率并不一定能支持经济的持续增长，不恰当的投资方向可能会导致经济的低速增长，甚至可能导致零或负的经济增长，“大跃进”和“文化大革命”期间的高积累率、高投资率与低经济增长率便证明了这一点。

美国经济学家丹尼森通过对美国1909—1958年增长源泉的考察及对未来可能的增长率的估算，对以上关于经济增长源泉简单化的解释发出了挑战。丹尼森对经济增长的有关变量进行了数量分析，并发现未来增长率被产出决定因素的各种可能的变化所改变。这里产出决定因素被赋予了劳动的特征，以劳动者的知识水平、技术熟练程度和能力来表现。通过数量分析，丹尼森发现，影响经济增长最主要的因素是就业的增加、就业者所受教育程度的提高、资本存量的增加、市场规模的扩大、资源配置的改进以及同生产相关联的专门知识与技能的发展。在科学技术日新月异的当代，教育水平的提高和技术的改进与资本、劳动数量的增加相比，已成为更重要的经济增长源泉。据丹尼森估计，在1909—1929年，劳动和资本投入的增加对美国实际国内生产总值增长率的贡献占65%，教育与技术的改进的贡献占25%，其他因素的贡献占10%。但是，在1929—1957年，劳动和资本投入的增加对美国实际国内生产总值增长率的贡献仅占42%，相反，教育和技术的改进对增长的贡献占47%，其他因素占11%。

技术进步实际上就是通过各种途径改变从投入到产出的全过程以及这一过程的各个方面，包括改变投入要素的性能及其组合比例，改变生产工艺流程，改变产品的具体特点及功能，改变生产过程的组织方式等，从而改变资源消耗强度，以更少的投入得到更多的产出。也就是说，技术进步可以在原有生产要素供给量不变的情况下改变生产可能性边界，从而提高潜在经济增长水平。并且，技术进步还可以改变生产要素使用的收益递减倾向，增大潜在产出量。技术进步还提供了一条降低稀缺性的途径，即它可能通过更充分地利用有限的资源来满足人类需要。李嘉图认为，在农业中的边际生产率递减和在收入超过生存水平时的人口增长趋向，能够在相当长一段时间内阻止人均收入持续超过生存水平。当然，如果技术进步能抵消这种趋向，则人均收入水平有可能伴随着人口的增长而提高。李嘉图理论的核心内容可由图7-2来描述。

假定可利用的资源量已给定，一国的总产量Y是它的人口水平的函数，给定可利用的技术，这种关系可由生产函数$Y=f_1(N)$来表示，并由图7-2中的曲线OBC来反映。曲线OBC反映随着人口增加收益呈递减趋向，劳动力则被假定随着人口水平的提高而增加。如果维持生活的人均收入由OBF的斜率表示，那么经济有可能在人口水平N_1处的B点达到均衡。如果技术进步使生产函数曲线向上移至ODF，则生产函数变成了$Y=f_2(N)$。如果人口水平在N_1处保持不变，则人均收入提高到相当于OD线斜

① J. Blum, R. Cameron, and T. G. Barnes. The Emergence of the European World. London: Routledge and Kegan Paul, 1967.

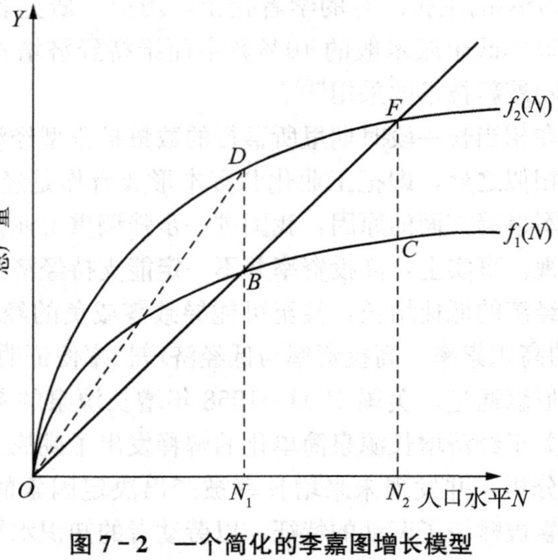

图 7-2　一个简化的李嘉图增长模型

率的数量。但是，如果不能阻止人口的增长，则技术变化的生产率成果可能会被人口增长所侵吞，从而在 F 点达到均衡。根据这一模型，李嘉图提出以两种重要的政策形式来降低稀缺性或提高人均收入水平：一是限制人口增长；二是推动技术进步。[①] 这两项政策建议对我国均有一定的适用性。像我国这样一个发展中国家，为了赶超西方发达国家，应把新技术作为帮助本国经济发展的一种重要方式。这些新技术的主要部分常常不得不由发展中国家从发达国家引进，这其实也是很正常的，因为事实上，几乎所有国家都是技术的净引进国，即使发达国家也不例外。

最近的资料显示，只有美国是技术和技术思想的净出口国，但不久美国也将成为新技术的净引进国。其实，新技术的引进或在充分吸收国外最新科技成果基础上的技术创新，为发展中国家赶超发达国家提供了一个契机，这就是格申克龙所说的"后起者优势"。所谓"后起者优势"，就是后起发展国家面临的外部环境相对较好，尤其是技术高度发达，这样它就可以跳过某些技术发展阶段，直接采用新技术。因此，对于发展中国家来说，技术进步在经济发展中的意义更为重大。当然，"后起者优势"的发挥在实践中也遇到了种种制约因素：一是对发达国家技术进步的总结被喻为一种"蓝本"，如果能无偿得到这一蓝本，那么对发展中国家当然是很有价值的，然而在实际的技术引进中这一般是有偿的，受财力限制，发展中国家常常得不到这一蓝本；二是这一蓝本中的许多技术已被发达国家所摒弃，这些技术可能不再有用；三是这类"先进"技术不一定合乎发展中国家的社会需要。以上问题不同程度地涉及技术选择，而这正是需要进一步探讨的课题。

二、技术创新与经济结构的演进

技术创新不仅引起了经济增长，使人均产出水平及人民的生活水平不断提高，而且

① Clement Tisdell. Economic Development in the Context of China：Policy Issues and Analysis. New York：The Macmillan Press Ltd.，1993.

导致生产方法机械化和自动化的进步以及经济结构的演进。这种以技术进步来推动的经济增长并非都是与各种经济活动平衡协调的，而是像熊彼特认为的那样，在部门增长率和利润率的不同以及生产活动中资本和劳动力的不断再配置方面充满了不可调和的、激烈的竞争。如果假设经济结构不变化，那么就很难揭示技术创新机制。事实上，新技术的产生、传播是与经济结构的演变过程相联系的。

科学研究、技术创新与市场之间存在着密切的关系。斯密在18世纪就已指出了科学研究专业化的发展和机器制造业中的创新与科学家之间的关系。马克思在《资本论》一书中明确指出，技术创新是经济发展和竞争的驱动力，他认为，没有生产方式不断的变革，资产阶级是不可能产生的。熊彼特集中研究了通过发明和创新所形成的新技术发展以及新技术的发展对经济结构变化的影响，他把技术变化分为发明、创新和传播三个方面。发明一般被定义为关于新的或改进的产品、工艺或系统的设想、框图或模型，定义中不包含对可用性的任何实证检验和样例试验。发明是由发明家完成的，创新则是指一种新的产品、工艺、方法或系统在经济中的最初引入，它是指发明成果转向商业应用，因此它是由企业家完成的。一项技术发明能否通过企业家转变为技术创新，关键是这项发明是否具有商业价值，即技术创新的报酬是否大于零。

技术创新与市场结构具有密切的关系，竞争程度、企业规模和垄断力量是技术创新的制约因素。竞争程度产生技术创新的必要性，即它能使创新者在与对手的竞争中获得较多的利润；企业规模将影响创新所开辟的市场的大小，即企业规模越大，它的技术创新所开辟的市场将会越大；垄断力量影响技术创新的持久性，即企业的垄断程度越高，对市场的控制越强，它的创新就越不容易在短期内被别人模仿。如果存在着最有利于技术创新的市场结构，从推动创新活动的力量来看，技术创新可分为两类：一是垄断前景推动的技术创新，即因预期技术创新将能获得垄断利润而采取的技术创新措施；二是竞争前景推动的技术创新，即因担心目前的产品可能在竞争对手模仿或创新的条件下丧失利润而采取的技术创新措施。技术创新的目的是降低单位成本，增加超额利润，因此超额利润的大小与技术创新的类型之间存在相关性。据此，可把技术创新分为两类：一类是使劳动所占比重增大的技术创新，另一类是使企业规模扩大的技术创新。如果企业的超额利润多，用于研究的费用在总收益中所占的比例就可以提高，企业将采取使企业规模扩大的技术创新措施，即投资于新厂房建设、设备购置等。反之，如果企业的超额利润少，可以支出的研究费用少，它就不会去扩大企业规模，而会采取使劳动所占比重增大的技术创新措施。技术变化的第三阶段是创新的扩散或传播。创新扩散对于一国总体经济实力及人均国民生产总值的提高有着十分重要的影响。一国内部的技术创新扩散固然很重要，但国际技术创新扩散更能引起发展中国家的重视，如通过国际技术转让引进新技术、国外母公司向设在发展中国家的子公司及其他公司转移新产品、新工艺，以及培训技术人才等，都可使发展中国家以较低的成本获得新技术。其实，技术的国际扩散由来已久，如英国的羊毛起初是出口的，直到16世纪学到了外国移民从佛兰德带来的纺织技能后，英国才建立了毛纺织业；工业革命最初是通过在欧洲操作的工人和工匠师傅的传播才遍及欧洲大陆的；日本更是通过模仿外国技术实现经济增长的典型。

不管是技术创新的国内扩散还是国际传播，要使新技术得以实际运用，至少应具备以下条件：（1）未来的创新者必须意识到技术创新的可能；（2）他们必须确信创新的成果将优于它所取代的旧技术；（3）他们必须愿意在创新中承担与创新相关联的任何风险；(4) 他们必须拥有购买力（通过过去的储蓄或贷款），以为创新提供资金；(5) 他们必须能够在恰当的时间和地方得到所需的物资。[①] 人们发现，从新技术的发现到其有效地为人类所用，时间的间隔可能很长。詹姆斯·瓦特的蒸汽机早在1769年就有了实物模型，但直到19世纪才被广泛地用于矿山抽水、开动汽艇和推动铁路机车。当然，随着现代技术创新扩散途径的多样化、传播媒介的现代化和传播壁垒的减少，这种间隔变得越来越短。格里列希斯通过对农业中新技术扩散过程的研究，发现了新技术或新产品的推广过程所呈现出的规律性，即开始阶段推广速度缓慢，过了一定时间，就进入新技术推广的加速阶段，达到高峰以后，推广速度放慢，最后呈水平线。从总体上说，新技术扩散呈S形增长曲线。[②]

新技术扩散速度由慢变快的原因是：第一，社会因素的作用。在开始阶段，人们的个性、受教育程度、个人生活水平和个人所处的社会地位等社会因素对新技术推广的影响比较明显。但经过一段时间后，这些因素对新技术的推广逐渐变得不重要了。第二，经济因素的作用。新技术成果出现的地区或初次被推广的地区，往往不一定就是商业上最适宜采用该项新技术的地区，在其尚未移向商业上最适宜采用的地区之前，它的推广是缓慢的。商业上最适宜采用新技术的地区必须具备三个条件：一是市场密集度高，该种新技术成果的供给比较充裕，而潜在的需求者也比较密集；二是引进成本较低；三是采用该种新技术成果的盈利性较大。一旦新技术成果进入商业上最适宜采用该种新技术成果的地区，就会从推广的缓慢阶段进入加速阶段。经过以上由慢变快的阶段后，该项技术的推广速度又放慢，其原因就在于商业上适宜采用它的地区或企业有限。这就是说，一种新技术成果推广到一定程度，商业上适宜采用它的地区和企业都相继采用了，这时，它的扩散速度就大大放慢了。当然，这并不意味着扩散就停止了。在相当长的一个时期内，新技术和旧技术会并存，旧技术仍被一些地区和企业使用着。由此可见，技术创新意味着对零利润的经济均衡状态的打破，而且从技术发明到技术创新和创新扩散，表现为一个从个体企业扩散到大多数企业，从单个部门或个别地区扩散到许多部门或许多地区的过程。

三、自主创新能力的提升是产业振兴的必由之路

为了应对全球金融危机对我国经济的冲击，我国及时出台了十大产业振兴规划，以拉动我国的宏观经济尽快走出低谷。在探讨如何走出一条又好又快的产业振兴之路时，大家越来越清醒地认识到我们应该力求避免过去那种只注重资本投入和技术引进、不重视科技创新的数量扩张型道路，而应把产业振兴建立在自主创新能力提升的基础上。

自改革开放以来，尽管我国的GDP增长很快，但“大而不强”的问题一直困扰着我们，其背后的重要原因之一就是我国的重要产业因为缺乏核心技术而处于产业链的低端，产业附加值低。我们知道，无论对于一个企业还是一个国家来说，能否在技术上占据领先地位常常意味着生与死、成功与失败的天渊之别。过去我们主要通过技术模仿

① 金德尔伯格，赫里克．经济发展．上海：上海译文出版社，1986.

② 李任初，居亚东．西方经济学新发展．南京：南京大学出版社，1989.

与技术引进来缩短与发达国家及跨国公司之间的技术差距，尽管短期有效，但是单纯的技术跟踪模仿不仅会造成对跨国公司的技术依赖，而且使我国的企业难以超越跨国公司严密的技术壁垒，最终降低我国的产业竞争力。有关资料显示，我国科技创新能力在世界49个主要国家中仅居于第28位，企业所需要的高端技术及设备大部分需要靠进口。据统计，我国几乎全部的光纤制造装备、集成电路制造装备的85%、石油化工制造装备的80%、数控车床的70%、医疗装备的70%依赖进口。由此可见，我国充其量只能算是“加工业大国”，而算不上“制造业大国”，究其原因主要就是自主创新能力不高。

因此，要通过产业振兴规划有效拉动经济，使我国经济走上一条又好又快的发展道路，关键还是提升我国的自主创新能力。其实，无论是从国家层面还是从企业层面来看，在多年以前“创新”“核心技术”等已成为文件与人们口中冒出的最常用词汇，那么为什么自主创新的成效仍然不显著呢？其中一个重要的原因就是，自主创新能力的提升依赖一系列条件，而这些条件与体制改革的深化有很大的关系。

第一，到底谁应是自主创新的核心主体？过去我们比较强调以政府为主导，推出一个个自上而下的“创新工程”，由于不是微观主体自己要“创新”，而是政府要求它创新，因此，企业作为“被动的”创新主体仍然热衷于拼设备、拼消耗，对技术改造与创新没有兴趣，科研部门或高校拿了大把财政拨款却只热衷于论文发表而对成果的产业化没有兴趣。从数据上看，我国的研发投入主要依靠政府而不是企业。假定企业投入为1，则美国政府的投入为0.39，日本政府为0.34，德国政府为0.40，英国政府为0.44。而中国恰恰相反，如果企业的研发投入为1，那么政府的投入为2.09，出现了产、学、研三家分立的格局，直接面向市场的企业没有真正成为研发投入的主体。我国大型企业的研发经费支出占销售收入的平均比重不足1%，与世界先进水平相比有巨大的差距，如微软占17%，爱立信占15%，朗讯科技占12%等。因此，让企业不仅成为市场竞争的主体，而且成为技术创新的主体是从整体上提升自主创新能力的一个重要条件。

第二，企业有没有意愿进行自主创新？企业进行技术创新的目的就是通过优化企业资源的组合，使自己创造的产品、工艺或品牌不易被人模仿，从而获得持久的竞争优势。显然，技术创新是有风险的，如果连企业自己都感受不到或者无法获得创新带来的超额利润，那么谁都不会冒风险去创新。显然，企业创新的动力与产权关系的明晰化程度有关，因为产权的最大功能是给当事人从事某项活动以明确的收益预期。为此就必须通过深化国有企业的产权制度改革和大力发展民营经济，奠定有助于激发企业创新的微观基础。

第三，企业有没有能力进行自主创新？自主创新是一项资金需要量大、不确定性高、回收期长的高风险活动，即使企业具有自主创新的动机，受条件限制，它也未必有能力实施创新。突破创新的“瓶颈”，在很大程度上要创造条件化解创新的风险。一是造就一大批创新型人才，除了高科技人才外，还需要培养敢于冒风险和具有创新意识的企业家。二是做强做大企业，以形成大规模的制造能力与产业配套条件。为什么越是大型的企业创新能力越强，特别是世界500强企业的研发能力都是同行业的领头羊？一个重要的原因是，企业规模及分享的市场份额越大，巨额的研发费用就越容易被有效分摊，研发投资的回收就越有保障，从而抵御创新风险的能力越强。因此，我们要激励企业在市场竞争中做强做大，有能力的要走国际化道路，通过自身“肌体”的增强来提升自主创新能力。三是提高企业的技术集成能力。我国作为后发国家，完全可以利用技术引进等方式来缩短与发达国家的技术差距。然而，人家不仅不会把核心技术卖给你，而且一旦成为竞争对手，还会设置障碍来制衡你。所以，提高自主创新的效率就需要把技术引进与技术消化、改造结合起来，有效整合自有的和引进的技术资源，在高起点上进行自主创新。

第四，怎样创造出有利于激励企业自主创新的相关政策与社会环境？自主创新的特点决定了完全凭借自身的力量来抵御创新风险是困难的，这就需要国家出台相关政策来鼓励企业的自主创新活动，使其感受到创新所带来的实实在在的好处。例如，在制订可操作的产业振兴方案时，政府应在严格鉴别的基础上对从事自主创新的研发活动实施税收优惠、财政补贴等鼓励性政策；对于高科技企业的上市和贷款给予适当的倾斜性支持；建立风险投资基金和完善风险投资市场体系，对创新者给予必要的资金支持，提高其对风险的承受能力；加强对自主创新成果的知识产权保护，从而对创新者给予有效的激励；推动科研部门的研究成果产业化，政府也可通过组织基础性研究项目、攻关性重大项目、共性技术项目等，带动和协调企业的自主创新活动，并通过外部的溢出效应，降低企业进行自主创新的成本。

产业振兴规划是我国宏观经济在“止跌—复苏”中的政策核心。但产业振兴并非是简单的数量扩张，而是内含着结构调整。也就是说，不仅要通过淘汰落后产业和加大传统产业的技术改造来治理产能过剩问题，而且应通过加大科技创新和兼并重组的力度来优化产业结构及提升产业的国际竞争力。既然提升自主创新能力是产业振兴的关键，那么提升我国的自主创新能力绝不能停留在口号上，关键是要落实在行动上，核心是要通过深化体制改革和结构调整构造出一个有利于激发个人、科研部门、企业、国家进行自主创新的制度。

参考书目

1. 习近平．习近平总书记系列重要讲话读本（2016 年版）．北京：学习出版社、人民出版社，2016.
2. 习近平．决胜全面建成小康社会 夺取新时代中国特色社会主义伟大胜利——在中国共产党第十九次全国代表大会上的报告．北京：人民出版社，2017.
3. 阿瑟·刘易斯．二元经济论．北京：北京经济学院出版社，1989.
4. 金德尔伯格，赫里克．经济发展．上海：上海译文出版社，1986.
5. 杨治．产业经济学导论．北京：中国人民大学出版社，1985.
6. 蔡昉．中国经济面临的转折及其对发展和改革的挑战．中国社会科学，2007（3）.
7. 杨瑞龙．内需可持续增长的结构基础与政策选择．北京：中国人民大学出版社，2014.

思考题

1. 试述中国二元经济结构的特征及成因。
2. 结合实际，讨论中国二元经济结构转换中农村剩余劳动力转移的对策。
3. 试论述我国内需可持续增长的结构性基础。
4. 请阐述供给侧结构性改革的内涵及着力点。
5. 如何实现我国区域经济的协调发展?
6. 请阐述技术创新与经济结构演进之间的关系。

第八章　社会主义对外经济关系

对外开放是建立在分工和交换基础上的现代经济的必然要求。我国作为一个发展中大国，在建立和不断完善社会主义市场经济体制的过程中，发展和深化对外经济关系是整体经济发展战略的必要组成部分。

第一节　对外开放的理论基础

纵观工业革命以来的世界经济发展历史，任何一个国家的经济都不可能长期脱离世界经济而独自发展。各国经济不断从封闭走向开放，并在此基础上汇聚成一股主导世界经济发展方向的经济全球化趋势。经济开放是指经济体系通过产品、服务、技术、要素等的流动与外界发生联系。从封闭走向开放既是建立在分工和交换基础上的现代经济的内在要求，也是实现长期持续经济增长的必然要求。

一、现代经济从封闭走向开放的必然逻辑

经济增长是人类社会的永恒主题。从亚当·斯密、大卫·李嘉图到杨小凯，不同时代的经济学家从各个侧面深入阐述了分工对于经济增长的重要意义。作为现代经济学的开山鼻祖，亚当·斯密在其《国富论》中开宗明义地指出，一国国民财富积累首要的也是最重要的原因是劳动生产力的提高，“劳动生产力上最大的改进，以及运用劳动时所表现的更大的熟练、技巧和判断力，似乎都是分工的结果”。因此，“分工是国民财富增

进的源泉”[1]。

分工可以通过如下渠道促进劳动生产率的提高。第一，在分工条件下，每个劳动者只从事某一种简单操作，这有助于操作经验的积累、劳动方法的完善、劳动熟练程度的提高和劳动效率的提高。第二，分工有助于节省劳动时间。原来要求复杂劳动的工作在分工以后只要求简单劳动就可以了。由于简单劳动只需要较少的生产技能和学习时间，所以分工增加了人们可以用于生产的时间，从整体上降低了人们从事生产活动的成本。而且每个劳动者从事单一生产环节的操作，也避免了在不同工种和工序之间的频繁转换。第三，分工和专业化有助于机器的发明和采用。分工使得单个生产过程简单化，有利于用机器生产代替手工劳动。机器的使用在提高劳动生产率的同时又进一步降低了对劳动技能复杂性的要求。第四，分工使得生产过程日益复杂，特别是在分工基础上诞生的机器化大生产，使得生产规模急剧膨胀、生产链条不断延伸，由此带来内部规模经济、外部规模经济和范围经济。正如马克思所说：“由协作和分工产生的生产力不费资本分文”，协作劳动不仅提高了个人生产力，而且创造了一种集体生产力；协作劳动中劳动者之间的竞争可以提高个体的工作效率；协作可以缩小生产的空间范围，从而由于劳动者的集群、不同劳动过程的靠拢和生产资料的集中而节约费用。第五，分工有助于技术进步和人力资本的积累，是产生规模收益递增的源泉。知识和技术不仅来源于教育、培训和研发这些有意的投资活动，而且来源于实践中的经验积累。正如斯密曾指出的，“实际上，各人先天能力上的差异要比我们想象的小得多。成熟时显得不同凡响的俊才能人，在许多场合，与其说是由于天赋，还不如说是分工的结果”。这实际上指出了个人之间生产率的先天差异远不如由于分工演进而产生的生产率差异。到了现代，杨小凯也证明了内生比较优势可能随分工的逐渐演进而演进，而且内生比较优势的演进是知识加速积累和生产率内生发展的主要动力。

分工中蕴藏着巨大好处，由分工带来的生产效率的提高是经济长期增长的源泉。但是分工过程中同样内生着各种会阻碍分工发展的矛盾。首先是专业化生产与个体多样化需求之间的矛盾。分工和专业化意味着经济个体只能从事少数几种产品的生产，甚至是单一产品，而个体的需求是多样化的，这两者之间的冲突和矛盾因分工而必然产生。面包师专业化从事面包的生产活动，这固然可以提高制作面包的效率，但是面包师不能只靠面包为生，他还需要衣服、房屋等。其次是专业化生产与个体风险厌恶特性之间的矛盾。专业化生产意味着生产活动越来越单一，或者生产结构越来越单一，这必然带来产出和收入风险的增加。因为单一的生产活动或生产结构更容易遭受意外冲击的影响，产出和收入波动性增大。这与经济个体的风险厌恶特性相矛盾。再次是机器化大生产与个体资源禀赋之间的矛盾。机器化大生产导致生产规模急剧膨胀，这就需要大规模的生产投入，而个体的资源禀赋总是有限的，难以满足机器化大生产的投入需求。最后是机器化大生产所带来的大规模产出超出了生产者自身的需求。机器化大生产直接意味着产出规模的膨胀，并超出生产者自身的需求。无论是面包师还是裁缝，他们所生产的面包和衣服都将远远超出自身的需求，这也是分工导致生产效率增进的表现。

上述这些矛盾是都是分工和专业化生产所固有的，若不能突破这些矛盾的制约，则分工体系将无法维系。在一个社会上生存，个体的需求是多种多样的，既有吃、穿、

① 亚当·斯密．国民财富的性质和原因的研究．北京：商务印书馆，1972.

住、行这样的基本生存需求，也有各种各样的心理需求和社会需求。专业化分工首先和个体的生存需求是矛盾的。学经济学的人可能会写文章、分析市场、分析政策、分析宏观经济走势，或者是管理企业、设计金融产品，但是他不会种粮食，不会纺纱、织布、制衣，也不会盖房子。这样一个狭窄的专业怎样才能维持你的生存？如果你的专业技能不能为你带来基本的生活资料，你就不会从事这样的专业，这种专业分工甚至不会产生。荒岛上的鲁滨逊绝对不能是一个专业人才，他必须是一个通才，生存所需的各种技能他都必须会。对于分工基础上产生的机器化大生产而言，如果不能突破个体的资源禀赋而获得更多的投入，即便建立起庞大的生产体系，生产活动也是无法维系的。如果生产出来的产品只能由自己使用或消费，生产者就不会生产那么多，进而也不会从事专业化分工。同样，为了避免产出和收入的波动性，如果没有其他手段或解决方法，经济个体在一开始就会避免分工和专业化。

为了解决分工和专业化的内生矛盾，交换成为一个必然选择。利用自己所生产的产品换取其他人生产的产品，解决专业化分工与多样化需求之间的矛盾。面包师不仅可以用自己所制作的面包换取裁缝做的衣服，而且可以换取其他各种物品和服务。通过所有权的交换也可以实现生产过程的组合，克服专业化生产与个体风险厌恶特性之间的矛盾。利用交换，生产者可以突破自身的资源约束，满足机器化大生产的大规模投入需求。通过交换可以解决产出的实现问题。用超出自身需求的产品换取其他人所拥有的产品、服务或生产要素，不仅可以解决产出的实现问题，而且可以满足自身的生存需求和进一步扩大生产的需求。

交换是解决专业化分工内生矛盾的必要手段，那么，怎样才能更有效地完成交换过程？计划机制和市场机制是两种不同的选择。主流经济学的理论逻辑和不同国家的经济实践都证明了市场机制相对于计划机制的效率优势。也就是说，市场能够最有效地完成交换过程，成为解决专业化分工内生矛盾的有效手段。这也就是斯密所说的“分工的决定因素”。斯密认为“分工起因于交换能力，分工的程度，因此总要受到交换能力大小的限制，换言之，要受到市场广狭的限制”。“劳动分工是受市场大小所限制的，如果市场非常小，就没有人可能有足够意愿全身心从事一个就业岗位。”这就是著名的斯密定理：“分工受市场范围的限制。”以斯密为代表的古典经济学的基本逻辑是，分工带来的专业化导致技术进步，技术进步产生报酬递增，而进一步的分工依赖市场范围的扩大。依赖市场交换克服专业化生产与经济个体多样化需求之间的矛盾；通过市场交换，满足大规模生产对要素投入规模和种类的需求；生产者也可以利用市场交换解决产出的实现问题；借助于市场机制，实现不同生产过程的组合，满足个体的风险偏好。

阿林·杨格重新阐述了斯密关于劳动分工与市场规模的思想，并对斯密定理进行了扩展。杨格阐述了市场规模与迂回生产以及产业分工之间的相互作用和自我演进机制。他认为劳动分工依赖市场范围，只有当市场对某种产品的需求足够大时，生产这种产品的中间环节才可能被分离出来，形成专业化分工。分工的深化又促使市场范围不断扩大。市场的范围取决于有效购买力，而购买力由生产率决定，生产率依赖分工水平，迂回生产使得分工不断深化，最终使得劳动生产率提高，人均收入提高，市场规模扩大。杨格认为分工与市场的相互作用是一个循环累积和互为因果的演进过程。这就是所谓的杨格定理：劳动分工取决于市场规模，市场规模又取决于劳动分工。杨格把分工深化和市场范围扩大之间的互动过程称为“经济进步”。[1]

以杨小凯、罗森、贝克尔和黄有光等为代表的新兴古典经济学家利用超边际分析方法，重新阐述和扩展了古典经济学的分工理论。在新兴古典经济学的分析框架中，分工的演进始终是经济增长的一条主线。新兴古典经济学认为，分工的发展和深化不断创造及增进内生比较优势，人们在此基础上从事专业化生产并交换产品。专业化分工水平的提高可以加速经验的积累和技能的改进，使生产率得到提高。专业化分工对生产效率的促进主要体现在使每个企业只专注于自己最具优势的生产环节，可将资源禀赋的潜力发挥到最大。生产率的提高使人们可以选择更高的专业化水平，分工演进加速进行。在分工演进和生产率提高之间出现了良性循环。在新兴古典经济学的分析框架内，企业和市场是组织分工的两种可以相互替代的形式。当劳动的交易效率高于中间产品市场的交易效率时，分工会通过劳动力市场和企业来组织。当中间产品市场的交易效率较高时，垂直分工体系将不断深化。交易效率决定分工的组织形式。要素市场、中间产品市场以及最终产品市场的交易效率差异使得分工的组织形式发生变化，也决定了市场中各种组织结构和制度的演进。但是不管何种形式的分工，其深化和发展，最终都依赖市场效率的提高和市场范围的扩大。总之，随着交易效率的改进，劳动分工也不断演进。[2]

从分工演进到生产率的提高，是经济增长的主线，也是现代社会永恒的主题。为了解决专业化分工内生的矛盾，必须借助于市场交换机制并不断提高市场交换的效率，由此衍生出日益复杂的市场体系及围绕着市场交换机制的各种组织结构和制度安排。市场在本质上是开放的。经济理论和实践经验证明了市场在规模和流动性上存在“阈值效应”。只有达到一定规模和一定流动性之后，市场才能存在下去，市场的效率优势才能发挥出来。流动性过低、规模过小的市场，往往会因为一些偶然的冲击而消失，进而使分工无以为继。市场的本性及其与分工的互动关系，都决定了市场具有内在的开放冲动。这也就决定了建立在分工和市场交换基础上的现代经济具有内在的开放需求。这一逻辑已经被工业革命以来的世界经济发展历史所证明。自人类进入工业社会后，机器大生产及以此为基础的市场经济本质上具有向外扩张的冲动和要求，时刻要求摆脱资源和市场的束缚，在实现这一愿望的过程中，经济活动从局部地区打破地域限制走向全国，接着又突破国界走向全球，市场也随之从地方市场发展成全国市场，最终发展成为全球市场。

分工与市场互动发展的逻辑在新世纪以来的产品内国际分工下表现得尤为明显。进入新世纪，产品内分工取代产业间分工和产业内分工，成为国际分工的主导形式。[3] 随着国际分工的深化和细化，制造业分工调整和产业转移过程深入到产品内部，根据同一产品内部不同生产环节的要素投入要求，把不同生产环节或任务配置到具有不同区位优势的国家或地区。国际分工的基础从一国在最终产品生产上的比较优势演变为一国在特

---

① Allyn A. Young. Increasing Returns and Economic Progress. The Economic Journal，1928，38（152）：527-542.

② 杨小凯，张永生．新兴古典经济学和超边际分析．北京：中国人民大学出版社，2000；杨小凯．经济学：新兴古典与新古典框架．北京：中国社会科学文献出版社，2003；杨小凯，黄有光．专业化与经济组织——一种新兴古典微观经济学框架．北京：经济科学出版社，1999.

③ 发达经济体与发展中经济体之间的产品内国际分工关系的形成，被很多学者看成是影响整个世界经济的“革命性变化”。早在20世纪60年代，产品内分工就已出现在发达经济体之间，但是这一新的分工形式直到20世纪90年代才普遍出现在发达经济体与发展中经济体之间。详见 R. Baldwin and J. Lopez-Gonzalez. Supply Chain Trade：A Portrait of Global Patterns and Several Testable Hypotheses. NBER Working Paper No. 18957，2013。

定环节或生产任务上的比较优势，由此带来“全球制造”和“全球价值链”的概念。[①]为了维系这种分工关系和全球价值链，不仅需要跨境投资行为和产品交换，而且需要服务的跨境流动。在此背景下，产品贸易、服务贸易和国际投资之间的相互联系及相互依存成为新世纪以来国际经贸交往的核心。这体现了产品内国际分工对跨境贸易和投资的更高要求。

技术进步推动了运输成本和通信成本的显著降低，贸易与投资自由化推动了边境贸易和投资壁垒的大幅减少。这两方面因素共同推动国际市场交易效率的提高和市场规模的扩张，为产品内分工的维系和发展奠定了基础。同时，对于任何一个经济体，置身于产品内国际分工体系中，对外开放事实上已经成为维系国内生产过程的必要条件。处于全球价值链上的特定生产环节，要么在生产投入方面依赖来自国外的中间投入，要么在产出的市场实现方面依赖国外市场，甚至在两个方面同时依赖国外。不仅如此，产品内分工的发展还对各国的开放提出了更高的要求。如果说产品的跨境贸易主要是受传统的边境贸易壁垒的影响，那么，服务贸易和投资活动则主要受边境内规则的影响，包括知识产权保护、竞争政策、投资政策和国内法规等。[②] 因此，在产品内国际分工背景下，一国的开放不简单是市场边境的开放，即允许进入一国边境的问题，更重要的是边境内规则的开放和协调，也就是在进入一国边境后能顺利开展生产、投资和销售活动的问题。

二、贸易开放与经济增长

关于经济开放化和经济增长关系的研究，起点应该是经济增长的源泉问题。首先必须明确经济增长的源泉和实现机制；其次才能结合经济开放的基本形式和内容，探寻经济开放通过什么途径、以何种形式和程度作用于经济增长过程；最后才可以判断经济开放对经济增长的影响。所以，无论是在理论层面上，还是在实证研究中，对经济开放和经济增长关系的研究，一般都是从经济开放的基本内容和特征出发，沿着对经济增长源泉和机制的探讨而展开。

在理论层面上，对外开放意味着分工体系从国内跨越国界，意味着分工的深化和发展，这是提高劳动生产率，进而推动经济增长的关键。具体来看，产品、服务、人员、技术、资金等要素的跨国流动，不仅满足了实现分工利益的最基本要求，即市场边界的不断扩张，而且使经济增长突破了在一国范围内面临的生产投入方面的约束；在市场竞争和要素流动过程中，技术外溢、干中学、制度变迁等动态效应进一步强化了经济开放对经济增长的推动作用。所以，经济开放对经济增长的推动作用首先体现在它对生产过程的直接影响上，突破生产过程在一国内部面临的投入和市场两个方面的约束，分工的

① WTO. Global Value Chains in a Changing World. Geneva：WTO Publication，2013；M. Grossman and E. Rossi-Hansberg. Trading Tasks：A Simple Theory of Offshoring. American Economic Review，2008，98（5）；IMF. Trade Interconnectedness：The World with Global Value Chains. Washington：International Monetary Fund，2013；UNCTAD. World Investment Report 2013. United Nations Publication，2013；UNCTAD. Global Value Chains and Development：Investment and Value Added Trade in the Global Economy. United Nations Publication，2013.

② R. Baldwin. 21st Century Regionalism：Filling the Gap Between 21st Century Trade and 20th Century Trade Rules. WTO Staff Working Paper ERSD-2011-08，2011.

深化和市场的扩张又可以推动技术创新和生产效率的提高，改变投入—产出转化关系。对外开放进程还可以通过要素流动过程中的外溢效应、制度变迁效应等影响生产过程的背景条件，改变要素积累机制，引导国内的结构调整。这是在理论层面上人们对于开放和经济增长关系的一般性看法。

对外贸易是国际分工的实现形式，依据古典和新古典分工理论，对外贸易通过促进分工的深化和发展推动经济增长。20世纪30年代，罗伯特逊首先提出了“对外贸易是经济增长的发动机”的命题。50年代，纳克斯通过分析工业革命以后英国、美国、加拿大、澳大利亚、新西兰等国家的经济发展历程，指出中心国家的经济增长通过外贸带动了外围国家的经济增长。对外贸易作为经济增长的发动机，作用机制是：中心国家的经济增长使其对初级产品的需求增加，带动外围国家的初级产品出口迅速增加，而出口增长会通过一系列的动态转换过程，把出口部门的增长传递到国内其他各个经济部门，从而带动国民经济的全面增长。罗伯特逊-纳克斯命题的基本观点包括：（1）各国按比较优势原则进行分工和开展国际贸易，提高了资源配置效率，增加了产量；（2）对外贸易的发展可以带动国民经济的全面增长。

早期的贸易发动机理论主要关注发达国家通过初级产品国际贸易对发展中国家经济增长的传导和带动。这一命题受到了很多学者的质疑。普雷维什和辛格通过分析发展中国家对发达国家的依附关系以及发展中国家贸易条件的动态变化，提出了“中心—外围论”。该理论认为，在以发达国家作为中心、发展中国家作为外围的世界经济体制中，外围国家只能顺应中心国家的发展，这种依附关系导致国际贸易不仅不能成为发展中国家经济增长的发动机，反而会造成发展中国家的经济不发达和“贫困化增长”。刘易斯和克拉维斯从发展中国家的角度出发，指出发展中国家的经济增长主要依赖国内因素，对外贸易只是经济增长的助推器，而不是经济增长的发动机。一方面，贸易发展受制于外部发达国家的经济增长情况，对本国经济增长的推动作用是不确定的；另一方面，贸易扩张主要是作为经济增长的结果而出现，是经济增长的“侍女”，而不是经济增长的发动机。

普雷维什和辛格的理论是一种贸易悲观论，刘易斯和克拉维斯提出的是贸易折中论。纳克斯对此的解释是：对外贸易是经济增长发动机的观点只适用于19世纪，进入20世纪以后，发达国家的经济增长并未导致对初级产品的需求大幅度增加，这是因为随着发达国家工业结构的变化和农产品保护措施的盛行，发达国家的经济增长并未通过与初级产品国家的贸易带动发展中国家的经济增长。观念的转变和经验教训的总结对发展中国家随后的经济发展战略选择产生了很大影响。一方面，发展中经济体普遍认识到从初级产业向制造业转变的重要性，把工业化过程看成是实现经济发展的必要途径；另一方面，对工业化过程中外贸的作用却有不同的看法，拉美经济体选择了进口替代战略，日本和“亚洲四小龙”选择了出口导向战略。

进口替代战略强调外汇管制而非储蓄增长是外围国家经济增长的决定性因素。国际背景是贸易条件朝向不利于初级产品的方向变化，这要求大力推进国内的工业化过程。但是国内制造业缺乏参与国际市场竞争的能力，必须通过保护使国内工业部门免受进口的冲击。限制非必需品的进口，用国内生产来满足国内市场需求，将外汇用于必需品的进口，特别是满足国内生产对中间产品和资本设备等的需求。通过限制工业制成品进口，扶植本国的工业，通过进口替代工业化促进经济发展、减少外汇支出和改善国际收支。进口替代战略的第一阶段主要用国内产品来替代非耐用消费品的进口，包括服装、日常生活用品等非技术性劳动密集型产品。进口替代战略的第二阶段主要针对中间产品、耐用生产资料和生活资料，用国内生产替代进口。①

根据普雷维什、辛格和缪尔达尔等的观点，在进口替代战略之下，通过进口保护和外汇限制，不仅能推动具有发展潜力的幼稚产业的发展，而且能够带来增加政府的收益和改善贸易条件的好处。这也是拉美国家实施进口替代战略的初衷。但是在具体实施过程中，特别是在进口替代战略的第二阶段，中间产品、机器设备以及耐用消费品大多是资本密集型或技术密集型的，具有明显的规模经济，这与发展中国家的要素禀赋和市场条件不相符。发展中国家缺乏实物资本、人力资本和先进技术，在机器设备以及其他耐用品的生产上具有较大劣势；市场容量较小，难以达到专业化生产的规模要求。这些不利条件要求发展中国家在进口替代战略的第二阶段实施更高的保护。在高保护之下，企业缺乏提高竞争力的动机，而且受制于规模和要素禀赋的约束，无法实现沿着“学习曲线”的生产效率提高和通过规模经济的效率提高。进口替代作为一种不平衡发展战略，在拉美国家的实践过程中，带来了国际收支恶化、国内产业结构扭曲和财政收支恶化等问题。20世纪80年代初期，在石油危机、国际实际利率上升和发达国家经济衰退等外生冲击的影响下，进口替代战略的弊端集中爆发，导致拉美国家普遍的金融危机和经济衰退。

鉴于拉美地区进口替代工业化战略的教训，东亚地区选择了一种更加强调对外贸易的出口导向型工业化战略。首先，以非传统的出口产品（半制成品和制成品）替代传统初级产品的出口。其次，通过补贴、政策优惠以及特定的汇率安排和金融安排，促进新产业的出口，以出口带动新产业的发展、壮大。最后，新产业通过参与国际市场的竞争，生产效率和竞争能力不断提高，规模不断扩大，最终成为主导产业。出口导向型工业化战略有利于经济结构的多样化、制造业的发展和效率与竞争力的提高；通过吸引外资和扩大出口，改善国际收支、积累外汇储备、提高外债偿还能力。这一战略的成功实施依赖国际市场和外部的资金、技术，工业化过程和经济发展依赖进口保护的有效性、外资的流入和国际市场的需求状况。虽然对于东亚地区外向型发展战略仍然存在很多争议，特别是在很多人看来，由于东亚地区在实施出口导向型工业化战略的过程中存在较为普遍的进口保护措施，其发展战略并不是真正意义上的开放型战略，但是在这两种战略的对比中，反映出对待外贸的截然不同的态度。进口替代战略的总体思路是通过限制国际贸易，在保护主义之下带动幼稚产业的发展，因而是一种内向型发展战略；出口导向型工业化战略的思路是以一种合适的方式利用对外贸易来发展国内新兴产业，因而是一种外向型发展战略。

从现实情况来看，实行外向型发展战略的国家比实行内向型发展战略的国家有着更好的经济增长表现，并且早期实行内向型发展战略的国家在进行以更高的外向性为目标的改革以后，经济运行得到了显著改善。② 拉美地区和东亚地区经济发展的差异引发人们对于贸易在经济增长过程中的地位的重新思考，“外贸是经济增长的发动机”这一观念再度流行开来。对外贸易的发展，特别是制成品出口的高速增长，可以带来如下动态

① Bela Balassa. The Process of Industrial Development and Alternative Development Strategies. Essays in International Finance, 1980 (141): 4-24.

② 杰拉尔德·M. 梅尔，詹姆斯·E. 劳赫. 经济发展的前沿问题. 上海：上海人民出版社，2004：206.

利益。(1) 出口的增长可以提高进口能力，有助于弥补落后国家的外汇缺口和提高资本设备的进口能力。先进技术设备的进口可以提高国内的技术水平，缩小与先进国家的技术差距。(2) 对外贸易的发展可以提高国内的资源配置效率，引导国内资源流向具有比较优势的行业，促进生产专业化程度的提高，这又可以进一步提高优势行业的劳动生产率。(3) 对外贸易可以带来规模经济。出口有助于克服国内市场容量的约束，使得生产规模不断扩大，生产效率不断提高。(4) 贸易品部门的发展可以带动相关产业特别是为贸易品部门提供中间投入的上游产业的发展，这可以提升国内产业部门之间的联系，促进国内统一市场的形成。(5) 贸易品部门的发展可以带动外资流入的增加，外资流入的增加不仅能缓解落后国家的储蓄缺口和资本匮乏状况，而且能够促进先进技术和管理经验的传播。(6) 通过发展对外贸易参与国际市场的竞争，可以刺激国内贸易品部门不断改进技术、降低成本、提高效率。

理论层面的分析并不能带来关于贸易和经济增长关系的一致结论。不同国家或地区的经济实践虽然提供了更多的支持对外贸易的积极作用的证据，但这些证据仍然是不充分的。一方面，20 世纪 90 年代东南亚实施出口导向战略的国家遭受了较为严重的金融危机和经济衰退，似乎表明了出口导向型经济的脆弱性；另一方面，也是更为重要的，影响经济增长和经济发展的因素有很多，贸易只是在各种因素的综合作用下造成其影响的。经验证据往往掩盖了各国在贸易领域以外的差异，包括制度、结构、政策、资源禀赋等。这些方面的差异可能误导人们对于贸易与经济增长关系的判断。这就需要有更多的证据来判断贸易开放与经济增长的关系。

从 20 世纪 70 年代开始，西方学者围绕着贸易开放和经济增长的关系展开了大量的实证研究。早期研究受制于数据的匮乏和计量方法的不足，一般是在国别案例研究或跨国定性比较研究的基础上，利用所获取的信息构建贸易政策保护程度的指标，以此为解释变量，对经济增长的跨国差别进行回归分析。这类研究得出了贸易政策开放度和经济增长之间存在正相关性的结论。但由于不同国家经济发展战略的区别不只是贸易政策开放度的差别，还包括 FDI 政策、汇率政策、货币政策、财政纪律、政府效率、产业组织、市场结构等方面的显著差别，而且经济增长绩效是与整体战略联系在一起的，要在发展战略的对比中分离出贸易政策的影响，事实上是非常困难的。为此，巴拉萨等人转而集中分析贸易依存度与经济增长的关系，通过分析出口增长率与 GDP 增长率的实证关系，发现两者之间存在较强的正相关性，并以此作为出口推动经济增长的实证证据。

进入 20 世纪 90 年代，各国经济统计工作的不断完善、经济增长理论的进展以及计量分析工具的发展，为深入研究贸易与经济增长的关系提供了更充分的条件。多纳利用国内相对价格水平及其波动性来反映贸易政策的开放度，并考虑各国投资率的差异，发现贸易开放度与经济增长之间存在正相关性。萨克斯和沃纳综合各国在关税税率、非关税壁垒、经济体制、出口的国家垄断程度和外汇黑市溢价这五个方面的差异，构建了贸易政策开放度的指标，并同时考虑了各国在初始收入水平、初始教育水平、政府消费水平、政权稳定性、治安状况、投资品相对价格和投资率等方面的差异，同样，发现了开放度和经济增长之间存在正相关关系。爱德华兹对开放度指标的不同构建方法进行了灵敏度检验，并考察解释变量和工具变量的内生性问题。爱德华兹使用包括萨克斯-沃纳指标在内的 9 种开放度指标，同时利用初始收入水平和教育水平作为工具变量，对全要素生产率的增长率进行回归分析。结果表明，不同开放度指标的选择、估计方法的变化、时间跨度和增长方程的变化，都不会显著改变开放度和经济增长之间的正相关性。①

20世纪90年代后期，进一步的研究发现，上述实证研究中存在很多概念性问题。在新古典增长模型中，因为不存在市场失灵和其他扭曲，贸易限制确实会降低以世界价格衡量的实际GDP水平；技术变化是外生的，可再生生产要素的边际收益是递减的，贸易政策对长期的均衡产出增长率没有影响，只能影响经济向长期均衡路径调整的过程和速度。但在内生增长理论中，由于存在外部性和内生的技术变化，边际收益是非递减的。在这种情况下，贸易政策不仅会影响实际GDP水平，也会影响长期的均衡产出增长率。贸易政策与经济增长之间的关系不仅依赖各国的初始要素禀赋和技术发展水平，还依赖各国进口竞争部门和出口部门的生产特征以及贸易政策的结构。如果进口竞争行业存在较大的正外部性，限制进口的贸易政策就可以提高长期的均衡产出增长率。也就是说，贸易开放度的变化对经济增长的影响取决于在这种变化的作用下资源流动方向的变化。如果能够推动资源流向那些具有正外部性的生产活动，那么将推动长期经济增长率的提高。

在考虑了贸易以外的经济增长影响因素以后，人们发现，关于"贸易能否促进经济增长"这样的问题，不存在简单的、无条件的答案。两者之间的因果联系是有条件的。② 这就要求人们对贸易—经济增长联系的机制展开更具体的研究。首先，在贸易政策影响的状态依存特性方面，必须深入研究贸易领域以外的因素是如何影响贸易—经济增长联系的，特别是经济发展水平、金融市场发展水平、经济体制、教育水平和公共部门效率这些宏观经济基本面因素对贸易政策的经济增长绩效的影响。其次，结合新增长理论对经济增长源泉的研究，从实证层面具体研究在各国特定条件下，贸易政策变化对贸易量、贸易结构、市场竞争程度、企业创新动机、技术进步、产业结构等方面的影响。这实际上就是要具体研究贸易政策在各国可能存在的不同传导机制。最后，要结合各国具体条件，研究不同贸易政策工具的不同影响，以及政策工具的不同组合的不同影响。随着多边贸易体系的发展，可选的贸易政策工具不断变化。关税、配额、出口补贴、歧视性贸易安排等传统政策手段面临更多的国际制约，各国开始使用新的贸易政策工具，如促进出口的政策（贸易代表团、贸易展览会以及其他传播国际供求信息的手段等）和吸引FDI的政策（对跨国公司的税收优惠、投资优惠）。

由此可以认为，贸易可以促进经济增长，但是这种积极推动作用是有条件的。一方面，贸易自身的发展依赖国际市场的发展状况，所以外部条件显然会影响贸易的发展，进而影响贸易的作用。对于19世纪新殖民地区的国家，英国经济增长所带来的对初级产品的庞大需求，是经济增长向外围国家传导的关键因素。日本及"亚洲四小龙"的出口导向战略之所以能够取得成功，是因为良好的外部环境。从20世纪50年代起，美国出于政治目的对日本和"亚洲四小龙"开放劳动密集型产品的市场，而且五六十年代是美国经济的黄金增长期，国内市场需求旺盛。这为东亚地区出口的增长创造了极为有利的条件。

另一方面，也是更为重要的，贸易对经济增长的影响取决于它如何作用于经济增长

① Juan Carlos Hallak and James Levinsohn. Fooling Ourselves: Evaluating the Globalization and Growth Debate. NBER Working Paper No. 10244, January 2004.

② 在某些国家，贸易开放可以导致经济更快地增长，而在其他国家，贸易开放则可能阻碍经济增长。也就是说，两者之间的关系是不确定的，是"状态依存"的。

的源泉。根据增长理论，经济增长来自两个方面：资本积累和全要素生产率的提高。对于发展中国家而言，贸易的作用体现在两个方面：一是直接带来所需的资本和技术；二是通过影响国内的资本积累机制、技术进步机制和结构调整过程，间接地推动国内资本积累过程和提高全要素生产率。所以，贸易能否推动经济增长，关键就看对外贸易的发展能否促成或配合有益于长期经济增长的制度变革和结构调整过程。所以，贸易对于经济增长的理想作用，是在贸易与国内结构调整、制度变迁等因素之间形成良性互动，通过推动国内的产业升级、推动国内市场机制的完善、促进国内技术创新和经验积累等渠道，提高资本积累的速度和效率、提高全要素生产率，最终对经济增长施加积极的作用。如果国内产业结构和产业发展模式选择存在问题，对外贸易一旦服务于这种产业发展模式，其对经济增长的作用就可能是负面的。如果国内制度存在扭曲，对外贸易一旦加剧制度扭曲，其对经济增长的作用也可能是负面的。

新世纪以来，国际贸易理论的研究视角转向微观企业，进一步厘清了对外贸易与经济增长之间的微观联系机制及可能的影响因素。在微观层面，企业出口决策与行业进入、退出以及国内销售决策等一样，都是在权衡成本和收益的基础上做出的。如果假定企业在进入国外市场时需要支付额外的、更高的贸易成本①，那么，企业就必须有额外的收益补偿才能进入国外市场。对于企业而言，额外的销售收益可以来自国外市场规模、企业在国外市场上的市场势力以及企业生产率等。进一步假定企业在国外市场上没有额外的定价权，这样，只有生产率较高的大企业才能弥补出口的额外成本。沿着这样的逻辑推演下去，就可以在贸易开放和经济增长之间建立起微观联系机制。

随着贸易开放，企业生存的临界生产率水平提高，由此带动企业平均生产率和行业总体生产率提高。这主要是通过三条渠道实现的。第一条渠道是，贸易开放后大量外国企业进入国内市场，国内企业面临更加激烈的竞争，并且新进入的外国竞争者具有比国内企业更高的平均生产率，这导致国内企业的市场份额和利润水平下降。在封闭条件下的生存企业中，生产率最低的那些企业在贸易开放时将被迫退出。第二条渠道是，贸易开放为国内已经存在的高生产率企业以及潜在进入的高生产率企业提供了新的获利机会，高生产率企业扩张生产规模以服务外国市场，潜在高生产率企业的进入和生产都会导致要素需求的增加，推动要素价格的提高。要素价格的提高将会导致国内生存企业中生产率最低的那些企业被迫退出。第三条渠道是，贸易开放导致市场份额和利润在不同企业之间重新分配，生产率最高的企业的利润和市场份额提高，生产率最低的企业失去利润和市场份额。行业总体生产率是生产企业生产率水平的加权平均，权重是单个企业的市场份额比例，所以，市场份额向高生产率企业的转移导致行业总体生产率水平提高。前两条渠道被称为“合理化效应”，第三条渠道被称为“重新配置效应”。这两种效应共同使国内生存企业的临界生产率、平均生产率以及国内行业总体生产率提高。考虑到企业出口前的研发和其他提高生产率的行为，以及企业出口后的竞争和学习效应，贸易开放与生产率提高之间的微观联系机制将进一步强化。②

---

① 包括沉没成本、固定成本以及跨国运输成本、关税和非关税贸易壁垒等可变贸易成本。

② M. Melitz. The Impact of Trade on Intra-Industry Reallocation and Aggregate Industry Productivity. Econometrica，2003，71（6）：1695－1725；T. Chaney. Distorted Gravity：The Intensive and Extensive Margins of International Trade. The American Economic Review，2008，98（4）：1707－1721.

在相似的逻辑之下，如果市场上存在制度性和结构性扭曲，企业无须利用生产率优势和规模优势来弥补额外的国外市场进入成本，那么，贸易开放就无法带来合理化效应和重新配置效应。这就割裂了贸易开放与生产率之间的微观联系机制。如果国内市场存在地方保护、市场分割、物流效率低下、流通环节繁杂、信用体系和知识产权制度缺失等问题，那么，生产率相对较低的中小企业就会具有更强烈的出口倾向。在这样的环境下，贸易开放也无法带动生存企业的临界生产率水平和行业平均生产率水平的提高。一旦各种制度性、政策性或和结构性扭曲割裂了贸易开放与生产率之间的微观联系机制，贸易对经济增长的促进作用在很大程度上就将不复存在。

第二节　经济全球化背景下我国对外开放的实践

自20世纪80年代以来，世界经济经历了深刻的变化，经济全球化大潮席卷世界每个角落。我国经济的对外开放实践正是在经济全球化大潮席卷世界每个角落的背景下展开和不断推进的。

一、经济全球化的内涵及新特征

经济全球化概念的提出可追溯到经济合作与发展组织（OECD）前首席经济学家S.奥斯特雷，他认为经济全球化主要是指生产要素在全球范围内广泛流动，实现资源最佳配置的过程。国际货币基金组织对经济全球化的定义是，“跨国商品及服务贸易与国际资本流动规模和形式的增加，以及技术的广泛迅速传播使世界各国经济的相互依赖性增强”①。法国学者雅克·阿达则认为经济全球化就是资本主义经济体系对世界的支配和控制。在他看来，苏东剧变以后，资本主义横行的主要障碍已不复存在。非洲和拉丁美洲的债务国在债务危机的压力下，不得不按国际金融机构的意志进行政治经济体制改革。德国基尔大学世界经济研究所教授卡尔·海因茨·巴奎认为，“最贴切的概念理解是以贸易联系的紧密程度为基准的。根据这个理解，世界出口率越高，跨国贸易额在世界生产中的比重越大，世界经济就越强烈地表现出全球化趋势”②。

德国科隆大学社会学研究所于尔根·弗里德里希斯认为：“全球化既是一种状态，也是一种过程……全球化的过程是一种不断强化的网络化”。（1）依赖性增强，即经济活动的网络化对于所有参与者都产生反作用，全球化经济的发展不仅调控各民族的发展，而且调控各城市与地区的发展。（2）转移的便利。由于科技产业革命导致信息传递成本、运输成本大幅度降低，跨国公司把它的生产部门及部分服务监督职能机构转移到低工资成本的国家，以便获取更大的利润。信息技术、运输技术越是发展，这种国际网络就越是扩大。（3）集中化趋势。随着全球化势头日益猛烈，企业的各部分业务活动转移到世界各地的许多生产基地，对于监督控制和协调工作的要求也就越强烈。而这种协调组织工作的任务也就更多地集中到少数几个国家的主要城市，使这些地方发展成为极

① 国际货币基金组织．世界经济展望．北京：中国金融出版社，1997.

② 卡尔·海因茨·巴奎．世界经济结构变化的后果．联邦德国议会周报副刊：政治与现代史，1995（46）.

其专业化的中心。

从根本上说，经济全球化是经济活动的全球扩张、融合的过程，是各国经济活动从国内走向全球，在全球范围内实现社会化的过程。经济主体总是在特定社会中进行活动的，同时也只能在其力所能及的范围内活动。因此在不同历史阶段，对特定经济主体来说，社会是有边界的，这个边界取决于生产力发展水平。当生产力发展水平决定经济主体只能在特定地区范围内活动时，社会的边界即为该地区边界；当经济主体只能活动于一国国内时，其社会边界即为国界。随着社会生产力的不断发展，经济主体不断拓展活动范围，社会边界从国界走向洲界，最终走向全球。经济主体将赖以活动的社会范围从国内推向全球，日益在全球范围内展开分工、合作和资源配置的过程即为经济全球化。在现阶段，经济全球化主要表现为全球经济的市场化，即市场的边界从国界走向全球，市场经济运行机制跨国界延伸，形成世界市场，使资源在全球范围内进行合理的配置。从动态过程来看，它使市场范围不断地打破地域疆界和封闭的民族国家的国界，形成全球经济。在全球经济整体之中，界限分明的国民经济从属于国际交易过程，由于市场和生产已真正成为全球性的，国际关系便趋向自发化，民族国家的经济行为成为因变量，国内的政策制定者和决策者，包括大公司、政府机构必须考虑其经济活动的国际决定因素。简而言之，现阶段的经济全球化是市场跨国界延伸的动态过程，无论最终的结果是否真正能形成统一的全球经济，作为经济全球化的参与国理应获得更大的经济利益，这一结论是建立在市场对资源配置的积极作用基础上的。自市场经济产生之日起，它就在不断地冲破自然村落、行政割据的束缚，推动着社会分工和生产力的发展，发挥配置资源的作用，当这种市场继续发展并超越民族国家的界限时，其作用性质和方向并不会发生根本性改变。

关于经济全球化的发展历史，特别是经济全球化的起点和衡量指标，理论和实证研究中还存在很多争议。目前一个主流的观点是，根据国际经济交往规模、价格机制趋同程度和国际分工广度[①]，在人类社会的近代史上，经济全球化曾经经历过两次发展高峰。第一次是在以英国为中心的国际分工体系和国际金本位确立以后，即 1870—1914 年。在此期间，国际贸易的相对规模[②]增长了一倍，从 10%增长到 20%以上，外国资产存量占世界 GDP 的比重从 7%升至 20%以上，人口的跨国流动占世界总人口的 10%左右。第二次是发生在二战后的 20 世纪 50 年代至 80 年代。在此期间，随着多边贸易和投资体系的发展，发达国家之间的贸易和投资规模迅猛扩大；发展中国家和地区主要是通过初级产品的出口参与全球分工体系，在国际投资中所占的比重较低；经济合作与发展组织内部不同国家之间的收入趋同现象明显，而世界范围内发达国家和发展中国家之间的差距拉大。

20 世纪 80 年代以来发生的是第三次全球化浪潮。在第三次全球化浪潮中，不仅国际经济交往的数量指标如国际贸易和国际投资的规模显著扩大，而且更重要的是国际分工的广度和深度显著提高，国际经济规则、资源配置方式、价格机制不断融合和趋同。目前正在进行的全球化呈现出以下新特征。

第一，国际贸易和投资的规模及影响迅速上升。20 世纪 80 年代以后，全球贸易的

① 即各国的参与性。
② 世界进出口总额占世界 GDP 总额的比重。

增长速度持续高于世界 GDP 的增长速度，并且差距不断扩大。贸易的增长速度持续高于 GDP 的增长速度，意味着全球经济活动的投入和产出越来越依靠国际市场来补充及实现，也表明各国经济的相互依赖性不断增强。

第二，发展中经济体对国际贸易和投资的参与程度不断提高。自 20 世纪 80 年代以来，在全球贸易和 FDI 规模迅速扩大的同时，发展中经济体的占比不断上升，这意味着国际分工广度的提高。

第三，国家间的经济互动和联系日益以产业转移为纽带。国际经济交往的形式和内容开始多样化，资金、技术和人员的跨国流动逐步发展起来，国家间的经济联系日益复杂，相互影响的渠道不再局限于商品流。商品流、资金流、技术流和人员流是不同国家或地区间实现经济互动的四种基本途径。产业转移是国内产业结构调整、升级过程在国际范围的延伸，因此其根源在国内，外部因素起着强化作用。由于不同国家的经济发展水平存在差异，在先进国家已经成熟甚至衰退的产业，在落后国家可能属于新兴产业。这样通过对外转移产业，一方面可以让沉淀在传统产业中的一部分资源继续发挥作用，让产业的生命周期在国外达到延续；另一方面可以在国内把更多的资源集中到新兴产业中，加快新产业的建立。通过产业转移，不同国家或地区可以实现各自不同的发展目标，推动各自经济的发展。这是产业跨国转移的根本原因，也是全球化背景下实现各国经济互动的主要途径。

第四，产品贸易、服务贸易和国际投资之间的相互依存关系不断强化。20 世纪 80 年代以后，产品内国际分工关系开始从发达经济向发展中经济扩展，并在 2000 年以后逐步取代产业间分工和产业内分工而成为整个国际分工体系的主导。为了维系这种分工关系，不仅需要跨境投资行为和产品交换，还需要服务的跨境流动。在此背景下，产品贸易、服务贸易和国际投资之间的关系发生了显著变化。在传统的分工逻辑下，对外贸易与对外直接投资之间是相互替代的。所有权优势的实现渠道，既可以是本国生产然后出口，也可以通过对外直接投资，在海外市场当地生产和当地销售。随着产业国际转移的出现，投资和贸易之间的关系从相互替代转变为替代与互补并存。一方面，对于产业转出国而言，可能丧失了原有的出口国地位，出口被对外投资所替代。另一方面，产业转入国成为新的出口国，对外投资带来了新的出口。没有跨境投资行为，就无法实现生产过程的碎片化和跨国配置。没有产品的跨境交换，就无法完成产品在不同生产环节之间的转移，也无法完成最终产品的生产与供给。离开了服务的跨境流动，就无法有效协调和管理分布于不同国家或地区的生产环节。

第五，走向“深度一体化”的国际经济合作。构建和完善国际经贸交往规则并确保规则的执行，是 WTO 框架下的多边贸易体系的基本使命。为了在多边框架下构建新的国际经贸交往规则，WTO 成员在 2001 年发起了多哈回合谈判。多哈回合的谈判议程非常广泛，不仅包括农产品、服务贸易、非农产品的市场准入、知识产权、反倾销和反补贴规则、地区贸易规则、规则执行问题、贸易和环境、争端解决机制，还包括贸易相关的投资、竞争政策、政府采购政策、贸易便利或海关程序、小型经济、贸易、债务和金融、技术贸易和技术转移、技术合作和能力建设、最不发达国家、特殊和差别化待遇等。

受制于多种因素，在多边框架下构建全球规则的努力未能取得进展，多哈回合谈判的停滞使得越来越多的 WTO 成员选择“用脚投票”，从全球层面的多边合作转向区域层面的双边合作，力图在地区范围内构建新的国际规则。相较于历史经验，目前的区域经济合作在广度和深度上都有了明显的提高：一是进一步改善市场准入条件，减少制约国际贸易和投资发展的边境壁垒；二是将协调的重点从边境壁垒转向边境内壁垒，协调各国国内规则的差异和冲突。这些变化使得当前的国际经济合作呈现出“深度一体化”的特征。

二、我国对外开放政策的演变

我国在1949年以后的约30年中，基本上走了一条闭关锁国、自我发展的道路，一直到1978年党的十一届三中全会开始实施改革开放的伟大决策。1982年，党的十二大确立了以经济建设为中心、坚持四项基本原则、坚持改革开放的党在新时期的基本路线，即“一个中心、两个基本点”，对外开放成为党的基本路线的重要内容之一。1984年，《中共中央关于经济体制改革的决定》明确提出“把对外开放作为长期的基本国策”。为此，“必须继续放宽政策，按照既要调动各方面的积极性、又要实行统一对外的原则改革外贸体制，积极扩大对外经济技术交流和合作的规模，努力办好经济特区，进一步开放沿海港口城市”。同时提出“利用外资、吸引外商来我国举办合资经营企业、合作经营企业和独资企业”，“充分利用国内和国外两种资源，开拓国内和国外两个市场”[①]。1987年党的十三大又明确提出要求：“进一步扩大对外开放的广度和深度，不断发展对外经济技术交流与合作。”

1992年，党的十四大进一步提出了扩大对外开放的三个主要目标和任务。(1)对外开放的地域要扩大，形成多层次、多渠道、全方位开放的格局。(2)利用外资的领域要拓宽，采取更加灵活的方式；继续完善投资环境，为外商投资经营提供更方便的条件和更充分的法律保障。(3)积极开拓国际市场，促进对外贸易多元化，发展外向型经济，积极扩大我国企业的对外投资和跨国经营。在随后不久的《中共中央关于建立社会主义市场经济体制若干问题的决定》中，又重申了“坚定不移地实行对外开放政策，加快对外开放步伐”，“积极参与国际竞争与国际经济合作，发挥我国的比较优势，发展开放型经济”。同时，提出了对外贸体制改革的具体目标和任务，并要求“改善投资环境和管理办法，扩大引进规模，拓宽投资领域，进一步开放国内市场”[②]。从这一时期到1997年党的十五大召开，是我国对外开放发展最为迅速、最为活跃的时期。党的十五大继续坚持把对外开放作为一项长期的基本国策，提出了努力提高对外开放水平的重要任务，并要求完善全方位、多层次、宽领域的对外开放格局，发展外向型经济，积极合理有效地利用外资，正确处理对外开放同独立自主、自力更生的关系，维护国家积极安全。[③] 这标志着我国对外开放进入了一个新的成熟发展阶段。

2001年我国加入世界贸易组织，这为我国全方位提高对外开放水平和质量提供了契机。适应国内工业化进程的新形势和新问题，党中央在2002年的十六大报告中提出了“走新型工业化道路”的战略决策。与此相适应，对外开放进程进入了新的发展阶段。党的十六大报告提出，坚持“引进来”和“走出去”相结合，全面提高对外开放水

① 中共中央关于经济体制改革的决定．北京：人民出版社，1984：34.

② 中共中央关于建立社会主义市场经济体制若干问题的决定．北京：人民出版社，1993：26.

③ 江泽民．在中国共产党第十五次全国代表大会上的报告．北京：人民出版社，1997.

平。适应经济全球化和加入世界贸易组织的新形势，在更大范围、更广领域、更高层次上参与国际经济技术合作和竞争，充分利用国际国内两个市场，优化资源配置，拓宽发展空间，以开放促改革促发展。

2005年党的十六届五中全会的“十一五”规划纲要提出，坚持对外开放基本国策，在更大范围、更广领域、更高层次上参与国际经济技术合作和竞争，更好地促进国内发展与改革，切实维护国家经济安全。在贸易方面，重点是加快转变对外贸易的增长方式。按照发挥比较优势、弥补资源不足、扩大发展空间、提高附加价值的要求，积极发展对外贸易，促进对外贸易由以数量增加为主向以质量提高为主转变，包括优化出口结构、积极扩大进口、发展服务贸易、完善公平贸易政策。在吸引外资方面，要大力提高利用外资质量。抓住国际产业转移机遇，继续积极有效利用外资，重点通过利用外资引进国外先进技术、管理经验和高素质人才，把利用外资同提升国内产业结构、技术水平结合起来。在改善外商投资环境的同时，注重引导外商投资方向，促进利用外资方式多样化。在国际积极合作方面，完善促进生产要素跨境流动和优化配置的体制及政策，积极发展与周边国家及其他国家的经济技术合作，实现互利共赢。实施“走出去”战略，支持有条件的企业对外直接投资和跨国经营。以优势产业为重点，引导企业开展境外加工贸易，促进产品原产地多元化。通过跨国并购、参股、上市、重组联合等方式，培育和发展我国的跨国公司。推进国际区域经济合作，积极参与国际区域经济合作机制，加强对话与协商，发展与各国的双边、多边经贸合作。积极参与多边贸易、投资规则制定，推动建立国际经济新秩序。

2012年党的十八大提出“全面提升开放型经济水平”。适应经济全球化新形势，必须实行更加积极主动的开放战略，完善互利共赢、多元平衡、安全高效的开放型经济体系。要加快转变对外经济发展方式，推动开放朝着优化结构、拓展深度、提高效益方向转变。创新开放模式，促进沿海内陆沿边开放优势互补，形成引领国际经济合作和竞争的开放区域，培育带动区域发展的开放高地。坚持出口和进口并重，强化贸易政策和产业政策协调，形成以技术、品牌、质量、服务为核心的出口竞争新优势，促进加工贸易转型升级，发展服务贸易，推动对外贸易平衡发展。提高利用外资综合优势和总体效益，推动引资、引技、引智有机结合。加快“走出去”步伐，增强企业国际化经营能力，培育一批世界水平的跨国公司。统筹双边、多边、区域次区域开放合作，加快实施自由贸易区战略，推动同周边国家互联互通。提高抵御国际经济风险能力。①

与过去的“扩大对外开放”相比，“全面提升开放型经济水平”将对外开放的重点从数量扩张转向质量提升。包括：(1) 转变利用外贸和外资的方式，提升外贸和外资的质量与效益；(2) 推动“引进来”与“走出去”相协调，提高利用两个市场和两种资源的水平；(3) 促进区域经济协调发展，优化对外开放空间布局；(4) 加强全球战略谋划，主动影响和改变全球贸易及投资的市场环境与制度基础，营造更加有利的外部环境；(5) 完善对外开放的机制保障，提高驾驭对外开放的能力。

2013年习近平总书记提出建设“新丝绸之路经济带”和“21世纪海上丝绸之路”的构想。2014年，随着丝路基金和亚洲基础设施投资银行的设立，“一带一路”倡议进入实质性的实施阶段。“一带一路”倡议的目标是构建以“政策相通”、“设施联通”、

---

① 中国共产党第十八次全国代表大会文件汇编．北京：人民出版社，2012.

“贸易畅通”、“资金融通”和“民心相通”为核心内容的对外开放的新格局。与此同时，加速推进人民币国际化进程，提高我国在国际货币体系和国际金融市场上的影响力和话语权；通过上海自由贸易试验区的建设，进一步改善对外开放的制度和政策环境；加快实施自由贸易区战略，统筹多边、双边和区域经济合作，积极参与国际经贸规则的制定，争取全球经济治理制度性权力。所有这些对于我国构建更高层次的开放型经济新体制、形成全方位开放新格局，都具有重大深远的意义。

三、我国全方位开放格局的形成

改革开放初期，中国经济面临的主要约束是供给约束。经济发展面临三种约束：(1) 储蓄约束，国内储蓄不足以支持投资的扩张；(2) 外汇约束，有限的外汇不足以支持经济发展所需要的进口；(3) 吸收能力的约束，缺乏必要的技术、企业家和管理人才而无法有效地利用各种资源。

自1978年以来，以1990年为界，储蓄缺口和贸易缺口的变化表现出不同的特征。1978—1989年的12年当中有7年存在储蓄缺口，而存在贸易缺口的年份达到9年，其中1985年和1986年，储蓄缺口分别达到总产出的4.17%和2.52%。这表明中国在改革开放之初面临着较强的资本约束。1978—1993年，外汇储备余额低于当年进口量1/4的年份共有12年，达到这一期间的75%。

针对储蓄缺口和外汇缺口的双重约束，中国的外资政策和贸易政策改革主要是围绕放松资本约束和外汇约束而展开的。储蓄缺口和外汇缺口由进口及外资来弥补，国内投资摆脱国内储蓄的数量制约。一方面，经济增长初期大规模的投入需求超出了国内供给能力，必须借助于经常账户逆差和资本账户顺差这样的国际收支结构来满足国内经济增长的需求。另一方面，对于中国这样的发展中大国，出于对国民经济安全性、稳定性和独立性的考虑，经济增长的投入需求又不能长期、过度地依赖进口。因此，在这个阶段必然实行进口替代战略，通过政府对经常账户余额进行主动调整和控制，避免逆差的过度积累，同时提高国内供给能力。中国在大力引进外资来弥补国内的储蓄缺口和外汇缺口的同时，实施贸易保护主义，通过关税、配额、许可证和外汇管制等手段，限制耐用消费品和某些国内已经能够生产的资本设备的进口，鼓励外资企业的本地采购，对外资企业生产的产品实施“国产化比率”要求。在出口方面，实施“谁创汇，谁留成”的外汇管理办法，鼓励出口企业增加功能，目的还是弥补国内的储蓄和外汇缺口。

随着工业化进程的不断深入，投资和国内生产能力不断积累。到20世纪80年代末期，中国经济逐步从储蓄缺口转向投资缺口。此前的大规模投资逐步转变成现实的生产能力，国内供给逐步超过国内需求，储蓄—投资对比关系发生逆转。在这种情况下，国内储蓄缺口逐步得到缓解，宏观经济稳定和增长中的主要矛盾变为产出的市场实现问题。适应新的矛盾，经济增长战略转向出口导向战略，通过大规模的出口带动经济增长并维持宏观经济平衡。

2001年加入WTO后，我国的对外开放全面深入，开放战略不局限于通过促进出口、限制进口、吸引外资带来国内的产业发展和经济发展，彻底摆脱在进口替代和出口导向两种战略之间进行的非此即彼的狭隘选择。首先，在对外贸易方面，运用财政、税收和金融等手段，支持高附加值、高技术含量、拥有自主知识产权、低能耗、低污染和非资源性产品的出口；完善加工贸易政策，提高产业层次和加工深度，增强国内配套能力，促进国内产业升级；通过进口税收政策调整，引导先进技术、关键设备及零部件和国内短缺的能源、原材料进口，积极发挥进口在促进国内产业升级和支持国内新型工业化战略方面的重要作用。其次，在利用外资方面，更加注重外资的质量以及外资与国内产业发展方向的匹配性，通过法律法规、税收政策、行政手段和价格手段，引导外资流向国内重点行业和地区。强调通过利用外资引进国外先进技术、管理经验和高素质人才，把利用外资同提升国内产业结构、技术水平结合起来。从服务于国内产业升级这一总体目标出发，将对外投资提到与吸引外资同等重要的地位。通过体制和政策调整，并配合以各种价格手段，引导国内企业开展对外投资，一方面有助于开拓国际市场、突破其他国家的贸易壁垒，另一方面推动国内成熟产业向外转移。最后，在对外经济政策协调方面，除了继续参与以WTO为平台的多边协调之外，积极推进双边和区域性经济政策协调。适应国际环境的变化和多边贸易体系的现实发展状况，将自由贸易区战略上升为我国的国家战略，以周边为基础加快实施自由贸易区战略，形成面向全球的高标准自由贸易区网络，并以此为平台积极参与国际规则制定、争取全球经济治理权力。

在对外开放的地理格局方面，在经济特区的试点经验的基础上，开放地域不断向沿海、沿江、沿边和内陆地区扩展，在地理上形成全面对外开放的格局。1979—1980年，这是我国对外开放的起步和试点阶段，先后试办深圳、珠海、厦门和汕头四个经济特区，作为我国对外开放的窗口和试验田。1984—1991年，是我国对外开放进入不断扩大的阶段。1984年开放14个沿海港口城市，开放领域由南向北涉及我国10个沿海省份。1985年，将长江三角洲、珠江三角洲和闽东南地区开辟为沿海经济开放区。1988—1990年，先后把开放区域扩大到辽东半岛、山东半岛，并建立海南经济特区和上海浦东新区。从1992年开始，我国对外开放进入全面铺开阶段，全方位、多层次和宽领域的对外开放格局逐步形成。1992年之后，我国进一步开放6个沿江城市、13个内陆边境城市和18个内陆省会城市，将对外开放扩展到沿边、沿江和内陆地区，从而在全国实现了对外开放的局面。2013年“一带一路”倡议的提出，力图全面释放内陆和沿边地区的开放潜力，提升内陆和沿边地区的经济开放水平，形成全方位、均衡协调的开放地理格局。

四、我国对外经贸关系的变化

1. 对外贸易的发展变化

自改革开放以来，我国对外贸易迅猛发展。1982—2013年，进出口总额从425亿美元增至46 229亿美元，年均增长16.9%；出口从236亿美元增至24 282亿美元，年均增长16.8%；进口从189亿美元增至21 947亿美元，年均增长17.5%。2001年加入WTO以后，对外贸易的扩张尤其迅速。2001—2013年，贸易总额年均增长18.9%，出口年均增长19.0%，进口年均增长18.9%。

我国对外贸易占全球的比重迅速上升。1982—2013年，产品出口占全球的比重从1.2%上升至11.9%，产品进口占全球的比重从0.9%上升至10.3%；服务出口占全球的比重从0.6%上升至4.4%，服务进口占全球的比重从0.4%上升至7.3%。这意味着，我国无论是作为供给者还是需求者，在国际市场上的地位都大幅提升。目前，我国已经成为全球第一大出口国和第二大进口国。[①]

自改革开放以来，产品和服务出口占我国GDP的比重不断上升，在2007年的顶峰时曾经达到38%。净出口成为拉动我国经济增长的重要的需求力量。1994—2007年，净出口对我国经济增长的年均拉动率达到0.83个百分点。近年来，随着我国经济增长战略的调整，特别是从出口导向向内需驱动的转变，GDP的贸易依存度开始下降。出口依存度从2007年的38%降至2013年的26%。净出口对GDP增长的拉动作用显著下降。2008—2013年，净出口对GDP增长的平均拉动率为−0.85个百分点。这意味着我国对外部市场的依赖性发生了显著变化。[②]

在我国对外贸易规模迅速扩张的同时，外贸的产品也不断变化。在我国的总出口构成中，有形产品占比相对稳定，维持在90%左右；在有形产品出口中，制成品占比大幅上升，自1995年以来上升了10个百分点左右；在制成品内部，电子产品及其零部件以及其他机器设备的占比上升了25个百分点左右，已经成为我国最大类别的出口产品。在我国的服务出口中，包括通信服务，金融和保险服务，计算机和信息服务，版权和许可服务，商贸服务，经营租赁服务，其他商业、专业和技术服务等在内的“其他服务”类别，成为我国最大的服务出口类别。按照一般的分类标准，旅行服务主要属于消费型服务，“其他服务”主要属于生产型服务，运输服务既包含生产型服务，也包含消费型服务。总之，在我国的总出口中，产品出口构成日益向高端制成品倾斜，服务出口构成日益向生产型服务倾斜。所有这些变化都意味着我国出口结构不断优化。

在我国的总进口中，有形产品的占比小幅下降，服务占比小幅上升；在总有形产品进口中，制成品占比显著降低，初级产品占比显著上升；在总制成品进口中，电子产品及零部件和其他机器设备的占比明显上升；在总服务进口中，旅行服务的占比明显上升。受制于国内供给约束，我国国内对初级产品、电子零部件和机器设备等的超额需求不得不依赖进口来满足。在服务方面，虽然我国国内供给相对不足，但是生产型服务的跨境供给既可以借助于直接的服务贸易，也可以借助于以有形产品为载体的间接贸易或者服务业FDI，因此，对境外生产型服务需求的增加不会全部转变为进口的增长；而对于旅游这类的消费型服务，跨境供给主要依赖直接的跨境服务贸易，因此，对境外消费型服务需求的增加直接转变为进口的增长。进口结构的变化更加契合我国国内供求状况，有助于弥补国内的供给缺口。

在出口市场方面，我国已经与世界上绝大多数国家和地区建立了贸易关系，贸易伙伴从开放初期的几十个国家和地区发展到目前的230多个国家和地区。随着新兴市场开拓力度的加大，欧美发达市场以及东亚市场虽然还是我国最大的出口目的地市场，但是这些传统市场的地位已经明显下降，东盟和拉美新兴市场在我国出口中的地位不断提升。从对我国制成品出口增长的拉动率来看，1996—2007年，北美和欧盟市场的年均拉动率是9.6个百分点，亚洲和中南美洲市场的年均拉动率是8.8个百分点；2010—2013年，北美和欧盟市场的年均拉动率降为5.2个百分点，亚洲和中南美洲市场的年均拉动率增至9.4个百分点。这意味着我国出口增长动力的市场来源日益多样化。

2. 跨境资本流动的变化

作为中国外向型经济发展战略的一部分，金融领域的开放伴随着国内改革和实体经

---

① 以下数据除了另外标识外，均来自联合国贸发会议数据库。

② 数据来自中经网统计数据库。

济的开放进程而逐步展开。从 FDI 到银行信贷和证券资金，跨境资本流动规模急剧扩大。资本和金融项下流入中国的总资金从 1982 年的 36 亿美元增至 2014 年的 25 730 亿美元左右；流出中国的资金从 1982 年的 53 亿美元增至 2014 年的 25 347 亿美元左右。资金流入规模从 1982 年的－17 亿美元增至 2014 年的 383 亿美元。①

无论是外国对我国的投资，还是我国对外国的投资，以贸易信贷和银行贷款为主的“其他”资本流动形式都是最主要的形式，在外国对我国投资中的占比目前维持在 80%左右，在我国对外投资中的占比维持在 90%左右。相比较而言，FDI 在外国对华投资中的地位更加重要，其占比在 20 世纪 90 年代中期曾经超过 50%，目前的比重也在 10%以上；在我国对外投资中，FDI 的占比要低很多，目前的占比不到 5%。证券投资作为另外一种跨境资本流动形式，受资本账户管制政策的制约，在总资本流动中的占比较低，并且受经济形势、经济政策和市场情绪的影响较大，呈现出的波动性是最大的。②

FDI 是最稳定的资本流入形式，而且 FDI 流入还会伴随技术、机器设备和管理经验等的流入。自 20 世纪 90 年代初期以来，我国 FDI 流入规模迅速增长，从 1990 年的 35 亿美元增至 2013 年的 1 239 亿美元。在全球所有国家的 FDI 流入总量中，我国的占比在 1990 年只有 1.7%，2013 年这一占比达到 8.5%。随着我国国内经济增长约束条件的变化和整体经济规模的扩张，FDI 的地位和作用也发生了明显变化。20 世纪 90 年代，FDI 流入占我国 GDP、国内固定资本形成和对外贸易的比重都达到了顶峰，分别是 5.8%、16.8%和 28.3%。在此之后，随着我国国内供给能力和积累能力的提升，这些指标持续下降。这意味着 FDI 流入对我国经济的作用已经不再是简单地弥补国内供给数量缺口。

在 FDI 流入规模迅速扩大的同时，我国 FDI 流入的产业不断优化。从流量指标看，在我国实际利用的外商直接投资中，制造业占比明显下降，2013 年的占比已经降至 39%；服务业吸引外商直接投资的占比明显上升，2010 年以后超过制造业成为我国吸引外商直接投资最多的产业，2013 年的占比达到 56%。在各产业内部，第一、三产业投向现代农业、商贸服务和民生服务领域的外资明显增多。在第二产业中，电子信息、集成电路、家用电器、汽车制造、新能源、新材料、生物医药和节能环保等行业日益成为外商直接投资的流入重点。③

我国的对外直接投资起步较晚。2002 年以后，随着“走出去”战略的提出和深入实施，我国对外直接投资规模才开始迅速扩大。2003—2013 年，我国对外直接投资净额从 28.5 亿美元增至 1 078.4 亿美元，年均增长 49.6%。

对外投资的行业领域不断拓宽。2003—2013 年，采矿业占比从约 48%降至 23.0%，制造业占比从 21.9%降至 6.7%，服务业占比从 25.4%升至 64.0%。考虑到服务业内部的细分门类众多，服务业占比的上升充分显示出我国对外直接投资的行业结构的优化。④

我国对外直接投资的地区结构明显变化，市场日益多元化，目前已覆盖全球 130 多个国家和地区。亚洲和拉美是我国对外直接投资最主要的两个流入地，两者占我国对外直接投资流量和存量的比重超过了 80%。近年来，亚洲和拉美所占比重明显下降，欧

---

① 数据来自中国外汇管理局网站。

② 数据来自中国外汇管理局网站。

③ 数据来自中经网统计数据库。

④ 数据来自中经网统计数据库。

洲、北美和大洋洲等发达地区所占比重上升。[1]

第三节　对外贸易与我国的经济增长

一、对外贸易是突破国内增长约束的有效手段

外向型工业化战略是我国过去20多年的经济发展战略的核心。在外向型工业化战略之下，贸易结构必须适应工业化进程的基本需求，帮助工业化进程克服在生产投入和市场实现两方面的约束。所以，虽然在一般意义上可以把进口的作用界定为满足国内对中间产品、投资品和消费品的需求，但我国的进口主要是为了满足国内的生产投入需求。中间产品和投资品进口占我国总进口的比重超过了90%。与此相对应，进口中间产品和投资品在国内中间产品总投入和投资品总投入中的占比，也远高于进口消费品在国内总消费中的占比。

我国外向型工业化战略能够取得巨大成功，一个很重要的原因是充分利用了产品内国际分工发展的机遇，从最末端的加工和组装环节融入全球价值链，推动我国制造业的迅猛发展。这一点在2000年以后表现得尤为明显。处于全球价值链上的加工和组装环节，必然有大量中间产品从国外进口而来，经过加工和组装后再次流向下一个生产环节或进入最终需求市场。这带动我国中间产品进口的迅速增长，中间产品在总进口中的比重不断上升。

随着我国工业化进程向重工业化阶段的发展，对原材料、零部件和资本品的需求超出了国内禀赋条件和供给能力，国内生产过程所需要的中间产品和投资品对进口的依赖性越来越高，这导致中间产品投入的进口占比和投资品投入的进口占比迅速上升。如图8-1所示，在20世纪90年代末期到2005年左右，我国国内中间产品和投资品对进口的依赖性迅速提高。

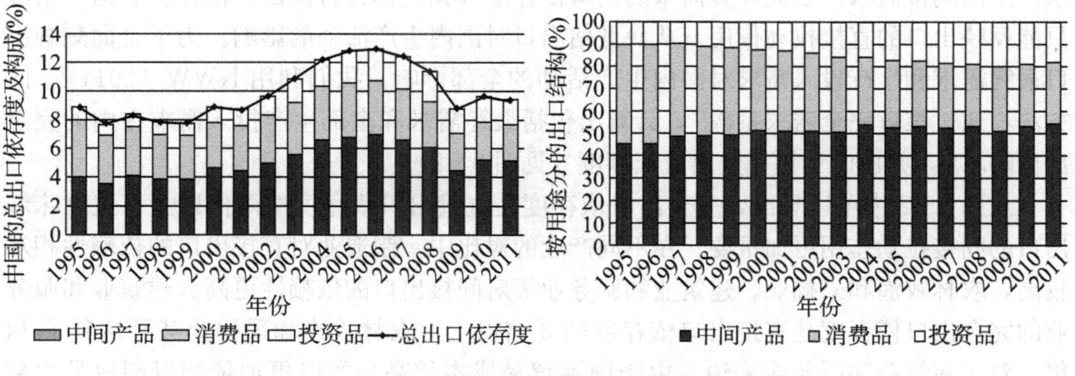

图8-1　我国出口占比与出口结构

说明：图中的出口依存度分别是指投资品出口、消费品出口和中间产品出口占国内总产出的百分比。根据世界投入产出数据库（WIOD）的投入产出数据计算而来。

---

① 数据来自中经网统计数据库。

我国总供给能力在工业化进程的推动下迅速提升，并超过了国内市场的吸收能力，总产出的市场实现过程越来越依赖国外市场，这推动我国出口占总产出的比重不断提高。如图 8-1 所示，我国出口占总产出的比重从 20 世纪 90 年代末期的 8%左右上升至 2006 年的 13%左右。伴随工业化进程的发展，不仅我国的总供给能力显著提升，而且我国的总供给结构出现明显变化。最终消费品的供给能力相对下降，投资品和零部件的供给能力相对上升，表现在出口结构上就是投资品占比和中间产品占比上升、消费品占比下降。

国内供给能力和结构的变化不仅会影响我国的出口结构，而且会改变国内生产投入对进口的依赖性。国内投资品和零部件供给能力的提升最终会推动国内生产投入对进口的依赖性不断降低。由于我国对全球价值链参与度的不断提高，在承担特定生产环节的生产任务时，必然需要来自上一生产环节的中间产品。如果上一生产环节处于其他国家，那么，就必然需要进口相关中间产品。此外，对于初级产品这样的中间投入，供给能力受非再生性禀赋条件的严格制约，国内供给缺口只能由进口来弥补。这两方面因素在一定程度上阻碍了我国中间投入的进口依赖性的下降。因此，我国在中间投入上的进口依赖性的下降速度慢于在投资品上的进口依赖性。

二、出口对我国经济的直接和间接拉动效应

考虑到产业内部以及不同产业之间的投入一产出联系，出口会通过两条渠道拉动国内经济活动。假定一个由初级产业、制造业和服务业组成的经济对外出口 1 单位制成品，为此首先需要生产出 1 单位制成品，这是对出口的直接需求或直接拉动效应。进一步，为了生产 1 单位用于出口的制成品，还要消耗各种中间投入，包括制成品、初级产品和服务等，这就对初级产业、制造业和服务业形成第一轮间接需求；为了生产用于中间投入的初级产品、制成品和服务，依然需要投入初级产品、制成品和服务，这样就对相关产业形成第二轮间接需求；如此不断循环下去。所有因生产投入而产生的间接需求，就是最初的制成品出口对国内经济的间接拉动效应。

现有基于海关统计得出的总出口数据只能测度最终需求，不能反映通过生产投入需求产生的间接需求。以此计算而来的出口依存度被我们称为直接出口依存度。这一指标只能反映出口的直接拉动作用，从而低估出口对国内生产活动的影响。为了全面刻画出口最终需求和生产投入需求对国内生产活动的全部影响，我们利用 KWW（2014）[①] 的方法，通过核算完全需求系数[②]，计算出包括最终需求和全部生产投入需求在内的完全出口需求[③]，并由此计算完全出口依存度（见图 8-2）。

从图 8-2 中可以看出，完全出口依存度是直接出口依存度的两倍以上。这意味着出口的间接拉动作用更加重要。在不同产业的对比中，制造业对直接出口的依赖性相对较高，农林牧渔和采掘业、建筑业和服务业等对间接出口的依赖性更高。建筑业和服务业的完全出口依存度是直接出口依存度的 3 倍以上，农林牧渔和采掘业甚至达到了 14 倍。对于建筑业和服务业来说，由于国际贸易成本较高，所以更加依赖以制成品为载

① R. Koopman, Z. Wang, and S. Wei. Tracing Value-added and Double Counting in Gross Exports. American Economic Review, 2014, 102 (2): 459-494.

② 完全需求系数不仅包括对最终产品自身的需求，而且包括对中间产品的需求。

③ 为了支持总出口所需要的国内总产出。

体，通过制成品的出口实现间接出口。对于农林牧渔和采掘业，在我国过去的工业化模式下，其产出更多地被用作国内制造业的生产投入，并通过制成品的出口实现间接出口。因此，虽然我国非制造业行业对出口的直接依赖性较低，但是外需变化会通过影响制造业的生产投入需求，对我国非制造业行业产生非常大的间接影响。

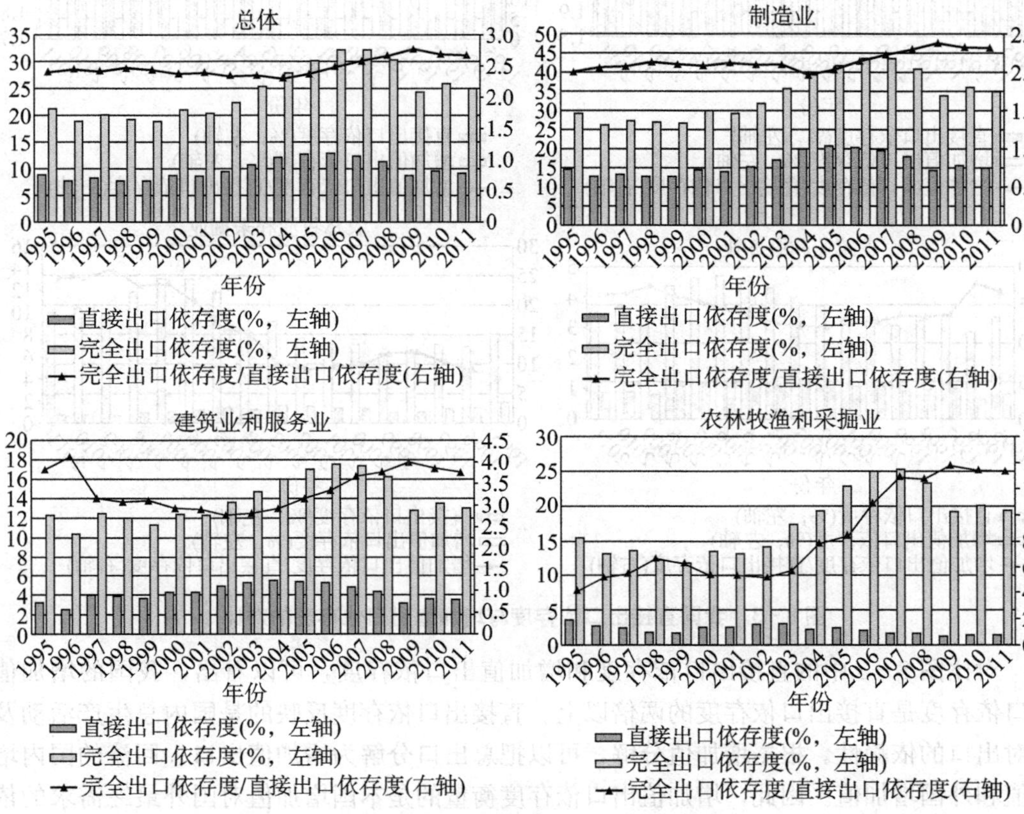

图 8-2　我国直接出口依存度与完全出口依存度的比较

说明：直接出口是指现有贸易统计下的出口，直接加总 WIOD 的中间产品出口、投资品出口和消费品出口。完全出口是指直接出口引发的对国内产品的完全需求，利用 WIOD 数据和 KWW（2014）的方法计算而来。

完全出口依存度衡量的是一国总生产活动在市场实现环节对国外的完全依赖性，或者说是出口对一国国内生产活动的完全拉动作用。要准确刻画出口对于一国国内生产增值活动的影响，还必须在增加值意义上核算出口依存度。首先，需要在总产出的基础上剔除中间投入，核算出一国在给定时期内新创造的价值。其次，在产品内国际分工的背景下，一国的出口产品中包含来自外国的中间投入，因此出口产品中包含的增加值并不完全归属出口国。此外，有些产品在出口后经过国外的再加工，会重新流出初始出口国，因此，一国出口产品中包含的本国增加值并没有全部留在国外。为了在增加值意义上刻画我国国内经济活动对出口的依赖性，需要从总出口中剔除外国增加值和重新回流本国的国内增加值。我们利用 KWW（2014）的方法和 WIOD 数据，对我国的出口进行增加值分解，从中得到增加值出口指标[①]，在此基础上计算出增加值出口占总增加值的比重（见图 8-3）。

① 增加值出口是指本国创造并且最终被外国吸收的价值，属于本国的 GDP。

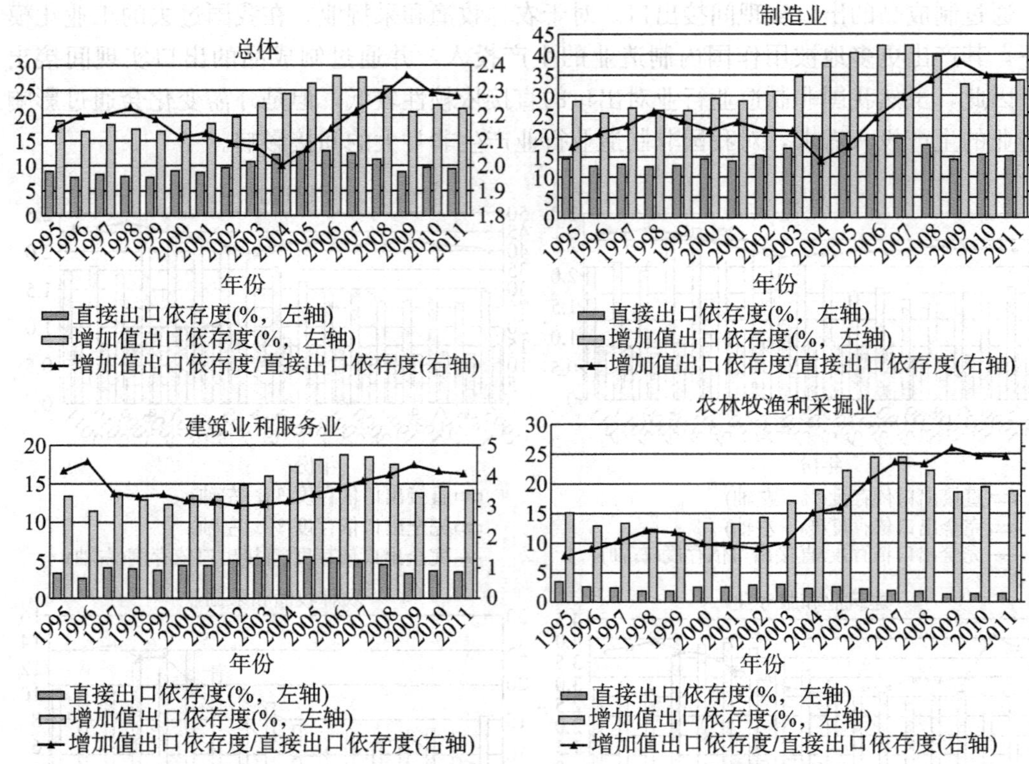

图 8-3　我国直接出口依存度与增加值出口依存度的对比

对比图 8-3 中的直接出口依存度和增加值出口依存度，可以看出，我国的增加值出口依存度是直接出口依存度的两倍以上。直接出口依存度反映的是国内总生产活动及其对出口的依赖性。根据增加值分解，可以把总出口分解为增加值出口、回流的国内增加值和外国增加值。因此，增加值出口依存度衡量的是本国增加值对国外最终需求的依赖性。由此可以认为，我国国内生产增值活动、就业创造和收入创造等对国外最终需求的依赖性远高于直接出口依存度。

在不同产业的对比中，农林牧渔和采掘业、建筑业和服务业的直接出口依存度及增加值出口依存度都低于制造业，但是它们的增加值出口依存度对直接出口依存度的倍数比制造业更高。建筑业和服务业的这一倍数在 3 以上，在某些年份农林牧渔和采掘业的这一倍数超过了 10。由此可以看出，出口对我国的农林牧渔和采掘业以及服务业的直接拉动作用较小，但是间接拉动作用很强。

三、制成品出口对我国非制造业行业的拉动效应分析

制成品是我国最主要的出口产品类别，而且制造业本身的直接出口依存度也是最高的。这可以很直观地反映出口对于我国制造业的重要性。但是考虑到经济体系内部不同产业之间的投入—产出联系，制成品出口还会对非制造业行业产生拉动效应。

不同产业之间的投入—产出联系包括前向联系和后向联系。从后向联系来看，一个部门的产出中既有本部门创造的价值，也有其他部门创造的价值。从前向联系来看，一个部门的产出既可以直接满足最终需求，也可以通过其他部门的产出间接满足最终需

求。因此，在核算部门增加值出口指标时，首先需要将部门总出口中包含的来自国内其他部门和国外所有部门的增加值剔除，其次还要将通过国内其他部门实现的间接增加值出口计算进来。①

由于部门总出口中没有包含间接增加值出口，因此，如果间接增加值出口较多，部门增加值出口就可能超过部门总出口。由于部门总出口中包含来自本部门以外的增加值，因此，如果来自本部门以外的增加值较多，部门增加值出口就会小于部门总出口。

在我国不同部门的对比中，制造业增加值出口小于总出口，增加值出口占总出口的比重自 2004 年以来维持在 46%左右。农林牧渔和采掘业、建筑业和服务业增加值出口则明显大于总出口。建筑业和服务业增加值出口是总出口的 1.5 倍以上，农林牧渔和采掘业增加值出口是总出口的 3 倍以上。

对于服务业，特别是生产性服务业，因其产出普遍被其他部门用作生产投入，所以，普遍存在通过国内其他部门总出口实现服务业增加值间接出口的情况。此外，服务业的贸易成本相对较高，服务业总出口规模相对较小。因此，在服务业中普遍存在增加值出口规模超过总出口规模的情况。

对于农林牧渔和采掘业，受制于我国国内的资源禀赋约束，加之国内重化工业旺盛的投入需求，我国在农林牧渔和采掘业上的直接出口规模较小。农林牧渔和采掘业的增加值主要是通过制成品实现间接出口。因此，在农林牧渔和采掘业中也普遍存在增加值出口规模大于总出口规模的情况。

在动态变化趋势上，自 2004 年以来，制造业增加值出口对总出口的比率较为稳定，而其他产业增加值出口对总出口的比率则迅速提高。这意味着初级产业和服务业等通过制造业实现了更多的间接增加值出口。从图 8－4 所示的制造业中间投入的国别和产业来源可以看出，自 2004 年以来，在我国制造业中间投入的国别来源中，国内中间投入不断替代国外中间投入。这使我国制造业增加值出口对总出口比率呈稳中有升的变化趋势。

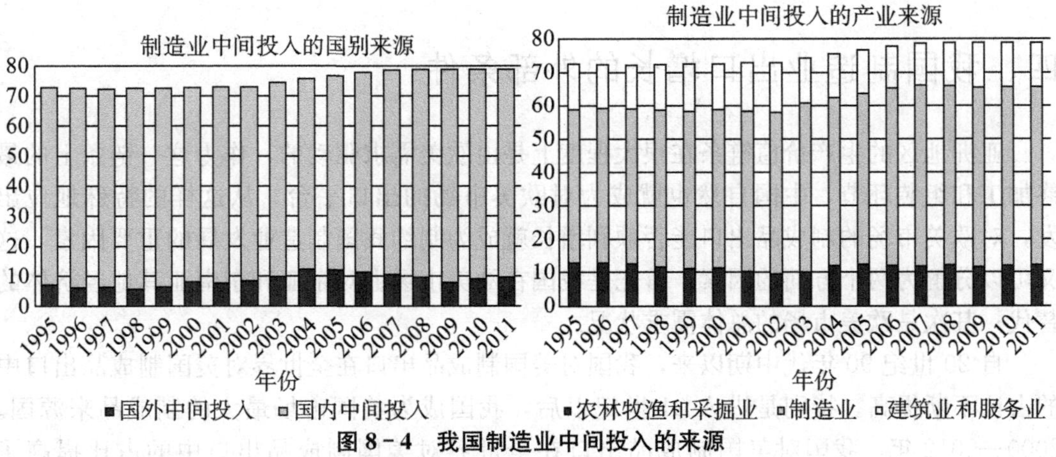

图 8－4　我国制造业中间投入的来源

说明：根据 WIOD 的投入产出数据计算而来。

---

① Robert Johnson and Guillermo Noguera. Accounting for Intermediates: Production Sharing and Trade in Value Added. Journal of International Economics，2012，86 (2)：224－236；M. P. Timmer，B. Los，R. Stehrer，and G. de Vries. Fragmentation，Incomes and Jobs：An Analysis of European Competitiveness. Economic Policy，2013，28 (76)：613－661；Wang Zhi，Wei Shang-Jin and Zhu Kunfu. Quantifying International Production Sharing at the Bilateral and Sector Levels. NBER Working Paper No. 19677，November 2013.

受制于产品属性、用途和贸易成本的差异，以及国内供求约束，不同产业对直接出口和间接出口[①]的相对依赖性存在显著差异。制造业相对更依赖直接出口模式，而农林牧渔和采掘业、建筑业和服务业则更依赖间接出口模式。从图 8－5 对不同产业间接出口比率和增加值出口比率的比较中可以看出，我国农林牧渔和采掘业、建筑业和服务业对间接出口模式的依赖性明显高于制造业，这些产业的增加值出口比率也明显高于制造业。2004 年以后，随着农林牧渔和采掘业、建筑业和服务业间接出口比率的提高，它们与制造业之间的差距不断扩大。同期，这些产业的增加值出口比率也上升，并且与制造业之间的差距不断扩大。

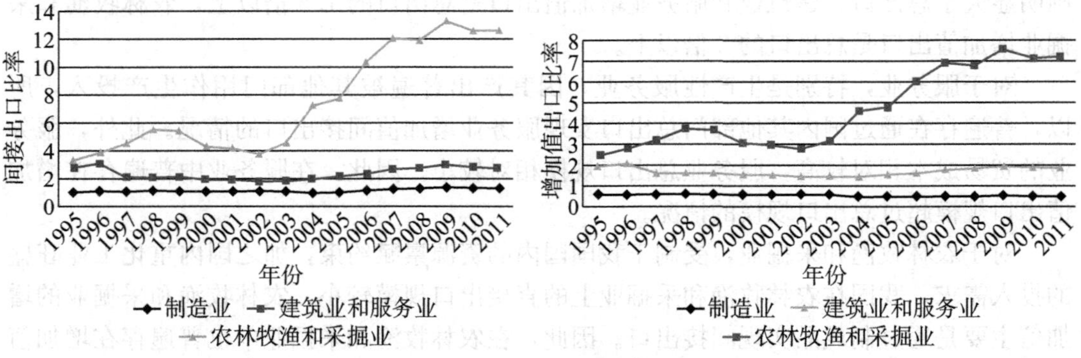

图 8－5　我国不同产业的间接出口比率与增加值出口比率

说明：相关指标是对总出口的比率。根据 WIOD 数据和 KWW（2014）的方法计算而来。

在我们把整体经济分为农林牧渔和采掘业、制造业以及建筑业和服务业以后，农林牧渔和采掘业与建筑和服务业的间接出口应该主要是通过制成品出口实现的。这意味着，制成品出口增长通过影响制成品生产过程的投入需求，对我国的初级产业和服务业的增值活动产生巨大的拉动作用。

四、我国制造业出口增长的外部条件

亚洲地区的生产价值链条在很大程度上是由欧美需求驱动的，作为这一链条上的最终加工和组装环节，中国自然也就成为对欧美市场的出口平台。从这样的特殊地位出发，对欧美市场的制成品出口能否顺利增长就成为制约我国制造业发展的重要因素。这又可以分解为两个方面的因素：首先是我国在欧美市场上对东亚和东南亚其他经济体的替代；其次是欧美市场的总体需求状况。

自 20 世纪 90 年代中期以来，我国对美国制成品出口在全世界对美国制成品出口中的占比不断提高。特别是进入 21 世纪以后，我国成为美国市场最大的制成品来源国。2000—2012 年，我国对美国制成品出口在全世界对美国制成品出口中的占比提高了 16.9 个百分点。[②]

自 2000 年以来我国对美国制成品出口的增加，在很大程度上是来自对亚洲其他经

① 首先作为中间投入进入国内生产过程，然后再以最终产品为载体出口到国外。

② 制成品主要包括 SITC 分类下的第 5 至第 8 类产品，即化工产品、按原料分类的制成品、机械和运输设备以及杂项制品；其他制成品包括按原料分类的制成品和杂项制品。

济体的替代，特别是对东亚和东南亚经济体的替代。2000—2012 年，我国在美国制成品进口中的份额上升了 16.9 个百分点，而整个东亚和东南亚的份额仅上升了 4.1 个百分点。[①] 这意味着在我国所占份额不断提高的同时，东亚和东南亚其他经济体所占份额是不断下降的。所以，我国作为美国制成品最大进口来源国的地位，主要是来自对东亚和东南亚其他经济体的替代。

同样，我国在欧盟[②]市场上的地位也是来自对东亚和东南亚其他经济体的替代。2000—2012 年，在全世界对欧盟的制成品出口中，我国所占比重从 2.1%上升至 8.4%，增加了 6.3 个百分点；在此期间，整个东亚和东南亚所占份额从 12.5%升至 16.1%，仅上升了 3.6 个百分点。这意味着在我国所占比重迅速上升的同时，东亚和东南亚其他经济体所占份额是不断下降的。所以，我国对欧盟制成品出口的增加主要来自对东亚和东南亚其他经济体的替代。

应该说，在欧美市场上对亚洲其他经济体的替代，是推动我国自 2000 年以来制成品出口高速增长的最重要的力量。正是由于存在这样的动力，我国制成品对欧盟市场的出口增速才能远高于欧美市场整体规模扩张的速度。这也是在一段时期内出现我国经济形势与欧美经济“脱耦”现象的重要原因。

自 2000 年以来，欧美经济的良好运行态势和市场规模的扩张，也为我国出口增长提供了进一步的推动力。从美国的市场需求状况来看，2003—2008 年，无论是制成品需求还是总需求都处于一个较快的增长时期。欧盟市场在这一时期同样也呈现出迅速扩张的态势。这就为我国制成品出口的快速增长提供了条件。

五、我国在全球价值链上的位置

我国处于全球价值链的加工和组装环节，大量进口中间投入，在国内完成加工和组装环节的增值活动后，向国际市场出口最终产品。这一分工地位以及与此相适应的贸易模式带动了我国贸易规模和国内生产规模的迅速膨胀。但是，这种分工地位和贸易模式的弊端也是显而易见的。由于国内生产过程大量使用进口中间投入，国内收入和就业的增长滞后于生产规模和出口规模的增长。

一般认为，我国作为全球价值链上的加工和组装中心的地位，在 2005 年左右已经完全形成，在这个环节上进一步扩张的空间越来越小。自此以后，我国在全球价值链上的位置开始出现变化和调整。接下来，我们通过考察总出口中的增加值出口、增加值回流和外国增加值等指标，对我国在全球价值链上的地位变化进行具体分析。

首先是总出口中的增加值出口指标。增加值出口是指由本国创造并最终被国外吸收的增加值。增加值出口是本国 GDP 的直接组成部分之一。这一指标直接反映本国国内增值活动对国外的依赖性，而且这种依赖性主要表现为对国外最终需求的依赖，或者说是生产过程最后的市场实现环节对国外的依赖。

从图 8－6 中可以看出，2006 年以后，增加值出口占国内总增加值的比重明显降低，

① 根据联合国贸发会议数据库的数据计算而来。在联合国贸发会议数据库的统计数据中，关于东亚和东南亚的数据不包括中国和日本，本书此处的东亚和东南亚包括日本和中国。

② 这里的欧盟是指欧盟 27 国。

这意味着我国国内生产增值活动对国外最终需求的依赖程度下降。与此同时，总出口的增加值出口占比提高，这意味着单位出口对国内生产增值活动的拉动作用不断增大。

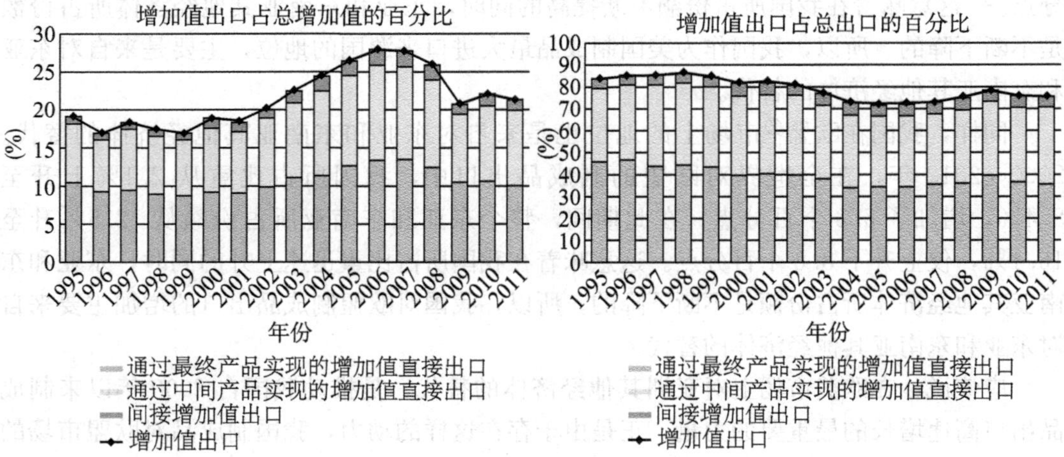

图 8-6　我国增加值出口的构成

说明：根据 WIOD 数据和 KWW（2014）的方法计算而来。

在我国增加值出口的构成中，通过中间产品出口实现的增加值出口比重不断上升，包括直接增加值出口①和间接增加值出口②。这意味着，我国在全球价值链上的位置开始向上游的中间产品生产环节移动，越来越多地生产零部件等中间产品，对最终产品加工和组装环节的依赖性开始下降。

其次是总出口中的增加值回流指标。回流本国的增加值是指，国内创造的增加值先以某种中间产品为载体出口到其他国家，在其他国家被进一步加工成最终产品或中间产品，然后重新运回本国，并用于满足本国的最终需求。这是本国创造的增加值，因此属于本国 GDP 的范畴，但是最终回流本国，因此不属于本国的增加值出口。这一指标反映的是国内生产和国内最终需求之间的联系过程中存在对外依赖性。也就是说，国内存在最终需求，但国内提供最终产品的能力是不完全的，不能独自完成最终产品的全部生产环节。同时，这也反映了一国在全球价值链上的位置。在国际经验中，发达经济体处于全球价值链的上游，增加值回流比率相对较高，发展中经济体处于全球价值链的下游，增加值回流比率相对较低。

我国出口的中间产品有一部分被其他国家加工成最终产品或其他中间产品，然后重新运回我国，并被我国的最终需求所吸纳。与此对应，初始中间产品出口中包含的我国的增加值，有一部分在出口后重新回流我国。这就是我国的增加值回流。从图 8-7 中可以看出，我国总出口中的增加值回流比率很低。2011 年，增加值回流占总出口的比重只有 1.8%，远低于发达经济体的水平。根据 KWW（2013）对中美双边电子和光学设备贸易的分解，中国对美国出口中的增加值回流几乎可以忽略不计，2011 年只有 0.7%。美国对中国出口中的增加值回流在 2011 年达到 7.0%。这反映出我国在全球价

① 我国出口的中间产品被进口国用于生产最终产品，并满足其国内最终需求。这样，中间产品中包含的我国的增加值最终留在直接进口国。

② 中间产品被进口国加工成其他产品，然后出口到第三国，并用于满足第三国的最终需求。这样，中间产品中包含的我国的增加值被间接出口到第三国。

值链上依然处于较为下游的环节。[①]

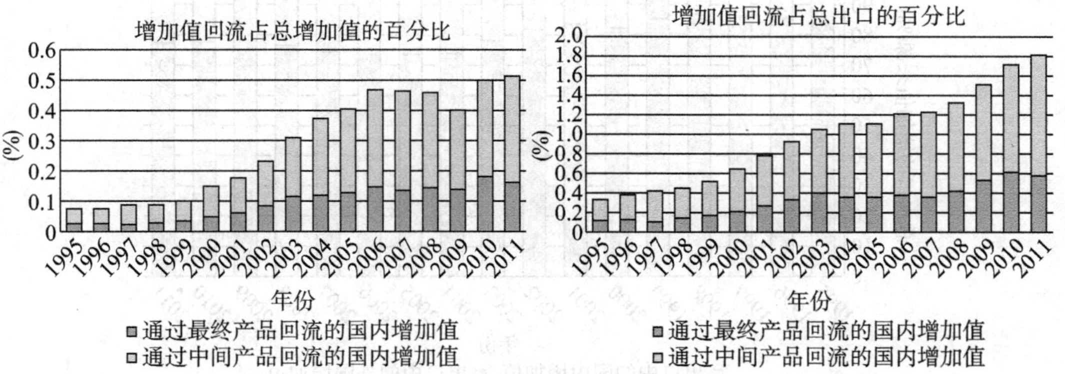

图 8-7　我国增加值回流占比及构成

说明：根据 WIOD 数据和 KWW（2014）的方法计算而来。

但是从动态变化趋势来看，自 2000 年以来，无论是以国内总增加值还是以总出口为基数，我国增加值回流占比都有非常明显的提高。作为衡量一国在全球价值链上位置的重要指标，增加值回流占比上升意味着我国已经逐步向全球价值链的上游环节移动，越来越多地为其他国家提供生产投入。此外，回流的增加值是被我国国内最终需求吸收，所以，增加值回流占比的提高也意味着我国作为最终需求市场的地位不断上升。因此，从这一指标的动态变化中可以看出我国不断向全球价值链两头移动的趋势，一方面提供上游的生产投入，另一方面提供最终需求市场。这种变化预示着我国对全球价值链的控制力不断增强。[②]

最后是总出口中的外国增加值指标。总出口中包含的外国增加值衡量的是来自国外的增加值，被用于生产本国的出口产品，最终流向国外。这一指标既不属于本国的增加值出口，也不属于本国的 GDP，但对于本国的国内增值活动和出口是不可或缺的。出口本身就意味着对国外市场的依赖性，而出口中包含的外国增加值反映的是国内生产过程对外国中间投入的依赖性。所以，这一指标反映了在生产投入和市场实现环节的对外双重依赖性。

从图 8-8 所示的我国总出口的增加值来源看，来自国外的增加值占比自 2005 年以来基本呈下降趋势。2005—2011 年下降了将近 4 个百分点。这反映我国生产过程在生产投入和最终市场需求两个方面对国外的双重依赖性降低。这与前述增加值回流指标的变化趋势形成了相互印证。

结合总出口中的增加值出口指标、增加值回流指标和外国增加值指标的动态变化趋势，可以认为，我国虽然还处于全球价值链的下游环节，在生产投入和最终市场两个方面对国外具有很高的依赖性，但是近年来已经显示出较为积极的变化趋势。一方面，我国开始不断向全球价值链的上游环节移动，提供中间产品的能力不断提高；另一方面，为全球价值链提供最终需求市场的能力也不断增强。

---

① Wang Zhi, Wei Shang-Jin, and Zhu Kunfu. Quantifying International Production Sharing at the Bilateral and Sector Levels. NBER Working Paper No. 19677, November 2013.

② 增加值回流占比是衡量一国在全球价值链上位置的重要指标。这一比重较高，意味着处于全球价值链的上游，对全球价值链的控制力较强。

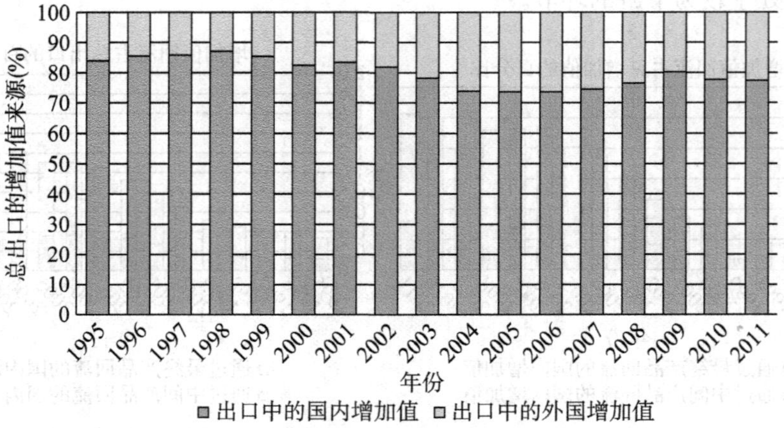

图 8-8　我国总出口的增加值来源

说明：总出口等于国内增加值加上外国增加值。根据 WIOD 数据和 KWW（2014）的方法计算而来。

第四节　我国的贸易失衡问题

一、我国贸易失衡的结构性原因分析

我国经济的外向型增长战略在根本上是一种非均衡增长战略，这是我国在各种增长约束下的必然选择。伴随这一非均衡增长战略的巨大成功的是我国外部失衡的持续积累。特别是 2001—2007 年，我国对外贸易顺差规模迅速扩张。贸易顺差规模从 2000 年的 281 亿美元激增至 2007 年的 3 080 亿美元；贸易顺差占 GDP 的比重从 2000 年的 2.4％上升至 2007 年的 8.8％。

在一般逻辑中，对外贸易的基本作用是弥补国内总供求和总需求之间的缺口，实现宏观经济的供求平衡。但是必须注意到，这一平衡机制的有效性和具体表现依赖不同产出的可贸易性。贸易品的供求差额可以通过进口或出口来弥补；非贸易品的供求差额却不能利用国际贸易来弥补，必须强制实现国内供给和国内需求的平衡。所以，为了探讨供求结构性差异在开放条件下的表现与影响，需要将不同产业细分为贸易品行业和非贸易品行业。在一些初步的研究中，可以简单地将服务产出归为非贸易品，将有形产品归为贸易品。但是进一步的分析表明，在产品支出中，建筑业属于非贸易品行业，制造业和初级产业属于贸易品行业。在服务业产出中，房地产服务、批发零售、娱乐、教育服务、卫生保健和社会救助等属于非贸易品，金融和保险以及专业和商业服务等属于贸易品。[①]

在利用上述贸易品和非贸易品统计口径分析我国总供给和总需求的结构时，最完整、最详细的数据应该是投入产出表的数据，但是到目前为止，只能得到少数几个年份的投入产出表，而且不同年份投入产出表的部门构成并不一致，从 1990 年的 33 个部门

① Bems（2008）用行业进出口总和/行业总产出作为衡量行业可贸易性的指标，并根据该指标的取值将建筑业、批发零售、房地产服务、计算机系统设计和相关服务归为非贸易品，将制造业、软件和其他商业服务归为贸易品。

变为2005年的62个部门。为了克服数据的约束，我们采取较为粗略的分类标准。在产出结构中，将工业和第一产业归为贸易品，将建筑业和第三产业归为非贸易品；在居民消费结构中，将食品消费、衣着消费、家庭设备用品及服务消费归为贸易品消费，将医疗保健消费、交通通信消费、教育文化娱乐服务消费、居住消费以及杂项商品与服务消费归为非贸易品消费。根据这样的统计口径，分别计算出我国产出结构和居民消费结构中非贸易品对贸易品的比率。从图8-9中可以看出，自20世纪90年代中期以来，我国居民消费结构中非贸易品对贸易品的比率迅速提高①，从1995年的0.51增至2008年的0.89②；产出结构中非贸易品对贸易品的比率变动较为缓慢，从1995年的0.64增至2002年的0.88，随后逐步降至2008年的0.85。

对于我国投资支出的结构，由于缺乏完整的分类统计数据，所以无法计算投资支出中非贸易品对贸易品的比率。根据Bems等人的研究，各国投资支出中非贸易品支出的比重为0.54～0.62③；根据联合国（2001）的研究，各国投资支出中非贸易品支出的比重为0.48～0.69。所以，在下文的分析中，我们将非贸易品支出在总投资支出中的比重确定为0.48～0.69，由此可以计算出投资支出结构中非贸易品对贸易品的比率为0.92～2.23。

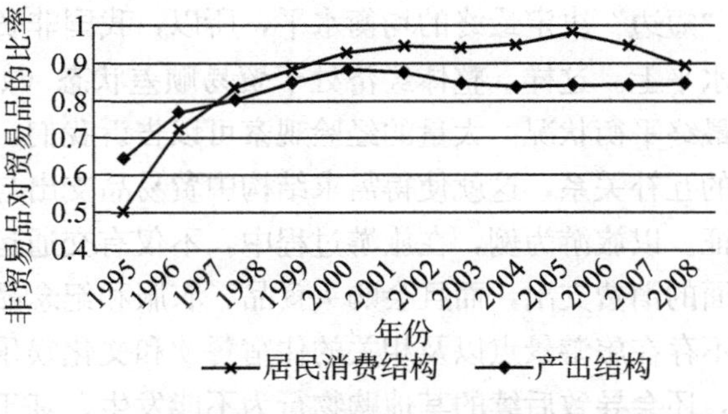

图8-9 产出结构和居民消费结构中非贸易品对贸易品的比率

说明：根据中经网统计数据库的数据计算而来。

由此可以看出，在我国国内总需求和总供给的对比中，需求结构向非贸易品倾斜④，供给结构向贸易品倾斜。以消费和投资在国内总需求中的占比为权重⑤，对需求结构和投资结构进行加权平均，计算出总需求中非贸易品对贸易品的比率，并与产出结构进行比较。从图8-10中可以看出，2002年以后，国内需求和国内供给之间的结构性差异⑥显著扩大。

① 收入水平的提高、老龄化趋势以及政府公共服务支出的减少等多种因素结合在一起，导致家庭在教育、医疗、社会保障、社会福利和住房服务方面的支出迅速增长。

② 2006年以后该指标呈下降趋势，究其原因，应该主要是不同类别消费品价格增长速度的差异。计算中所使用的名义指标，并没有剔除价格变动的影响。2007年和2008年，食品消费价格分别上涨12.3%和14.3%；同期，总体消费价格分别上涨4.8%和5.9%，由此导致2006—2008年城镇和农村家庭消费中食品消费的名义占比分别提高2.1和1.3个百分点。

③ 相关研究参见De long和Sumeers（1991），Burstein等（2004），Basu和Fernald（2006），Bems（2008），Cavo等（2008）。

④ 由于缺乏政府消费的详细数据，所以简单地假定政府消费具有与居民消费相同的结构特征。

⑤ 根据最终消费率和资本形成率数据计算而来。最终消费率和资本形成率数据来自中经网统计数据库。

⑥ 即国内总需求结构与总供给结构之差。

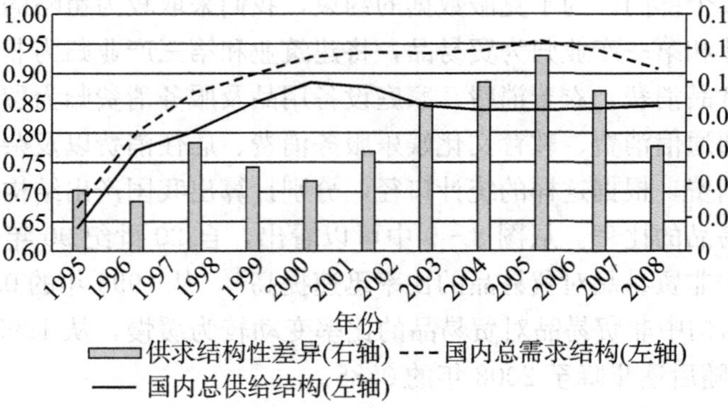

图 8－10　我国国内总需求与总供给的结构性差异

说明：设定投资支出中非贸易品占比为 0.48，这是前文给出的非贸易品占比取值范围的下限。如果选取上限值 0.69，则需求结构与投资结构的差异将会更大，但动态趋势是一样的。所以，这里没有给出根据 0.69 所计算的结果。

在这样的供给和需求结构的对比状况中，过剩的贸易品供给可以转变为对外出口。受制于产品的特性，非贸易品的供给不足不能通过进口来弥补，必须强制实现国内供求平衡，供给和需求中的"短边"决定最终的均衡水平，所以，我国非贸易品实际需求被限定在由供给所决定的低水平上。这样，整体经济处于贸易顺差状态（如图 8－11a 所示），但这并不是宏观经济的最终平衡状况。大量的经验观察可以告诉我们，不同消费支出类别在消费过程中存在一定的互补关系，这就使得需求结构中贸易品支出与非贸易品支出的比率呈现出一定的刚性特征。以旅游为例，在旅游过程中，不仅有交通运输、住宿餐饮、文化娱乐和旅游景点等方面的消费支出，而且会购买食品、衣服和纪念品，甚至会购买电子产品和化妆品等。如果不存在旅游景点以及相关的住宿餐饮和文化娱乐的供给，对此的消费需求自然得不到满足，还会导致后续的其他购物行为不能发生。基于这样的思考，可以认为，在非贸易品需求得不到充分满足的情况下，对贸易品的支出会进一步下降。这会加剧初始的贸易品供给过剩状况，使得贸易品顺差进一步扩大（如图 8－11b 所示）。

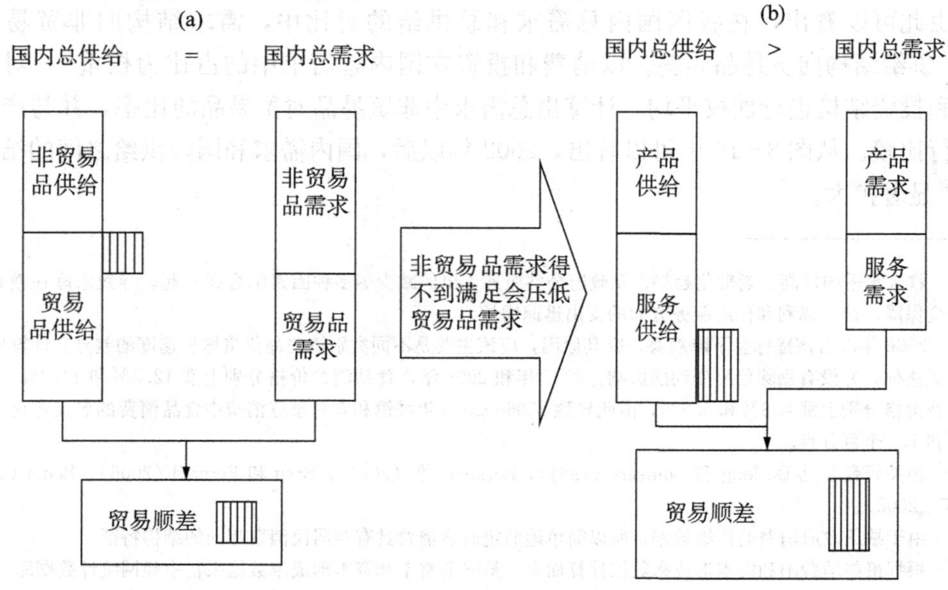

图 8－11　从供求结构性差异到贸易失衡

从图 8-12 中可以看出，2002 年以来贸易顺差的急剧增长刚好对应着需求与供给之间结构性差异的迅速扩大，两者之间存在较为显著的正相关性。①

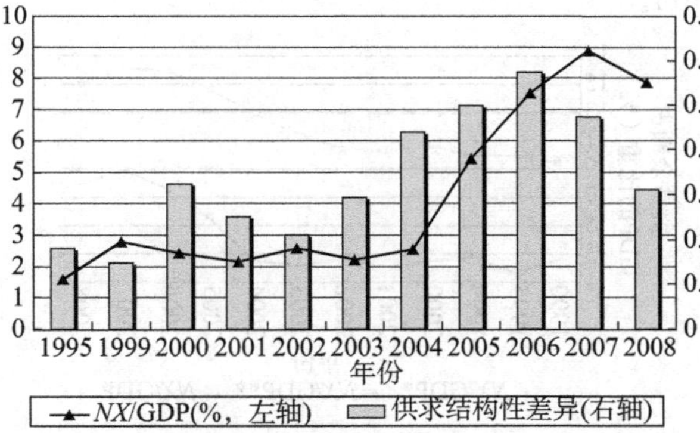

图 8-12　供求结构性差异与贸易余额

说明：贸易余额占 GDP 的比重这一数据来自中经网统计数据库，供求结构性差异是前面计算的结果。

为了进一步验证供求结构性差异与贸易失衡之间的关系，利用历史数据对我国贸易失衡规模的演变进行模拟分析。在贸易品—非贸易品分析框架下，假定政府消费和投资与家庭消费和企业投资具有同样的结构特征，开放宏观经济的平衡关系可以写成：

$$C_T+C_N+I_T+I_N+NX=Y_T+Y_N$$

其中，C 和 I 分别表示总消费和总投资；下标 T 和 N 分别表示贸易品和非贸易品；Y_T 和 Y_N 分别表示贸易品和非贸易品的国内总产出。

假设 $C_N/C_T=\alpha$、$I_N/I_T=\beta$、$Y_N/Y_T=\gamma$，非贸易品的国内供求强制平衡的约束意味着：

$$\alpha C_T+\beta I_T=\gamma Y_T$$

因为 $\alpha>\gamma$、$\beta>\gamma$，必然有 $C_T+I_T<Y_T$，所以：

$$NX=Y_T-(C_T+I_T)>0$$

这意味着贸易收支必然处于顺差状态。由此还可以计算出贸易余额占 GDP 的比重：

$$\frac{NX}{\mathrm{GDP}}=\frac{1}{1+\gamma}-\frac{1}{1+\alpha}\frac{C}{\mathrm{GDP}}-\frac{1}{1-\beta}\frac{I}{\mathrm{GDP}}$$

沿用前面关于产出、消费和投资的贸易品—非贸易品结构的统计口径，对我国贸易余额占 GDP 的比重进行模拟。从图 8-13 中可以看出，模拟值和实际值虽然在数量上不完全吻合，但是模拟路径与实际路径的动态特征非常相似。

受制于统计数据的约束，上述分析存在如下缺陷：(1) 没有具体分析政府支出的结构特征，只是简单地假定政府支出具有与私人部门同样的结构参数；(2) 对于居民消费支出，没有细分家庭设备用品及服务消费、医疗保健消费、交通通信消费、教育文化娱乐服务消费、居住消费以及杂项商品与服务消费的类别，只是简单地将家庭设备用品及服务归为贸易品，将后几类归为非贸易品；(3) 对于投资支出结构，只是简单地进行静态赋值，没有充分考虑我国投资支出的具体构成和动态变化。根据国家统计局公布的 1990 年、1992 年、1995 年、1997 年、2002 年和 2005 年的投入产出表，设定非贸易品的口径包括第

① 相关系数达到 0.68。

二产业中的废品及废料，电力、热力、燃气以及水的生产和供应业，建筑业以及整个第三产业，将其他产出归为贸易品，由此可以得出我国国内产出和需求结构中非贸易品对贸易品的比率，详见图 8－14。

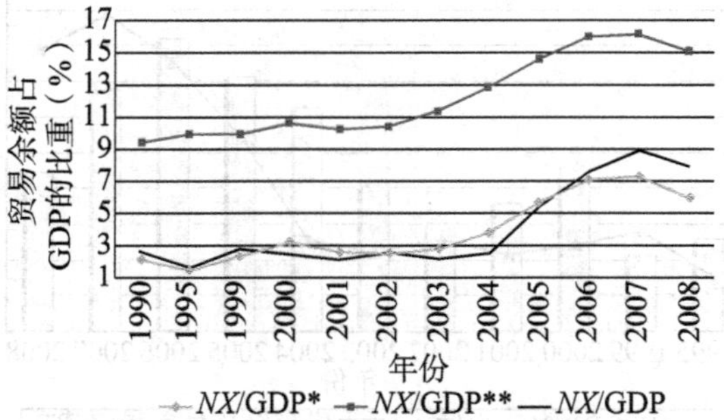

图 8－13　我国贸易余额规模的模拟

说明：(1) NX/GDP 是我国贸易余额占 GDP 比重的实际数值；

(2) 带星号的表示模拟值，其中＊和＊＊分别表示 β 的取值为 0.48 和 0.69；

(3) 最终消费率、资本形成率和 NX/GDP 数据来自中经网统计数据库。

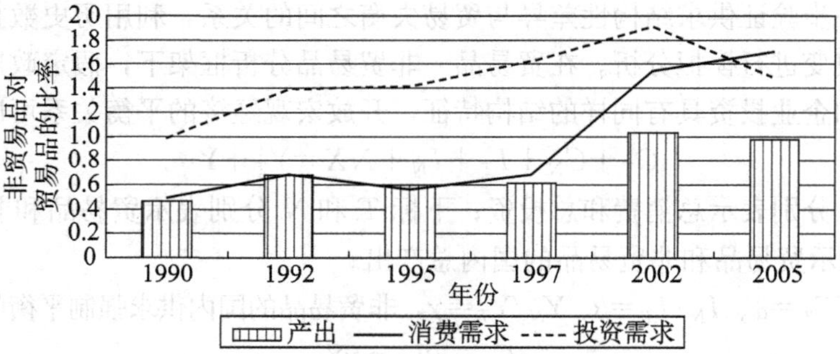

图 8－14　基于投入产出表数据估算的产出和需求结构

将根据投入产出表数据估算的结构参数代入贸易余额的模拟方程，可以得出我国贸易余额的模拟值。从图 8－15 中可以看出，虽然模拟值和实际值的绝对水平存在较大差异，但是两者的动态规模具有高度相似性。① 这与前面的分析结论相互支撑。

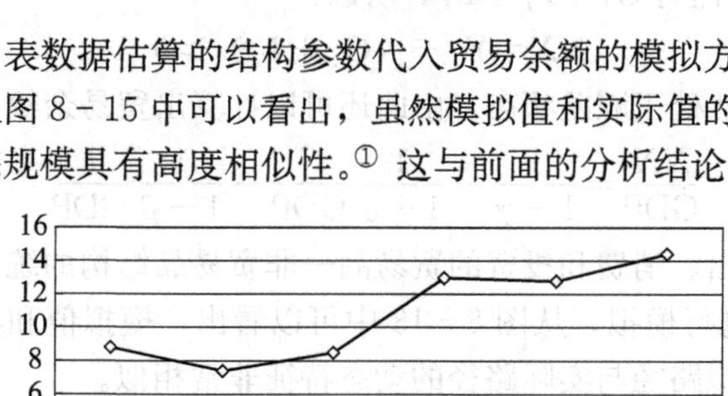

图 8－15　基于投入产出表数据的模拟分析

说明：带＊的表示模拟值。

① 在分析中并没有根据不同部门的可贸易性指标进行更为精确的分析，只是根据直观判断把第三产业和第二产业中的部分公用事业归为非贸易品。在这样的统计口径之下，模拟值与实际值在绝对水平上存在较大的偏离，是很正常的结果。

二、我国贸易失衡自全球金融危机以来的调整

近年来，特别是自全球金融危机以来，我国对外贸易收支状况的调整主要表现为产品贸易顺差规模的增速下降、服务贸易逆差规模的增速上升以及总贸易顺差的增速的更加显著的下降。2002—2007 年，我国总贸易顺差年均增加 541.3 亿美元，产品贸易顺差年均增加 543.6 亿美元，服务贸易逆差年均增加 2.3 亿美元。在危机影响最严重的 2008 年和 2009 年，产品贸易顺差的增幅由正转负，产品贸易顺差规模下降；服务贸易逆差规模的年均增幅上升，服务贸易逆差以更快的速度扩张。两者结合在一起，导致我国总贸易顺差规模下降。2010—2013 年，我国产品贸易顺差恢复增长，但是年均增幅只有危机前的一半左右；服务贸易逆差规模的年均增幅急剧上升。两者相抵，导致我国总贸易顺差的年均增幅急剧下降。

具体来看，在我国的产品贸易中，制成品处于顺差状态，初级产品处于逆差状态。在危机后，两者都延续了过去的扩张势头。初级产品贸易逆差规模的不断扩大是我国重化工业发展过程中不断增长的生产投入需求与国内日益严重的资源禀赋约束相互作用的必然结果。在制成品方面，按原料分类的制成品（SITC6）和杂项制品（SITC8）是我国最大的顺差来源，机械和运输设备（SITC7）是我国制成品贸易顺差的第二大来源。在化工产品（SITC5）上，我国一直处于贸易逆差状态。从图 8－16 中可以看出，2010 年以后，随着世界经济的复苏，我国制成品贸易顺差恢复增长，并且年均增幅明显大于危机以前。2010—2013 年，在主要制成品类别中，化工产品依然处于逆差状态，逆差规模的年均增幅与危机前相近；按原料分类的制成品、机械和运输设备以及杂项制品的贸易顺差恢复增长，并且年均增幅大于危机以前，特别是按原料分类的制成品与杂项制品，年均增幅的提高尤为显著（见图 8－16）。

在服务贸易收支方面，我国自 20 世纪 90 年代中期以来就一直处于逆差状态，2009 年以后逆差规模迅速扩张。从主要的服务类别来看，旅行服务[①]在 2009 年以前一直处于顺差状态，2009 年以后转变为逆差状态，并且逆差规模迅速扩大；运输服务[②]一直处于逆差状况，2009 年以后逆差迅速扩大；在其他服务类别[③]上，2009 年以前处于逆差状态，2009 年以后转变为顺差状态。

与危机前相比，2010 年以后我国服务出口的平均增长速度下降了 12 个百分点左右，并且所有服务类别的出口增长速度都明显下降。服务进口的平均增长速度下降了 2 个百分点左右，但是不同服务类别上的差异非常明显。旅行服务进口的平均增长速度大幅提升，提高了 17 个百分点左右；运输服务进口的平均增速下降了 5 个百分点左右；其他服务进口的平均增速下降了 14 个百分点左右。因此，旅行服务进口的迅速增长是导致我国服务贸易逆差规模扩张的最重要原因。

① 旅行服务包括非居民在短期游览过程中购买的产品和服务。

② 运输服务包括客运服务、货运服务、交通工具租赁以及相关支持性服务。

③ 其他服务包括通信服务，建筑安装服务，金融和保险服务，计算机和信息服务，版权和许可服务，商贸服务，经营租赁服务，其他商业、专业和技术服务，个人文娱服务以及政府服务等。

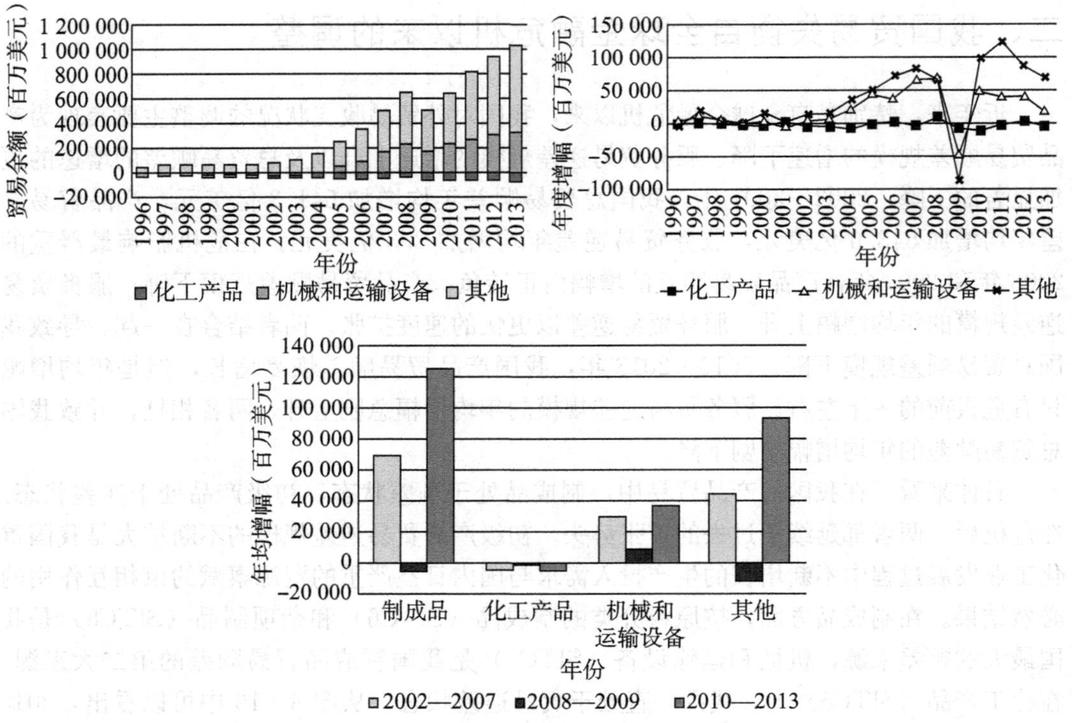

图 8-16　我国制成品贸易余额的构成及变化

说明：其他类别包括按原料分类的制成品（SITC6）和杂项制品（SITC8）。数据来自联合国贸发会议数据库。

就时间节点来看，我国旅行服务进口的迅速增长与次贷危机后内需刺激政策具有很明显的同步性。这又是为什么？前文的分析指出，国内供求结构性差异是贸易失衡背后的原因。具体到我国的情况，国内供求结构性差异表现为以有形产品为核心的贸易品的超额供给、以服务为核心的非贸易品的超额需求。在此背景下，刺激内需的政策进一步增加了对服务的超额需求，也就是对境外服务的需求进一步增加。在前面对贸易失衡原因的分析中，我们将服务界定为非贸易品。如果是这样，即便对境外服务的需求增加，也不会带来服务进口的显著上升。

对此必须注意到，服务之所以被界定为非贸易品，是因为其跨境贸易成本太高。新世纪以来，交通运输和信息网络技术的进步改变了服务的提供方式，使得远距离服务供给成为可能，这极大地提高了服务的可贸易性。但是另一方面，服务贸易的政策性壁垒依然很高，包括边界壁垒和边界内壁垒。根据估算，服务贸易中的管制、许可和其他壁垒带来的影响等价于 30%以上的关税税率。[①] 近年来，在多边、区域、双边和各国单边贸易自由化行动的影响下，制约服务可贸易性的各种边境和边境内壁垒大幅降低，服务的可贸易性显著提高[②]，这推动服务的属性从非贸易品向贸易品转变。

① J. B. Jensen. Opportunities for US Exports of Business Services. Congressional Testimony，Peterson Institute for International Economics，2012.

② 比如其他国家和地区对我国居民推出的免签、落地签和自由行等政策；我国提高个人年度购汇额度、简化购付汇手续、支持通过银行卡和第三方支付机构进行境外消费等。

随着境外服务可获得性的提高，我国对境外服务需求的增加自然会导致服务进口的迅速上升。

按照较为粗略的分类标准，旅行服务主要属于消费型服务，“其他服务”主要属于生产型服务，运输服务既包含生产型服务也包含消费型服务。在消费型服务和生产型服务的对比中，消费型服务的跨境供给主要依赖直接的跨境服务贸易形式；生产型服务的跨境供给不仅可以通过直接的跨境贸易形式来实现，还可以通过以有形产品为载体的间接贸易模式以及境外分支结构销售的模式来实现。① 因此，对境外生产型服务需求的增加不一定表现为服务进口的增长，也可能表现为产品进口的增加或者服务业FDI流入的增加，而对境外消费型服务需求的增加往往直接表现为服务进口的增长。② 在国内服务供给相对不足的情况下，内需的增加进一步加剧了服务的超额需求状态，进而增加了对国外服务的需求。生产型服务的跨境供给既可以借助于直接的服务贸易，也可以借助于以有形产品为载体的间接贸易或者服务业FDI，因此，对境外生产型服务需求的增加不会全部转变为进口的增长。而对于旅行这类消费型服务，跨境供给主要依赖直接的跨境服务贸易，因此，对境外消费型服务需求的增加直接转变为进口的增长。

参考书目

1. 杰拉尔德·M. 梅尔，詹姆斯·E. 劳赫. 经济发展的前沿问题. 上海：上海人民出版社，2004.
2. 亚当·斯密. 国民财富的性质和原因的研究. 北京：商务印书馆，1972.
3. 雷达，于春海. 金融发展与金融自由化. 北京：中国青年出版社，2005.
4. 雷达，于春海. 走进经济全球化. 北京：中国财政经济出版社，2001.

思考题

1. 现代经济从封闭走向开放的必然性。
2. 贸易开放如何影响经济增长？
3. 对外贸易如何影响我国工业化进程？
4. 分析我国出口对国内经济的传导机制。

---

① 服务跨境供给的渠道主要有：(1) 以有形产品为载体，通过有形产品的出口实现服务业的间接出口；(2) 直接的跨境服务贸易；(3) 海外分支机构的服务销售。详见 USITC. Recent Trends in US Service Trade：2013 Annual Report. USITC Publication No. 4412，2013。

② 在现实中，生产型服务的跨境供给更加依赖海外分支机构的服务销售。以美国为例，专业和商业服务企业通过海外分支机构实现的服务销售规模是美国服务出口的2倍左右。详见 USITC. Recent Trends in US Service Trade：2013 Annual Report. USITC Publication No. 4412，2013。

5. 结合当前国际分工的特征与调整趋势，分析我国制造业出口增长的外部条件是否已经逆转。
6. 分析我国贸易失衡产生的原因。
7. 结合我国国内结构调整趋势，分析我国贸易收支的未来走势。

第九章 社会主义市场经济条件下政府与市场之间的关系

党的十九大报告指出，我国经济已由高速增长阶段转向高质量发展阶段，建设现代化经济体系是跨越关口的迫切要求和我国发展的战略目标，而现代化经济体系的重要标志就是要构建市场机制有效、微观主体有活力、宏观调控有度的经济体制，不断增强我国经济的创新力和竞争力。宏观调控有度是一个新提法，我们既要更好地发挥政府的作用，同时又要避免政府过度的干预。要在保持微观基础具备充分活力的同时又使宏观调控保持在适度有效的范围内，就需要我们正确处理政府与市场之间的关系。

第一节 市场失灵与政府调节经济的必要性

一、市场机制并非是尽善尽美的

自亚当·斯密的《国富论》问世以来，“看不见的手”理论一直成为西方主流经济学家信奉的教条。他们迷信市场机制的自发调节作用，认为每个行为人在自身利益驱动下的自由选择会形成一种自然秩序，这种自然秩序犹如一只看不见的手，促使每个人去实现并非属于他原来意图的目标，即每个人的出发点虽然是自私的，但竞争的结果是利他的。因此，市场机制作为一个自由体系具有自发实现人类经济生活平衡的功能。按照“看不见的手”理论，在完全竞争的市场条件下，市场机制的自发调节作用可以达到资源配置的“帕累托最优”状态，即通过市场机制对生产资料的重新组合，调整福利分配，可以实现全社会福利的最大化。由此派生出的自由主义政策选择是，资源配置乃至经济的长期发展都应由市场机制自发调节，政府如果试图干预资源配置或经济发展的过程，效果往往是适得其反的，因为通过市场配置资源总是比政府干预更有效率。市场做不到的或做不好的，政府未必能比市场做得更好。政府的职责主要是维护市场秩序，也就是我们常说的政府仅仅扮演“守夜人”的角色。

其实，依据“看不见的手”理论所推导出的结论是以具备一个完全竞争的市场结构为前提的。然而不幸的是，在一个现实的社会中，即使在西方发达的市场经济条件下，完全竞争的市场也仅仅存在于教科书中，例如，信息是不完全的、外部性普遍存在等。对于像我国这样的发展中国家来说，市场更是存在很多缺陷，尤其是受体制等因素的制约，市场机制存在严重的扭曲。当市场是不完全的时，市场失灵现象就很难避免。所谓市场失灵是指市场竞争所实现的资源配置没有达到帕累托最优，或指市场机制不能实现某些合意的社会经济目标。在发展中国家，导致市场失灵的原因是多方面的。

（1）外部性导致的市场失灵。在私人成本与社会成本不一致的场合，就存在所谓的外部性问题。当某一经济活动的私人成本小于社会成本时，就存在外部不经济；当私人收益小于社会收益时，就存在外部经济。外部经济或外部不经济不可能通过市场价格表现出来，从而也就不可能通过市场机制的自发作用来得到纠正。因为市场主体在进行决策时只计算对自身利益产生直接影响的成本和收益，对与自身利益没有直接影响的成本与收益则视而不见，这就会出现从社会角度看的资源错配。这种错配表现在：存在外部经济的活动会低于社会最佳水平，因为这类经济活动的部分收益被第三者获得或整个社会获得，例如，消费不具有排他性但收费存在困难的公共产品就具有上述特征；存在外部不经济的活动会高于社会最佳水平，因为这类经济活动的部分成本是由社会或他人来承担的，例如污染等。

（2）垄断导致的市场失灵。资源配置帕累托最优的实现是以完全竞争的市场结构为条件的，而在现代市场经济条件下则处处可见垄断现象。当一家或几家企业占领或控制了某一市场的供给，或者产品之间存在差别，或者企业独占能产生超额利润的自然资源时，自由竞争为垄断所取代，从而导致市场失灵。因为在垄断条件下，垄断者可以通过操纵产量和价格来达到提高利润的目的，使垄断均衡偏离帕累托最优均衡。具体来说，在垄断均衡条件下，垄断行业边际产品的货币价值高于非垄断行业边际产品的货币价值，其产品的价格高于一般均衡价格。

（3）市场不完全所导致的市场失灵。在现代市场经济条件下，人们获取信息是需要成本的，信息的分布是不对称的，未来具有不确定性，寻找交易机会是需要时间的，交易者在交易过程中是需花费交易成本的，这些都与完全竞争下的市场机制的运行特征有很大的差别。对于发展中国家来说，由上述因素所导致的市场不完全会更加明显，所以市场失灵就难以避免。

（4）分配不平等所导致的市场失灵。马歇尔曾经说过：“财富的不均，虽然往往没有指责的那样厉害，确是我们经济组织的一个严重缺点。”[①] 受交换之前的财富分配格局的影响，自由交易将会遇到障碍。例如，富国与穷国在占有商品量上不对等，在进行国际贸易时，穷国拥有的可交换的商品不足以支持其进口，所以，等价交换原则就难以维持。

（5）体制不完善导致的市场失灵。完全竞争市场形成所隐含的条件是产权的充分界

① 马歇尔．经济学原理．北京：商务印书馆，1991：364.

定，从而不仅市场主体出于对自身利益的考虑会对市场信号的变动做出灵敏及时的反应，而且市场交易是无摩擦的，即交易成本为零。然而，我国作为一个发展中国家还没有完成向市场经济的过渡，产权关系不明晰的问题还没有真正解决，国有企业还没有真正成为自主经营、自负盈亏的市场竞争主体，市场的发育，特别是要素市场的发育还不健全。在体制转轨时期，以等级界定资源配置权力的行政化竞争规则对以产权界定为原则的市场化竞争规则的冲击导致市场秩序的紊乱。在频繁的行政干预下，市场信号严重失真，价格、利率、工资率均不能真实反映资源的稀缺性。这样就在体制不完善、市场发育不健全、市场信号失真、市场机制扭曲和市场失灵之间形成了不良循环。

在以上条件下，试图把资源配置和经济发展的重任完全交由市场来承担，就必然产生与预期相反的结果。既然市场机制并非是尽善尽美的，那么在市场失灵的场合政府对经济运行的调节就是必要的。

二、政府纠正市场失灵的能力是有限的

发生在20世纪20年代末、30年代初的世界性大危机使信奉“看不见的手”信条的古典学派一筹莫展，对市场机制可以自动达到帕累托最优信念的动摇孕育出以凯恩斯为代表的国家干预主义理论。国家干预主义理论认为，仅靠市场机制的自发调节作用不可能实现充分就业，必须依靠政府干预来刺激总需求，达到充分就业的目标。然而，西方国家在实行了几十年政府干预的政策后，不仅没有完全解决有效需求不足和非自愿失业问题，而且出现了滞胀、经济效率下降、官僚主义蔓延等问题。于是，人们提出了如下疑问：政府干预能纠正市场失灵吗？政府干预下的市场能实现资源最优配置吗？

传统的社会主义国家从一开始就视市场为洪水猛兽，认为市场机制是与资本主义私有制相联系的，社会主义制度的本质特征之一是计划经济，计划是社会经济资源配置的唯一方式。而在实践中，则强调国家在社会经济活动中的绝对支配地位，把一切经济活动直接纳入计划轨道。资源由政府根据经济部门的优先发展顺序实行计划分配，实行重工业优先发展的战略。为了动员所有可以利用的资源来推动经济的迅速增长，在宏观层次上，以提高积累率来筹措资金；在微观层次上，对产量、投入和存货实行严格的计划。企业只是计划指令的被动接受者，国家直接通过计划机制配置资源，包括物资分配权和投资决策权，价格只是核算工具，基本上不具备调节功能。这样一种排斥市场机制的计划经济体制所带来的恶果已为人们所共知，经济结构失衡、资源浪费严重、经济效率低下、经济发展大起大落等显然与政府的过度干预有着内在的联系。大多数发展中国家起初也十分迷信国家干预主义，制订出雄心勃勃的庞大经济发展计划，试图借助于政府的力量，一举摘掉贫穷落后的帽子。然而，实际效果并不理想。

“计划失灵”使东西方经济学家对国家干预主义进行深刻的反思。国家干预主义受到人们怀疑，主要有以下几个原因。

政府按全社会利益进行决策是值得怀疑的。这可能有两种情况：一是政府的决策偏好由政府机构代替全社会成员进行选择。政府作为选择代理人不负其选择后果的直接责任，选择带来的损益将由全社会承担。由于决策者本身可能属于某一利益集团，这就使决策偏好并不必然等于社会偏好。二是由社会成员投票决定公共政策。由于存在所谓的“投票悖论”，即使我们假定个人的选择是最优的，政府依据个人投票做出的社会选择也

并不必然体现社会偏好。假定A、B、C三人必须在X、Y、Z三项政策中进行选择（见表9-1），再假设A的偏好顺序为X、Y、Z，B的顺序为Y、Z、X，C的顺序为Z、X、Y。

表9-1　　投票之谜

投票者	投票者对X、Y、Z的偏好顺序		
	X	Y	Z
A	1	2	3
B	3	1	2
C	2	3	1

在对X和Y的投票选择中，X以2比1获胜；在对Y和Z的投票选择中，Y以2比1获胜。因此，对于X和Y来说，社会偏好于X；对于Y和Z来说，社会偏好于Y。那么，对于X和Z来说，社会应当偏好于X；但实际上，在对X和Z的投票选择中，Z以2比1获胜。①

依靠政府干预来匡正市场机制会受到客观条件的限制。假定由政府根据经济均衡的原则制定价格体系，即政府通过试错法定价来模拟市场，以使资源按照计划当局所选定的目标配置。但是，按照上述原则最优配置资源的首要条件是必须在短期内收集、分析、处理无数的信息，这不仅要花费代价，而且对于计划管理水平不高的发展中国家来说还会遇到技术上的障碍。不仅如此，面对经常变化的经济条件，还面临着是否要经常修正价格的问题：如果政府要随时修正价格，就需要一个非常有效的处理输入和输出信息的系统；如果价格凝固不变，就会损害价格作为资源分配信号的准确性。因此，对于发展中国家来说，试图排斥市场机制，通过政府干预来实现经济发展目标，结果常常是令人失望的。

政府纠正市场失灵的能力也是有限的。以反垄断为例，垄断妨碍自由竞争，从而会降低市场效率。为了发挥市场机制的调节功能，就必须反垄断。政府对付垄断的一个常用办法就是控制垄断价格迫使垄断者的定价等于其边际成本。然而，在垄断企业的平均成本随产量的增加而下降的条件下，生产的边际成本要小于平均成本，因此，规定价格等于边际成本将不会给垄断企业带来足够的收益以弥补总成本。由于垄断企业增产反而会造成利润损失，企业便会减少产量，使供给减少。所以，一旦垄断企业被置于政府的控制之下，政府就可以规定具有经济效率的价格，生产具有经济效率的产品数量。但是，由此造成的利润损失就不得不由财政补贴或减税来弥补了。

不仅政府纠正市场失灵的能力是有限的，而且政府对市场的干预会导致“租金”的产生，如进口配额等。租金的存在会导致寻租行为，如为了获得政府授予的某种特许权而进行的“走后门”“拉关系”等，从而产生各种腐败问题。由于政府干预会产生租金，租金的存在会诱发寻租行为，从而某些政府官员为了自身利益会主动“创租”，即通过有意干预市场来引诱企业或个人到政府来寻租以获取个人利益。政府官员创租行为的产生表明现实中的市场失灵现象有时是由政府干预本身“制造”出来的。

① 《经济学家》. 现代经济学的最新发展. 北京：经济科学出版社，1987：113-114.

政府干预的一个重要形式就是直接掌握投资决策权，但其经济效率是值得怀疑的。因为政府作为投资决策者，缺乏具体的行为者来承担投资风险，投资损益由社会全体成员承担。决策责任与收益的不对称就难以保证投资决策的合理性。另外，私人投资受价格、利率、预期收益等因素制约，而公共投资则反映社会偏好，其投资选择方向与市场机制的调节方向很可能不一致。因此，政府干预往往与市场调节相冲突，况且受决策的技术程序不完善的影响，投资效果很可能是不理想的。

三、政府干预与市场调节的合理界定

其实，对于市场调节与政府干预的绝对化评价都是不足取的。无论是市场调节还是政府干预，它们能否有效地促进资源的最优配置主要取决于是否具备它们发挥作用的社会经济条件。在市场经济条件下，如果市场非常完善，竞争非常充分，市场信号有充分弹性，那么市场机制就比政府干预更有效；如果市场不完全，市场失灵，或者市场调节引起的波动很大、周期很长，那么只要措施和力度适当，在某些场合政府干预就比市场调节更有效。以纠正由自然垄断引起的市场失灵问题为例，政府至少有以下五种选择：它可以无视这个问题；它可以建立竞争性的政府企业；它可以赋予政府企业垄断权；它可以运用法规制度和税收规定保持竞争；它可以约束私人垄断。

以国家对国际贸易进行干预为例，我们都可从若干国家的实践中找出支持或反对国家干预的理由。例如，日本和韩国政府有选择地干预经济取得了成功，它们都采用税收和补贴、定向信贷、限制公司进入或退出市场以及贸易保护措施来促进工业的发展。马来西亚和博茨瓦纳政府适度的干预支持了出口基础的多样化，并有助于新工业的建立。马来西亚采取了适度的关税保护措施，但是很少使用外汇进口和控制措施，使得工业制成品在出口中的份额从1965年的6%增加到1988年的46%。反对国家干预的例证也不胜枚举。在韩国，某些主要的进口替代项目在付出巨大代价后失败了。1973—1979年为发展重工业而实行的“大推进”战略，造成汇率的升值和竞争能力的减弱，并使金融市场出现扭曲。韩国GDP增长率在1980年下降到4.8%，经过货币贬值、放宽价格和进口控制，并实行税收改革后，才在1981—1982年回升到6%。再如，阿根廷、埃及、印度政府为降低初级产品在出口中的比重，提高工业品的出口比重，采取了一系列干预措施，致使制造业部门受到高度保护。在这个过程中，这些国家都损害了它们的农业基础，建立了一批依靠无限期保护才能生存的工业部门。

政府之所以能在合适的条件下纠正市场失灵，是因为政府通过一定的程序或渠道获得某种授权，这种强制力使政府在纠正市场失灵方面具有某些优势。[①] 政府的干预优势主要表现在：（1）征税权。以消除由污染引起的外部负效应为例，政府可以通过对污染企业课税和对消除污染的企业给予补贴来解决污染问题。（2）禁止权。政府可以通过行政或司法程序禁止某些活动，这对于维护正常的市场秩序是至关重要的。例如，政府为了限制垄断和鼓励竞争，可以规定没有政府的授权，任何企业不能禁止其他企业进入某一市场。反过来，为了获得规模经济效益和范围经济效益，政府可以禁止其他企业进入某些特殊的产业，以增进社会福利。（3）处罚权。政府可以借助于法律制度对违反合同

---

① 斯蒂格利茨．政府为什么干预经济．北京：中国物资出版社，1998.

或破坏产权的行为给予处罚，以维护市场秩序。（4）由政府来纠正市场失灵可以节约交易费用。

因此，政府干预与市场调节都有正、负效应，不能绝对化。政府干预的主要优点是协调，包括不同产业部门的协调、社会经济关系的协调、短期目标与长期目标的协调、总量平衡与结构平衡的协调。依靠市场机制来解决协调、社会公平、长期发展等问题是比较困难的。但政府干预的负效应也是明显的，如果运用不当，就会降低经济效率，付出沉重代价。市场机制则借助于利益关系调节资源配置，一般来说微观效率较高，但市场失灵的例子也不少见。总之，市场调节和政府干预都互有长短，应当把两者很好地结合起来。因此，党的十八届三中全会在阐述如何处理政府与市场之间的关系时提出了使市场机制在资源配置中起决定性作用和更好地发挥政府作用的基本命题。也就是说，在社会主义市场经济条件下，比较现实的选择是，一方面通过深化经济体制改革，完善市场机制，充分发挥市场调节的功能，以提高经济效率；另一方面重视政府在经济发展中的作用，使国民经济持续稳定协调地发展。

第二节　如何更好地发挥政府作用

一、关于政府调节的理论争论

自20世纪30年代的凯恩斯革命以来，围绕政府调节的理论争论持续了大半个世纪，其中一派强调市场经济的自发调节作用，另一派则强调政府的调节作用。

20世纪30年代之前，在西方市场经济国家，既没有系统的政府调节实践，也没有系统的关于政府调节的理论。当时占主流地位的新古典经济学继承的是亚当·斯密的“看不见的手”的思想。1929—1933年的大萧条则给予这一理论釜底抽薪的一击。当时的美国总统胡佛是新古典经济理论的坚定信奉者。面对这样一场至今令人谈虎色变的经济危机，胡佛采取了不加干预的政策。结果他遭到了惨败，并且在咒骂声中下了台。其余的主要市场经济国家也因为受新古典经济理论的束缚，提不出有效的对策，在危机面前一筹莫展。继胡佛之后的美国总统罗斯福果断地采取了积极干预经济的“新政”，并且取得了出人意料的良好效果，这成为市场经济国家政府系统干预经济生活的开始。

1936年英国经济学家凯恩斯出版的《就业、利息和货币通论》首次系统地提出了关于政府调节的理论。这种新的理论指出，现代市场经济存在着有效需求不足的倾向，加上工资和价格缺乏像新古典理论所认为的那种充分的灵活性，现实中不存在能够引导经济快速恢复到充分就业状态的自我矫正机制，因而经济可能陷入长时期的非充分就业状态。面对这一现实，政府应该采取宏观经济政策对经济生活进行干预，以维护经济的平稳运行。凯恩斯的理论被认为是在经济学界发动了一场“革命”。这场“革命”开创了现代宏观经济学，并且从根本上改变了学界和政府对于宏观经济和政府调节的思维方式。美国的信奉者对凯恩斯的理论加以补充和发展，对政府调节的目标、政策手段和政策效果等重要问题进行更为系统的研究，形成了在西方占主流地位的凯恩斯主义。这一新的主流经济学继承凯恩斯的传统，强调政府应该采用“相机抉择”或者“微调”的宏观经济政策来稳定宏观经济。二战后的20余年，尤其是20世纪50年代和60年代初，以美国为首的西方世界，虽然也存在着一定的经济波动，但总的来说经济增长较快，通货膨胀率和失业率也较低，凯恩斯主义因此如日中天。

20世纪70年代西方世界普遍出现的经济停滞和通货膨胀长期并存的局面（即滞胀）则使凯恩斯主义的处境更加尴尬。在这种形势下，以弗里德曼为领袖的货币学派迅速崛起。货币学派在两个方面同凯恩斯主义展开论战。其一强调货币政策的效果。和强调财政政策的凯恩斯主义不同，货币主义认为货币政策对经济增长和就业产生着最为显著的影响。其二是反对相机抉择的政府调节方式，而主张采取“单一的货币规则”，即政府应当仅仅把货币供应量作为唯一的政府调节手段，且货币供应量应该每年按照固定的规则增长。1979年10月，美联储开始实施这一政策，结果很令人满意，通货膨胀率和过高的经济增长率都被有效地控制下来。

在货币学派广为流行的同时，另一种强调市场机制作用的供给学派也随之产生。这种理论一反凯恩斯主义着重调控总需求的意见，主张着眼于经济的中长期发展，放弃短期的微调，淡化总需求管理。它同时强调要加强对人们的工作和储蓄的激励，大幅度削减税收，以激发供给方面的活力，扭转经济增长缓慢和生产率下降的局面。供给学派随着里根的上台而名动一时，但其以减税为中心的政策主张被执行之后，没有减轻而是加重了“滞胀”，因此很快又被放弃。随着政策实践的失败，它的影响迅速消退下去。

值得关注的是，一种更强调市场机制的自发调节的宏观经济理论——新古典宏观经济学——影响越来越大。这一学派对于政府调节的看法主要有两点：第一，和凯恩斯革命之前的新古典经济学一样，强调工资和价格具有足够的灵活性，因而各个市场都能迅速地恢复供求平衡，不需要政府调节；第二，市场中的人和政策当局同样聪明，能够对包括国家的政府调节措施在内的宏观形势进行总体上正确的预期。而一旦人们准确地预料到政策当局的政府调节措施和相应的后果，就会迅速地采取相应的行动，形成“上有政策，下有对策”的局面，政府调节措施也就不再有效。

从20世纪80年代开始，一批凯恩斯主义的追随者认真对待各个学派对传统的凯恩斯主义的批评，对传统理论进行深刻反省，同时吸纳并且融合各个学派的精华和有用的思想，进行新的理论整合，形成了新凯恩斯主义的综合学派。它和传统的凯恩斯主义一样，坚持认为市场不能自发地迅速恢复平衡，工资和价格的缓慢调整使经济恢复到正常的状态需要很长的过程。它同时指出，即使人们能够对宏观经济形势和政府调节政策做出准确的预期，政府调节依然能够发挥积极的作用。新凯恩斯主义使得凯恩斯主义走出困境而重获生机。现在新凯恩斯主义和新古典宏观经济学在主流经济学中势均力敌，而在政府调节的实践中，新凯恩斯主义则牢牢地占据着主导位置。另一个新自由主义流派新制度经济学自20世纪80年代以来也广为流传，该学说以科斯的交易费用理论为基础，强调在交易费用大于零的条件下权利的初始安排对于资源配置效率的重要性。解决市场失灵的途径并非必定是政府干预，凡是市场失灵的地方通常都是产权界定模糊的地方，因此完全可以通过产权关系的进一步明晰化来实现外部效应的内部化。

西方主流经济学尽管对于我们正确处理政府与市场之间的关系有一定的借鉴作用，但我国的特殊的国情决定了该理论体系无法完全解读我国当前政府与市场之间的关系。

第一，我国是发展中大国。我国不仅是一个地大物博、人口众多、历史文化悠久的大国，而且是一个刚刚脱离贫困并正在从中等收入向高收入国家迈进的发展中大国。经济不同质是一个无法回避的现实，最典型的特征就是二元经济并存的格局，即现代工业部门与传统农业部门并存，大量农村剩余人口在向城市转移的过程中将面临一系列市场机制本身无法解决的问题，要发挥后发优势就必须更好地发挥政府的作用。

第二，我国是转型中的国家。自20世纪70年代末邓小平开创的改革开放路线以来，我国的经济转型正在不断加快，这一转型主要包括以下四个方面：一是市场化，即从传统计划经济向社会主义市场经济体制转型；二是工业化，即从传统农业社会向现代工业社会转型；三是国际化，即从闭关锁国的封闭社会向资源全球流动的开放社会转型，中国经济逐渐被纳入全球经济一体化之中；四是城市化，即伴随工业化的步伐，城市化率不断提升。市场机制尽管在提高资源配置效率方面可发挥很重要的作用，但很难完全处理好经济转型中所面临的诸如社会公平、可持续发展、国家安全等经济社会问题，而这正是需要更好发挥政府作用的领域。

第三，我国是实行社会主义基本经济制度的国家。我国不是复制西方的自由市场经济体制，而是在坚持社会主义基本经济制度的条件下发展市场经济，为了坚持以公有制为主发展多种经济成分、以按劳分配为主发展多种分配方式的基本经济制度，就需要更好地发挥政府的作用。

二、政府应当做什么

在社会主义初级阶段，我国在向社会主义市场经济体制演进的过程中面临着艰巨的改革与发展任务，因此政府对经济的干预肯定是十分必要的。但政府调节经济的目标、方式、强度等受具体的经济环境所制约。我国的市场化改革已经取得了丰硕的成果，市场机制的调节作用越来越大。但是，中国的市场化改革尚未完成，市场机制依然不够健全和完善。同时，中国的对外开放正在广度和深度上进一步拓展，融入世界经济的程度越来越高。因此，就需要从我国的具体情况出发来界定政府调节的方式与范围。一般来说，在社会主义市场经济条件下，政府还需要在以下领域更好地发挥作用。

第一，政府在制度层面的作用。政府需要在坚持以公有制为主多种所有制经济成分并存、以按劳分配为主多种分配方式并存的基本经济制度方面发挥作用。

第二，政府在改革层面的作用。中央政府在推进市场化进程的改革中承担顶层设计与总体组织安排改革的责任。

第三，政府在宏观调控中的作用。政府主要依靠经济手段，如选择恰当的经济政策目标和财政与货币手段来影响市场环境，并通过市场机制来达到宏观调控目标。

第四，政府在中观层面的作用。我国不像西方国家那样完全由市场机制来调节产业结构的形成过程，政府仅在反垄断方面选择恰当的产业规制政策，我国所处的特殊发展阶段决定了政府可通过选择恰当的产业政策在产业结构升级转型中发挥重要的作用。

第五，政府在微观层面的作用。政府为实现社会公平、维护市场秩序等目标，对微观主体实施必要的行政干预。

针对我国的特殊国情，在发挥政府干预作用的同时，如何避免或减少由这种干预所造成的代价或带来的负效应，是一个值得研究的问题。政府干预既有成功的例子，也有失败的教训，关键是如何选择合适的政府干预方式以及怎样把政府干预控制在必要的限度内。正如诺贝尔经济学奖获得者刘易斯所说的，“政府的失败既可能是由于它做得太少，也可能是由于它做得太多”①。

实践证明，适度的政府干预不仅有利于更好地发挥市场机制对资源的配置作用，而且有助于促进国民经济持续稳定地发展。在社会主义市场经济条件下，在对政府职能做必要的分解后，政府应在以下方面发挥程度不同的作用：

（1）提供公共服务。政府提供公共服务包括对内对外两方面的职能。对内职能主要包括从事道路、公共文化设施、公共卫生、城市环境、公立学校等方面的建设和投资，保障国内治安，形成一个安全和谐有序的社会环境；对外职能主要是军队建设，维护领土完整与主权独立，从事外交活动，努力维持一个有利于国内经济建设的和平环境。

（2）维护市场秩序。国家通过经济立法来规范各类经济主体的行为，限制或惩罚各种非正当的经济行为，创造一个公平竞争的市场环境和市场秩序。在法律体系健全的条件下，政府在经济活动中扮演着一个类似比赛中的裁判员角色。政府按照一定的规则，控制“比赛”的进行，维护公平的“竞赛”制度。例如，有关司法机构以法律为准绳，及时发现和纠正各种不正当经济行为，如偷税漏税、污染环境、侵占共有资产等，给予当事者警告、罚款、行政处理，乃至提起诉讼。

（3）直接参与某些经济活动。在社会主义国家，政府参与经济活动的作用尤为明显，因为政府本身是国有企业的所有者代表。经验表明，政府直接经营企业弊多利少，比较明智与现实的选择是，在对国有企业进行分类改革的前提下，对于竞争性国有企业来说，除了放开中小企业的所有权外，大型竞争性国有企业应进行产权主体多元化的股份制改造，在保证国有资产收益与资产增值的前提下，政府不再直接干预企业的经营活动，企业自主经营、自负盈亏。政府还可以通过直接投资方式创建私人无力或不愿创办而国民经济又必需并具有规模经济效益的自然垄断型企业，如基础产业等，以消除制约经济发展的瓶颈因素，促使产业结构合理化。

（4）进行制度创新。在向社会主义市场经济体制过渡过程中，我国政府有能力和义务主动改革那些阻碍生产力发展的传统经济体制，发展市场经济，加快经济发展。在社会主义初级阶段，政府在制度创新中扮演着重要的角色。因为，我国的经济体制改革是对传统体制的根本性变革，但它是社会主义制度的自我完善，所以它是由政府有计划、有步骤推进的制度创新。政府在一定的改革阶段就需要不失时机地推进市场化进程，并努力使各项改革措施相互配套，尽快形成市场经济体制的基本框架。

（5）影响收入分配。通过国民收入的再分配来实现公平目标是我国政府的一个重要职能。我国作为一个发展中国家应采取以下政策影响收入分配，缩小贫富差距：一是通过调整某些生产要素相对价格的相关政策，消除导致收入分配不公平的经济条件，转换收入的功能分配，消除生产要素价格的扭曲，提高就业率；二是通过影响收入分配额的大小来消除不平等的财产权基础；三是通过累进的个人所得税和财产税，稳定或减少社会富裕阶层的规模分配；四是通过直接的转移支付及对商品和劳务的国家分配政策，调整（增加）社会贫困阶层收入的规模分配。

（6）影响对资源的利用。资源的利用一般是由价格机制来调节的，但由于价格机制不能纠正由生产或消费产生的外部性问题，因而需要政府来干预这一领域的资源利用。如通过税收、立法或行政措施，控制环境污染及对自然资源的掠夺性开采等。此外，当

① W. 阿瑟·刘易斯．经济增长理论．上海：上海三联书店，1991：476.

社会利益与私人利益不一致时，政府也可以采取某种措施来实现社会利益。例如，对城市建设进行整体规划，保护土地资源，为保护资源而控制某种过度消费的消费方式等。

（7）政府通过职能结构选择适当的经济政策来实现一定的宏观经济政策目标。政府运用财政、货币、产业、国际收支等政策来实现一定的宏观经济政策目标。尤其是发展中国家的中央银行一般为国家所有，国家可以通过控制货币供应量和利率水平，熨平经济波动，实现充分就业等经济政策目标，促进国民经济的长期稳定增长。

（8）必要的行政控制。为了达到某些预定的社会目标，在市场经济条件下，政府可以凭借政权力量直接控制某些经济活动。例如，为了保护农民的利益，对农产品价格实行保护政策；对非营利性的国有企业进行直接管理；在面临外部剧烈的冲击而使我国的市场出现危机时，为了保护国内经济，可由政府在特定时期和特定领域控制汇率和外汇额度；当国内经济面临较紧急的状态时，政府可在短时期内冻结物价、利率和工资。不过这类措施对经济的影响很剧烈，副作用也很大，不到万不得已，一般不宜使用这类方法，而应代之以比较缓和的措施。

三、更好地发挥政府作用需要一个运行良好的市场机制

政府干预经济是指干预主体运用干预手段，通过一定的传导机制，作用于干预对象，以达到预期的干预目标。

政府干预经济的手段是多样化的，主要有经济手段、法律手段和行政手段，传导机制因干预手段的不同而不同。政府干预若要收到预期效果，除了要有完善的政府体制外，还必须具备相应的微观基础。由于微观基础总是与一定的体制条件相联系的，所以讨论政府干预的微观基础，实际上是考察体制条件对政府干预效果的制约作用。与行政手段相适应的传导机制是纵向隶属的行政机制，与法律手段相适应的传导机制是经济立法和司法系统，与经济手段相适应的传导机制是市场运行机制。随着我国向社会主义市场经济体制的过渡，政府必然逐步减少对经济活动的直接行政干预，而主要运用经济手段和法律手段对企业的经营活动实行间接控制，这就需要按照市场经济的要求进行微观基础的再造。

政府利用经济手段调控经济的实质就是通过政府的经济活动，促使总需求与总供给相一致，实现充分就业和消除通货膨胀，保持国民经济的稳定增长。当引入政府经济活动后，两部门经济扩充为三部门经济，政府增加或减少财政支出、增税或减税都会影响总需求与总供给水平。一般来说，当有效需求不足时，政府往往通过增加财政支出或减税，刺激投资和消费，动员闲置资源，使失业率下降；当总需求膨胀时，则通过紧缩政策抑制总需求，控制通货膨胀率。由于总需求与总供给都是微观单位经济活动的结果，政府不管是以总需求还是以总供给作为管理对象，要使宏观经济政策产生预期效果，就必须具备相应的微观基础及预期微观单位的反应方式。中央银行实施一定的货币政策，也必须有相应的微观基础。

在市场经济条件下，宏观经济政策与微观基础之间的关系表现为一个双向刺激反馈系统。一方面，宏观调控主体根据对当时总需求或总供给水平的价值判断及对总需求、总供给的微观形成机制的分析，选择反映一定宏观管理目标的经济政策。这些经济政策通过一定的经济参数调节市场环境，进而影响微观单位的经济行为，达到刺激或抑制总

需求或总供给水平的目标。另一方面，宏观经济政策并不一定会收到预期效果，这会通过反馈系统反映出来。当宏观调控措施通过市场传导到微观单位时，微观主体会在利益动机的支配下做出适应性反应，增加或减少投资，在投资不变时，则会做出相应的价格反应或数量调整。这些反应通过市场影响总需求和总供给的变动，并通过市场把信息反馈给调控主体。

政府据此判断宏观政策是否收到了预期效果。如果反差过大，表明宏观政策没能使微观单位的行为发生预期的变化，政府便会调整宏观政策，开始下一轮双向反馈调控，直至达到总供求的平衡。可见，离开微观基础，宏观经济政策便成了无本之木、无源之水。政府运用经济手段通过市场机制调节微观主体行为的有效性的基本前提是，单向依赖市场的微观主体能对政府的经济政策做出适应性反应，并按照政府的预期控制目标行动。要满足以上要求，就必须通过微观基础的重新构造，完善市场机制。

第一，具有敏感边际行为的市场主体。市场机制的调节功能总是通过人格化的市场主体对市场信号的接收和反馈过程实现的。具体来说，就是要使企业（不仅指生产企业，还包括商业企业和经营货币、证券的金融企业）真正成为自主经营、自负盈亏的市场竞争主体和法人实体，这就要求硬化企业的预算约束。在明晰产权关系的前提下硬化企业的预算约束，使企业成为自主经营、自负盈亏的市场竞争主体；企业自主权不仅包括日常的经营决策权，而且包括企业资产的处分权和转让权；企业具有独立的利益目标，即追求利润最大化；企业利润的实现完全受市场的约束。

第二，消除导致市场信号扭曲的非经济因素，鼓励正当竞争，限制区域封锁和各种垄断，使价格、利率等市场信号反映资源的稀缺性。

第三，市场体系的完善。企业在利润的刺激下，将根据市场信号的变动缩小或扩大经营规模，重新组合生产要素，这就要求不仅开放商品市场，而且开放生产要素市场，使资源在部门间和地区间自由而合理地流动。

在以上条件下，经济手段通过市场中介与市场主体产生关系，这种体系表现为一个双向反馈系统。一方面，政府的职能部门根据对运行态势的价值判断，选择反映一定政策目标的政策手段。这些政策手段通过一定的经济参数调节市场环境，进而影响微观主体的经济行为，达到刺激或抑制总需求的目的；另一方面，政策手段不一定会达到预期效果，它会通过市场中介反馈到政府的职能部门。如果偏离目标值太多，则政府的职能部门会修正经济参数，开始下一轮的调节，直至实现政策目标。这种双向刺激反馈系统如图 9－1 所示。

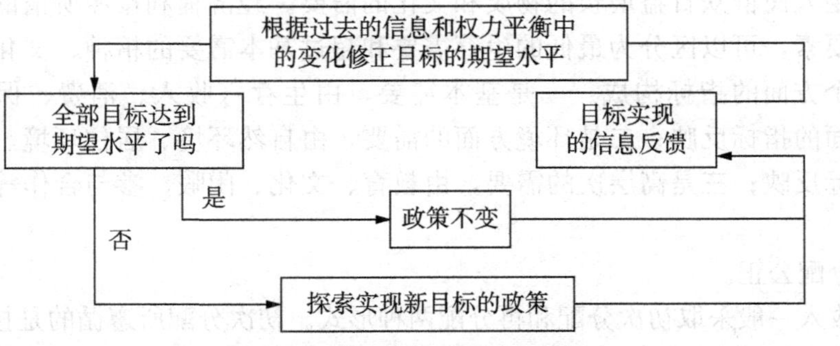

图 9－1　宏观调控决策优化模型

当具备比较完善的微观基础和市场机制时，政府便可以把体现社会偏好的经济参数输入市场机制，调节市场的供求状况，影响市场信号的变动，而微观主体则在利润动机的刺激下对影响其利润实现的市场条件的变动做出灵敏及时的反应，进而影响资源的配置，从而更好地发挥政府的作用。

第三节　政府调控经济的政策目标与政策手段选择

一、经济政策的基本目标与具体目标

经济政策目标是一个系统，一般可以分为基本目标和具体目标两个层次。经济政策的基本目标又被称为最终目标，它是根据一定的价值判断及主导思想而提出的规范性概念。美国经济学家阿罗认为，经济政策的基本目标可以归纳为经济稳定化、资源配置高效化和分配公平化三种。一般来说，人们都认为效率、增长、公正等是经济政策的基本目标，这些基本目标又大体上可分为以下三类。

（1）效率、增长、稳定。

一般来说，经济政策的经济性基本目标是效率。因为经济活动实质上就是从人类各种欲望的无限性和物质手段的有限性这一事实出发而发生的克服“稀缺性”的活动，提高资源的利用效率就成为人们获得最大利益的手段。所以，经济政策的实施应有助于资源的最优配置。现实的经济活动是一个动态过程，它伴随着经济的发展。经济增长的原始推动力一般是资本积累，它会引起消费结构和生产结构的变化。这样，经济的均衡在增长过程中会被打破，甚至会引起失业、衰退和不景气等问题。尽管经济发展过程本身内在地包含着在新的水平上达到均衡的趋势，但重新达到均衡所需支付的代价无论是对个人还是对企业或政府来说都不是一件好事，有时甚至是难以承受的。因此，保持经济的“稳定”就成为一个社会的客观要求，政府需要通过刺激、诱导生产活动使就业、收入和物价保持稳定。

（2）经济福利。

生产是为了消费，社会主义的基本目标就是满足广大人民群众日益增长的物质与文化需要。因此，效率和增长这样的基本目标最终要服务于经济福利的实现，或者说是为了满足人民群众日益增长的物质和文化的需要。经济福利按照所谓的人类生存的基本构成要素，可以区分为最低的生存需要和超过基本需要的精神、文化需要。它们一般由三个方面的指标构成：一是基本需要，由生存（收入、消费、保障）、安全、健康等方面的指标反映；二是环境方面的需要，由自然环境、居住环境、劳动环境等方面的指标反映；三是高层次的需要，由教育、文化、闲暇、参与合作等方面的指标反映。

（3）分配公正。

国民收入一般采取初次分配和再分配两种形式。初次分配所遵循的是按劳分配与按生产要素分配相结合的原则，前者是按每个劳动者提供的劳动数量和质量确定报酬，后者是按生产要素的边际生产力决定要素所有者的报酬水平，其目的在于促进资本、劳动

等资源的有效配置，即初次分配追求的是效率目标。但初次分配的结果可能会引起收入分配差距过大，需要通过再分配渠道来缩小过大的分配差距。再分配的尺度与个人的劳动能力及生产要素的边际生产力无关，是一种以保障基本生活条件为目的的平等分配，它可增进社会合作，但因缺乏对生产的刺激而可能会降低效率。因此，政府较好的选择是把以上两种分配原则结合起来，兼顾公平与效率。实际上，即使在“按能力分配”的市场经济中，也常常引入“按必需分配”的方式，如社会保障制度、最低工资保证制度、负所得税制度等。

经济政策的具体目标是基本目标的派生性目标，甚至可以说是实现基本目标的条件。在社会主义市场经济条件下，我国经济政策的具体目标主要包括以下几个方面。

(1) 经济增长。

我国在社会主义初级阶段的根本任务就是发展生产力。这是因为社会生产力是人类征服自然、生产物质资料的现实力量，是社会变迁的终极原因。所以，经济政策的一个重要目标就是促进国民经济的较快增长，不断提高人民群众的福利水平。衡量经济增长的方法通常是计算一定时期中实际国民生产总值的年均增长率。

(2) 物价稳定。

物价稳定指的不是各种商品和要素之间相对价格的稳定，而是全社会范围内价格总水平的稳定。在市场经济条件下，各种商品价格经常处于不断的变化之中，有些上升，有些下降，而且每种商品价格上涨或下降的幅度并不一样，因此，我们通常借助于价格指数来表示一般价格水平的变化。价格指数是表示若干种商品的价格水平的指数，它可以用一个简单的百分数时间序列来表示不同时期一般价格水平的变化方向和变化程度。价格指数主要有消费价格指数（CPI）、生产价格指数（PPI）和GDP平减指数。在实践中，CPI是最受各国政府关注的指标。

(3) 充分就业。

所谓充分就业是指每一个愿意工作的劳动者按他们愿意接受的工资全部找到工作的一种经济状态。但是由于测量各种资源的就业程度非常困难，人们常常以劳动的失业率作为衡量充分就业与否的尺度。我国人口众多，劳动适龄人口基数庞大，随着二元经济结构向现代经济结构转换，不仅城市面临巨大的就业压力，而且面临着为农村剩余劳动力寻找出路的问题。国家应在大力发展经济的前提下，促进劳动力市场的正常发育，并给予政策指导，使劳动力在各个部门之间合理流动，提高就业率。

(4) 产业结构高级化。

对于西方发达国家来说，产业结构的演进是市场机制自发调节的结果，政府通常不加干涉。但是，对于像我国这样一个发展中国家来说，不仅市场机制不完善，而且与发达国家的发展水平相比还有较大的差距。试图完全借助于市场机制来调节产业结构，可能周期过长，甚至可能进一步拉大与发达国家的发展差距。因此，政府需要在产业结构的高级化过程中发挥积极的作用。产业结构高级化可以从生产要素的配置中获得最大的经济效益。政府通过制定切合实际的产业政策，利用经济手段引导产业结构的演进，发展基础产业，扶持支柱产业，调整夕阳产业，谋求产业部门和企业的合理布局及资源的最佳配置。

(5) 国际收支平衡。

随着对外开放的扩大，国际收支平衡在经济政策目标系统中的地位也将提高。国际收支平衡的核心就是外汇供求的平衡，而外汇平衡的物质基础是外贸进出口的平衡。国际收支的平衡与否将直接影响国内总供求的状况。

在经济政策目标系统中，有些表现出独立性，即一个目标的实现与另一个目标的实现互不相关。但有些目标相互之间存在关联。这种关联有以下类型：一是互补关系，即一个目标的实现能促进另一个目标的实现。例如，在经济增长和就业之间存在着显著的数量关系。经济周期中失业通常会随着产出的变动而变动。美国一位经济政策制定者奥肯发现：GDP 每变动 2%，失业率就下降约 1 个百分点。这被称为奥肯法则。二是交替关系，即一个目标的实现对另一个目标的实现起排斥作用。另外还有互补转向冲突以及因政策工具的运用引起的冲突等类型。在经济发展过程中，经济政策目标之间的冲突主要发生在以下区域。

(1) 经济增长与物价稳定之间的交替关系。

增加投资是推动经济增长的主要途径，而提高投资者的预期利润率则有助于激发投资者的投资欲望。为了提高投资者的预期利润率，就需要维持较低的利息率水平，或者使劳动者的实际工资率下降。前者需要增加货币供给量，后者需要刺激物价上涨。在供给变动缓慢的条件下，经济增长又会刺激投资需求和消费需求，进而带动物价上涨。在各部门增长不平衡的情况下，即使总供求关系基本平衡，个别市场的供不应求也会产生连锁反应，最终引发通货膨胀。为了控制物价，就要收紧银根，这会降低投资者的预期利润率和投资需求。而需求下降会使价格回落，使实际工资率上升，最终又会使经济滑坡。因此，在充分就业的条件下，经济增长目标与物价稳定之间存在着相互排斥的关系。

(2) 充分就业与物价稳定之间的交替关系。

充分就业总是一个政府重要的经济政策目标，但为了实现充分就业目标，就常常需要实施赤字财政政策和增加货币供应量等，由此会刺激总需求和引起物价总水平的上升。为了抑制通货膨胀，必须紧缩货币供应量，抑制投资需求和消费需求，由此又会引起失业率的上升。失业率与通货膨胀率之间的交替关系一般可用菲利普斯曲线来表示。

(3) 平等与效率之间的交替关系。

平等是指社会成员收入均等化，效率是指资源的有效配置。效率原则要求对提供和创造不同效率的人们给予有差别的报酬；平等原则则要求缩小收入差距。强调效率的结果会拉大收入的差距，但收入均等化又会因缺乏足够的刺激或动力而影响效率。因此，在同一时点上，效率和平等不可能兼而有之。强调效率，就要容忍收入在一定限度内的不平等；要实现收入均等化，就必须牺牲一些效率。

(4) 国内均衡与国外均衡之间的交替关系。

这里的国内均衡主要是指充分就业和物价稳定，而国外均衡主要是指国际收支平衡。为了实现充分就业目标，常常会导致工资率的提高和国内收入水平的上升，结果是一方面，较高的工资成本不利于本国产品在国际市场上的竞争，从而不利于国际收支的平衡；另一方面，为实现充分就业目标，就需要刺激投资需求和消费需求。在物价稳定的条件下，总需求上升不仅使商品进口增加，而且要减少出口，把原来准备满足国外市场需求的产品转用于满足国内增大的需求，于是国际收支趋于恶化。如果要实现国际收支平衡目标，那么，一方面这意味着外汇储备增加，引起国内货币量增加，造成通货膨胀压力，从而不利于物价稳定；另一方面，为了消除国际收支的赤字，就需要实行紧缩政策，抑制国内的有效需求，从而不利于充分就业目标的实现。对于一个实行有管理的浮动汇率制度的经济体而言，如果要维持汇率的稳定，则国际收支的逆差过大，会引起国内银根紧缩和利率上升的压力。这对经济增长和就业都有不利影响，并且可能成为通货紧缩的原因。不仅如此，国际收支的大额逆差还有可能成为金融危机的导火索。如果国际收支出现大额顺差，则又可能导致外汇占款增幅过大，这会使得经济中的货币供应量大幅增加，刺激总需求，进而引起经济过快增长和通货膨胀。

除了上述几种交替关系外，还有物价稳定目标与满足公共需要目标之间的交替关系，经济增长目标与环境保护目标之间的交替关系，资源合理配置目标与地区、部门平衡发展目标之间的交替关系等。经济政策目标之间的交替关系决定了决策者必须对各种目标进行价值判断，权衡轻重缓急，斟酌利弊得失，确定各个目标值的大小，确定各种目标的实现顺序，并尽量协调各个目标之间的关系，使所确定的目标体系成为一个协调的有机体。

二、经济政策手段的构成

经济政策手段是国家为了实现经济政策目标所采取的方法，它包括政策工具和实施政策的方法两个方面。经济政策手段有很多，通常最高层次的经济政策手段可划分为经济手段（主要包括财政政策手段和货币政策手段）、行政管制手段、经济法制手段和制度约束四大类（见图 9-2）。

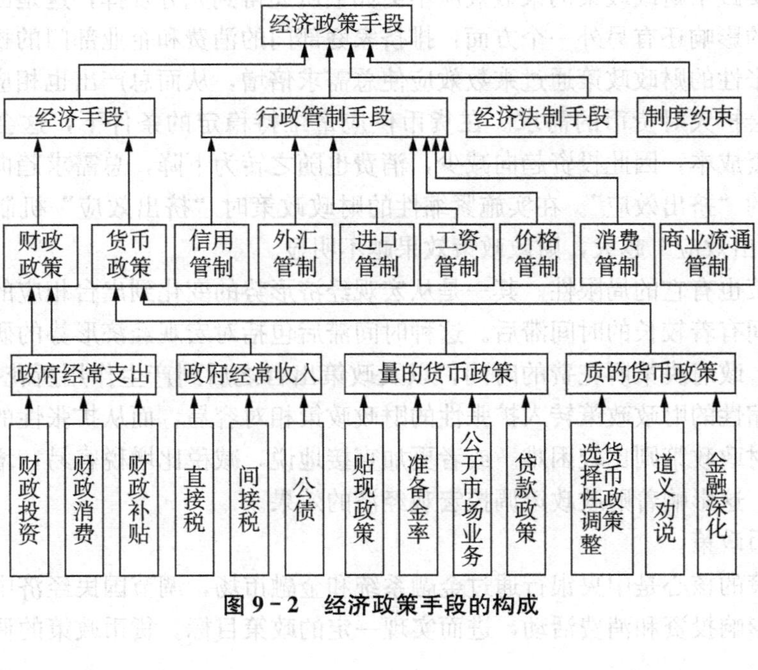

图 9-2　经济政策手段的构成

1. 经济手段

经济手段主要包括两大类：财政政策和货币政策。

（1）财政政策。

财政政策的核心是通过政府的收入和支出调节供求关系，实现一定的政策目标。这些手段主要包括：第一，财政收入政策，或称税收政策，即政府的财税部门通过增税或减税及税种的选择，或者发行公债来调节投资和消费需求，实现收入和资金的再分配。第二，财政支出政策，即通过政府预算支出的增减及财政赤字的增减影响总需求，实现收入的再分配。比如财政补贴政策即为常用的财政支出政策。所谓财政补贴政策，即在结构失衡或出现供给“瓶颈”时，提供各种形式的财政补贴，以保护特定的产业及地区经济。财政政策手段的主要功能是调节供求平衡，防止经济出现较大的波动，引导企业投资方向和通过国民收入的再分配缩小收入分配的差距。

财政政策可以分为扩张性的和紧缩性的两种。具体来说，当总需求不足引起经济增长速度下降太多的时候，政府可以通过增加支出或者削减收入，或者双管齐下的政策来刺激总需求。其中政府购买支出直接构成总需求的组成部分，因此它的增加也就直接导致总需求增加。政府转移性支出的增加、税收和公债的减少则通过增加居民的可支配收入来刺激消费和投资，从而增加总需求。这就是扩张性的财政政策。当经济过热时，政府可以通过减少支出或者增加收入，或者双管齐下的政策来压缩总需求。这就是紧缩性的财政政策。

在实施财政政策的过程中，要使总需求发生一定量的变化，政府并不需要等量变动财政收入或者支出，而只要变动一个小得多的数量就可以实现。这是因为市场机制本身会放大财政政策的效果，即财政政策有所谓“乘数效应”。乘数效应越大，财政政策效果越明显。不仅扩张性的财政政策会产生乘数效应，紧缩性的财政政策也会产生乘数效应，只是方向相反。

但是在实践中财政政策的乘数效应不会如上所述得到充分发挥，这是因为财政政策对宏观经济的影响还有另外一个方面：排挤家庭部门的消费和企业部门的投资。在经济萧条时，扩张性的财政政策通过乘数效应使总需求倍增，从而总产出也相应增加。总产出的增加又会扩大对货币的需求。在货币供应量维持稳定的条件下，这会导致利率上升，提高投资成本，因此投资趋向减少，消费也随之转为下降，总需求趋向减少。这就是通常所说的“挤出效应”。在实施紧缩性的财政政策时“挤出效应”机制会产生反向的效果。“挤出效应”越大，财政政策效果越不明显。

财政政策也有它的局限性。其一是从宏观经济形势的变化到出台相应的财政政策并起作用，中间有着较长的时间滞后。这种时间滞后包括对宏观经济形势的研究和判断所花费的时间，政府决策所花费的时间，以及政策出台之后到产生作用所花费的时间等。其二是从紧缩性的财政政策转入扩张性的财政政策相对容易，而从扩张性的财政政策转入紧缩性的财政政策则比较困难。或者更加直接地说，减税比增税容易，增加支出比缩减支出容易。这影响着财政政策调控宏观经济的效果。

（2）货币政策。

货币政策的核心是中央银行通过金融系统和金融市场，调节国民经济中的货币供应量和利率，影响投资和消费活动，进而实现一定的政策目标。货币政策的调节工具主要如下：

第一，法定准备金率。商业银行为了应付存款客户提款，把存款当中的一部分留下来作为准备金，其余部分放贷出去的制度，叫作准备金制度。在现代市场经济中，为防止银行无限制地放贷带来金融风险，政府规定了银行准备金在存款当中的最低比率，即法定准备金率。中央银行可以通过调整法定准备金率来调节商业银行的自有准备金额度及存贷款利率，从而使信贷规模适应经济发展的实际需要。法定准备金率的优点是对所有银行产生的影响是平等的，并且对货币供应量有很大的影响。但在宏观调控实践中，法定准备金率并不是一个常用的手段。一是因为在较为完善的市场经济中，法定准备金率的微小变动都可能引起货币供应量的大幅变化，作用过于猛烈，必须谨慎从事。二是对于超额准备金很少的银行来说，提高法定准备金率可能立即引起流动性问题，直接影响金融体系的稳定。

第二，中央银行再贴现率。这里的再贴现率指中央银行对商业银行和其他金融机构的放款利率。中央银行提高再贴现率，就意味着商业银行和其他金融机构从中央银行借款的成本上升，货币供应量就会减少。相反，如果中央银行降低再贴现率，则会降低商业银行和其他金融机构从中央银行融资的成本，有利于扩大货币供应量。中央银行可以通过调整再贴现率来调节中央银行向商业银行的贷款规模，适应经济发展的实际需要。因此，通过调整再贴现率便可调节银根的松紧，控制商业银行的贷款规模和结构。

第三，公开市场业务。中央银行通过公开买卖各种政府债券，如国库券、公债等，调节货币供应量和市场利率，产生资产组合效应，从而可以起到刺激或收缩社会总需求的作用。公开市场业务是货币政策当局最重要也最常用的政策工具。因为和其他工具比较，它具有特殊的优点。优点之一是主动。公开市场业务是由中央银行主动进行的，其规模几乎可以完全由中央银行控制，这是其他方法所不能实现的。优点之二是灵活。中央银行可以通过公开市场业务迅速调整货币供应量，还可以根据宏观经济形势的需要及时地改变货币供应量变动的方向，甚至及时纠正某些政策失误。优点之三是准确。公开市场业务对货币供应量的影响可以比较准确地预测出来。这些优点使公开市场业务成为中央银行调控货币供应量最常用的工具，中国的情况也是如此。

第四，政府的金融机构还可以运用贷款政策，如向支柱产业优先提供贷款，对投资风险大、具有公益性的重要产业提供长期优惠贷款，实现经济政策目标。由于金融手段比财政手段更富有机动性，因而它对短期目标（如物价稳定）的实现具有较强的作用。

货币政策也有它的局限性：其一是紧缩性的货币政策控制通货膨胀和经济过热比较有效，而经济萧条时扩张性的货币政策刺激经济复苏的效果则不太明显。这是因为在经济萧条的时候，企业对经济前景普遍看淡。即使中央银行松动银根，降低利率，投资者也不愿意增加贷款来从事投资活动。此时银行也会出于安全的考虑而“惜贷”。此外，在控制通货膨胀的时候，货币政策在抑制因为总需求膨胀而引起的通货膨胀时作用明显，而对由于成本上升所引起的通货膨胀，作用则比较小。其二是货币政策效果要受到货币流通速度的影响。在经济繁荣时，中央银行为防止通货膨胀而紧缩银根，但此时居民的支出通常会增加，而且由于物价上涨，公众不愿意持有货币而希望尽快花出去，导致货币流通速度加快。货币流通速度加快实际上相当于增加了货币投放。这就在一定程度上抵消了中央银行紧缩银根的作用。而在经济萧条的时候，货币流通速度通常会下降，这时中央银行扩大货币供应量对宏观经济的影响，又会因此而被削弱。其三是货币政策从实施到对宏观经济产生实际影响有着较长的时间滞后。通常认为，这一时滞为6个月到1年。在这个过程中，由于宏观经济波动具有内在的周期性，货币政策可能会适得其反。比如，在经济衰退时，中央银行希望通过扩大货币供应量来刺激经济复苏，但是等到这一政策发生作用的时候，经济已经转入繁荣阶段，于是本意在于反衰退的货币政策，实际上却为通货膨胀起到了火上加油的作用。

2. 行政管制手段

行政管制手段是国家行政管理部门凭借政权的威力，通过发布命令、指示等形式来干预经济生活的经济干预手段。它主要包括信用管制、进口管制、价格管制、消费管制、外汇管制、工资管制和商业流通管制等。行政管制具有强制性、纵向隶属性、强调经济利益一致性等特点，但它忽视微观主体的利益，从而会影响效率。因此，在市场经济的条件下，应当把行政管制手段限制在必要的范围之内。

3. 经济法制手段

经济法制手段是指国家依靠法律的强制力量来保证经济政策目标实现的手段。经济法制手段一般具有普遍的约束性、严格的强制性、相对的稳定性等特点。国家通过经济立法和经济司法活动来规范各类经济活动主体的行为，限制各种非正当经济活动，使国民经济正常运行。

4. 制度约束

经济政策总是在一定的制度背景下发挥作用的，制度的变更会直接影响政策目标的传导机制，甚至会影响政策目标的选择。因此，制度约束是实现长期化政策目标的手段。制度约束包括国有资产制度、税收制度、金融制度、社会保障制度等。

三、经济政策手段的效率及选择原则

同一政策目标常常可以采取几个不同的政策手段来实现。这时，决策者就面临一个选择问题，即选择什么政策手段对于实现既定的政策目标最为有利，实际上这是一个估计政策手段的效率的问题。通过估计政策手段的效率，可得出若干政策手段选择的一般原则。

(1) 对政策手段反应的大小。

这主要考察目标变量对某一给定手段变量的反应大小，与决策者预期相一致的反应越大，说明政策手段越有效；反之则说明政策手段的作用较小。由此得出的一般规则是，应选择更有力度的政策手段。

(2) 政策手段显效的速度和结果。

政策手段的选择应考虑到政策手段的预期效果能否实现以及在多长的时间内能够实现。选择的一般原则是，应选择那些较易实现政策目标及较快显示效果的政策手段。

(3) 政策手段克服不合理经济现象所起作用的大小。

政策手段选择的直接原因无非是要通过克服经济运行中的某些非正常经济现象来达到一定的政策目标，如抑制通货膨胀、降低失业率等。应该说越是触及导致这些现象产生的深层原因，越容易提高政策手段的效率。因此，选择的一般原则是，偏好于那些对非合理经济现象的存在原因起直接作用的政策手段。

(4) 资源成本。

政策手段总是要花费一定的资源成本。这里所说的资源成本既包括直接成本，又包括间接成本。直接成本是指操作政策工具所支付的成本，如政府的职能部门正常运转及政策措施的贯彻要消耗一定的资源；间接成本是指实施一定的政策手段所付出的代价，如为了降低通货膨胀率，最有效的措施莫过于紧缩银根，但紧缩银根可能会造成经济滑坡及失业率上升。因此，政策手段选择的原则是，应选择那些能实现一定的政策目标且成本花费最小的政策手段。

（5）选择性和变动性。

这里的问题是，在政策运用过程中应考虑政策手段是否具有选择性，以及随着时间的推移政策手段是否具有变动性。一般的规则是，应选择那些可以以一种选择性方式实现政策目标的政策手段，并且偏好于具有变动性的政策工具。由于政策手段具有灵活性，随着经济运行状况的变化，政府职能机构可以通过调整政策措施的作用方向和反应力等提高政策效率。

（6）间接经济效应。

某一政策措施的运用总会产生某些间接经济效应，这就需要区别它们是正的还是负的间接经济效应。一般规则是，应选择那些间接正效应超过间接负效应的政策手段。

（7）社会政治效应。

有些政策手段虽然可以解决若干经济问题，但可能会引起某些社会政治问题。如刺激效率的政策可以促进资源的有效利用，但可能会引起收入差距过大，产生社会的不安定因素；相应地，收入再分配政策可以缩小收入差距，但可能会降低效率。因此，决策者在选择政策手段时就不得不既考虑经济问题，同时又考虑社会政治问题。一般原则是，应选择那些使社会政治利益最大化及社会政治成本最小化的政策手段。

四、政策目标约束下的政策手段选择和组合

在现实的政策选择中，政策目标和政策手段往往都有许多个，于是就存在选择什么样的政策手段才能更有效地实现政策目标的问题。荷兰经济学家丁伯根认为，经济政策手段变量数必须不少于经济政策目标变量数，这是经济政策在理论上能够实现的必要条件。这一原理被称为丁伯根法则（Tinbergen's rule）。丁伯根法则根据政策手段的绝对优势考虑手段的选择和组合。另一有价值的思路是从分析政策手段的比较优势入手，决定政策手段的选择和组合，即在政策手段的边际效率不确定的情况下，可以探索不同政策手段的比较优势，从而建立起政策搭配效应原理。

为了实现复数的政策目标，在动员复数的政策手段的时候，还应当在目标值的约束下进行政策手段选择。之所以要研究政策手段的选择，是因为即使针对若干政策目标有同样数量的政策手段，也并不等于说所有的问题都迎刃而解了。事实上，经济政策手段的选择可能会遇到来自政治利益集团、社会因素等的阻力，使得即使是能有效实现政策目标的手段也难以被选择。此外，绝大部分政策手段不只是影响到一个政策目标，如金融手段对物价稳定、经济增长、充分就业等都会产生影响。因此，在考虑政策目标和政策手段的组合时，必须考虑政策手段对所有其他政策目标的影响。

表 9－2 是美国等 8 个国家的经济政策学家和经济政策制定者对什么样的政策目标应该配以什么样的政策手段所做的概括。从表 9－2 中可以看到，财政政策和货币政策对经济增长、物价稳定、收入分配等均具有特别重要的意义。

表 9-2　　　　　　　　政策目标与政策手段的搭配

目标工具	充分就业	经济增长	物价稳定	改善国际收支	资源配置	收入分配	充实社会资本
政府收支	×	×	0	×			
政府投资	0	0	0	×		×	0
补助金和资本转移	×	0	×	×		×	
对企业的直接税	×	0	0	×	×		
对家庭的直接税	×	×	×	×		0	
间接税	×		0	×			
对企业的政府贷款	×	0	×	×			×
贴现率	0	×	0	0			
限制信用创造	×	×	×	×			
外汇汇率		×	0	0	×		
进口管制	×	×	×	0	0		
外汇管制				0	×		
价格管制	0	×	0	×			
工资管制	0	×	0	×		0	
变更税制	×	0	×	×	×		
变更竞争条件		×	×		×		
创设国家机构	×	0	×	×			
创设国际机构	×	0	×	0		×	0

说明：0 表示适用，×表示不适用。

资料来源：渡部经彦．现代经济政策．东京：日本岩波书店，1969：50.

五、政府干预经济的效率标准

经济政策是政府干预经济活动的主要方式，正如前面所指出的，政府对经济政策的运用并不是对市场机制的排斥，而是在更多的场合下通过市场机制传输政策变量。因此，在既定资源下使社会总产出最大化，既体现为市场效率，也是政府调控经济所要实现的最终目标。

政府选择一定的经济政策，分别作用于经济过程、经济秩序、经济活动基础，实现一定的宏观调控目标。经济过程是指生产、交换、分配、消费等活动的不断循环；经济秩序是指经济活动得以进行的框架，包括经济结构和经济体制两个部分；经济活动基础是指经济活动得以存在的物质条件和支配经济活动的人的素质及社会文化基础。经济政策的作用对象可用图 9-3 表示。

- 经济政策作用对象
  - 经济过程
    - 1.微观：各经济单位的具体活动和市场过程
    - 2.宏观：经济循环过程和经济变动趋势
  - 经济秩序
    - 经济结构
      - 1.微观
        - 家庭的收支结构
        - 企业的收入、经营管理、资金筹措结构
        - 中央政府、地方政府的财政结构
      - 2.中观
        - 产业的种类、地域、企业规模结构
        - 产业组织(市场的结构、运行、成果)
        - 劳动力市场
      - 3.宏观
        - 公有经济与私有经济构成
        - 消费结构
        - 收入和财产的分配结构
        - 国民经济的对外依赖程度
    - 经济体制
      - 1.调节和管理的方式(计划和市场)
      - 2.生产手段的归属和决定方式
      - 3.货币财产制度
  - 经济活动基础
    - 1.自然基础
      - 自然性产业资源:水、土地资源、矿产、海洋资源等
      - 自然生活环境:大气、水、风光等
    - 2.人口基础：人口数量、质量、构成、动态等
    - 3.文化基础：科学技术、精神、社会政治体制、国际环境等

图 9-3 经济政策作用对象示意图

资料来源：野尻武敏，百百和．经济政策学．西安：陕西人民出版社，1990.

政府运用经济政策调节经济活动应有助于经济效率的提高，这是经济政策赖以存在的基本依据。这里的经济效率是广义的，它包含三个层次：(1) 静态效率。静态效率存在两个必要条件：一是在给定的劳动力、资本和其他资源的条件下，使产量最大化；二是产品的组合不仅符合技术可能性，也满足社会全体人员的愿望（生产可能性曲线与无差异曲线的切点）。(2) 分配效率。如果收入的分配在原则上具有公平性，则存在分配效率。(3) 动态效率。如果避免了通货膨胀，实现了收支平衡，则存在长期动态效率。这时，如果积累与消费之间的比例是社会可接受的，那么，经济就沿着一条反映适合增长率的增长轨迹运行。短期动态效率则表明总需求和总供给达到了平衡，生产潜力得到了挖掘。

在既定的条件下，政府可以通过干预经济活动或进行制度创新、完善市场机制来提高效率，如图 9-4 所示。

在图 9-4 中，横轴代表消费品，纵轴代表投资品。P_1P_1、P_2P_2、P_3P_3 分别表示三条生产可能性曲线，X、Y、Z 分别表示三条不同的无差异曲线。效率的提高可以通过以下四条途径：第一，从生产可能性区域内移到生产可能性区域的边界（如从 G 点移到 A 点）。第二，沿着生产可能性区域边界，从非理想地方移到理想的地方（如从 D 点移到 A 点）。尽管 D 点与 A 点均可满足静态效率条件，但 A 点优于 D 点，原因在于 X 曲线有较平均的分配。第三，从一个均衡点移到另一个更高的均衡点，因为它能导致

较公平的收入分配。第四，移向理想的增长轨迹（如从 A 点到 B 点到 C 点）。

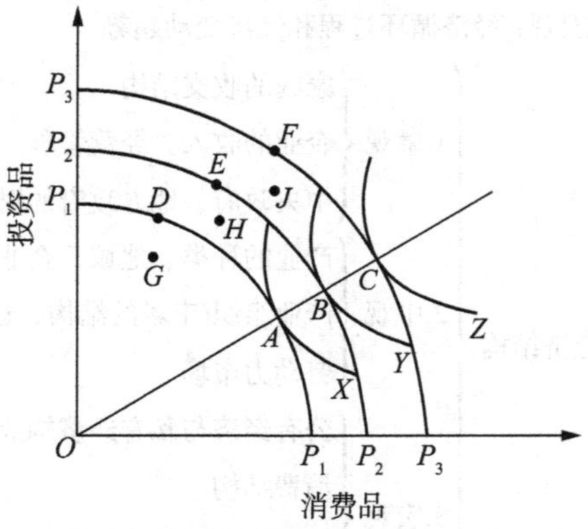

图 9－4　经济效率提高的途径

当政府运用经济政策干预经济时能否提高经济效率，涉及的因素很多。根据上述三个效率标准，政府在进行经济政策选择时，应注意以下几个方面：

（1）一个功能齐全的市场机制更容易实现静态效率。一般来说，微观主体的生产经营和消费决策最好留给他们自己去制定，政府不适当的干预反而会影响静态效率。当然，在发展中国家，市场机制一般存在着各种缺陷。政府较为理智的选择并不是把什么都管起来，而是引导制度创新，促进市场的发育，然后让市场机制对资源配置起基础性调节作用。

（2）向社会提供各种公共产品是政府的责任。因为价格机制要么不足以刺激以盈利为目标的企业生产出足够多的公共产品，要么会导致以盈利为目标的企业以较高的成本和较少的社会收益生产出公共产品。而由政府来提供公共产品则有助于提高经济效率，同时能促进公平。

（3）如果要实现静态效率，政府就应该采取多种政策措施消除垄断的负效应及解除对竞争性市场结构的各种限制因素，避免市场机制在调节资源配置过程中可能出现的种种偏差。

（4）市场机制的自发调节作用尽管可以提高经济效率，但可能会引起收入分配的不公平。如果政府通过干预经济缩小收入分配差距的社会成本小于所获得的社会收益，则表明政府对收入再分配的干预是有效的。

（5）放任自流的市场经济一般会伴随着经济波动，造成资源的浪费。因此，稳定应成为经济政策的重要目标。政府应通过经济政策选择来避免经济出现大的波动。

（6）市场机制似乎难以实现经济的长期动态效率，或者说为了实现这种长期的动态效率需付出昂贵的代价，政府的适度干预则有助于实现长期的动态效率。

（7）政府与微观主体活动之间的理想平衡将随时间推移而变动，这就需要进行跟踪调节，以便更好地协调这种关系，从而为政府有效地运用经济政策调控经济活动创造适宜的体制环境。

第四节 新常态下我国宏观经济政策框架的重构

一、我国现有宏观经济政策框架的特征

在我国的传统增长模式下，适应于经济赶超型战略，经济总量的扩张是政策层面的首要目标。自改革开放以来，政府设定了一系列发展目标，但总量扩张始终是最重要的目标。因此，我国宏观经济政策在总体性质上并不是传统意义上的指向短期稳定的宏观经济政策，而是指向长期经济增长的宏观经济政策。这就决定了我国宏观经济政策框架的基本特征与调控模式。

（一）在以工业化为基本动力的增长模式下，我国宏观经济政策对高 GDP 增速具有强烈偏好，政策调控主要针对国内投资和外部需求

自改革开放以来，我国经济的高速增长是与工业化进程的加速推进相伴随的。1991—1997 年和 2002—2007 年是我国工业化进程加速推进的两个主要时期。在前一个时期，工业增加值占 GDP 的比重提高了 4.5 个百分点；在后一个时期，工业增加值占比提高了 2 个百分点。与此对应，这两个时期的年均 GDP 增长率分别是 11.5%和 11.2%，均明显高于其他时期。以工业化推动整体经济增长，这不仅是世界范围内各国经济腾飞经验的启示，更是我国在考虑了经济增长的约束条件与突破手段之后的必然选择。首先，从我国经济的二元结构出发，农村大量剩余劳动力为工业部门的扩张提供了廉价的劳动供给来源，而工业部门的扩张也为吸纳农村剩余劳动力提供了就业岗位。其次，国际分工体系调整和国际产业转移浪潮为我国工业化进程突破国内技术约束和资本约束提供了条件。最后，工业制成品作为典型的可贸易品，产出的市场实现问题可以依赖国际市场来解决，从而突破国内的收入约束和市场约束。

自改革开放以来，稳定是我国政策层面压倒一切的首要目标。这里所说的稳定并不是经济稳定，而是更广义的社会稳定。在经济层面必须创造出必要的新增就业和收入增长，以此配合实现社会稳定目标。这就决定了我国在宏观经济政策调控中必然要对 GDP 增长速度设定一个非常高的底线。在这样的增长模式下，第二产业贡献了我国一半以上的 GDP 增长。众所周知，在不同产业的对比中，第二产业的就业创造效应和工资收入创造效应都低于第三产业。只有通过更高的增长速度才能抑制失业问题的加剧和维持必要的居民收入增长速度。由此导致我国政府对高增长速度的严重依赖，也可被称为“速度饥渴”。在此背景下，保持 GDP 增长的高速度就成为我国宏观经济政策框架中压倒一切的目标。

我国工业部门的扩张主要依靠资本积累的加速。一方面，工业部门具有更高的资本密集度，因此，工业部门的迅速扩张必然要求投资的迅速增长。国际经验也表明，工业化过程必然以大量投资作为基础。另一方面，我国工业部门的发展充分利用了国际分工体系调整和国际产业转移的契机，这意味着我国工业部门的生产技术多是外来的，缺乏内生的技术进步能力。因此，促进投资的迅速增长就成为实现我国经济总量迅速扩张的

首要选择。这两方面决定了选择投资作为主要调控对象的必要性。

居民消费需求的增长受制于收入水平、消费金融和消费倾向。给定收入分配体制和要素市场发展状况，财政层面的税收和转移支付等手段在短期中对于改变居民收入增长动态的作用并不大。在医疗、教育以及社会保障存在诸多发展约束的情况下，居民的谨慎性储蓄动机较强。经济形势的恶化进一步带来就业和收入增长的不确定性。宏观经济政策在短期中难以有效改变居民的消费倾向。我国现有金融体系的供给偏向于生产性金融服务，消费金融的发展滞后。货币层面的变化对消费增长的影响较小。此外，居民消费增长还受制于消费品的供给。我国国内供给结构偏向于以工业制成品为主的贸易品，非贸易品供给不足。随着居民收入的增长，对非贸易品不断增长的消费需求难以得到国内供给的有效满足。而作为非贸易品，其需求也难以通过国际供给来满足。这种状况同样也是宏观经济政策在短期中难以改变的。总之，基于调控效率的考虑，居民消费不会成为我国宏观经济政策调控的首要着力点。

不同于居民消费，我国企业的投资行为受宏观经济政策影响较大。在一般意义上，财政、货币和金融层面的政策措施能够直接影响企业的融资成本、融资可获得性和投资收益，也能够影响企业在特定行业的投资准入程度。这些都能够直接影响企业的投资决策。不仅如此，我国政府还直接或通过国有企业间接成为投资主体。为了实现投资增长目标，政府可以直接推出投资项目，或者通过非市场化手段要求国有企业扩大投资。这些方面的因素决定了我国宏观经济政策调控投资的能力较高、效果较强。从历史经验来看，在面对危机冲击时，政府预算内资金投资和国有企业投资的增长总会领先于整个社会固定投资的增长。总之，宏观经济政策在投资和居民消费上的调控效果的差异决定了选择投资作为主要调控对象的可能性。

经济增长直接意味着总供给的增加。任何一种经济增长模式的可持续性依赖在供给扩张的同时能够解决供求平衡问题，也就是在供给增长之后能顺利解决市场实现问题。在宏观经济分析中，投资兼有需求和供给两种属性。投资增长在当期意味着需求增加，在下一期则意味着供给扩张，这要求下一期的需求能够更快增长。在宏观经济所要求的动态平衡关系中，必然要求投资之外的其他需求能够顺利增长。考虑到我国在非均衡增长模式下投资和生产扩张偏向于以制造业为主的贸易品部门，总供给的产品属性与消费层面不断增长的非贸易品需求不完全匹配。这导致以工业制成品为主的贸易品处于超额供给状态，以服务为主的非贸易品处于超额需求状态。所以，在我国宏观经济实现动态平衡的过程中对贸易顺差有必然的要求。从我国工业化进程的国际背景出发，维持高出口增长和高贸易顺差是有国际市场的支持的。由此就决定了我国非均衡增长模式的两个基本特征，即总供给结构偏向于贸易品部门，总需求结构偏向于投资和外需。基于非均衡增长模式在供给结构和需求结构上表现出来的特征，我国构建了以投资和外需为着力点的政策调控框架。

因此，外部平衡不可能是我国宏观经济政策追求的目标。相反，我国的宏观经济政策更倾向于利用财税、货币和金融层面的各种措施，维持外部失衡状况，以此配合国内工业化进程及其所承载的长期经济增长目标。作为东亚价值链和全球价值链上的加工和组装中心，我国着力于吸引出口导向型 FDI 的大规模流入，在资本和金融项下维持 FDI 的净流入状况。特殊的汇率制度安排和严格的资本账户管制政策结合在一起，使得资本和金融项下的其他私人资本也处于净流入状态，官方储备资产成为我国资本净流出的渠道。总体来说，我国国际收支平衡的实现模式是，利用官方储备资产项下的逆差来平衡经常项目顺差与私人资本流动顺差。服务于非均衡增长模式，经常项目顺差是宏观经济政策追求的目标。给定经常项目顺差状况，资本的流出模式和国际收支的平衡模式是汇率制度安排及资产账户管制政策的被动结果。

（二）配合非均衡增长模式，政策层面倾向于替代市场机制或扭曲市场机制

服务于非均衡增长模式，为了更有效地刺激出口增长和投资增长，政策层面倾向于替代市场机制或扭曲市场机制。在政策组合中往往是以非市场化的、具有结构效应的财政政策为主导，作为辅助性的货币政策也是以非市场化的数量型工具为主，在金融层面形成政府控制下以银行为主的金融体系，由此形成如图 9－5 所示的宏观经济政策调控模式。

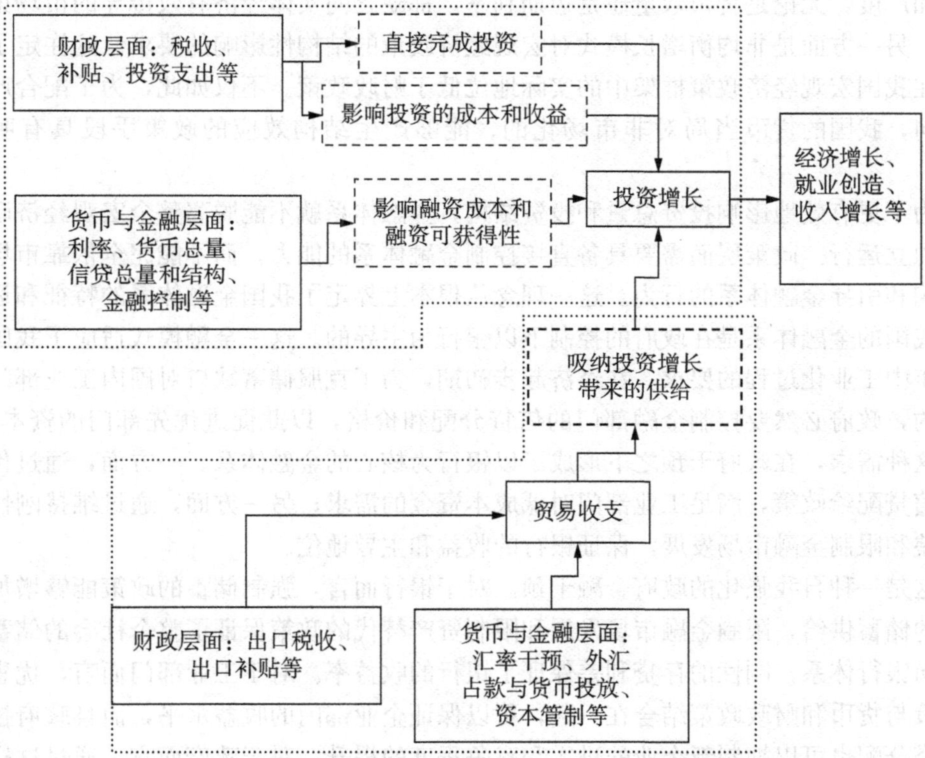

图 9－5　长期增长导向下我国宏观经济政策的主要调控模式

财政层面的出口退税、出口补贴和企业技改补贴等，直接影响企业的出口、投资和生产行为，而不是通过影响市场价格信号来引导企业的出口、投资和生产行为；财政层面的投资支出，甚至是政府直接充当投资主体开展投资行为，同样也不是市场化的操作。财政政策的非市场性并不难理解，这是各国普遍的实践做法。我国宏观经济政策操作的非市场性更多地表现在货币和金融层面。在货币层面，不仅使用利率和货币总量等典型的货币政策手段，还使用信贷政策对金融机构的信贷总量和结构实施引导、调控和监督，促使信贷结构不断优化。在主流理论中，信贷额度管理是可以通过市场化手段来实施的，如果是这样，信贷额度会对货币数量的变化做出系统性反应。但是在我国的实

践中，信贷额度不会对货币供应量的变化做出系统性反应。这说明，我国货币当局的信贷额度管理具有很浓的行政色彩。这种非市场化的信贷政策不仅可控性高，而且对实体经济的影响也更直接。在金融层面，占主导地位的银行体系不仅直接受到信贷政策的制约，而且受到各种频繁变化的规制措施的影响。

考虑到非均衡经济增长模式的要求，我国的宏观经济政策需要配合产业发展方向，体现出强烈的结构性导向。相比于货币政策，财政收支的变化不仅具有总量效应，还具有明显的结构效应，能够对总供给和总需求的结构产生显著影响。这就使得财政政策在我国宏观经济框架中具有比货币政策更高的实际重要性。在一般逻辑中，货币政策的影响主要是总量效应，通过改变整个社会的融资成本和融资可获得性对所有部门产生相对均衡的影响。在此逻辑下，无论是调控货币总量还是调控利率，只是中介目标的变化，在最终的实体经济影响上没有区别。但从我国的客观情况出发，一方面是金融市场缺乏深度和广度，无论是货币数量还是短期利率，都缺乏向实体经济有效传导的市场渠道和机制；另一方面是非均衡增长模式对宏观经济政策的结构性影响的要求。这注定了货币政策在我国宏观经济政策框架中的实际地位低于财政政策。不仅如此，为了配合产业发展导向，我国的货币当局对非市场化的、能够产生结构效应的政策手段具有明显的偏好。

为了更有效地影响投资总量和投资结构，金融体系就不能脱离整个宏观经济政策框架而独立运行。政策层面需要具备直接控制金融体系的能力，而不能完全依靠市场机制去影响和引导金融体系的行为。这一理念从根本上界定了我国金融体系的特征和运作模式。我国的金融体系是在政府的控制下以银行为主导的。这一金融模式适应了我国过去几十年中工业化过程的要求。在经济起步初期，为了克服储蓄缺口对国内工业部门发展的制约，政府必然要控制金融部门的信贷分配和价格，以此促进优先部门的资本形成。适应这种需求，在政府干预之下形成了以银行为核心的金融体系。一方面，通过价格控制和信贷配给政策，满足工业部门对低成本资金的需求；另一方面，通过维持刚性的存贷利差和限制金融市场发展，保证银行的收益和主导地位。

这是一种自我强化的政府金融干预。对于银行而言，强制储蓄的政策能够增加整个社会的储蓄供给，限制金融市场发展和限制资产替代的政策保证了整个社会的储蓄大部分流向银行体系，刚性的存贷利差保证了银行的收益率。对于工业部门而言，优惠的信贷政策与货币和财政政策结合在一起，可以保证企业部门的收益水平，而且政府控制下的信贷分配也可以抑制新企业的进入和竞争程度的提升。对于政府而言，通过这样的金融安排可以实现发展工业部门、解决就业和促进经济增长的目标。在这样的金融模式下，工业部门、银行和政府都获得了自己的利益。所以，无论是工业部门的主导企业还是大银行，甚至是政府本身，都不愿轻易改变这种金融模式。

二、新常态对我国宏观经济政策框架提出的重构要求

随着我国经济总量的扩张，我国已经成为全球第二大经济体，经济总量仅次于美国。我国的人均 GDP 也超过了 8 000 美元，早已达到中等发达国家的水平。虽然对于是否赶超并无明确的量化标准，但是总体上可以认为，我国事实上已经基本完成了所谓的经济赶超。在此背景下，民生和福利问题的相对重要性显著提高。由此，相对于增长

的速度，增长的质量变得更为重要。

（一）世界经济再平衡和国内经济再平衡的交互作用带来的重构我国宏观政策框架的要求

1. 宏观经济短期稳定性的重要性相对上升，增长和就业目标的重要性相对下降

随着世界经济再平衡过程得到实质性推进，我国工业制成品出口难以维持过去的高速增长态势，这导致我国非均衡增长模式的外部条件发生了变化。全球金融危机驱动全球失衡进入实质性调整过程。

伴随出口增速的趋势性下降，我国面向全球市场的产能出现全面过剩，由此带来了去产能压力。这与内生的结构调整要求结合在一起，意味着我国的经济转型过程要面临更加严峻的去产能压力。在我国特有的信贷驱动型投资增长模式下，高投资对应着企业部门的高杠杆率。在出口和投资的循环增长过程中，企业部门的高杠杆率得以维持。世界经济再平衡打破了我国出口和投资之间的循环增长机制，企业部门的高杠杆率也随之失去了维持动态平衡的基础条件。因此，去杠杆必然与去产能相伴而行。全面产能过剩带来全面通货紧缩，与企业部门的高债务水平及高债务负担结合在一起，使得通缩—债务效应不断发酵，由此带来更为严峻的去杠杆压力。在严峻的去杠杆压力之下，企业经营目标从“利润最大化”转向“负债最小化”，在整个社会形成不事生产和投资的局面，由此导致消费低迷、投资停滞、信用紧缩和经济衰退。去产能与去杠杆交织在一起，必然导致我国宏观经济的内生性紧缩效应和短期波动风险加大。

此外，产业结构的变化特别是服务业占比的上升，有助于提升我国经济增长的就业创造效应。经济增长的就业创造效应的提升，主要来自两方面因素。首先是总量因素。随着我国经济总量规模的扩张，一个百分点的增长速度所对应的 GDP 增量明显高于过去。其次是结构因素，即服务业占比的提高。相对于制造业，服务业是典型的劳动密集型产业。因此，服务业的就业弹性远高于工业部门。据估算，服务业的短期就业弹性比工业高 0.06，长期就业弹性比工业高 0.11。随着经济增长的就业创造效应的提高，解决就业问题对 GDP 高增长速度的依赖性不断降低。这就降低了我国宏观经济政策调控对 GDP 增速下降的容忍底线。因此，在长期增长和短期稳定性这两个基本纬度上，宏观经济政策有必要更多地关注包括物价稳定在内的短期宏观经济稳定问题。

2. 通货紧缩及其影响不断加剧，凸显了物价稳定目标在宏观经济政策中的重要意义

在总需求不足、内生性紧缩以及国际大宗商品价格下滑等因素的作用下，我国的通货紧缩形势日益严峻，并处于快速蔓延的状态之中。全面的产能过剩和通货紧缩导致实体经济的投资和生产收益大幅下降。工业企业利润出现负增长的情况。在全面通货紧缩的背景下，价格型货币政策工具难以有效传导和影响实体经济活动。通货紧缩与企业高债务水平及高债务负担相互叠加，导致通缩—债务效应不断发酵，削弱了数量型货币政策工具的传导效果。我国国内债务风险主要集中于非金融部门，这与我国金融体系的结构相关，在一定程度上也是 2008 年大规模刺激政策的后遗症。由于国内股权市场相对不发达，企业外部融资主要依靠贷款或发行债券等形式，其中贷款更是占据了较大比例。金融危机后，我国出台了大规模经济刺激计划，形成了“中央财政资金先期进入、地方财政资金立即配套、商业银行贷款大幅跟进”的资金配置模式，导致信贷大规模扩张，直接造成非金融部门债务规模的快速增长。这凸显了物价稳定目标在宏观经济政策中的重要意义。

3. 经济增长模式的均衡化，要求强化宏观经济调控的消费导向和短期导向

国内经济再平衡过程全面启动，带动国内总供给结构和总需求结构的持续变化。世界经济再平衡过程和国际市场条件的变化，使得我国传统的非均衡增长模式走到了尽头。在我国非均衡增长模式下存在“工业制成品出口→工业部门投资→工业部门扩张→整体经济增长”这样的传导机制。因此，外部再平衡冲击下的国内供给结构调整在另一个维度上必然表现为国内总需求结构的再平衡，出口—投资驱动的非均衡增长模式逐步让位于消费—内需驱动的均衡增长模式。

随着国内产业结构的调整，服务业占比上升、工业占比下降，这意味着我国供给结构中的非贸易品—贸易品比率不断提高。对于非贸易品供给，其市场实现只能依赖国内需求，主要是居民消费需求。加之我国居民消费需求一直受到非贸易品供给不足的刚性约束，因此，随着非贸易品供给比率的提高，居民消费需求必然呈现出更快的增长速度，居民消费在总需求中的地位显著提高。这就要求在宏观经济调控中更多地考虑消费需求问题。在供给约束不断缓解的情况下，消费需求的增长将更多地受制于可支配收入、金融约束和消费倾向等因素。这也提高了针对消费需求展开宏观调控的可能性。

而供给侧管理或者结构调整，在加速淘汰落后过剩产能和培育新产业的过程中，总会面临旧产业业已退出、新产业尚未补进的状态。在这种所谓的主导产业真空状态中，整个社会的就业和收入等必然会出现问题。这就要求政策在此发挥关键作用。也就是面对短期必然出现的“创造性破坏效应”，宏观经济政策通过减税、增加转移支付和强化社会安全网等，为整个社会提供福利托底。从这个意义上说，供给侧改革需要需求管理的配合。在需求管理方面，过去通过外需和投资渠道影响宏观经济动态平衡的政策实践，扭曲了市场机制的作用，也带来了严重的产能过剩等后遗症。因此，未来需求管理方面的重点应该从外需和投资转向居民消费。无论是为了更加有效地影响宏观经济动态平衡关系并避免政策调控带来扭曲和负面后果，还是为了在结构调整和增长动力机制转化时期发挥宏观经济政策的社会福利托底作用，我国宏观经济政策框架的总体目标定位都应该从生产导向和长期导向转变为消费导向和短期导向，在收入调节、社会保障和社会福利等方面发挥更加积极和主导的作用。

（二）在各种内生和外生的金融冲击下，我国的金融脆弱性显著提高，宏观经济政策框架中应该纳入金融稳定目标

供给层面的深入调整不仅需要制度变革的支撑和宏观经济政策的引导，也需要金融层面的支持。由于新产业和新业态的发展前景面临巨大的不确定性和风险，在将社会储蓄导向新产业和新业态的投资的过程中，需要金融体系在重复试错过程中完成投资项目的筛选和融资。通过引导和改变市场预期，甚至要借助于金融市场上的“羊群效应”，才能为成长中的新产业和新业态提供充分的融资支持。利用大规模投资来克服新产业和新业态在成长初期所必然面临的投资成功率偏低的问题。在这样的逻辑之下，金融扩张领先于实体经济扩张具有必然性，是金融服务于实体经济结构调整的必然要求。在实体经济部门萧条加剧的情况下，金融领域与实体经济领域背离的现象进一步加剧，导致生产领域的萧条与金融泡沫并存。因此，在我国经济的大调整期，必然伴随着失衡的积累乃至泡沫的出现和破灭，宏观经济和金融的波动及风险必然加大。

随着我国跨境资本双向流动性的显著上升，我国宏观经济和金融稳定性面临更大的外部冲击。在我国实体经济再平衡的背景下，总体经济增长基本符合预期，但是进口和出口的放缓速度比预期更快。这意味着我国经济从投入和产出两个角度看的对外依赖性都下降了。在此背景下，金融渠道日益成为外部冲击向我国传导的主要渠道，由此跨境资本流动问题就应该成为我国宏观政策层面关注的重点。

在目前的情况下，央行资产负债表是我国金融体系暴露于金融开放和跨境资本流动的主要渠道，私人部门对跨境资本流动的直接暴露程度相对较低。在我国央行的资产负债表上，外汇资产占总资产的比重维持在80%左右，而国外负债占央行总负债的比重非常低，只有不到2%。除央行之外，我国整个金融体系对跨境资本流动的暴露程度相对较低。人民币加入SDR及其引领的金融大开放将会从根本上改变这种状况。研究表明，日元、欧元和英镑等在成为SDR货币篮子以前，已经达到了很高的“自由使用”程度，在外国官方和私人机构的资产配置中也占了较高的比重。因此，在IMF同意这些货币成为SDR货币篮子时，只是对它们已经具有的“事实上的储备货币地位”的“事后认可”。这种“事后认可”模式不会引发官方和私人机构资产配置出现大的调整，进而也不会对相关国家的国内金融市场产生大的冲击。人民币目前并不具备“事实上的储备货币地位”，在各国官方和私人机构资产组合中的占比还很低。人民币加入SDR是一种“先导性变化”，其中蕴含的是“鼓励”或“倒逼”中国加快开放资本账户。由此带来的就不仅是外国投资者对人民币资产需求规模的增长，更重要的是我国金融的全面开放。这将进一步提高我国跨境资本流动的双向流动性，提高我国跨境资本流动的波动性和易变性，而且使我国国内金融体系全方位地直接暴露在国际金融冲击之下。所有这些都凸显了金融稳定性在我国宏观经济调控中的重要性。

（三）国际收支的新变化预示着我国国际收支的平衡模式将会发生深刻调整，国际收支平衡应该成为宏观经济政策主动调控和管理的对象

我们尤其需要关注2015年我国经济在新常态中出现的新变化，这就是我国国际收支在2015年从过去常态化的双顺差变为“一顺一逆”，即经常项目顺差及资本和金融项下私人资本流动逆差。2015年，我国出口和进口的绝对水平都明显下降，这是多年未曾出现过的状况。只是因为进口下降幅度更大，贸易顺差才会增长，这是一种典型的“衰退型顺差增加”，在长期中是不可持续的。我国资本和金融项下私人资本流动出现巨大逆差，导致我国官方储备资产不断下降。

展望未来，随着“一带一路”倡议的全面推进，我国企业加快“走出去”的步伐，由此会导致我国直接投资净流入规模进一步下降，甚至可能转变为净流出状况。一旦经常项目顺差不能弥补私人部门直接投资逆差，甚至经常项目本身也转变为逆差，那么，我国的国际收支平衡只能依靠非FDI私人资本流动和官方外汇储备。人民币加入SDR引领的金融大开放，使得证券资金跨境流动性显著提高。在长期中，经常项目逆差和私人FDI逆差必须依靠私人证券资金的净流入来弥补。这是一种可持续的国际收支平衡模式。但由此立刻产生两个问题：如何吸引私人证券资金的大规模流入？如何管理具有极大波动性和易变性的私人证券资金流动？依靠非FDI私人资本流动特别是证券投资来平衡其他私人部门的国际收支逆差，就要面对非FDI私人资本流动的波动性和易变性。这使得我国的货币稳定性、金融稳定性乃至整体经济稳定性全面暴露于国际金融冲击之

下。因此，国际收支平衡应该成为我国宏观经济政策框架中的显性目标，成为宏观经济政策主动调控和管理的对象。

三、我国宏观经济政策框架的重构思路

（一）重构政策框架的战略定位、总体原则与突破口

当前及未来一段时间内，对我国宏观经济政策框架所进行的调整，目的不只是应对短期的宏观经济和金融问题，而要指向长期中更加均衡、更加市场化、更加开放的经济体系中可能出现的宏观经济波动与风险。因此，我国宏观经济政策框架重构的战略定位应该包括短期、中期和长期三个层次。第一个层次是针对短期中已经显露的宏观经济和金融风险，提升和强化维持宏观经济与金融稳定的能力。第二个层次是针对中期的问题，特别是在较长时期持续存在的结构调整、去库存、去产能以及去杠杆等问题，提升应对这些问题相互叠加后可能带来的负面冲击，应对大调整、大变革和大开放战略可能带来的“创造性破坏效应”的能力。第三个层次是针对长期将会出现的均衡、开放和市场化的经济体系，构建高效的、可持续的、动态一致的宏观经济调控模式和政策框架。

宏观经济政策框架内部的调整则涉及：（1）增长、就业、宏观经济与金融稳定和国际收支平衡等目标及其相互关系的重新定位。（2）各种政策工具及其匹配和组合原则的重新考量。（3）政策传导机制的重构。调整需要遵循如下总体原则：首先是政策目标定位。宏观经济和金融稳定问题凸显，物价稳定、金融稳定和国际收支平衡应该成为宏观经济政策的显性目标。其次是财政政策和货币政策的相对分工与定位。财政政策应该减少对市场主导型结构调整路径的直接介入，更多地针对结构调整期必然出现的短期阵痛，为社会福利提供托底；宏观经济和金融稳定的实现应该更多地依靠货币政策。最后是政策操作方式和传导机制。宏观经济政策应该遵循市场化、可预期的操作模式，避免自身成为宏观经济和金融波动的来源；宏观经济政策应该围绕市场机制的作用方向去传导其意图和影响。

（二）关于重构政策框架的进一步考虑

1. 配合新常态下的结构调整过程，提升财政政策的短期需求管理能力

供给侧改革的目的是调整产业结构，为长期可持续增长夯实基础。具体来说，就是实质性地推动去产能、去杠杆、去库存，以此加速落后、过剩行业的淘汰过程；通过降成本和补短板，为新产业和新业态的发展创造更好的条件。

对于新产业和新业态的培育，当然需要财税和信贷层面的支持。但是这种支持力度不能过大，更不能扭曲甚至完全抑制市场的筛选和淘汰机制。供给侧改革在根本上是一种制度性调整，通过理顺政府与市场的关系，让市场在资源配置中起决定性作用，通过市场竞争淘汰产能过剩的低效产业、筛选和培育新兴产业。所以，即便是配合供给侧改革，宏观政策在投资和生产层面要做的主要是减少人为的支持及扭曲，发挥的作用应该偏于辅助性的。供给侧改革需要需求管理的配合。在需求管理方面，过去通过外需和投资渠道影响宏观经济动态平衡的政策实践，扭曲了市场机制的作用，也带来了严重的产能过剩等后遗症。因此，未来需求管理方面的重点应该从外需和投资转向居民消费，在

收入调节、社会保障和社会福利等方面发挥更加积极和主导的作用。

供给侧改革所指向的是一种市场主导型结构调整路径，这就要求在财政支出方面取消针对企业投资和生产行为的各项优惠或补贴，减少结构调整过程的直接介入；改变财政支出的优先顺序，相对增加教育、医疗、基础设施、社会保障和社会安全网方面的支出。在财政收入方面，降低企业税费负担，降低社会保险费用，清理各种不合理收费，营造公平的税负环境。总体而言，在财政支出方面，在不同类别上有增有减，改变的主要是财政支出中不同类别的优先次序；在财政收入方面，为了降低整个社会的税负成本，财政收入总体呈下降趋势。国债市场的发展和完善为此种转变创造了条件。

2. 高度重视和强化财政因素在金融发展及金融稳定等问题上的重要性

在金融市场发展过程中，财政因素的重要性首先体现在市场定价机制的效率上。金融市场上风险资产的定价过程是一个相对定价过程，即在无风险收益率的基础上附加风险溢价。所以，无风险资产的供给是金融市场发展的关键一步。短期财政债券的供给满足了市场参与者对无风险资产的需求，形成了基准的无风险收益率。在此基础上，供给不同期限的财政债券，满足市场参与者对中长期无信用风险资产的需求，形成基准期限溢价。随着财政债券期限的延长，财政债券收益率曲线不断延长。基于财政债券收益率曲线中包含的无风险收益率和期限溢价，对于其他风险资产的定价，市场只需解决信用风险的定价。这样，通过财政债券的供给和交易，形成基准的无风险利率和期限溢价，有助于整个金融市场风险定价机制效率的提高。

财政因素在金融发展过程中的重要性还体现在金融稳定上。财政债券有规则的连续供给不仅能够为整个金融市场提供定价基准，有助于提高风险定价的效率，而且能够充分满足私人部门对无风险资产的需求，抑制金融机构通过结构性金融技术人为创造“安全资产”的冲动，避免过度的金融创新，特别是基于结构性金融技术的资产证券化活动的过度发展。目前在我国，国债的基本功能主要是为政府的财政赤字融资，财政部门的职责集中在财政收入和支出两个方面。应该将金融功能纳入财政当局对国债发行和管理的长期规划之中，从金融功能的角度出发，探讨我国国债市场规模、期限和品种结构、市场参与者结构以及市场效率和流动性方面存在的问题和缺陷。

3. 货币调控模式应该从倚重数量型工具转向倚重价格型工具，同时应该保留调控甚至是管控跨境资本流动的能力和手段

在我国货币政策的目标定位中，应该强化稳定目标，包括物价稳定、跨境资本流动稳定和金融稳定。在发展金融市场和金融体系这一大目标下，货币政策在实现和管理稳定目标时应该更加倚重价格型工具。在这里需要注意，所说的价格型工具和数量型工具的区分并不是利率和货币总量的区分。在完善的市场中，货币数量与利率之间存在反向联系。调控利率的目标也是通过不断改变货币数量来实现的，然后再通过政策性利率对市场上中长期利率的传导，最终影响整个社会的消费和投资等。在我国货币政策的操作中，价格型工具是指通过影响流动性或信贷的成本，对金融部门和实体经济产生影响；数量型工具是指通过直接管控流动性或信贷的可获得性，对金融部门和实体经济产生影响。我国的政策工具不是单一的利率政策，而是利率、货币总量、信贷总量等多种价格型和数量型工具的综合使用。这种状况的合理性在于我国的利率传导机制以及货币数量传导机制各自都存在问题，而且在货币数量与利率之间也不存在固定的联系机制。其背后的根源是我国整个金融体系存在的内在缺陷。因此，新常态下的货币政策框架不仅需要在目标定位上做出调整，强化物价稳定和金融稳定目标，而且要配合发展和完善金融市场的目标。这就与前面所说的国债市场的发展和完善相呼应。

在金融稳定问题上，现在对宏观审慎监管的呼声越来越高，要求央行在货币稳定之外进一步承担金融稳定职责。这就不仅要求金融监管模式从微观审慎转向宏观审慎，而且要求在货币政策操作中兼顾金融的顺周期性。

参考书目

1. 习近平．决胜全面建成小康社会 夺取新时代中国特色社会主义伟大胜利——在中国共产党第十九次全国代表大会上的报告．北京：人民出版社，2017.
2. 罗伯特·霍尔，约翰·泰勒．宏观经济学．北京：中国人民大学出版社，2000.
3. 杨瑞龙．宏观非均衡的微观基础．北京：中国人民大学出版社，1999.
4. 杨瑞龙．内需可持续增长的结构基础与政策选择．北京：中国人民大学出版社，2014.
5. 毛振华，杨瑞龙，刘元春，等．十年宏观、十年政策、十年理论——“中国宏观经济论坛”十周年．北京：中国社会科学出版社，2016.

思考题

1. 为什么在市场经济条件下需要政府干预？
2. 如何更好地发挥政府的作用？
3. 试述经济政策的基本目标与具体目标。经济政策的具体目标之间的冲突主要发生在哪些区域？
4. 如何评估经济政策手段的效率及政策手段的选择原则？
5. 试述政府干预经济的效率标准。从效率角度出发，政府在进行经济政策选择时应主要注意哪些问题？
6. 试论述新常态下我国宏观经济政策框架的重构。

第三版后记

《社会主义经济理论》作为中国人民大学研究生经济学类学科基础课的教材初版于1999年，并作为教育部“同等学力人员申请硕士学位经济学学科综合水平全国统一考试大纲”的来源教材在国内被广泛使用。经过8年多的使用，我国的改革开放与经济发展发生了重要的变化，我们又对教材进行了大篇幅的修改，于2008年出版了第二版。2008年以后，受美国次贷危机的影响，我国的外贸出现了大幅下滑，进而通过“外贸—投资”的联动机制导致GDP增长明显下滑。尽管4万亿元的经济刺激计划使我国经济于2009年第一季度就触底反弹，但随之而来的结构扭曲与资产价格泡沫化使我国不得不退出刺激计划，我国陷入了长达6年的经济下行，但这种经济下行不是一般的周期性下行，而是主要由结构性因素所导致的潜在经济增长率下降而引起的经济下行。由此可见，2008年以来的全球经济危机的爆发宣告世界经济步入了“大调整”与“大过渡”的时期，这种大时代背景与中国阶段性因素的叠加决定中国经济进入了经济增速阶段性回落的“新常态”时期，并呈现出与周期性调整不一样的新现象和新规律，进而必须推进供给侧结构性改革。作为与现实经济紧密联系的教材，面对这样深刻的变化，就需要及时进行修订。然而，由于我长期担任中国人民大学经济学院的院长，大量的时间被行政事务所占据，修订教材真是心有余而力不足。直至前几年终于卸任院长，才开始有比较充裕的时间在深入研究的基础上修订教材，经过2年断断续续的研究充实，终于在2017年的暑期完成了修改任务，增删了不少内容，有些章节基本重写，修改幅度是比较大的。党的十九大的召开，标志着我国已经迈入新时代，我国社会主要矛盾发生了变化，人民日益增长的美好生活需要和不平衡不充分的发展之间的矛盾成为我国新时代的社会主要矛盾。因此，我又从出版社取回书稿，根据党的十九大报告精神对教材做了一些修改。

习近平总书记鼓励广大理论工作者立足于中国改革发展的成功实践，研究和揭示现代社会主义经济发展及运行规律，努力把马克思主义经济学中国化，创建中国特色的社会主义政治经济学。这本社会主义经济理论教材就是通过理论创新试图为创建中国特色社会主义政治经济学做一些添砖加瓦的工作。理论的生命力在于创新，但创新并非是贴标签，也不是故意的标新立异，更不是胡思乱想，而是跳出原有的思维定式，突破原有的理论框框和教条，立足现实，面向实际，解放思想，通过对现象的深入剖析来检验和发展现有的理论。如果现有的理论不足以回答现象所隐含的问题，就需要我们反思理论本身。中国改革开放的伟大实践为经济学理论的发展提出了前所未有的机遇和挑战。在这种情况下，总结中国经济改革和经济发展的经验，从理论上科学地回答新的历史阶段提出的一系列新问题，推动经济学理论的创新和发展，努力建设和发展具有中国特色、中国风格、中国气派的经济学的理论体系，对于创建中国特色社会主义政治经济学具有重大意义。

改革开放的实践所提出的很多疑难问题显然无法从现成的理论著作中找到一劳永逸的解决方案。同时，我们也无法利用现有的理论分析框架清晰地从具有鲜明中国特色的改革道路、开放道路与发展模式中概括与提炼出一般的经济学理论体系。因此，无论是为了解决实际问题还是为了实现理论创新，都首先必须直面中国的现实。改革开放以来，中国的经济改革与经济发展取得了举世瞩目的伟大成就，“中国模式”“中国经验”“中国道路”正在受到全世界日益广泛的关注。中国改革开放的伟大实践为经济学理论的发展提出了前所未有的机遇和挑战。总结中国经济改革和经济发展的经验，从理论上科学地回答新的历史阶段提出的一系列新问题，推动经济学理论的创新和发展是我们这一代经济学者应担负的历史使命。社会主义经济理论的创新首先必须坚持马克思主义经济学的指导地位，同时在吸收西方经济学的有用成分的过程中注意结合中国的国情，在解答我国实践中面临的各种问题时注意吸收西方经济学中反映市场经济一般运行规律的理论与分析方法。从中国国情出发来吸收与消化西方经济学的有用成分，创立一个在马克思主义经济学的指导下，既符合国际的学术规范，又能解决中国问题的经济学，我们称之为经济学的国际化与本土化相结合的道路，它也构成中国经济学现代化的重要内容。

本书各章的执笔人如下：

导论：杨瑞龙

第一章第一、二节：陈享光；第三、四节：杨瑞龙

第二章：杨瑞龙

第三章：杨瑞龙

第四章：杨瑞龙

第五章第一、二、三节：陈享光；第四节：杨瑞龙

第六章第一、二节：杨瑞龙；第三节：宋利芳、杨瑞龙；第四节：刘凤良、于泽

第七章第一、五节：宋利芳；第二、六节：杨瑞龙；第三节：杨瑞龙、于春海；第四节：郭杰

第八章：于春海

第九章第一、二、三节：杨瑞龙；第四节：曹远征、于春海

本书由我设计构思全书的结构与逻辑，各章初稿完成后，由我最后进行统纂定稿。自本书的第一版出版以后，我每个学期都给我校的经济学类研究生讲授社会主义经济理

论，同时也受邀在其他高校讲授这门课程。在教学过程中，同学们在课上与课下提出的各种问题及与我进行的各种形式的讨论对我更好地修改教材起到了十分积极的作用。当我完成全部书稿并长舒一口气的同时，也不免有稍许不安。尽管各章的作者都一直长期关注本领域的研究，大部分内容是其研究成果的反映，但正如我在第二版中所陈述的那样，我们的研究对象是一个充满活力、复杂多变的转型社会，更重要的是社会主义经济理论的分析体系与分析方法还不成熟，当我们面对我国经济发展与改革开放中的重点、难点问题时，我们尽可能收集更多的国内外最新的研究成果，进行更深入的实地调研工作，在研究过程中努力做到真诚、客观，坚持科学精神，但限于我们的能力与理论水平，仍然感到有些力不从心，我们也不能肯定是否向读者交出了一份满意的答卷，书稿中也难免存在不足。我们期待各位同行与读者的批评指正，以便在第四版的修订中吸取各种有益的意见与建议，把这本教材编写得更好，共同为创建中国特色的社会主义政治经济学做出不懈的努力。

杨瑞龙

2017年8月28日于中国人民大学明德楼

再改于2017年12月12日

图书在版编目（CIP）数据

社会主义经济理论/杨瑞龙主编．—3版．—北京：中国人民大学出版社，2018.4
研究生教学用书
ISBN 978-7-300-25380-0

Ⅰ.①社… Ⅱ.①杨… Ⅲ.①社会主义经济-经济理论-研究生-教材 Ⅳ.①F04

中国版本图书馆CIP数据核字（2018）第006974号

研究生教学用书
社会主义经济理论（第三版）
杨瑞龙 主 编
Shehui Zhuyi Jingji Lilun

出版发行 中国人民大学出版社			
社　址	北京中关村大街31号	**邮政编码**	100080
电　话	010－62511242（总编室）		010－62511770（质管部）
	010－82501766（邮购部）		010－62514148（门市部）
	010－62511173（发行公司）		010－62515275（盗版举报）
网　址	http://www.crup.com.cn		
经　销	新华书店		
印　刷	固安县铭成印刷有限公司		
开　本	787 mm×1092 mm　1/16	**版　次**	2018年4月第1版
印　张	19.5　插页1	**印　次**	2025年5月第10次印刷
字　数	467 000	**定　价**	45.00元